UNDERSTANDING OF
PSYCHOLOGICAL TRAIT &
GENDER ROLE IN HUMAN LIFE

생애 주기에 따른

성과 심리

| 류승아 · 서혜희 · 정진복 공저 |

학지사

머리말

1990년대 말 남학생 수가 압도적이던 모교에서 심리학 과목인 '여성의 심리적 특성'을 맡게 되었을 때만 해도 여성심리학 과목이 보편화되지 않은 시절이었다. 성차의 비타당성을 조명하고 현대적인 성역할의 정립이라는 취지하에 개설한 이 과목은 상대적으로 차별을 받고 있다고 인지할 수 있는 여학생에게만 인기를 끈 과목이 아니었다. 뜻밖에도 남학생이 과반수를 넘게 수강하는 등 변화하는 시대적 추세에 적응하려는 남학생들의 호응도 이끌어 낼 수 있었다.

그동안 대학가에서는 많은 일이 있었다. 여학생이 지도교수를 성희롱으로 고소하는 사건에서 시작하여 여성의 군입대 의무를 촉구하는 시위에 이르기까지 정말 전통적인 가치관을 깨는 일들이 숨 가쁘게 이어져 왔다. 이들이 미친 사회적 파장은 알게 모르게 일반 대중의 사고 변화와, 더 근본적으로는 새로운 법률 제정을 유도하게끔 영향력을 발휘했음을 인정해야 할 것이다. 어떤 사건은 고무적이기도 했으나 어떤 사건은 남녀 어느 한쪽에게 혹은 양쪽 모두에게 상처를 주기도 하였다. 이 모든 일들이 성평등이라는 공동 목표에 다가가기 위한 과정이라고 한다면 다행이겠다.

같은 과목을 강의한 경력이 있는 세 명의 심리학자들이 그동안의 자료와 경험을 종합하여 책으로 출간하고자 뜻을 모았다. 처음에는 여성심리학에 걸맞게 여성의 삶에 초점을 맞추려 했으나, 여성의 일생에서 남성이 불가분하게 얽혀 있는 점을 간과할 수 없었다. 따라서 남성과 여성의 상호작용적 삶을 기술하는 것이 맞다고 판단하여 제목을 '생애 주기에 따른 성과 심리'로 정하였고, 남성과 여성의 삶을 상호작용적 관점에서 기술하고자 시도하였다.

그러므로 이 책의 취지는 전체 인생 주기에서 남녀가 겪는 개별적이고 상호작용적인 쟁점들을 발달 주기와 인생 여정별로 구분하여 다루는 데 있다. 책의 구성은 우선 제1, 2장에서는 성차의 본질을 다루는데, 이에 대한 과학적 발견과 연구 결과를 중심으로 소개하겠다. 제3, 4, 5, 6장에서는 계절의 봄에 해당하는 인생 주기에서 겪는 성행동, 성심리, 사랑에 대해 다루었다. 제7, 8장에서는 결혼, 배우자 선택, 임신, 출산 등 인생의 중간 단계에서 겪는 중요한 변화들을 다루었다. 제9, 10장에서는 그 후의 가족 형성 과정에서 알아야 할 사실들을 제시했다. 제11, 12장에서는 가족 내 정신병리(가정폭력, 아동학대, 아동성폭력)를 성역할의 구도에서 조명하였고, 제13, 14장에서는 성차별적인 사회제도적 정신병리의 관점에서 성폭력, 성매매, 직장 차별을 살펴보았다. 마지막으로, 제15장에서는 성역할의 변화와 향후 전망을 다루었다.

이 책은 여성심리학을 발달심리적 · 임상심리적 · 지역사회적 조망을 갖고 포괄적으로 재구성한 심리학 전문서이지만, 여기서 다루는 문제들은 우리 모두 인생의 고비마다 겪는 실재적인 고민거리들이다. 그래서 일반인도 흥미를 느낄 만한 주제가 대부분이라 믿고 이에 대한 전반적인 해답이자 지침을 제공하고자 하였다. 저자들 모두 현장에서 겪은 생생한 실전 경험들을 내용에 담았으므로 실용서로서의 가치도 있기를 기대한다.

2015년 3월

저자 일동

차례

1장

성정체감과 성역할 발달에 대한 설명 모델

학습 목표

1. 전통적인 성역할 모델들은 남성과 여성의 성정체감과 성역할 발달을 어떻게 설명하고 있는지 알아본다.

2. 성역할 모델들의 특징과 비판점을 알아본다.

3. 전통적인 성역할 모델에 대한 대안적인 개념들을 학습한다.

대부분의 사람은 성(性)이라고 하면 성적 행동이나 성적 쾌락 등의 생물학적이고 원초적인 부분을 먼저 떠올린다. 하지만 성(性)이라는 한자를 풀어서 살펴보면, 마음(心)과 몸(生)을 모두 지칭하는 것으로 인간 전체를 뜻한다(윤가현, 2007). 그러므로 성(性)의 개념은 성격, 인성, 본성 등을 뜻하는 단어들을 이해하는 맥락에서 인식해야 한다. 영어로는 성을 'sex'라고도 하고 'gender'라고도 지칭하는데, 출생 시에 구분된 생물학적 성별은 'sex'로, 이에 비해 출생 후 사회적인 환경에 의해 기대되는 후천적인 남성 또는 여성의 상태는 'gender'로 구분하고 있다. 우리가 흔히 쓰는 male/female(남자/여자)은 생물학적인 sex의 범주에 드는 것이고, masculinity/femininity(남성성/여성성)는 gender의 범주로 이해할 수 있다. 이렇듯 성(性)은 한 개인의 신체적 · 심리적 특징을 보여 주는 역할을 할 뿐만 아니라, 타인과의 상호작용이나 행동방식에 중요한 영향을 준다. 성정체감이란 개인의 신체적 · 심리적 특징의 성이 사회적 환경과의 상호작용을 통해 형성된 것으로서, 스스로 인지하는 남성성(性) 또는 여성성(性)을 뜻한다. 개인이 지각하는 자신의 성정체감에 따라 각자의 성역할도 영향을 받게 되는데, 성역할이란 개인이 속한 사회의 문화에서 기대하는 성별에 따른 성격, 태도, 선호 경향, 행동, 가치관 등을 습득하게 되는 것을 의미한다. 이 장에서는 성정체감이나 성역할 발달을 설명하는 전통적인 모델들을 살펴보고, 기존의 모델들에 대한 대안적인 모델들을 소개하고자 한다.

1. 성정체감에 대한 설명 모델

성정체감과 관련한 전통적인 모델은 생물학적 모델, 정신분석적 모델 그리고 사회문화적 모델 등으로 나누어 볼 수 있다. 현재는 어느 하나의 이론이 우세하기보다는 복합적인 요인으로 설명되고 있는데, 각 모델이 주장하는 개념과 근거에 대해 자세히 살펴보는 것은 성정체감을 이해하는 데 도움이 될 것이다.

1) 생물학적 모델

생물학적 모델에서는 개인의 성정체감은 출산 전에 이미 결정된 여성과 남성의 생물학적 요인들에 의해 형성되는 것이라고 주장한다. 성별이 결정되는 시기는 정자와 난자가 만나는 순간부터 출산 직전까지 여러 단계로 세분화하여 살펴볼 수 있다. 각 단계마다 유전자와 호르몬의 영향에 의해 여성 또는 남성의 성별이 결정된다.

(1) 성분화 단계

1 유전적 분화

정자와 난자가 수정되면 수정란은 22쌍의 상염색체와 1쌍의 성염색체로 구성된다([그림 1-1] 참조). 이때 1쌍의 성염색체가 XX로 이루어지면 여성의 유전적 구조를, XY로 이루어지면 남성의 유전적 구조를 가지게 된다. Y염색체는 X염색체에 비해 대략 1/5 정도의 크기를 가지고 있으며, 유전물질의 양도 최소량으로 구성되어 있다. 그러므로 X염색체가 하나밖에 없는 남성은 X염색체에 이상이 생겼을 경우 힘이 적은 Y염색체가 그 영향을 막기가 힘들기 때문에 여성보다 유전성 질병(예: 혈우병, 색맹, 뇌경색)에 걸릴 확률이 높다. 여성은 하나의 X염색체에 이상이 생겼을 경우 다른 X염색체가 정상이라면 질병 보유자(보균자)로 분류될 수 있기 때문에 남성에 비해 유전성 질병에 걸릴 위험이 낮다. 즉, 남성이 여성보다 유전성 질병에 취약한 이유는 X와 Y염색체의 특성에서 비롯된다.

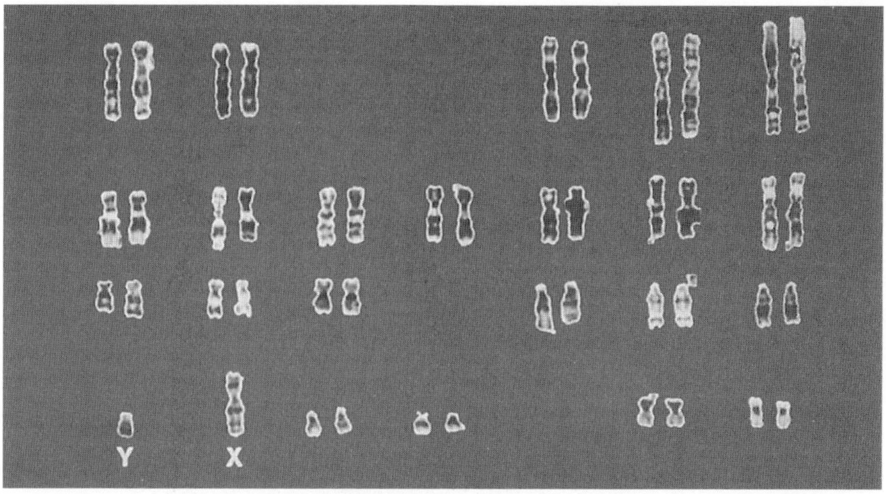

그림 1-1 **22쌍의 상염색체와 1쌍의 성염색체**
출처: © Costom Medical Stock Photo, in: Crooks & Baur (2007).

성염색체의 이상으로 발생하는 증후군

다음은 성염색체 개수의 이상으로 발생하는 증후군들이다.

1. 클라인펠터 증후군(Klinefelter syndrome)

1942년 보스턴의 매사추세츠 주 종합병원의 클라인펠터 박사가 처음 발견하여 붙여진 이름이다. 이 증후군에 걸린 사람은 X염색체가 하나 더 많은 XXY의 성염색체(총 47개의 염색체)를 가지고 있으며, Y염색체가 존재하기 때문에 남성의 성을 가진다. 남아 500~1,000명당 1명꼴로 발생하는 것으로 알려져 있으며, 두 개의 X염색체 때문에 고환이 작고 정자를 만들지 못하며, 음경의 크기는 정상이나 불완전한 2차 성징 때문에 사춘기가 늦게 일어난다. 팔다리가 길고 키가 크며, 여성형 유방을 가지는 경우도 있다.

2. 터너 증후군(Turner syndrome)

1938년 의사인 헨리 터너가 처음 발견하여 붙여진 이름으로, XX의 여성 성염색체에 이상이 생겨 XO의 성염색체를 가지게 되거나(총 45개의 염색체), 또는 한쪽의 X염색체에 치명적인 결함이 생겨 정상적인 기능을 할 수 없게 되는 것이다. 외부 생식기는 여성의 모습을 가지지만, X의 성염색체가 하나밖에 없어 생식선의 정상적 발달이 이루어지지 않는다. 결과적으로 내부 생식기가 발달하지 못하여 출산을 할 수가 없다. 가장 두드러진 증상은 성장이 늦어 키가 자라지 않는 것이다. 하지만 조기에 발견하여 성장 치료와 호르몬 치료를 받는다면 출산은 불가능하나 다른 정상적인 생활을 할 수 있다.

3. 야콥 증후군(Jacob syndrome)

XYY의 성염색체를 가지는 것으로 남성 중 1,000명당 1명꼴로 나타난다. 지적 수준에는 아무런 문제가 없으며, 자녀 출산도 가능하다. 성장 속도가 빠르고 일반인보다 키가 더 크다고 알려져 있으나 특이한 이상이 나타나지 않아서 평생 모르는 채로 살아가는 경우가 많다. 간혹 공격성을 보인다는 의견도 있으나 정설은 아니다.

2 내부 생식기와 외부 생식기의 변화

생식기가 아직 분화되지 않은 초기 태아는 남성 생식기인 고환과 여성 생식기인 난소 모두로 발달할 수 있는 양성선(bisexual)의 생식선을 가진다. 이 생식선은 안드로겐이라는 호르몬의 영향을 받게 되는데, 안드로겐이 분비되는 태아는 남성의 생식기가 발달하고, 안드로겐이 분비되지 않는 태아는 여성의 생식기로 분화된다. 안드로겐이 분비되었지만 체조직이 이를 흡수하지 못하는 경우에도 여성의 생식기가 발달하게 된다. 다시 말하면, 안드로겐의 분비와 흡수 여부에 따라 태아의 이후 발달과정에서 내부 및 외부 생식기가 남성 또는 여성으로 형성된다. 이와 같이 남성과 여성의 결정은 단순히 X와 Y로 이루어진 성염색체만으로 결정되는 것이 아니라, 안드로겐이라는 호르몬의 역할이 중요하다. 이를 미국의 존 머니(John Money)는 '아담의 원칙(The Adam Principle)'이라고 명명하면서, 여성으로 발달하기 위해서 반드시 필요한 호르몬은 없지만, 남성이 되려면 안드로겐의 존재는 결정적 요소라고 설명하였다.

먼저 내부 생식기의 발달과정을 살펴보면, 앞서 언급한 미분화된 양성선은 볼프관(이후 남성의 생식선인 고환으로 발달)과 뮬러관(이후 여성의 생식기인 난소로 발달)을 동시에 가지고 있다. 이 생식선이 안드로겐의 영향을 받게 되면 볼프관은 남성 내부 생식기인 고환으로 발달하고, 안드로겐이 분비되지 않으면 뮬러관이 여성 내부 생식기인 난소로 발달한다([그림 1-2] 참조).

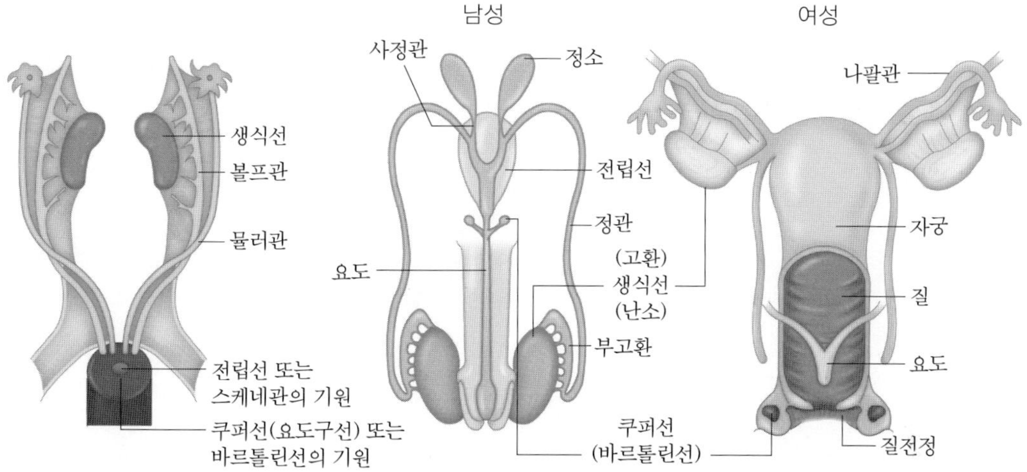

그림 1-2 **미분화된(6주 이전) 상태(a)에서 분화된 단계(b)까지 남녀 태아기의 내부 도관계통 발달**

출처: Crooks & Baur (2007), p. 45.

내부 생식기가 완성되면 다음으로 외부 생식기의 발달이 이루어지는데, 이 단계에서도 안드로겐의 유무가 성의 분화를 가져온다. 즉, 안드로겐이 분비되면 남성의 외부 생식기인 음경, 음낭, 요도관 등이 생성되고, 안드로겐이 없다면 여성의 외부 생식기인 질, 음핵, 음순 등이 발달하게 된다([그림 1-2] 참조).

안드로겐은 유산을 방지하기 위한 약에도 포함되어 있는데, 만약 용량이 과다할 경우 여성 태아의 외부 생식기에 영향을 주어 내부 생식기는 여성임에도 불구하고 남성의 외부 생식기를 발달시킬 수 있다. 즉, 내부 생식기는 여성이지만 외부 생식기가 소음경(micropenis)의 형태를 띠게 된다. 이런 경우에는 수술을 통해 제거가 가능하다. 또한 유전적 성(XY)과 내부 생식기(고환)는 남성으로 형성되었으나, 안드로겐을 체내에서 제대로 흡수하지 못하여 남성의 외부성기인 음경이 퇴화하고, 여성의 외부 생식기인 음순이 더 발달하여 음경이 안으로 묻히는 형태로 태어나는 경우도 있다. 이런 경우 여성으로 양육되지만, 이후 음순 부위에 돌출된 고환이 발견되어 남성으로 밝혀지기도 한다.

3 뇌의 분화

태아의 성호르몬은 뇌의 시상하부에 흡수되어 잠재되어 있다가 사춘기에 이

생물학적 모델의 '성역할 선천설'을 지지하는 연구들

다음의 연구들은 사회에서 부여한 길러진 성보다는 타고난 생물학적 성이 성정체감과 성역할에 더 영향을 미친다는 것을 보여 주는 연구들이다.

1. 뇌 시상의 크기 차이 연구

주, 호프먼, 구렌 및 스왑(Zhou, Hoffman, Gooren, & Swaab, 1995)은 뇌 시상의 크기가 남성과 여성이 태어날 때부터 다르다는 것을 보여 주었다. 시상은 호르몬을 조절하는 시상하부 및 감각 신경들의 통로로서, 인간의 성행동과 관계된 곳이다. 연구자들은 남성이 여성보다 시상의 크기가 더 크다는 것을 밝혀내었고, 여성으로 성전환 수술을 한 6명의 뇌를 사망 후 해부하였더니 그 크기가 여성과 비슷하였다고 밝혔다. 이와 같은 연구는 여성과 남성의 성정체감을 형성하는 데 타고난 시상의 크기가 중요한 역할을 할 수 있음을 보여 준다.

2. 남자와 여자로 길러진 일란성 쌍생아 연구

1967년 일란성 쌍둥이 중 한 명의 포경수술을 실패하여 음경 조직 대부분이 파괴되고 기능적인 재생이 불가능하게 되자, 이 신생아에게 성전환 수술을 시행하여 여성으로 양육하였다. 이 수술과 연구를 진행한 심리학자이자 의사였던 존 머니(John Money) 박사는 모든 조건이 남성으로 태어난 아이가 여성이라는 성정체감을 가지고 성장하는 과정을 관찰하였다. 남성으로 자라는 자신의 쌍둥이 형제와는 달리 이 아이('브렌다')는 여성의 성정체감을 발달시킴으로써 서로 다른 사회적 학습을 경험하게 되었다. 그 결과, 브렌다는 정상적인 여아의 발달과정을 보였다고 보고됨으로써 성정체감에 있어 후천적 요인이 우세한 역할을 한다는 이론을 지지하는 예로 널리 알려지게 되었다. 하지만 브렌다가 14세가 되었을 때, 남성의 심리정서 상태가 강해지면서 브렌다는 여성으로서의 삶을 거부하였고, 주위의 만류에도 불구하고 남성으로의 성전환 수술을 받게 되었다. 수술 후 남성('데이비드')으로서의 적응은 매우 빨랐고, 1990년 9월에 한 여성과 결혼하였다. 결혼 후, 데이비드는 아내와 함께 3명의 아이를 입양하여 키웠으며, 아버지와 남편의 역할도 훌륭히 수행하여 정상적인 남성으로서의 삶을 살았다. 이 이야기는 『타고난 성, 만들어진 성: 여자로 길러진 남자 이야기(*As nature made him: The boy how was raised as a girl*)』(Colapinto, 2000)라는 책으로 출간되었다[콜라핀토(Colapinto, 2006)는 데이비드의 그 이후 삶을 조사하였는데, 안타깝게도 2004년 5월에 자살한 것으로 밝혀졌다].

3. 여자로 길러진 남자아이들 연구

라이너와 기어하트(Reiner & Gearhart, 2004)는 남성염색체, 남성호르몬과 정상 고환을 가졌으나 외부 생식기의 문제로 음경이 없는 5~16세의 16명의 남자아이들을 대상으로 연구하였다. 14명은 신생아 시기에 거세를 통해 성전환 수술을 함으로써 사회적 · 법적으로 여성으로 길러졌다. 나머지 2명은 부모의 반대로 성전환 수술을 받지 않고 남자아이로 길러졌다. 이 16명의 아이들을 34~98개월 동안 추적 조사하여 성정체감 및 성역할과 관련한 자세한 자료를 수집하였다. 그 결과, 외부 생식기의 문제는 있었지만 성전환 수술을 받지 않은 2명은 남성의 정체감에 아무런 문제가 없이 높은 적응력을 보여 주었다. 여성으로 길러진 14명 중 8명은 자기 자신을 남성으로 표명하였고, 남자아이가 보이는 행동양상을 보여 주었다. 이들 중 6명은 이후 남성으로 성별을 전환하였다.

르면 또 한 번의 여성 또는 남성으로의 발달에 영향을 주는 2차 성징에 관여한다. 여성의 경우에는 시상하부로 흡수된 에스트로겐과 프로게스테론이 뇌하수체를 자극하여 여성의 월경주기에 관여하게 되고, 남성의 경우는 안드로겐이 작용하여 사춘기 이후 남성에게 나타나는 신체적 현상을 겪게 된다.

(2) 생물학적 모델의 특징과 비판

생물학적 모델의 특징을 세 가지로 정리하면 다음과 같다. 첫째, 남성과 여성의 성은 염색체의 유전적 요인과 성호르몬의 분배에 따라 결정된다. 둘째, 수정부터 출생 전까지의 여러 단계를 거치면서 남성 또는 여성으로 발달되는 결정적 시기가 있다. 그러므로 남녀의 구별은 처음부터 절대적인 것이 아니라 유전 그리고 호르몬의 분배에 따라 남성 혹은 여성으로 발달할 잠재력을 가지고 있다. 셋째, 난자와 정자가 만날 때 결정되는 유전적 성과 태어날 때 외부 생식기의 모습으로 부여된 출생 시의 성은 다를 수 있다.

다양한 연구들의 뒷받침에도 불구하고, 생물학적 모델은 많은 환경적인 요인을 전혀 고려하지 않는다는 비판을 받고 있다. 남성과 여성에게 나타나는 성정체감과 성역할이 오로지 생물학적인 요인만으로 결정된다면, 부모의 태도나 사회의 분위기는 인간의 성정체감과 성역할 발달에 전혀 영향을 끼치지 않는다는 것이다. 호르몬의 분비량에 따라 사회적 행동과 성역할 선호가 달라진다는 연구 결과를 통하여 생물학적 모델을 지지했던 머니와 에르하르트(Money & Ehrhardt, 1972)도, 성정체감 발달에 사회적 요인들도 중요하다고 자신들의 주장을 수정하였다. 생물학적 영향과 사회문화적 영향의 논란은 현재까지도 이어지고 있다.

2) 정신분석적 모델

정신분석적 모델에서는 프로이트(Frued)의 성격발달 단계 중 남근기에 해당하는 3~5세에 성정체감을 발달시킨다고 주장한다. 이 시기는 성적 에너지(libido)가 성기에 집중하게 되고, 아동은 동성 부모에 대한 동일시 과정을 통해 자신의 성정체감을 확립하는 것으로 보고 있다.

(1) 프로이트의 성격발달 단계

① **구강기**(0~1세 또는 1.5세: oral stage)

성적 에너지가 입에 집중되는 시기로 본능적으로 젖을 찾아 빨게 되는 때이며, 의도하는 모든 표현을 입을 통해 하게 된다. 이 시기의 영아에게 입은 생존의 문제를 해결해 줄 뿐만 아니라, 최대의 쾌락을 가져다 주는 곳이다. 구강기는 다시 두 단계로 나눌 수 있는 데, 전기는 생후 약 6개월까지로 빨기가 주된 만족을 주며, 후기는 6개월을 전후해서 이가 나기 시작하는 시기로 깨물기가 주된 만족을 준다. 프로이트는 각 시기마다 이루어져야 하는 성적 에너지가 충분히 만족되지 않으면 그 시기에 고착되는 현상이 나타나고, 이는 성격 형성에도 영향을 주게 되며, 어른이 되어 다양한 퇴행 행동들을 보인다고 하였다. 구강기 전기에 빨기의 욕구가 만족스럽게 이루어지지 않아 고착되면 수동적이고 의존적 성향이 나타나고, 깨물기가 주된 만족 욕구인 구강기 후기에 고착되면 공격적인 성향이 형성된다(강경미, 2013). 공격적 성향으로는 다른 사람과의 관계에서 지배적이거나 적대적 · 비난적인 모습을 보이고 논쟁적인 특징이 나타난다. 구강기 전반에 걸쳐 자신의 욕구를 충족하지 못하면 이후 어른이 되어 과식, 과음, 흡연 등의 퇴행

행동으로 나타난다.

② **항문기**(1세 또는 1.5~3세: anal stage)

항문기는 성격발달 두 번째 단계로 성적 에너지가 항문에 집중되는 시기다. 이 시기에는 배변 훈련과정을 통해 항문의 근육 통제와 만족 지연을 경험함으로써 쾌감을 획득하게 된다. 그러므로 양육자의 배변 훈련에 대한 반응이 아동의 성격 형성에 중요한 역할을 하게 된다. 부모나 양육자가 자연스럽고 적절한 배변 훈련을 시행한다면, 아동은 자율성과 독립심을 확립할 수 있다. 하지만 양육자의 반응이 너무 완고하거나 강압적으로 적절하지 않은 경우에는 보유고착(인색, 결벽증, 강박증, 비융통성)과 배출고착(잔인, 파괴, 무질서, 단정치 못함)의 결과가 초래된다.

③ **남근기**(3~5세: phallic stage)

남근기는 성정체감을 형성하는 중요한 시기로서 이 시기의 유아는 이성 부모에게 성적인 감정을 느끼게 된다. 프로이트는 이 시기에 여아는 아버지에 대해, 남아는 어머니에 대하여 성적인 감정을 갖게 되지만, 이러한 사랑이 근친상간에 해당하는 금지된 욕망이라는 것을 알고 힘들어한다고 주장하였다. 이 시기에 남자아이는 오디이푸스(아버지를 죽이고 어머니와 결혼한 테베의 왕의 이름) 콤플렉스(Oedipus complex)를 겪게 된다. 어머니에게는 사랑의 감정을 느끼고, 동시에 아버지를 경쟁 상대로 인식하게 되는 것이다. 만약 힘이 센 아버지가 자신의 이런 감정을 알게 된다면, 현재 자신의 성적 에너지의 본질인 남근을 아버지가 거세할 수도 있다고 생각하는데, 이를 거세불안이라고 한다. 남자아이는 자신이 가지는 어머니에 대한 성적 감정과 아버지에 대한 두려움을 동시에 해결하기 위해 아버지를 동일시하는 방법을 선택한다. 이 시기의 남자아이는 아버지의 행동을 흉내내고 따라 하게 됨으로써 아버지와 적대적 관계가 자연스럽게 풀어지고, 거세불안으로부터 벗어날 수 있게 된다. 동시에 아버지처럼 힘을 가지게 된다면 어머니를 차지할 수도 있다는 생각을 하게 된다. 이 시기의 여자아이는 아버지를 사랑하는 마음으로 인해 어머니를 경쟁 상대로 여기게 되고, 이를 해결하기 위해 어머니를 동일시하는 과정을 겪게 되는데, 이러한 심리적 기제를 엘렉트라(남동생을 부추겨 어머니를 죽이게 한 미케네의 왕녀의 이름) 콤플렉스(Electra complex)라고 한다[이 용어는 칼 융(Carl Jung)에 의해 이후에 명명되었다].

정신분석 모델에서는 자신의 성적 콤플렉스를 아버지 또는 어머니와의 동일시를 통해 극복하고, 이러한 과정에서 스스로 남자인지 여자인지에 대한 성정체감이 자연스럽게 형성된다고 설명한다. 만약 이 시기에 고착되면, 남자다움(남성의 경우) 혹은 여성스러움(여성의 경우)을 심하게 강조하거나, 성적으로 문란한 성향을 보일 수 있다.

④ **잠재기**(사춘기 전: latent stage) **및 성기기**(사춘기: genital stage)

성격발달 4단계인 잠재기는 성적 본능이 억압되는 시기로 지적인 탐색이 보다 활발하게 이루어지는 시기다. 다음으로, 5단계인 성기기는 청소년기에 신체적 조건이 완전히 갖추어진 상태에서 억압되었던 성적 본능이 다시 나오는 시기다.

(2) 정신분석적 모델의 특징과 비판

정신분석 모델의 특징은 다음과 같다. 첫째, 초기 가족관계의 중요성을 강조하였다. 개인의 성격 형성에서 가장 중요한 시기가 생의 초기 5세 정도까지이며, 이 시기에 충분한 보살핌이나 친밀함을 갖지 못하면 이후 비정상적인 성격과 행동을 보이게 된다고 주장한다. 그러므로 인간의 일생에서 초기 경험, 특히 양육자가 아이와 어떻게 상호작용하고, 돌보아야 하는지를 강조하였다. 둘째, 성정체감이 형성되는 시기는 남근기이며, 이때 남성과 여성의 차이를 인식하고 이해하는 것은 남근, 즉 남성이 자신의 남근에 주목하는 과정에서 발생한다고 보았다. 아동이 자신의 성기와 관련된 성적 쾌감을 발견하면서 보이는 심리적 반응이 성정체감을 발달시킨다고 주장하였다. 셋째, 성적인 느낌이 아동에게도 존재한다고 역설하였다. 프로이트 이전의 시대에는 아동이 성적인 느낌을 가질 수 있다는 것을 전혀 인식하지도 않았고, 인정하려 하지도 않았다. 하지만 프로이트는 아동도 성적인 느낌을 가질 수 있다고 주장하였다.

정신분석 모델의 이와 같은 기여에도 불구하고 프로이트의 이론은 많은 비판을 받고 있다. 프로이트의 이론에 대한 가장 큰 비판 중 하나는 아동을 직접 연구하거나 관찰하여 얻은 결과가 아니라, 어른이 된 후 그들이 말하는 아동기의 기억을 바탕으로 성립되었다는 것이다. 그러므로 아동의 직접적인 경험 연구에 대한 증거가 빈약하다는 비판을 받고 있다. 둘째, 프로이트의 정신분석적 모델은 남성 중심적 분위기가 팽배했던 19세기 후반 빅토리아 시대의 분위기를 반영하듯이 남성 우월주의를 내면에 담고 있다. 남근의 중요성을 강조하여 남근이 없는 여성은 열등감, 질투심 등의 불완전한 성격 발달과 미성숙한 도덕 발달을 보인다고 하였다. 또한 여성성에 대한 정의를 수동적, 자기도취, 열등감 보상을 위한 허영심, 남근 결핍을 감추기 위한 부끄러움 등으로 설명하였다. 셋째, 정신분석 모델이 생물학적 모델보다는 성정체감이 형성되는 과정에서 사회적 상호관계를 일부 인정하기는 하였지만 그 범위는 제한적이다. 다시 말하면, 성정체감의 발달에 부모 또는 양육자 이외의 요인, 예컨대 또래집단이나 사회적 분위기 등의 요인을 고려하지 않았다.

3) 사회문화적 모델

사회문화적 모델에서는 성정체감 또는 성역할을 '남자 또는 여자로서 그 문화가 기대하는 적절한 행동이나 태도'라고 정의한다. 그러므로 이 모델에서는 성역할 행동을 성역할 획득 과정, 즉 사회화에 초점을 두어 내적 동기보다는 외적 환경, 사회적 힘에 의해 만들어지고 발달된다는 입장을 취한다.

(1) 성정체감과 성역할 획득의 영향 요인

[1] 부모(가정)

부모를 포함한 가정은 인간이 태어나서 제일 먼저 접하는 최소 단위의 사회로 성정체감과 성역할을 형성하는 데 결정적 역할을 하게 된다. 생애 초기 단계에서는 양쪽 성의 특징을 모두 획득할 수 있음에도 불구하고, 부모가 가지고 있는 성역할 고정관념이 자신도 모르는 사이에 자녀의 성역할 발달에 큰 영향을 주게 된다. 부모는 자녀가 아들인지, 딸인지에 따라 감정표현을 달리하고, 각 아이에게 쓰는 단어도 다르게 선택하며, 아이를 대하는 행동방식도 구분하게 된다. 자녀와 함께하는 놀이나 양육방식도 자녀의 성별에 따라 다를 뿐 아니라, 자녀의 학업

그림 1-3 **성역할 발달의 영향 요인 – 장난감**

및 성취에 대한 기대감에도 확연한 차이가 있다. 부모에게 전적으로 의존해야만 생존 가능한 어린 자녀는 자신의 부모가 기대하고 원하는 모습이 되기 위해 노력할 수밖에 없고, 이러한 과정에서 스스로의 선택보다는 부모의 가치관대로 성정체감과 성역할을 획득할 가능성이 높다.

루빈, 프로벤자노 및 루리아(Rubin, Provenzano, & Luria, 1974)는 첫아이의 출산을 하루 앞둔 부모들에게 자녀를 묘사하도록 하여, 부모가 자녀의 성별에 따라 보이는 반응을 관찰하였다. 곧 태어날 아이가 여자아이라고 알고 있는 부모들은 뱃속의 아이를 '부드럽다, 예쁘다, 작다' 등으로 표현하였고, 남자아이라고 믿고 있는 부모들은 '단단하다, 크다, 민첩하다' 등으로 묘사하였다. 하지만 태어난 아이들의 객관적인 신체조건은 차이가 전혀 없었다. 또 다른 예로, 뱃속에서 움직임이 강하거나 발차기가 잦을 경우 남자아이라고 기대하는 것도 같은 맥락에서 이해할 수 있다. 이러한 사례들은 우리가 가지고 있는 성고정관념이 얼마나 강한지를 보여 주는 것이며, 또한 성정체감은 태어나기 전부터 부모를 비롯한 타인에 의해 또는 사회의 분위기에 의해 시작된다는 것을 알 수 있다.

성별에 따라 아동에게 기대하는 행동방식도 아동의 성정체감과 성역할 형성에 영향을 줄 수 있다. 대부분의 문화에서 남성은 용감하고 씩씩하며 감정 표현은 자제하도록 요구되는 반면, 여성은 얌전하고 조신하며 사회적 관계 형성에 적합한 행동을 할 것으로 기대한다(임정빈, 정혜정, 1997). 이와 같은 기대 때문에 여자아이는 남자아이에 비해 바깥 활동을 하거나 자유롭게 돌아다니는 등의 자유가 덜 허락되는 경향이 나타난다. 또한 아동에게 장난감을 사 줄 때에도 남자아이에게는 자동차, 무기, 로봇 등을 사 주고, 여자아이에게는 인형, 소꿉놀이, 부업세트 등을 사 주는 것이 일반적이다. 만일 자녀가 부모나 사회의 기대와는 달리 다른 성의 장난감을 가지고 놀게 되면, 부모는 자녀가 특이하다고 생각하여 못 만지게 하거나 야단을 치기도 한다. 이러한 부모의 행동은 자녀의 성역할 행동을 부모가 원하는 방향으로 강화하는 결과를 가져오게 된다.

다음으로, 부모가 자녀의 성별에 따라 다른 과제를 부여하는 것도 아동의 성정체감과 성역할에 큰 영향을 줄 수 있다. 대부분의 부모들은 딸에게는 타인과 상호작용할 수 있는 음식 준비 돕기, 부엌일 돕기, 동생 돌보기 등의 일을 요구하는데, 이는 양육이나 순종 행동 등의 특성이 부여되는 과제다. 이와는 반대로 아들에게는 물건 나르기나 힘을 쓰는 일 등의 경쟁적인 특성이 길러지도록 하는 과제나 집 밖의 외부적인 연결망(network)을 늘릴 기회가 되는 심부름 등의 과제를 부여한다. 이러한 과제 수행 역시 부모의 칭찬이나 격려를 통해 고정화된 성역할 행동을 강화하게 된다.

2 또래집단

유아기에 접어들면서 아이들은 또래집단과의 상호작용을 통해서 자발적으로 자신의 성과 다른 성을 구별하기 시작한다. 유아기 · 아동기의 아이들이 놀이 상대로 동성을 더 선호한다는 사실은 또래와의 공통성이 이 시기의 아이들에게 중요하다는 것을 보여 준다. 자신과 유사한 외모나 성향을 가진 친구들과 집단을 이루어 우정을 쌓아 가게 됨으로써 그들의 성정체감은 점점 확고해지게 된다. 그리고 이 시기의 아이들은 또래 친구들이 가지고 있는 물건이나 장난감 등이 무엇인지, 그리고 자신도 그것을 가지고 있는지 등에 민감하게 반응한다. 동성친구와의 어울림이나 유사한 장난감 외에도 또래의 놀이 문화 역시 성정체감 형성에 영향을 주게 된다. 대부분의 여자아이들은 집 안에서 할 수 있는 인형놀이나 소꿉장난 등을 하고, 남자아이들은 집 밖에서 뛰어 노는 전쟁놀이나 공 차기 등을 하며 시간을 보낸다. 아동기 이후 청소년기를 거치면서 친구는 가족보다 더 많은 시간을 보내고, 속 얘기를 털어놓을 수 있는 중요한 대상이 된다. 그러므로 자신의 동성친구의 관심사는 자연스럽게 나의 관심사가 되고, 자신도 모르는 사이에 사회에서 형성된 기존의 성정체감과 성역할을 습득하게 되는 것이다.

[3] 학교

우리가 만나는 가장 중요한 생애 첫 번째 조직이 가정이라면, 학교는 아마도 그 두 번째 조직이 될 것이다. 학교를 통해서 부딪히는 성고정관념의 대표적인 예는 교과서에서 볼 수 있다. 국가인권위원회는 2009년부터 매년 교과서 모니터링단을 통하여 교과서에 나타나는 인권침해 요소들을 점검해 오고 있는데, 교과서에 나타나는 성역할 고정관념은 크게 나아지지 않고 있다. 한 매체는 "A출판사의 중학교 3학년 사회 교과서를 보면 어머니와 딸은 부엌에서 식료품 물가를 걱정하고 아버지는 거실에서 세계경제 문제를 걱정하는 삽화가 나온다."(서울신문, 2012. 10. 11.)고 보도하였다. 초등학교 실과 교과서의 사진들을 분석해 보면, 대부분의 여성은 집안일을 하거나 자녀를 돌보는 것 등이 실려 있고, 위인의 업적을 소개하는 일화에는 스티븐호킹, 히딩크, 처칠 등 남성만 보여 주고 있었다(여성신문, 2011. 8. 26.). 특히 역사적 인물을 소개하는 비율은 남성이 여성보다 10배나 높게 나타나 있다. 이 외에도 중학교 3학년의 도덕 교과서에 실린 문장에서 "김 노인에게는 결혼한 아들 셋과 출가한 막내딸이 있다."라고 표현함으로써 아들은 결혼, 딸은 출가라는 다른 단어를 사용하여 여자와 남자가 결혼에 부여하는 의미가 다르다는 것을 은연중에 암시하고 있다(한겨레신문, 2009. 8. 13.). 가정을 묘사하는 삽화의 전형적인 모습은 아버지는 신문을 보고, 어머니는 식사를 준비하는 것이다. 이는 남자인 아버지는 사회 문제에 관심을 가지는 사람으로, 여자인 어머니는 집안일을 전담하는 사람으로 각인시키는 대표적인 사례라고 할 수 있다. 직업과 관련된 내용들도 남자는 주로 경찰, 법관, 의사인 반면, 여자는 주부, 교사, 간호사 등으로 묘사되고 있다. 심지어 동일한 직업의 남녀라도 남자 경찰관은 범인을 쫓거나 높은 지위에 있어 통솔력 있는 일을 하고, 여자 경찰관은 힘든 사람을 보살피는 행동을 하는 것으로 그려진다. 초·중·고등학교까지 이어지는 이러한 교과 내용들은 남자는 사회의 요직을 맡으며 보다 생산적이고 활동적인 일을 하고, 여자는 주도적이고 주체적으로 활동하기보다 다른 사람을 보살피고 도와주는 보조자의 역할을 하는 사람으로 차별적인 성역할 고정관념을 심어 주고 있다.

학교 장면에서 성정체감에 영향을 주는 두 번째 요인으로는 교사가 가지는 고정관념을 들 수 있다. 여학생의 생활기록부에 '운동을 잘하고 씩씩하며 외향적이고 용감한 성격으로 친구들을 잘 이끈다.'라고 적는 교사가 얼마나 될까? 반대로 남학생을 칭찬하는 생활기록부에 '얌전하고 다소 내성적이며 조용한 성격으로 친구들의 얘기를 잘 들어준다.'라고 적는 교사는 별로 없을 것이다. 대부분의 경우에 바람직한 여학생의 평가 기준은 얌전함, 인사성 밝음, 예절 바름, 차분함 등인 반면, 남학생은 활동적, 모험적, 공격적, 독립적, 창의적, 진취적인 성향이 긍정적으로 평가된다. 또한 공부를 못하는 여학생에게는 "나중에 시집가서 엄마가 멍청하면 안 되니까 공부를 해야 하는 거야."라고 말하고, 남학생에게는 "그렇게 해서 이 다음 처자식을 어떻게 먹여 살릴 거냐?"라고 말하는 경우도 많다(교육인적자원부, 2001). 또한 남학교와 여학교의 교훈들을 살펴보면, 남학교의 교훈은 '정의, 실력, 단결, 자유인, 창조인, 건강인, 씩씩하게, 근면, 성실, 정직' 등이었고, 여학교의 교훈은 '아름답고 슬기롭게, 참되고 착한 여성, 순결, 부지런하고 아름다워라' 등으로 나타났다(교육인적자원부, 2001). 이는 학교나 교사가 학생에게 기대하는 바가 성별에 따라 다르다는 것을 보여 주는 것이다.

마지막으로, 학교의 조직체계에서도 성역할 고정관념을 찾아볼 수 있다. 현재 우리나라 초등학교에서 여자 교사의 비율은 남자 교사에 비해 압도적으로 많은 실정임에도 불구하고 아직까지 여자 교사가 관리직이나 교장·교감의 지위에 오르는 비율은 상당히 낮다. 이러한 학교의 조직체계 또한 성역할 고정관념 형성에 영향을 주고 있다.

성역할 발달의 영향 요인 – 교사

비글러(Bigler, 1995)는 6~11세 아동들을 대상으로 두 집단으로 나누어 사회화 과정에서 환경이 성고정관념에 미치는 영향을 살펴보았다. 두 집단 중 한 집단의 아이들에게는 남아는 남아끼리 여아는 여아끼리 앉게 하고 게시판도 성별에 따라 분리하였다. 또한 교사들에게는 성별을 구별하는 말을 하도록 부탁하였는데, 예를 들면 "남학생들은 모두 하던 것을 계속하고 여학생들은 모두 비눗방울을 만드세요." 등의 구별 언어를 사용하도록 한 것이다. 이와 달리, 다른 한 집단의 아동들에게는 남녀의 구분을 전혀 짓지 않았으며, 아동을 부를 때도 이름을 사용하였다. 4주 후 두 집단의 아동들의 성고정관념을 측정한 결과, 성별을 구별한 집단의 아동들이 유의미하게 높은 수준의 성고정관념을 보였다.

4 대중매체

대중매체는 현대에 들어 급속히 발달하였고, 그 형태 또한 다양해지고 있다. 특히, 휴대전화의 발달과 확산에 따라 대중매체를 접하는 것은 시공간의 제약을 받지 않게 되었다. 그러므로 대중매체에서 알게 모르게 반복적으로 표현되는 성 고정관념은 그 파급 효과와 영향력이 상당히 클 것이다. 미디어 모니터링 연구들(이수연, 2002; 이수연, 김양희, 2001)에 따르면, 우리나라 대중매체는 여성은 의존적, 남성은 지배적이라는 남성 우월의 모습을 더 많이 보여 주는 경향이 있다. 또한 여성의 모습은 부지런한 아내, 순종적인 며느리, 현명한 어머니 등의 현모양처로 살아가는 것이 이상적이라고 묘사된다. 결혼한 직업 여성의 경우는 직장과 가정 모두에서 완벽히 그 역할을 수행해야만 성공한 삶인 것으로 그려진다. 현대 사회에서 여성이 할 수 있는 역할이 실제로 매우 다양함에도 불구하고 대중매체에서 그려지는 여성은 전통적인 성고정관념을 깨는 역할을 하고 있지는 않다.

TV 등의 대중매체에 나타난 여성에 대한 구체적인 편견을 살펴보면 다음과 같다(국립국어원, 2007). 첫째, 가족에게 사랑받는 여자가 성공한 여자라고 보여 준다. 드라마나 주부 대상 프로그램 등은 여성의 정체성을 가족 안에서만 확인할 수 있는 것으로 묘사하고, 가족을 위해 사는 현모양처로서의 삶이 성공한 여성의 삶인 것처럼 보여 준다. 둘째, 여자는 남자를 잘 만나는 것이 인생에서 가장 중요한 일인 것처럼 보여 준다. 많은 매체들은 여성이 적극적으로 자신의 삶을 헤쳐 가고 독립심이 강한 것을 바람직하지 않은 것으로 묘사하고 있다. 사회적 성공을 우선시하는 일을 잘하는 여자보다는 결혼을 잘하는 것이 훨씬 능력 있고 성공한 여성의 삶이라고 강조한다. 셋째, 여자는 이쁘고 외모를 가꾸어야 한다고 주입한다. 이러한 메시지는 여성의 외모를 상품화하는 역할을 하고, 외모가 여성의 삶의 목표이자 성공의 열쇠인 것처럼 느끼게 한다. 특히 광고에서는 간접적으로 여성을 성적 대상으로 비유한 표현이 많아 사람들에게 성차별적 고정관념을 강화하고 있다(이수연, 2003). 넷째, 여자는 남자보다 열등한 것으로 표현한다. 여성은 시대적 영웅이 될 확률이 적고, 정신적 · 육체적으로 남성보다 못하며, 직장에서는 하위직에 근무하고, 폭력의 위협을 받는 존재로 표현하는 경향이 있다. 이러한 모습들을 계속해서 접하게 되면 여성 스스로도 여성에 대한 잘못된 고정관념과 편견을 가지게 된다.

최근 한국 양성평등 교육진흥원(2014년 6월 9일)의 보고서에 따르면, 5월 한 달 동안 방영된 총 25편의 드라마 61회를 조사한 결과 성차별적 내용(남성 주도의 사회지도층 세계, 성고정관념, 성차별적 언어 등)이 여전히 69%나 차지하는 것으로 나타났다. 아직까지도 우리 사회가 가지고 있는 성고정관념과 이를 부추기는 대중매체의 역할에 대하여 고민해 보아야 한다.

아동 대상의 프로그램들에서 성고정관념에 대한 문제는 더 심각하다. 아동이 보는 프로그램들에서 주인공들의 직업을 살펴보면, 남성은 왕, 군인, 기술자, 탐험가 등의 용기, 정의, 애국, 고난 극복의 성격 특성을 가지는 역할을 갖는 반면, 여성은 공주, 예술가, 교육자 등의 효, 사랑, 권선징악의 성격을 가진 수동적이고 소극적인 역할을 갖는다(강정희, 1999; 국립국어원, 2007 재인용). 아동 대상 프로그램들의 성차별적 요소가 더 문제되는 것은 아동기의 특성상 이들은 외부 정보를 쉽게 받아들이고, 이후 평생 차별적 고정관념을 지닐 수 있기 때문이다. 실제로 TV를 많이 보는 아동이 그렇지 않은 아동에 비해 그 사회에서 정형화된 성 고정관념을 가질 가능성이 높은 것으로 연구되었다(McGhee & Frueh, 1980; Signorielli & Lears, 1992). 반대로 성차별이 적은 프로그램에 계속 노출된 아동의 경우에는 성고정관념이 낮은 것으로 나타났다(Rosenwasser, Lingenfelter, & Harrington, 1989). 따라서 어른뿐만 아니라 아동을 위해서라도 TV, 라디오, 인터넷 등을 비롯한 모든 매체는 좀 더 신중하게 캐릭터를 묘사할 책임이 있고, 현대를 살아가는 우리도 끊임없는 감시와 수정을 요구하면서 다양한 매체에서 전달되는 다양한 의미를 제대로 판단할 수 있는 눈을 길러야 한다.

5 종교

성고정관념과 성차별이 극명하게 나타나는 곳은 종교다. 천주교에서는 여성이 신부가 될 수 없고, 주교로 선출되지 못하며, 불교에서도 여자 승려는 남자 승려보다 지위가 낮다. 또한 신을 뜻하는 영어 단어들은 모두 남성적 단어(예: Father, He, King 등)를 사용함으로써 남녀의 차별을 당연한 것으로 여기며, 오랫동안 성차별적 상황에 대한 요구는 해서는 안 되는 것으로 생각되어 왔다. 하지만 최근에는 미국 성공회 제26대 의장 주교로 캐더린 쇼리(Katharine Schori)가 선출되어 성공회 종파의 역사상 교회를 이끌어 가는 최초의 여성으로 기록되었다.

이러한 변화는 성역할의 경계가 종교에서도 일어나기 시작하였음을 보여 주는 것이라 할 수 있지만, 그 변화의 속도는 결코 빠르지 않다.

(2) 사회문화적 모델의 특징과 비판

사회문화적 모델에서는 성정체감과 성역할이 어떻게 형성되는가에 초점을 두고, 그 과정을 사회문화적 측면에서 이해하고자 하였는데, 구체적인 특징은 다음과 같다. 첫째, 성역할 획득 과정은 학습을 통하여 이루어진다. 이러한 학습은 강화나 처벌에 의한 직접적인 학습으로도 획득되고, 모델링(관찰학습) 등의 간접 학습을 통해서도 형성된다. 둘째, 성정체감과 성역할의 형성은 개인이 스스로 자신의 성정체감을 인식하기 전에 이미 부모나 사회의 가치관에 의해 시작된다. 셋째, 사회의 기대에 의해 학습된 성정체감과 성역할은 남녀 역할에 있어 성차별적 고정관념으로 발전한다. 사회문화적 모델은 사회와의 상호작용을 중요한 요인으로 고려하였지만, 생물학적 모델을 완전히 부정하는 강한 입장을 취하고 있어 성정체감과 성역할 발달을 설명하는 데 한계가 있다는 비판을 받고 있다.

현재는 시대의 변화에 의해 전통적인 성역할의 경계가 많이 허물어지고 있기 때문에, 새로운 관점에서 현재 그리고 미래의 성정체감과 성역할을 이해할 수 있는 새로운 모델의 적용이 필요하다.

사회문화적 모델의 '성역할 후천설'을 지지하는 연구

미국의 문화인류학자인 마가렛 미드(Margaret Mead, 1901~1978)는 남녀에게서 보이는 성차에 대한 생물학적 선천성에 대한 주장에 반대하였다. 그녀는 남태평양의 사모아섬을 포함한 뉴기니에서 직접 현장 조사를 수행하였고, 그 연구 결과를 『세 부족 사회의 성과 기질(*Sex and Temperament: In Three Primitive Societies*)』(1988)이라는 책을 통해 성정체감 및 성역할에 관한 사회문화적 모델의 강력한 증거로 제시하였다. 마가렛 미드는 성역할 행동 양상이 확연히 구별되는 세 부족을 다음과 같이 소개하였다.

첫 번째는 먼더거머(Mundugumor) 부족으로 남성과 여성의 성역할에 차이가 거의 없고, 남녀 모두 격렬하고 경쟁적이며, 모욕을 당하면 반드시 복수하고, 자기과시 경향이 강하였으며, 분쟁을 즐겼다. 또한 무자비하고 공격적이며, 비협동적인 성향과 행동을 나타내었다. 즉, 남녀 모두가 대부분의 문화에서 남성적이라고 말하는 기질을 가지고 있었다. 두 번째는 아라페시(Arapesh) 부족으로 먼더거머족 사람들과는 반대로 부족의 모든 사람이 여성적 기질인 온순, 협동, 모성애, 비공격적, 순응, 상호 신뢰 등을 보였다. 또한 남녀 모두 똑같이 자기보다 어리거나 약한 사람을 위해서 자신의 욕구를 억제하는 경향이 있었다. 마지막은 챔불리(Tchambuli) 부족으로 대부분의 문화에서와는 반대로 여성은 지배적이고 공적인 일을 처리하고 가정 경제를 책임지는 반면, 남성은 정서적으로 여성에 의존하고 예술적인 영역에만 관심을 두며 집안일을 맡고 있었다.

마가렛 미드는 이들 부족의 남녀가 생물학적으로 다른 문화 사람들과 다르지 않기 때문에 남성성 · 여성성으로 인식되는 성역할은 생물학적으로 정해진 것이 아니라 사회적 학습 과정의 차이에서 비롯되는 것이라고 주장한다.

2. 변화하는 성역할 개념

1) 융의 아니마와 아니무스

칼 융(Carl Jung)은 기존의 서구 사회에서 주장하였던, 여성은 여성적 특징을 그리고 남성은 남성적 특징만 갖는다는 의견에 반대하여 모든 인간은 이 두 가지 특징을 함께 가지고 있다는 견해를 제안하였다. 융은 동양 철학의 음과 양의 이론에서 이러한 견해를 착안하였고, 아니마(anima)와 아니무스(animus)라는 개념으로 설명하였다. 아니마란 여성적인 특징을 일컫는 용어로서, 관계를 맺는 능력, 정서성, 타인에 대한 배려, 감각성, 애착, 민감성 등의 성향을 말한다. 이에 비해 아니무스란 남성적인 특징을 나타내는 공격성, 식별과 분화 능력, 판단하고 행동하는 경향성을 뜻한다. 아니마와 아니무스는 자아가 의식하지 못하고 있는 무의식 속에 내재된 인격으로, 무의식을 막고 있는 의식이 이완되면 무의식에서 의식으로 떠올라 발현될 수 있다. 융의 설명에 따르면, 본래 인간은 타고난 원형의 심리 상태, 즉 아니마 또는 아니무스가 억압되지 않은 상태를 지향하려고 하지만, 성장하면서 남자다운 남자, 여자다운 여자가 이상적이라는 주변의 시선과 사회화의 영향에 따라 남자에게는 여성성의 아니마가, 여자에게는 남성성의 아니무스가 의식상에서 억압되어 무의식으로 옮겨 간다. 그러므로 여성성과 남성성은 서로 독립적으로 분리된 개념이 아니라 보다 강하고 우세한 쪽이 의식에서 활동할 때 결정되는 것이라고 볼 수 있다.

이러한 억압은 결혼 적령기에 이르러 무의식적 아니마와 아니무스가 애인이나 배우자에게 투사된다. 이러한 남성성과 여성성이 균형을 이루어 통합된 사람은 상대방의 성에 대해 긍정적이고 안정된 개념을 가지게 되고, 애인이나 배우자를 선택할 때도 건강한 심리적 상태의 상대를 만날 가능성이 높다. 아니마와 아니무스는 중년기 이후에 다시 한 번 발현되는데, 이때는 의식상의 억압이 약해져서 남자에게는 억압되었던 여성성이, 여자에게는 억압되었던 남성성이 나타나게 된다. 억압되어 있던 아니마와 아니무스가 의식상으로 떠오르는 이유는 원형적인 안정된 심리를 유지하려는 경향이 나타나기 때문이다. 보통 여자가 나이를 먹을수록 세지고 남자는 오히려 순해진다고 하는 얘기들은 융의 이론으로 설명될 수 있다.

2) 호나이의 성고정관념에 대한 비판

카렌 호나이(Karen Horney)는 프로이트의 기본 개념의 많은 부분을 인정하면서도 프로이트 이론이 남성 중심적 해석이라고 강하게 비판하였다. 또한 남성과는 다른 심리적 발달을 거치는 여성의 고유한 발달 과정을 무시하였음을 지적하고, 여성의 발달 과정을 세밀하게 재해석하였다. 호나이는 먼저 프로이트가 제안한 남근 선망 이론을 반대하였다. 여성이 남근이 없는 것에 대한 열등감을 갖는다고 생각하는 남근 선망 이론은 남성이 표출하는 나르시즘의 반영으로 보았다. 남근 선망은 남자아이에게만 적용되는 것으로, 남자아이가 남근을 중요하게 생각하기 때문에 남근이 없는 상태를 열등하게 여기게 되고, 이는 거세 불안을 더 키우는 결과를 낳게 된다는 것이다. 호나이는 여성의 남근 선망에 대한 이론은 여성의 생물학적 창조 능력에 대한 남성의 시기심에서 나온 잘못된 해석이라고 설명한다. 남성이 주장하는 남근 선망 이면에는 그것과 반대되는 개념인 자궁 선망을 가지고 있기 때문에 그것을 감추기 위해서 남성성을 과대, 과장하여 표현하려는 경향이 있다는 것이다(Horney, 1939). 즉, 남성이 여성을 무시하고 과장된 남성적 특성을 추구하려는 경향을 보이는 것도 자신이 가진 열등감을 회피하기 위해서라고 설명한다. 이러한 과장된 남성적 특성은 슈퍼맨 콤플렉스, 과도하거나 부적절한 남성성 과시 등의 형태로 나타나게 된다. 호나이는 여성이 겪는 갈등은 성적 열등감에서 비롯된 남근 선망 때문이 아니라, 문화적 분위기에서 파생된 자신감의 결여나 과도한 애정 욕구, 그리고 이에 따르는 대인관계 집착에서 비롯된다고 설명하였다.

호나이는 남근 선망과 더불어 성 본능을 지나치게 강조한 프로이트의 주장도 비판하였다. 프로이트가 불안을 성과 관련하여 개념화하였다면, 그녀는 인간의 기본적 불안은 유전적인 것이 아닌 환경과 문화 그리고 양육의 산물이며 사랑과 안전추구의 욕구에서 비롯된다고 보았다. 그러므로 인간의 불안은 성격 형성의 중요한 원동력이며, 삶의 추진력으로 해석한다. 호나이는 여성의 관점에서 정신분석적 견해를 받아들였다는 평가를 받았다. 또한 호나이는 문화 및 사회적 요인의 영향을 발달 이론에 도입하였고, 근대에서 현대로 바뀌는 시대적 변화를 정신분석에 반영하는 공헌을 하였다. 그녀의 이론들은 후에 여성학에 상당한 영향을 주기도 하였다.

3) 벰의 양성성 개념

산드라 벰(Sandra Bem)의 양성성에 대한 이론은 이전의 전통적인 성역할 개념과 전혀 다른 접근법을 취하였다. 전통적인 남성성과 여성성의 개념은 남성성이 높으면 여성성이 낮고, 반대로 여성성이 두드러지면 남성성은 비례하여 낮아지는 양극단의 연속선상에 존재하는 단일 차원으로 설명하였다. 하지만 벰의 주장은 남성성과 여성성은 각기 다른 차원으로 이루어져 있기 때문에 상호 배타적인 것이 아니라 독립적인 특성으로 동시에 공존할 수 있다는 것이다. 벰은 남성을 뜻하는 단어인 'Andro'와 여성을 뜻하는 'Gyn'을 합성한 안드로지니(Androgyny, 양성성)라는 용어를 사용하여 양성성을 의미하는 새로운 성역할 모델을 제시하였다. 즉, 여성성과 남성성은 독립적인 특성이므로 한쪽이 높으면 다른 한쪽이 낮아지는 것이 아니라, 양쪽 모두 높거나 낮을 수 있다는 것이다.

벰은 여성성과 남성성이 모두 높은 양성형의 사람이 사회 적응력이 더 뛰어나다고 제안하였는데, 그 이유는 다음과 같다. 첫째, 양성형의 사람은 사회가 요구하는 다양한 행동 목록을 소유하고 있기 때문이다. 즉, 남자가 하면 안 되는 일, 또는 여자라서 해서는 안 되는 일 등의 제한이 적으므로 할 수 있는 일들이 많아질 수밖에 없다. 둘째, 융통성 있는 행동으로 효율적으로 현실에 적응할 수 있다. 예를 들면, 전통적인 남성성을 가진 남자는 위로나 공감을 해야 하는 상황에서 잘 대처하지 못하는 경향이 있고, 반대로 전통적 여성성이 높은 여자는 자기주장을 강하게 해야 할 때 머뭇거리는 경우가 많다. 이에 비해 양성형의 사람은 사회에서 요구하는 다양한 상황에 적합한 행동을 하기 때문에 높은 현실 적응력을 보인다. 셋째, 양성형 사람은 다른 성에 대해 관대한 태도를 보이며 쉽게 선입견을 갖지 않는 특성이 있다. 이런 특성들은 대인관계를 비롯한 사회 적응력에서도 뛰어난 지표로 활용될 수 있다.

현대 사회는 급속히 변하고 있으며, 여성과 남성의 역할에 대한 사회적 기대도 점차 바뀌어 가고 있다. 최근의 경향은 남녀 성역할을 뚜렷하게 구분하는 것이 옅어진 인상을 주고 있다. 이제는 집안일을 전담하는 남자나 화장하는 남자에 대한 시선도 많이 달라졌으며, 남성복에서의 슬림핏 정장, 여성복에서의 밀리터리룩이나 배기팬츠 등 전통적 남녀 의복의 교차 현상도 볼 수 있다. 남녀의 사회적 역할도 그 경계가 조금씩 허물어지고 있어 남자만의 직업군이라고 여겼던 곳에서 활동하는 여성을 쉽게 찾아볼 수 있다. 이제는 남녀의 특성에 대해 뚜렷한 선을 긋는 것조차 다시 한 번 생각해 봐야 할 시점에 이르렀다. 최근의 우리 사회는 전통적 성고정관념에 얽매이기보다는 상황의 요구에 따라 현실적이고 효과적으로 대처하며, 남성 또는 여성이라는 틀에서 벗어나 오히려 한 인간으로서 자신의 자아실현과 행복을 위해 움직이는 것이 더 현명하다고 생각하는 경향이 점점 확대되고 있다.

성역할 사회화가 가져온 남성과 여성이 가지는 콤플렉스

전통적인 성역할 사회에서는 사회에서 정해 준 '여성스러움'의 기준에 미치지 못하면 자기비하, 좌절감 등의 부정적 감정을 경험하게 한다. 여성을 위한 모임(1992)에서 소개한 여성 콤플렉스는 다음과 같다. 첫째, 착한 여자 콤플렉스다. 이는 여성은 순종적이고 착해야 한다는 생각을 주입하여, 주위 사람에게 착하다는 인상을 주기 위해 끊임없이 노력하면서 겪는 심리적 갈등 상황이다. 착한 여자 콤플렉스를 겪는 여성은 자신의 욕망과 개성을 희생해 가면서 좋은 여자라는 칭찬을 받으려고 한다. 둘째, 신데렐라 콤플렉스다. 미국의 저널리스트인 콜레트 다울링(Colette Dowling)이 명명한 증후군으로 '억압된 태도와 불안이 뒤얽혀 여성의 창의성과 의욕을 한껏 발휘하지 못하도록 일종의 미계발 상태로 묶어 두는 심리 상태'를 말한다. 이는 여성이 도전, 경쟁 등을 해야 할 때 두려움이나 불안을 느껴 스스로 주도적인 역할을 하는 것을 꺼리게 만든다. 셋째, 성과 관련한 콤플렉스다. 여성은 성적인 영역에서 수동적이고 억제하는 태도를 가져야 한다는 것이다. 여성은 성을 출산의 수단으로 엄숙하고 신성하게 여겨야 하기 때문에 항상 정숙해야 한다는 순결 논리를 강조하는 것이다. 그러므로 여성이 성적으로 개방적이거나 성에 대한 흥미를 가지는 것을 금기시한다. 네 번째, 외모 콤플렉스다. 남성은 능력이 우선이라면 여성은 예쁘고 날씬한 것이 제일 중요한 요인이라고 강조하여 외모가 자신의 생애에 중요한 영향을 미친다고 생각하여 집착하는 것이다.

남성도 여성과 마찬가지로 성고정관념으로 인한 고통을 겪고 있다. 첫째, 사내대장부 콤플렉스가 있다. 이는 믿음직하고 대범한 인상을 사람들에게 주어야 한다는 강박관념으로 "역시 사내대장부야."라는 칭찬을 받기 위해 남성성의 특징을 과장하려는 경향을 말한다. 둘째, 온달 콤플렉스로 온달 장군의 이야기처럼 능력 있고 배경 좋은 아내를 만나 성공하고 싶은 내적 욕구와 사내답지 못한 바보 온달이라는 시선 사이에서 갈등하게 되는 것을 뜻한다. 셋째, 여성과 반대되는 성 콤플렉스로 남성은 성관계에서도 공격적이고 능동적이어야 하고, 모든 성행위를 능숙하게 주도하는 능력을 가져야 한다는 강박관념을 말한다. 넷째, 지적 콤플렉스로 남성은 여성보다 지적이고 똑똑해야 한다는 고정관념을 말한다. 가정에서도 남편은 아내보다 학벌이 더 높아야 하며, 다양한 부분에서 더 많은 지식을 가져야 한다는 것이다. 마지막으로, 남성도 외모 콤플렉스를 가지는데, 외모 중에서도 남자의 키는 중요한 변수가 되고 있다. 커플이나 부부 사이에서 남자가 여자보다 키가 커야 한다는 생각은 아직까지 많은 사람들에게 당연시되고 있으며, 이러한 인식을 깨는 것도 쉬워 보이지 않는다.

출처: 교육인적자원부 (2001).

요약

남성 또는 여성이라는 정체감은 어떻게 결정되는 것일까? 이 장에서는 성정체감과 성역할의 발달을 설명하는 전통적인 모델들인 생물학적 모델, 정신분석학적 모델 사회문화적 모델들에 대한 기본적인 개념, 특징 및 비판점을 살펴보았다. 또한 전통적인 성역할 모델들이 갖는 단점을 보완한 융(Jung), 호나이(Horney), 벰(Bem)의 이론들도 학습하였다. 그러므로 인간의 발달 과정에서 성정체감과 성역할을 습득하는 다양한 통로들을 통합하여 고려할 수 있다.

2장

성차에 대한 일반적 견해와 과학적 연구

학습 목표

1. 서구 사회와 동양 사회의 성차에 대한 기원과 인식에 대하여 알아본다.

2. 남성과 여성의 차이에 대한 통계적 · 실험적 결과들을 통해 기존의 성고정관념에 대하여 알아본다.

일반적으로 우리 사회 대부분의 사람들은 남성과 여성에 대한 고정화된 이미지를 가지고 있다. 예를 들면, 남성은 여성에 비해 감성보다 이성이 우세하여 눈물을 잘 흘리지 않고 공격적이고, 성적으로 개방적이라는 생각이 강하다. 또한 남성은 기계를 잘 만지고, 운전을 잘하고, 독립적이며, 지도력이 있을 것이라고 생각한다. 여성은 감성적 · 관계 중심적 · 희생적인 이미지가 강하고, 남성에 비하여 지도력이 부족하고, 의존적 · 수동적이고, 안전을 우선시하는 경향이 있어 모험을 싫어하는 것으로 인식된다. 그 밖에 여성은 일보다는 사랑이 먼저이기 때문에 애정에 집착하고, 외모에 치중하며 수다스럽다고 생각한다. 이러한 고정관념은 여성은 애정, 가사, 육아 등에 적합하고, 남성은 사회의 중책, 정치, 경제와 관련한 역할을 하는 것이 바람직하다는 풍토를 만들어 왔다(한국여성개발원, 1986). 이 장에서는 우리 사회에서 일반적인 견해라고 알려진 남성과 여성에 대한 성차를 시대와 문화에 따라 구체적으로 알아보고, 잘못된 성차에 대한 고정관념에 대해 과학적 연구를 바탕으로 논의해 보고자 한다.

1. 성차별의 기원

남녀의 성차에 대한 고정관념은 언제부터 시작되었을까? 인류 초기 씨족 사회에서는 여성은 채집을, 남성은 사냥을 담당하는 자연적인 분업의 형태를 취하였기 때문에 협동 노동과 평등 분배가 이루어졌고, 요즘과 같은 남녀 사이의 사회적인 차별은 나타나지 않았다. 오히려 이 시기에는 여성의 사회적 지위가 남성보다 더 높은 경향이 있었는데, 그 이유는 남성이 담당했던 사냥으로 얻을 수 있는 생산물은 불확실하며 비정기적이었지만, 여성이 담당한 채집은 그보다 안정적이고 확실한 생산원이 되어 생계의 중심이 되었기 때문이다. 그러므로 여성의 활동 가치가 더 높게 인식되었고, 따라서 여성의 지위는 남성보다 높은 경향을 보였다. 더욱이 집단혼 형태의 모계 사회가 일반적인 이 시기는 도구가 발달하지 않은 시대였기 때문에 노동력의 근원은 사람일 수밖에 없었다. 그러므로 인간을 낳고 기르는 역할을 주도적으로 하였던 여성은 남성보다 높은 사회적 지위를 가질 수 있었다.

채집 위주의 씨족 사회를 지나 인간 생활의 큰 변화라고 알려진 원시 농경 사회에서도 여성의 지위는 농경과 관련된 의식에서 제사장의 역할을 할 만큼 높았다고 알려져 있다. 하지만 이러한 평등 구조는 사냥을 위한 도구의 발달과 가축 이용으로 생산력이 증대되면서 깨지기 시작하였다. 생산력의 증대는 수확한 생산물에 대한 개인 소유의 개념을 발달시켰고, 개인 재산을 지키기 위해 노예제도가 발생하면서 평등한 인간관계는 무너졌다. 이와 더불어 생산 수단과 부의 축적에 남성이 중요한 역할을 하였고, 남성은 이를 독점하고 지키기 위해 자신들에게 유리한 가부장제의 남성 중심 사회로의 변화를 주도하였다. 남성은 자신의 재산과 가계를 이어 가기 위한 도구로 여성을 이용하였고, 그 결과 순종적이고 가정적인 여성을 더 선호하게 되었다.

1) 서구 사회

전통적 서구 사회에서 남성성(masculinity)은 이성, 객관성, 정신 등으로 대표되고, 여성성(femininity)은 감정, 주관성, 자연 등의 개념으로 이해된다. 계급사회였던 고대 그리스 · 로마 시대의 여성은 모든 계급에서 같은 계급의 남성보다 상대적으로 차별받고 억압을 당하였다. 이 시기에는 남녀차별의 이유를 생물학적인 특징을 들어 주장하였는데, 여성이 차별을 받을 수밖에 없는 이유는 여성은 혈액이 머리로 올라가지 못하여 열등하다는 것이었다. 남성이 누리는 지적이고 정치적인 생활은 남성이 천부적으로 이성(理性)을 소유하였기 때문이므로, 이성이 없고 열등한 여성은 애초에 그럴 자격이 없다는 것이다. 아리스토텔레스는 여성을 신체적으로 정신적으로 모두 열등한 존재라고 규정하고, 여성이 할 수 있는 일은 오로지 아이를 낳는 일뿐이라고 하였다. 그러므로 여성은 아이를 낳고 집안일을 하는 것 외의 다른 일은 할 수 없으므로 여성이 바깥 활동, 교육, 정치적 · 사회적 활동 등에서 배제되는 것은 당연하다고 생각하였다(이경혜, 1999). 이런 분위기 속에서, 결혼을 할 때도 신부의 의견은 전혀 반영되지 않은 채 신랑과 신부 아버지의 계약으로 진행되었고, 남편과 아내의 겸상도 허용되지 않았다. 기본적으로는 일부일처제라는 제도를 두었으나, 남성은 공공연히 첩을 두고 자신의 아내 외의 다른 여자들과의 성관계를 자유롭게 즐겼다. 이 시대의 여성은 이름뿐인 형식적 일부일처제의 제도를 바탕으로 결혼과 이혼의 자유, 상속권, 자녀에 대한 친권 등의 권리는 전혀 갖지 못하였다.

이후 서구 사회에서의 남녀 성고정관념과 성차별은 기독교를 비롯한 종교의 영향으로 더 확고히 굳어져 갔다. 기원전 4세기 이후 기독교 사상은 여성을 천국에 이르는 것을 막는 유혹자로 묘사하면서 멸시와 증오의 대상으로까지 표현하였다. 또한 성적 욕구와 남녀의 결합을 부정한 것으로 보거나 왜곡하였고, 출산조차도 부정한 것으로 보았다. 구약성서 레위기 12장에는 다음과 같은 글이 나온다(이경혜, 1999 재인용).

> 여인이 임신하여 남자를 낳으면 그는 이레 동안 부정하리니 곧 월경할 때와 같이 부정할 것이며 여덟째 날에는 그 아이의 포피를 벨 것이요 그 여인은 아직도 삼십삼 일을 지내야 산혈이 깨끗하리니 정결하게 되는 기한이 차기 전에는 성물을 만지지도 말며 성소에 들어가지도 말 것이며 여자를 낳으면 그는 두 이레 동안 부정하리니 월경할 때와 같을 것이며 산혈이 깨끗하게 됨은 육십육 일을 지내야 하리라

유대교의 율법에도 여성의 증언은 신빙성이 결여되어 여성은 증인으로 채택을 하지 않았던 것으로 나타나 있다. 가톨릭에서도 수녀의 역할은 전통적인 여성의 역할 이상은 하지 않도록 하였다.

중세 봉건 사회로 넘어와서도 여성에 대한 차별은 여전히 진행되었다. 이 시기에는 여성의 지위가 봉건적 예속 관계에 의해 결정되었다. 영주는 자신의 아내나 딸 등의 재산이나 결혼에 대한 지배권을 행사하였을 뿐만 아니라, 농노의 아내나

딸의 노동력과 결혼에 대한 지배권도 가지고 있었다.

자본주의 사회로 접어들면서 여성도 자신의 의사에 의해 경제력을 가질 수 있게 되었다. 경제력은 바로 자본주의의 핵심이라고 볼 수 있는 돈과 직결되었기 때문에 가부장적인 남편이나 아버지에 의존하지 않고서도 여성 스스로의 힘으로 독립적인 사회경제적 지위를 획득할 수 있는 기회가 주어졌다. 하지만 자본주의가 더 진행됨에 따라 남성은 사회적 생산을 주로 담당하고 여성은 가사를 전담하는 구조로 굳어지면서, 성에 따른 역할 규정과 분업을 더욱 강조하는 방향으로 발전하였다. 이에 따라 남성은 자본주의 사회에서 가장 중요하게 여기는 경제력에서 우위를 차지하게 되었고, 여성은 더 이상 생산자가 아닌 소비자로서의 한정된 역할에만 집중하게 되었다. 이러한 구조에서 남성과 여성 간의 사회적 지위는 더 차이가 날 수밖에 없고, 남성은 그들이 가진 경제력을 바탕으로 인생의 동반자로서의 여성보다는 자신에게 순종적이고 성적 대상으로서의 여성을 원하는 경향은 더 커지게 되었다.

2) 동양 사회 및 우리나라

동양 사회는 불교, 유교 및 도교 등의 영향으로 남자는 주로 양(陽)인 하늘, 태양, 씨, 배[船] 등의 개념으로, 여자는 음(陰)의 개념인 땅, 달, 밭, 항구 등으로 표현되었다. 우리나라의 전통문화는 동양 사회의 음양론의 개념을 받아들여 남녀의 차이는 인정하였지만, 서구 사회와는 달리 남녀의 조화를 중요시하였다. 이러한 분위기는 고려시대까지 이어져 내려왔다. 고려시대에는 부계의 원리가 법제화되어 있기는 하였으나, 크게 적용되지 않아 남녀의 역할 구분이 엄격하지 않았다. 왕위나 가계 계승, 상속제도, 양자제도, 제사 등의 문제에 있어 딸인 여성도 그 권리와 의무를 이어받을 수 있었다. 또한 여러 가정 의례법들을 살펴보면 부부관계 및 남녀 가족 구성원의 권리와 의무가 동등하였음을 알 수 있다. 〈쌍화점〉이나 〈가시리〉 등의 고려가요는 남녀의 지위가 차별이 없음을 잘 보여 주고 있다.

고려시대 여성의 활동이나 지위와 비교하면 조선시대는 유교의 이념이 크게 강조되면서 남녀의 구별이 엄격하고, 남성 위주의 사회 분위기가 팽배하여 남존여비의 가부장적 가족 제도가 강하게 굳어지게 되었다. 여성은 평생 남성에게 예속되어 현모양처의 삶을 강요받았고, 재가 금지, 삼종지도, 칠거지악 등의 명목으로 남성에 비해 많은 사회적 제약을 받음으로써, 여성이 누릴 수 있는 권리는 상당히 줄어들었다.

2. 남성과 여성의 차이에 대한 과학적 연구

남성과 여성의 차이에 대한 일반적인 성고정관념은 근거가 있는 것일까? 아니면 오래전부터 내려온 잘못된 믿음일까? 그 답을 구하기 위해서는 통계적이고 과학적인 연구 자료들과 비교해 보아야 한다. 남성과 여성의 차이를 알아보기 위한 연구들은 지금까지 많이 진행되었고, 그중 가장 유명한 연구 자료는 심리학자였던 맥코비와 잭클린(Maccoby & Jacklin, 1974)이 1974년에 출간한 『성차이의 심리학(*Psychology of Sex difference*)』이라는 책이다. 이들은 구체적인 연구들을 바탕으로 특정 영역에서의 남녀의 차이를 인정하였지만, 많은 사람들이 믿고 있는 성차에 관한 일반적인 견해들이 실제로는 사실이 아닌 부분도 많다고 결론 내렸다. 남녀 성차에 관한 다양한 연구들을 바탕으로 언어 · 수리 · 공간 능력, 정서반응, 양육행동, 공격성 및 성행동과 관련된 능력의 성차가 실제로 존재하는 것인지 아니면 성고정관념으로부터 비롯된 잘못된 믿음일 뿐인지 살펴보고자 한다.

1) 언어 능력

일반적으로 언어 능력은 여성이 더 뛰어나다고 알려져 있다. 맥코비와 잭클린(1974)의 연구 결과도 여성이 남성보다 영아기부터 소리에 더 민감하고, 더 일찍 말을 시작하며, 발음도 분명하다고 보고하였다. 2013년도 우리나라 수학 능력 시험의 언어 영역 점수를 표준화하여 남자 고등학교와 여자 고등학교 간의 차이를 살펴본 결과, 남학생의 평균이 100.0(표준편차 19.3)이었고, 여학생이 104.4(표준편차 16.6)로 여학생의 언어 영역 점수가 높았다. 그렇다면, 이러한 예시로 여성이 남성보다 언어 능력이 더 뛰어나다는 것을 확신할 수 있을까?

하이드와 린(Hyde & Linn, 1988)은 기존의 연구결과들을 메타분석을 사용하여 다시 살펴보았는데, 언어 능력에서 여성이 우세하다는 것은 잘못된 해석이라고 주장하였다. 하위 영역 중 어휘와 독해 영역에서는 성차가 거의 나타나지 않았다. 우리나라 4~32개월의 영유아 938명을 대상으로 한 연구(윤혜련, 김영태, 2004)에서도 수용언어와 표현언어의 성별 차이를 살펴본 결과, 표현언어에서는 여아의 점수가 높았지만, 수용언어에서는 남녀 차이가 나타나지 않았다. 한편, 미국의 대학 수학 능력 시험인 SAT의 언어 점수는 오히려 남학생이 더 높게 나오기도 하였다(김태련 외, 2007).

이와 같은 연구들은 언어 능력의 성차가 있다는 사실을 반증하고 있지만, 또다른 많은 연구와 일반적인 견해는 여성이 남성보다 언어능력이 뛰어나다고 주장한다. 그렇다면 언어 능력에서 성별의 차이가 나타나는 이유를 어떻게 설명할 수 있을까? 학자들이 주장하는 다양한 관점을 다음의 세 가지로 살펴보고자 한다.

첫째, 뇌 발달을 포함한 신체 발달의 차이가 언어 능력과 관련이 있다는 것이다. 여성에게서 양쪽 뇌의 연결이 더 긴밀하고 대뇌 피질의 특정 부위에 11%의 더 많은 뉴런이 발견되는데, 이것이 언어 능력을 더욱 탁월하게 만든다고 알려져 있다(EBS, 2008). 신체 발달 역시 여성이 남성보다 빠르게 시작되는데, 언어 능력은 영유아기의 신체 발달과 함께 진행되기 때문에 여자아이의 언어 능력의 발달이 남자아이보다 일찍 시작된다. 그러므로 여자아이의 언어 능력이 더 뛰어난 것으로 생각할 수 있고, 더불어 이러한 초기의 차이를 생애 전체의 능력으로 확대 해석하는 것일 수도 있다. 1.1세부터 2.6세의 우리나라 아동을 대상으로 어휘 수를 조사한 연구(최은희, 서상규, 배소영, 2011)에서 1.4세 무렵부터 여아가 남아보다 1.5배를, 1.8세 무렵에 그 차이는 더 벌어져서 여아가 2배가량 더 많은 어휘 수를 표현한다. 하지만 2.5세 무렵에는 평균 어휘 수에서 남아와 여아의 차이는 없는 것으로 나타났다. 즉, 영유아기 발달의 시작과 속도는 여아가 훨씬 일찍 그리고 빠르게 진행되지만, 3세 무렵부터는 남아도 여아의 수준만큼 충분히 언어 능력이 발달할 수 있다는 것이다.

둘째, 여성이 가지고 있는 우수한 비언어적 소통 능력이 언어적 능력에 영향을 미칠 수 있다. 비언어적 소통 능력 중 공감 능력은 다른 사람의 감정과 생각을 잘 이해하여 타인의 감정을 잘 알아차리는 것을 말하는데, 공감 능력이 뛰어나면 타인과의 의사소통 능력도 높을 수밖에 없다. 여성은 이러한 공감 능력이 남성보다 더 발달한 것으로 알려져 있다(Baron-Cohen, 2003). 또 다른 비언어적 능력으로는 타인의 얼굴을 인식하는 능력을 들 수 있는데, 이 또한 여성이 남성보다 뛰어난 것으로 나타났다. EBS(2008)에서 실시한 실험을 살펴보면, 남녀 각 300명의 초등 학생들에게 컴퓨터 화면에 24명의 사람 얼굴을 3초씩 보여 준 다음, 이미 보여 준 24명이 포함된 48명 중 앞선 24명을 찾는 얼굴 기억 과제를 내어 주었다. 이 결과, 남학생보다 여학생이 얼굴 인식 기억 과제를 더 잘 수행하였다. 또한 여성은 남성에 비해 언어 담당 영역과 감정 담당 영역의 위치가 더 가까운 것으로 나타났다(EBS, 2008). 그러므로 비슷한 언어 능력을 가지고 있더라도 여성이 남성에 비해 타인의 얼굴을 인식하거나 감정을 알아차리는 비언어적 소통 능력이 뛰어나 보다 풍부한 언어 감각을 발현시킬 수 있다. 이러한 비언어적 영역에서의 차이가 언어 능력 전체로 확대 해석되었을 수도 있다.

셋째, 사회문화적 영향 중, 부모나 양육자가 여자아이에게 언어적 상호작용을 더 활발히 하며, 더 많은 언어 자극에 노출되도록 하기 때문일 수도 있다(윤혜련, 김영태, 2004; Cherry & Lewis, 1978; Huttenlocher et al., 1991; Naigles, 1995). 이러한 자극과 상호작용이 남녀의 언어발달의 차이를 가져올 수 있다. 어머니와 유아 간의 상호작용을 살펴본 체리와 루이스(Cherry & Lewis, 1978)는 어머니들이 여아와의 관계에서 더 많은 질문을 하고, 반복하기와 고급 문법을 구사하고 있다고 밝혔다. 실제 4~32개월의 우리나라의 영유아들의 표현언어 점수를 살펴 본 결과(윤혜련, 김영태, 2004), 15개월까지는 여아와 남아의 표현언어에서 점수 차이가 나지 않았지만, 16개월 이후부터는 여아의 점수가 월등히 높아지는 것을 확인할 수 있었다. 또 다른 사회문화적 맥락으로는 여자는 언어를 잘해야 하고, 남자는 언어보다는 기계를 만지거나 수리적 영역에서 뛰어나야 한다는 사회적인 고정관념이 언어 학습 능력에 영향을 주었을 수도 있다. 대부분의 문화에서 여성은 시, 문학 등에 관심을 갖도록 기대되기 때문에 자신의 의지와 상관없이 더 많은 시간을 투자하고, 관심을 가지게 되는 방향으로 쉽게 동기화된다.

언어 능력과 관련한 성차를 연구하는 많은 학자들은 언어 능력에서의 일반적인 성차는 존재하지만, 모든 여성 또는 모든 남성에게 일반화하는 것은 반대하고 있다. 오히려 그러한 차이가 왜 나타나는지를 살펴보고, 그러한 차이를 이용하여 성별을 고려한 언어 학습의 제안점을 찾는 것이 더 유용할 것이다.

2) 수리 능력

수리 능력은 일반적으로 남성이 여성보다 우세한 것으로 알려져 있다. 맥코비와 잭클린(1974)의 연구 결과에 따르면, 대체로 여성은 사춘기 이전까지 남성에 비해 수리 능력이 우수하지만 사춘기를 전후로 이 양상이 바뀌어 이후로는 계속해서 남성이 여성보다 우수한 수리 능력을 보인다. OECD가 2000년에 주관한 학업성취도 국제 비교 연구(Program for International Student Assessment)에서 아이슬란드와 뉴질랜드를 제외한 대부분의 나라들에서 남학생이 여학생보다 높은 수리 능력 점수를 보였다. 그러므로 수리 능력과 관련한 일반적인 견해는 어느 정도 사실인 것으로 생각할 수도 있다(OECD, 2001).

그렇다면 수리 능력에서 성별 차이가 나타나는 이유는 무엇인가? 그러한 이유에 대하여 연구자들은 다양한 근거를 바탕으로 다음의 가설들을 제안하였다.

첫째, 수리 능력의 성별 차이가 나타나는 이유는 호르몬에 의한 뇌반구의 발달 차이 때문이라고 설명한다. 수리 능력은 뇌의 우반구와 높은 관련이 있는데, 남성호르몬인 테스토스테론과 안드로겐이 뇌의 우반구의 발달과 관계가 있다(김태련 외, 2007). 테스토스테론은 좌반구의 발달을 늦추고 우반구의 발달을 가져오는 역할을 하고, 반면에 안드로겐은 우반구의 기능을 촉진하는 일을 한다. 남성이 여성보다 우반구의 피질이 더 두껍다는 주장도 있다. 수리 능력은 우반구의 기능과 밀접한 관련이 있다는 것은 왼손잡이 연구를 통해 많은 부분 입증되었는데, 수리 능력이 뛰어난 사람들이 왼손잡이가 더 많았다(Benbow, 1988). 벤보우(Benbow, 1988)는 여성보다 남성에게서 왼손잡이가 더 많았다는 것과 수리 능력이 우수한 여성 집단에서 왼손잡이가 더 많았다는 사실을 토대로 높은 수리 능력과 우반구의 관련성, 그리고 남성의 수리 능력과의 관련성을 주장하였다. 다시 말하면, 호르몬에 의한 뇌의 기능 차이 때문에 남성과 여성이 수리 능력에서 차이가 나타난다는 것이다.

둘째, 수리 능력에서 보이는 남녀의 차이는 수리 능력 자체의 차이라기보다는 남성과 여성에게 나타나는 다른 특성이 수리 능력에 영향을 끼친다는 견해다. 예를 들면, 여성의 경우에는 수리 능력과 상관없는 정서나 맥락 등의 영향을 남성에 비해 많이 받는 것으로 나타났다(Eccles & Jacobs, 1986). 에클리스와 제이콥스

(Eccles & Jacobs, 1986)의 연구에서는 여성에게 과제를 푸는 시간을 제한하여 불안을 높이거나, 자신의 수리 과제 수행 능력을 확신하는 정도가 낮을 경우 과제 수행 결과가 남성에 비해 현저히 떨어지는 것으로 나타났다. 수리 능력에 영향을 미치는 또 다른 특성으로, 여학생은 친숙한(familiarity) 과제에 강하고, 남학생은 새로운(novelty) 과제를 선호하는 경향성을 들 수 있다(Hanna, 1994). 친숙한 과제를 선호하는 여학생의 경우에는 교사가 수업 시간에 알려 준 방법대로 문제를 해결하려는 경향성이 높고, 수업 시간에 배운 내용과 같은 내용 또는 유사한 내용의 문제가 제시되었을 때 수리 영역에서 높은 점수를 받는 패턴을 보인다. 하지만 새로운 과제를 선호하는 남학생의 경우에는 수업 시간에 직접적으로 다루지 않거나 배우지 않은 내용을 학습할 때 더 호기심을 보이고 집중하는 경향을 보인다. 그러므로 교육과정의 내용을 많이 질문하는 검사에서는 여학생의 수리 점수가 남학생에 비하여 낮지 않지만, 그렇지 않은 검사에서는 남학생의 점수가 월등히 높게 나온다(박경미, 최승현, 2002). 또한 남성과 여성이 세상과 사물을 인시하는 방식의 차이가 수리 능력의 차이를 가져올 수 있다(권오남, 박경미, 임형, 허라금, 2001; Benlenky, Clinchy, Goldberger, & Tarule, 1986). 남성은 논리성, 추상성, 연역성, 형식성, 완결성 및 절대 진리 등의 특징을 갖는 '분리된 인지(separated knowing)'로 사물을 보려 하고, 여성은 직관, 추측, 경험, 상대성, 맥락화의 특징을 갖는 '연결된 인지(connected knowing)'를 가지고 사물을 이해하려는 속성이 강하다(Benlenky et al., 1986). 현재의 교육과정은 수리 영역 과제 해결 방법을 주로 '분리된 인지'의 방식으로 접근하도록 구성되어 있어 여성보다 남성이 수리 영역의 학습에 있어 더 유리할 수 있다. 만약 여성에게 유리한 인지 방식으로 과제 해결 방법을 제시한다면, 여성과 남성의 수리과제 수행 결과는 다르게 나타날 수 있을 것이다.

셋째, 수리 능력을 하위 유형별로 살펴보면 여성이 더 우세한 하위 유형이 존재함에도 불구하고, 측정 방법이 한쪽으로 편향되어 결과가 보고되었기 때문에 남성이 항상 더 우세한 것으로 알려져 있다는 주장이다. 수리 능력을 수행 정도(수리 능력 시험 점수를 측정)와 수리 적성(수리 능력에 대한 잠재된 적성을 측정)으로 나누었을 때, 수행 정도는 남성이 여성에 비해 높은 점수를 보였지만, 수리 적성의 성별에 따른 차이는 미미한 수준으로 줄어들었다(Hogrebe, 1987). 또 다른 연구에서는 남학생은 기하문제와 같은 비정형화된 답이 요구되는 영역에서 뛰어난 수행을 보여 준 반면, 여학생은 연산이나 대수와 같은 직선적이고 명확한 답이 요구되는 영역에서 좋은 성적을 받았다(Kimball, 1989). 비슷한 연구로 남성은 추상적인 이론을 좋아하고 여성은 구체적인 과정을 선호한다는 결과도 있다(Gurian & Stevens, 2005). 따라서 여성들이 싫어한다는 수학의 개념을 조작할 수 있는 물건을 통해서 구체적인 과정을 보여 주면, 그 개념을 더 빨리 학습할 수 있다(Gurian & Stevens, 2005). 또한 다양한 수학적 표상을 다루는 문제들은 남학생이 여학생보다 월등하였지만, 기억력에 의존하는 문제나 사칙연산을 포함하는 계산 수행 능력 등의 유형에서는 그 차이가 크지 않았다(한국교육과정 평가원, 2001). 이러한 결과에 대해서는 여학생은 '계산'을 요구하는 문항을 잘하는 경향이 있고, 남학생은 '추론'을 요구하는 문항에서 우세한 경향을 나타낸다고 볼 수 있다(박경미, 최승현, 2002). 수리 분야의 영역별 차이를 보이는 것에 대한 이유를 크레스웰, 기퍼드 및 허프만(Creswell, Gifford, & Huffman, 1988)은 여성은 좌뇌가, 남성은 우뇌가 더 발달하였기 때문이라고 설명하였다. 앞서 설명하였듯이, 뇌반구의 발달 차이는 생물학적인 원인을 강조하는 것이다. 생물학적 원인을 강조하는 접근은 계산 수행 능력은 분석적 사고를 담당하는 좌뇌의 역할이고, 추론을 요구하는 종합적 사고는 우뇌가 담당하기 때문에 수리 능력의 하위 영역에서 성별 차이가 나타날 수 있다고 설명한다.

마지막으로, 수리 능력에서의 성차는 남성과 여성의 생물학적인 차이가 아니라 사회문화적인 영향이라는 주장도 있다. 가정 및 학교 장면에서 남성이 여성보다 수리와 관련한 과제 및 업무에 노출되는 경우가 더 많다(김태련 외, 2007). 우리 사회의 인식이 수리나 수학 과목은 남자가 잘하는 영역이라고 여기고 있기 때문에, 여성은 무의식적으로 수학이나 수와 관련된 영역을 멀리하게 되고, 조금만 어려워도 쉽게 포기하게 된다. 또한 사회적인 통념상 남학생은 기계를 다루거나 수리와 관련된 영역을 잘할 것이라는 기대도 있다. 실제로 부모 및 교사가 갖는 학생의 수리 능력에 대한 기대가 학생의 수학 성적에 영향을 미치는 것으로 나타났다(Eccles & Jacobs, 1986). 특히 어머니가 지각하는 수리 능력에 대한 성고정관념은 자녀의 수학 성적에 상당히 영향을 주었다. 그러므로 수와 관련한 과제에 어릴 때부터 자연스럽게 더 많이 접하게 되는 환경과 사회문화적인 기대

표 2-1 **학년에 따른 남학생과 여학생의 수학 성취도**

성취 경향에 따른 문항의 종류 / 검사 대상	남학생의 성취도가 여학생보다 높은 문항	여학생의 성취도가 남학생보다 높은 문항	여학생과 남학생의 성취도가 유사한 문항
4학년	33%	26%	41%
8학년	44%	28%	28%
12학년(고등학교 3학년)	87%	0%	13%

출처: 박경미, 최승현 (2002).

및 압박이 남성에게는 수리 능력을 발달시킬 수 있는 기회를 더 많이 열어 주고, 여성에게는 타고난 수리 능력을 발달시키지 못하고 감퇴시키는 역할을 하였을 가능성도 있다. 이러한 주장을 뒷받침할 수 있는 결과는 1995년, 1999년 그리고 2000년도에 실시한 수학성취도 검사에서 살펴볼 수 있는데, 여학생과 남학생의 성취도 점수는 학년이 높아질수록 성별 차이가 더 커졌다(박경미, 최승현, 2002). 〈표 2-1〉에서 보여 주듯이, 초등학교 4학년 때는 여학생과 남학생의 성취도가 유사한 문항이 41%를 차지하였지만, 중등교육 마지막 학년인 12학년(고3)이 되면 그 비율이 13%로 낮아진다.

특히, 성별 차에 대한 성고정관념이 강한 우리나라의 경우는 수리 능력의 차이가 더 많이 나타난다. 학업성취도 국제 비교 연구에서 대부분의 나라가 남학생이 우세하기는 하였지만, 우리나라 여학생과 남학생의 수학적 소양 점수의 성별 차이는 27개국 중 가장 크게 나타났다(OECD, 2001, p. 276). 뉴질랜드나 아이슬란드는 여학생이 남학생보다 더 높은 점수를 보여 주었고, 핀란드, 미국, 스웨덴 등은 큰 점수 차이가 나타나지 않았다. 이런 나라들을 살펴보면, 여성의 사회적 지위가 남성과 크게 차이가 나지 않거나 성고정관념이 별로 높지 않은 나라들임을 알 수 있다.

3) 공간 능력

공간 능력은 수리 능력과 마찬가지로 남성이 여성보다 뛰어나다는 인식이 일반적으로 강하고, 실제 연구들에서도 남성이 여성보다 뛰어난 경향을 보여 주고 있다(김정휘, 김병선, 김정인, 1995; Maccoby & Jacklin, 1974). 공간 능력에서 나타나는 성차의 이유가 무엇인지, 그리고 그러한 결과에 대해서 어떤 시각으로 바라봐야 하는지에 대하여 연구자들은 생물학적, 방법론적 그리고 사회문화적 관점 등을 제시하고 있다.

먼저, 생물학의 관점에서는 공간 능력의 성별 차이는 뇌기능 분화, 호르몬 및 망막세포의 유형의 차이에서 비롯된다고 주장한다. 뇌기능 분화의 차이는, 앞서 수리 능력에서 언급한 것과 마찬가지로, 공간 능력은 뇌의 우반구에서 주로 이루어지는데, 남성이 여성보다 우반구가 더 발달하였기 때문에 이것이 공간 능력의 차이로 나타난다는 것이다(Bowers & Labarba, 1988). 호르몬의 영향을 주장하는 연구자들은 남성호르몬이 공간 능력과 관련이 있다고 설명한다. 청소년기에 안드로겐 결핍이 있었던 남성은 정상 남성보다 공간 과제 점수가 현저히 낮았고, 여성의 경우에도 안드로겐 수준이 높은 여성이 공간 과제 수행이 좋은 것으로 나타났다(Kimura, 1992). 공간 능력에서의 성차가 호르몬 때문이라는 것은 공간 능력이 청소년기에 이르면 더욱 커진다는 연구들에 의해서도 지지를 받을 수 있다(김태련 외, 2007; 신정엽, 2009). 또 다른 생물학적 근거는 세포가 성별에 따라 차이가 있다는 것이다. 여성은 색깔이나 질감을 구별하는 데 관련이 있는 P세포가 많고, 남성은 움직임을 포착하거나 사물의 방향 및 속도를 지각하는 M세포가 더 많은 것으로 나타났다(Sax, 2006). 여자아이가 그림을 그릴 때 파스텔 톤이나 화려한 색을 좋아하고, 남자아이가 자동차나 조립 장난감을 선호하는 이유도 성별에 따라 우세한 망막세포 유형이 다르기 때문이라고 설명한다.

다음으로, 공간 능력은 하위 요인에 따라 성차의 양상이 다르게 나타나므로, 공간 능력 전반에 걸쳐 남성이 우세한 것처럼 생각하는 것은 공간 능력을 측정하는 방법상의 차이에서 비롯된 것이라는 관점이다(Atkinson, Atkinson, & Hilgard, 1983; Coleman & Gotch, 1998; Feingold, 1998; Tuckey & Selvaratnam, 1993). 린과 피터슨(Linn & Peterson, 1986)은 공간 능력을 공간지각 과제, 심적회전 과제, 시공간 과제 등 세 범주로 나누어 기존의 연구들을 메타분석하였다. 공간지각 과제는 제시된 도형이 완전히 드러나지 않은 상태(시각적 방해 요인이 있는 상태)에서 수평 또는 수직에 위치하였는지를 살펴보는 것이고, 심적회전 과제는 도형을 회전시켰을 때 어떤 모습이 되는지를 추적하는 유형의 문제이며, 시공간 과제는 다른 공간 표상 간의 관계를 알아차리는 능력을 측정하는 것이다. 분석 결과, 초등학생의 경우 공간지각 과제와 심적회전 과제에서는 남학생이 여학생보다 더 좋은 수행 결과를 보여 주었지만, 시공간 과제에서는 남학생과 여학생의 차이가 나타나지 않았다. 우리나라의 초등학생 600명(남학생 300명, 여학생 300명)을 대상으로 위치기억 과제 그리고 체계화형 과제를 실시한 결과(EBS, 2008), 위치기억 과제는 여학생이 우세하였고, 체계화형 과제는 남학생이 우세한 것으로 나타났다. 위치기억 과제는 다양한 물건들이 가득 찬 그림을 보여 준 후, 물건들의 위치를 바꾼 후에 이전의 물건들을 찾는 문제이며, 체계화형 과제는 린과 피터슨(1986)의 연구에서 실시한 심적회전 과제와 같은 것으로 도형을 보여 주고 회전시켰을 때를 상상하여 답을 찾는 문제다. 심적회전 과제는 남성이 우세하고, 위치기억 과제는 여성이 우세하다는 것은 다른 많은 연구들에서도 밝혀지고 있다(Coluccia & Louse, 2004; Levy, Astur, & Frick, 2005; Rahman, Abrahams, & Jussab, 2005).

하위 영역별 차이가 나타나는 이유에 많은 연구자들은 위치기억 과제의 경우에는 단순히 보이는 사물의 형태뿐만이 아니라, 전체적인 특징 및 맥락을 이해하는 능력도 함께 요구되기 때문이라고 설명한다. 이는 여성의 지식 습득 방법과도 관련이 있다. 여성은 무언가를 배울 때 개인의 경험을 바탕으로 습득하려 하고, 결과를 추론할 때는 맥락을 중요시하는 경향이 강하다(권오남 외, 2001). 이러한 성향이 위치 기억 과제에서 남성보다 우세한 결과를 보여 주는 것으로 짐작된다. 또한 공간 인지를 자신의 머릿속에 형성하는 방식에서도 남성은 특정 위치를 중

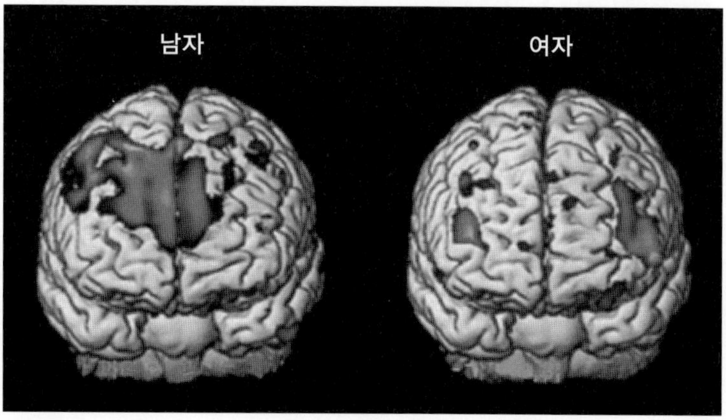

그림 2-1 **과제 수행 시 활성화되는 회백질의 남녀 차이**

출처: EBS (2008).

심으로 하는 공간적 구성 방식을 선호하고, 여성은 경로를 바탕으로 순차적으로 공간을 형성하려는 경향이 있다(Appleyard, 1970). 동일한 지능을 가진 성인 남녀에게 과제를 수행하는 동안 뇌 영상을 촬영한 결과, 남성은 회백질의 정중앙이 활성화되는 반면, 여성은 회백질의 측면이 활성화되었다(EBS, 2008). 이것은 남성과 여성의 생물학적 차이를 보여 주는 것과 동시에, 표현되는 인지적 능력이 비슷해도 그 경로가 다르다는 것을 의미한다. 공간 능력은 남성과 여성의 능력 자체의 차이가 있다는 관점에서 탈피하여 공간 능력을 습득하는 방법상의 차이가 존재하며, 남성과 여성의 문제 해결 책략이 다르다는 것을 인식하는 것이 중요하다. 이러한 인식은 교육영역에서 많은 함의를 가질 수 있다. 학생의 공간 능력을 키우고 발달시키기 위해서는 성차에 따른 차별화된 전략이 효과가 있을 것이다. 또한 공간 능력을 측정하는 방법도 남성 또는 여성에게 적합하도록 고려해야 한다(신정엽, 2009). 남학생과 여학생의 생물학적 차이를 단순히 공간 능력에서의 남성과 여성의 차이를 극명히 보여 주는 근거로 생각하기보다는 차이를 통해 서로를 이해하고, 보완할 수 있는 다양한 방법을 찾는 것이 현명할 것이다.

마지막으로, 공간 능력에서의 성차가 나타나는 것은 사회문화적 요인 때문이라는 관점이다. 사회문화적 영향을 강조하는 입장에서는 공간 능력은 부모의 육아 형태와 밀접한 관련이 있다고 주장한다(Harper & Sanders, 1975). 공간 능력의 발달은 어린 시절 가지고 놀던 장난감의 영향을 받을 수 있다. 남자아이가 가지고 노는 자동차, 무기, 로봇, 블록 등의 장난감과 여자아이에게 주어지는 인형, 소꿉놀이 등을 비교해 보면, 남자아이의 장난감이 공간 능력을 키우는 데 더 적합한 물건들임을 알 수 있다. 다시 말하면, 남성은 어린 시절부터 여성보다 공간 능력을 발달시킬 수 있는 환경에 더 노출되어 자연스럽게 공간 능력을 키울 수 있는 기회가 주어진다는 것이다. 장난감뿐만 아니라, 부모가 성별에 따라 다르게 부여하는 과제 할당도 공간 능력의 발달에 영향을 미칠 수 있다. 대개는 여자아이에게는 집 안에서 이루어지는 일, 예컨대 동생 돌보기, 부엌일 돕기 등을 시키는 반면, 남자아이에게는 집 밖의 공간에서 이루어지는 일들을 주로 맡기게 된다. 이러한 과제 할당의 차이에서 남성이 방향이나 공간에 대한 발달을 더 많이 획득할 기회를 가지게 될 것이다(신정엽, 2009). 대학생을 대상으로 한 연구에서 목록에 나열된 물건들을 배치하는 공간 능력을 측정하였는데, 과제의 유형은 남성적 과제(예: 의자 만들기)와 여성적 과제(예: 옷 만들기)로 나누었고, 이후 각 과제와 관련한 기억 검사에서 남학생과 여학생이 어떤 유형의 과제를 더 잘 수행하였는지를 관찰하였다(Hermann, Crawford, & Holdsworth, 1992). 예상대로 결과는 남학생은 남성적 과제를, 여학생은 여성적 과제를 더 잘 기억하는 것으로 나타났다. 이것은 사회적으로 부여된 성역할 고정관념이 과제 수행 결과에 영향을 미친다는 것을 보여 준다. 또 다른 연구에서도 공간 능력을 측정하는 문제를 제시할 때, 단순히 '추리 및 문제 해결 능력'과 관련한 문제라고 쓰는 경우에는 성별 차이가 크지 않았지만, 지시문에 '기계 조작, 지도 읽기, 도구 사용과 관련한 능력'을 측정하는 것이라고 제시하면 남성이 월등히 좋은 수행 결과를 보여 주었다(Sharps, Welton, & Price, 1993). 이러한 연구들은 여성 스스로가 가지는 수리 능력에 대한 고정관념 때문에 문제도 풀기 전에 자신감이 떨어지고, 이는 곧바로 수행의 결과에 영향을 미치게 됨을 뜻한다.

공간 능력과 관련한 연구들을 살펴보면, 예전에 비해 최근에는 공간 능력에서의 성차가 상당히 많이 감소하였음을 볼 수 있다. 또한 사회의 분위기가 자유로운 문화에서 생활하는 남성과 여성은 시공간 능력의 차이가 나타나지 않았다. 이러한 현상은 여성의 공간 능력이 열등하다는 편견이 오늘날 점차 옅어지고 있기 때문으로 해석할 수 있다(김태련 외, 2007).

4) 정 서

남성과 여성의 정서 차이와 관련한 연구들에서는 여성은 예민하고 감정적이며, 남성보다 더 강한 표현 방식을 취하는 것으로 나타났다(Barrett, Lane, Sechrest, & Schwartz, 2000; Kring & Gordon, 1998). 또한 여성은 정서 표현의 빈도에서도 성인과 아동 모두에서 남성보다 더 자주 표현하고(Bronstein, Briones, Brooks, & Cowan, 1996), 자신의 힘든 점을 얘기하는 빈도도 남성에 비해 높았다(Nelson-LeGall, Gumerman, & Scott-Jones, 1983). 그렇다면 이러한 남녀의 정서 차이는 왜 발생하며, 그러한 차이를 가져온 이유는 무엇일까?

첫째, 생물학적 차이를 주장하는 연구들은 남성과 여성은 정서에 대한 반응이 본질적으로 다르다고 설명한다. 뇌파 연구에 따르면, 정서와는 상관없는 사진을 제시하였을 때 남성과 여성의 뇌파 차이는 크지 않았지만, 정서를 느낄 수 있는 사람의 표정이 포함된 사진을 제시하였을 때 여성의 뇌파가 남성에 비해 강하게 감지됨으로써 그 차이가 확연히 나타났다(Proverbio, Zani, & Adorni, 2008). 또한 부정적이고 고통스러운 자극을 제시하였을 때, 여성이 남성에 비하여 더 강한 뇌파 반응을 나타내었다(Han, Fan, & Mao, 2008). 뇌파뿐만 아니라 피부 전도 반응(GSR)에서도 여성이 남성에 비해 정서자극에 민감한 결과가 나타났다(Lithari et al., 2010). 그러므로 여성이 남성보다 정서에 더 강하게 반응하는 것은 생물학적으로 타고난 것이라는 주장이다.

둘째, 정서 자체의 차이가 아니라 정서와 관련한 다른 변인들 때문에 여성이 더 정서적인 것으로 보이게 한다는 주장이다. 그러한 영향 변인들 중 하나는 언어 능력이다. 유아나 아동을 대상으로 한 실험들에서는 정서에 대한 반응을 아동이 표현하는 언어를 바탕으로 측정하는 경우들이 많은데, 즉 아동이 자신의 정서를 이해한 것을 언어로 설명하는 과정을 거치다 보면 정서 이해력이 언어 능력과 유의미한 관련성이 있는 경우들이 종종 있다(Denham, Zoller, & Couchoud, 1994). 그러므로 정서 이해력의 차이가 언어 능력의 차이에서 비롯되어 잘못 해석되었을 수도 있다. 또 다른 영향 변인으로는 성격이나 기질의 차이에서 비롯된 것이라는 의견이다. 특히 상대방의 표정, 목소리 그리고 분위기 등의 비언어적인 단서에 민감하게 반응하는 공감 능력이 높을수록 정서가 더 풍부한 것으로 생각되기 쉽다. 여성이 남성보다 다른 사람의 정서를 알아차리는 능력이 우수한 것으로 알려져 있어 여성이 더 정서적이라고 여겨진다(Bell, 1987). 그러므로 정서의 차이는 남녀의 차이가 아니라 성격의 차이일 수 있다는 것이다. 실제로 같은 여성이라도 공감 능력이 낮은 여성은 공감 능력이 높은 여성에 비해 정서 표현이나 반응(고개를 끄덕이거나 귀를 기울이는 행동)이 낮았다. 남성의 경우에도, 타인을 보살피거나 예술적 감각이 필요한 직업을 가진 남성은 정서적 민감성 검사에서 다른 남성에 비해 높은 점수를 보여 주었다. 남녀를 불문하고, 일반적으로 여성적인 성격이라고 알려진 측면이 많은 사람들이 정서적인 표현을 더 많이 한다(Brody, Hay, & Vandewater, 1990). 이러한 연구 결과들은 정서 반응이 단순히 남녀의 차원에서 다루어질 문제는 아니라는 것을 시사하고 있다. 또한 하위 영역의 빈도와 강도에 따라서도 다른 결과가 나타난다. 얼마나 자주 정서를 경험하는지를 묻는 빈도의 측면과 동시에 그 정서를 얼마나 강하게 경험하는지에 대한 강도의 측면을 분리하여 평가하도록 하였을 때, 정서의 강도는 여성이 더 높게 보고하였지만, 정서의 빈도는 여성과 남성의 차이가 나타나지 않았다(Allen & Haccoun, 1976; Diener, Sandvic, & Larsen, 1985; Fujita, Diener, & Sandvic, 1991). 정서 연구에서 다른 변인들이 유의미하게 강력한 영향력을 미치고, 하위 영역별로 다르게 나타난다면, 연구자들은 신중히 고려하여 연구 결과를 해석할 필요가 있다.

마지막으로, 정서 반응에 대한 남녀의 차이를 선천적인 뇌의 기능이나 성호르몬이 아닌 후천적인 성역할 행동의 사회문화적 요인에 의해 비롯된다고 보는 견해다(Brody, 2001). 사회문화적 영향에서 가장 강한 영향력을 미치는 것은 부모의 양육태도다. 실제로 부모는 여자아이와 남자아이가 정서를 표현할 때 다른 반응 양상을 보인다(Cervantes & Callanan, 1998; Fivush, 1989). 구체적으로 살펴보면, 부정적인 정서 표현, 예컨대 슬픔과 같은 정서를 아이들이 표현할 때, 여자아이에게는 부모가 위로와 공감의 태도를 보여 주지만, 남자아이에게는 참으라고 하거나 이유를 따져 묻는 반응을 보인다. 그뿐만 아니라 부모는 딸과 함께 있을 때 정서적 표현을 더 많이 사용하는 경향을 보여 주었다(Adams, Keubli, Boyle, & Fivush, 1995). 이러한 환경에서 자라난 남성은 정서를 자제하거나 통제하는 방식으로만 배우게 될 것이고, 반면에 여성은 보다 다양한 정서를 경험할 기회를 가질 수 있을 것이다. 정서가 사회적인 환경에 의해 키워진다는 주장을 하는 사람들은 사회적 규범이 엄격히 적용되지 않는 어린 시절에는 정서 표현에 남녀의 차이가 나타나지 않는 반면, 자라면서 그 차이가 커진다는 연구 결과들을 바탕으로 그 정당성을 입증하고 있다. 덴함 등(Denham et al., 1997)의 연구에서 초등학교에 입학하기 이전의 아동은 타인의 얼굴 표정으로 두려움이나 기쁨을 구별하는 과제에서 성차가 나타나지 않았다. 또 다른 연구에서도 학령 전의 아동은 남아와 여아가 모두 부모가 방을 떠날 때 울음을 터뜨리는 등의 반응이 유사했지만, 자라면서 점점 그 반응은 달라지는 과정을 겪는다고 하였다. 그러므로 정서와 관련한 연구를 할 때는 이러한 성고정관념에서 비롯되는 결과를 반드시 고려해야 한다. 정서를 동일하게 경험하여도 그것을 표현하거나 보고할 때는 자신이 생각하는 이상적인 모습이나 사회에서 요구하는 바람직한 방향으로 평가할 가능성이 높다. 파베스와 마틴(Fabes & Martin, 1991)은 남녀 200명씩, 총 400명의 대학생들에게 다양한 연령(영아, 유아, 초등학생, 청소년, 어른)의 남녀들이 정서(25가지의 다양한 정서에 대하여)를 느끼고 표현하는 빈도를 평가하는 실험을 하였다. 그 결과, 참가자들은 청소년과 어른에 해당하는 집단의 남성은 여성보다 정서 표현을 덜 할 것이라고 대답하였다. 이 연구 결과는 정서를 느끼는 경험에서 남녀의 차이가 있다기보다 그 정서를 표현할 때 성고정관념의 영향을 받는다는 것을 보여 준다.

대부분의 사회에서 여성은 사회적으로 정서를 표현하는 것이 남성에 비해 더 허용되고, 남성보다 타인과의 의사소통이나 관계 유지를 더 요구받고 있다. 이러한 사회적 분위기에서 성장한 여성은 스스로 정서 표현에 중요한 가치를 두고, 반대로 남성은 정서 표현을 제한하면서 발달할 것이다. 특히 유교 문화를 바탕으로 한 우리 사회에서 남성이 정서를 표현하는 것을 바람직하지 않은 것으로 여기고 있다. 한 연구(장정주, 김정모, 2008)에 따르면, 우리나라 남학생은 여학생에 비해 긍정적 · 부정적 정서 표현 모두 더 적게 하는 것으로 나타났다. 이것은 남성이 정서적 경험을 할 수 있는 기회는 자라면서 자연스럽게 제한되고, 이러한 과정에서 정서 표현의 성차를 가져오는 것이 아닌가 추측된다. 하지만 현대에는 남녀를 불문하고 정서적인 대화가 중요하고, 타인의 정서를 잘 파악하는 것은 사회성과 연결되므로, 남성이 정서 표현을 할 수 있는 자연스러운 사회적 분위기를 조성해야 할 것이다.

5) 양육 행동

양육 행동은 일반적으로 여성이 더 높은 것으로 알려져 있다. 양육 행동의 원인을 규명하려는 연구는 크게 양육 행동이 여성호르몬과 관계가 있어 타고난 양육 본능이 존재한다는 생물학적 관점과 사회가 여성에게 돌봄 행동이나 양육 행동을 강조하는 사회의 기대와 압박에 의해 자기 충족적 예언처럼 이 사회가 기대하는 방식으로 키워진다는 사회문화적 관점으로 나누어 볼 수 있다.

첫째, 생물학적 관점으로 보면 모성 본능을 포함한 양육행동은 호르몬의 작용이라는 것이다. 로젠블랫(Rosenblatt, 1992)은 설치류(쥐의 일종)를 대상으로 양육 행동에 미치는 생물학적 요인과 환경적 요인의 영향력을 연구하였다. 그는 임신이나 출산을 하는 과정에서 여성호르몬이 증가한다는 사실을 바탕으로 임신을

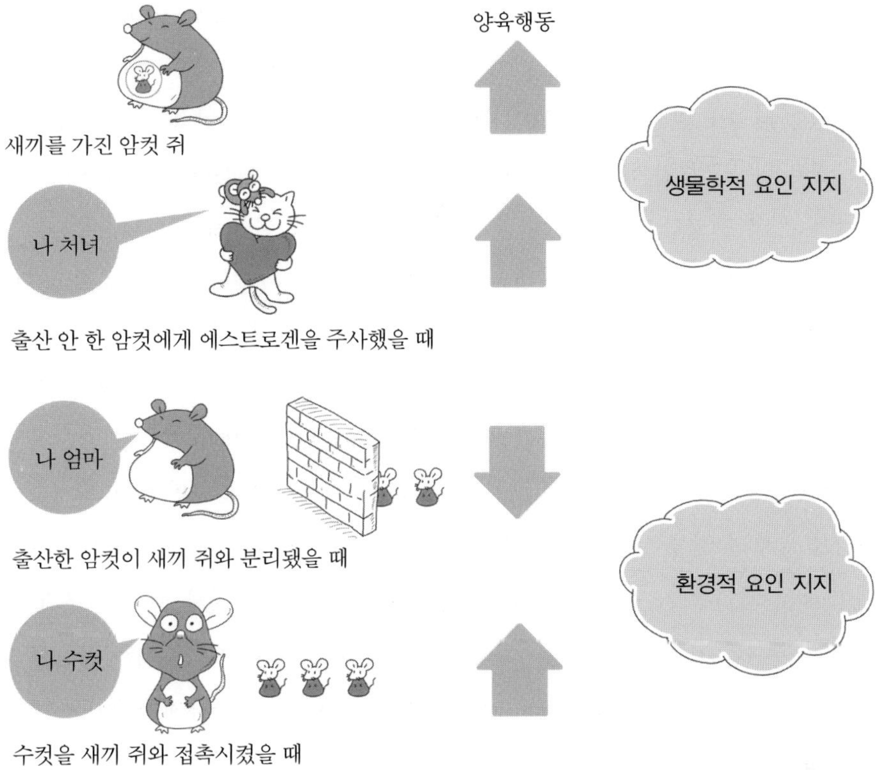

그림 2-2 **양육행동의 생물학적 영향과 환경적 영향**

출처: Rosenblatt (1992).

하지 않은 암컷 쥐에게 여성호르몬인 에스트로겐을 주사하였다. 그 결과, 임신과 상관없이 호르몬이 투여된 암컷 쥐의 양육 행동이 증가하였다. 이는 양육 행동과 여성호르몬이 상관관계가 있음을 지지하는 증거라고 볼 수 있다. 하지만 양육행동을 단순히 생물학적 영향으로 보는 것에 대한 비판도 상당히 많다. 로젠블렛(1992)의 또 다른 연구는 환경 요인의 영향을 보여 주었는데, 출산 직후 암컷과 새끼를 격리한 후 시간이 지난 후 다시 만나게 하였을 때는 양육 행동이 감소하였다. 반대로 방금 출산한 새끼 쥐를 수컷과 접촉시킨 경우, 수컷의 양육 행동이 증가하였다.

양육 행동이 호르몬에 의한 성별차에 기인한다는 주장에 반대하는 또 다른 증거는 상황에 따라서 남성의 양육 행동도 여성이 보이는 양육 행동과 동일하게 나타난다는 것이다(김태련 외, 2007). 즉, 그 상황이 양육 행동을 해야 하는지 애매하거나 미묘한 자극(예: 아이가 가볍게 칭얼대는 행동)에는 남성보다 여성이 더 반응적으로 대처하지만, 확실한 상황(예: 아이가 고통스럽게 우는 행동)에서는 여성과 다름없이 남성도 양육 행동을 보여 준다는 것이다. 그러므로 양육 행동이 단순히 호르몬의 작용으로만 일어나는 것이라고 규정하는 것은 무리가 있다.

둘째, 양육 행동은 사회문화적인 영향을 강하게 받는다는 관점이다. 대부분의 문화에서 여성에게는 어릴 때부터 다른 사람을 돌보는 과제를 주는 경우가 많다. 이러한 과제 할당의 차이 때문에 여성은 자연스럽게 양육 행동을 익히게 되고, 남성은 양육 행동이 자신의 과제가 아니라고 생각할 가능성이 높다. 그 증거로, 동아프리카 문화권에서는 남자아이에게 동생을 돌보는 일이 주어지는데, 이들에게서는 양육 행동의 성차가 보이지 않았다. 반대로, 11세 미만의 여아에게는 아기를 돌보는 일을 시키지 않는 뉴잉글랜드 문화권에서는 여성이 다른 문화권(아이를 돌보는 과제가 할당되는 문화권)의 여성에 비해 낮은 양육 행동을 보였다. 또 다른 사회문화적 영향으로는 사회에서 기대하는 성역할 때문일 수 있다. 대개 아이를 돌보고 키우는 양육 행동은 전형적인 여성의 특성으로 알려져 있다. 남성이 아이를 돌보는 등의 높은 양육 행동을 보이는 것은 남성답지 못하다는 사회적 인식 때문에 자신의 실제 의지와 상관없이 사회 분위기에 따라 행동할 수도 있다. 다시 말하면, 남녀에 따라 다르게 나타나는 양육 행동의 차이는 사회적 기대와 압박에 의해 남성은 스스로 타인을 돌보거나 보살피는 양육 행동을 자제하게 되고, 반대로 여성은 높은 양육 행동을 표현하는 것이 긍정적으로 강화되어 자연스럽게 양육 행동이 표출되는 것일 수도 있다.

양육 행동을 여성의 특성으로 규정하게 되면, 아이를 키우는 일은 당연히 여성인 어머니의 몫으로 한정되는 결과를 가져온다. 그러므로 양육 행동이 남성에게 부족한 것은 타고나는 것인지, 아니면 충분히 학습되어 길러질 수 있는 것인지를 연구하고 밝히는 것은 중요한 일일 것이다.

6) 공격성

대부분의 사람은 남자가 여자보다 더 공격적이라고 생각한다. 공격성과 관련한 성차 연구는 다른 영역의 성차 연구에 비해 일관되게 남성이 우세한 것으로 나타났으며, 이러한 성별 차이는 인생의 전 단계에 걸쳐 관찰되는 것으로 알려져 있다(임정빈, 정혜정, 1997; Gleitman, 1991). 공격성의 성별 차이를 설명하는 관점은 생물학적 측면과 사회문화적 측면으로 나누어 살펴볼 수 있다.

첫째, 생물학적 관점에서는 테스토스테론이나 안드로겐 등의 남성호르몬이 결정적 영향력을 미친다고 주장한다. 모든 종에 걸쳐 수컷은 암컷보다 더 공격적이며, 남성호르몬의 증가는 공격적 행동의 증가와 상관이 있다는 연구 결과들은 많다. 테스토스테론을 어린 동물에게 주입하면 공격성이 증가하는 것을 볼 수 있고, 여성 또는 남성 내에서도 테스토스테론의 수준이 높은 사람이 공격성이 더 높게 나타났다(Dabbs, 1992). 테스토스테론이 급격히 증가하는 청소년이 다른 세대에 비하여 공격성이 더 많이 나타나는 것도 같은 맥락에서 해석한다. 아동을 대상으로 한 연구(DiPietro, 1981)에서는 남아와 여아의 활동 수준은 비슷하였으나 밀거나 당기고 때리고 구르는 등의 거친 행동이 남아에게서 더 많이 나타남을 보여 주었다. 또 다른 연구(Whiting & Edwards, 1973)는 6개의 문화권에서 3~11세의 아동들을 대상으로 조사하였는데, 남자 아동의 공격성이 전반적으로 높은 결과를 보여 주었다. 실제로 모든 나라의 범죄율도 남성이 여성보다 8배 더 높은 것으로 나타났다(Kenrick, 1987). 하지만 남성호르몬이 일정 부분 공격성을 일으키는 것이 사실이라고 해도, 인간의 행동이 호르몬의 작용만으로 나타난다고 볼 수는 없다. 실제로 남성 범죄자의 공격성을 감소시키기 위하여 거세 수술을 하거나 여성호르몬을 주입하였지만 이들의 공격성에는 아무런 영향을 미치지 못하였다(김태련 외, 2007). 이러한 결과들로 유추해 보면, 호르몬이 공격성을 일으키는 것이 아니라, 공격성이 높은 행동을 할 때 남성호르몬의 수준이 높아지는 것이라고 볼 수도 있다.

둘째, 사회문화적 관점에서는 남성과 여성의 공격성은 단지 표현의 차이일 뿐 남녀 모두에게 공격성은 내재되어 있다고 주장한다. 남성과 여성은 공격성의 수준은 비슷하지만 그 표현 방식이 남성은 신체적으로, 여성은 언어적으로 더 많이 표현한다는 것이다. 책이나 대중매체에 보여 주는 모습들은 남자는 보다 직접적인 공격을 하는 것으로, 여자는 간접적이고 우회적인 방법을 통해 표현하는 것으로 묘사된다. 이러한 표현상의 차이 때문에 여성 역시 공격성을 가지고 있지만, 남성에 비해 낮은 것처럼 보일 수도 있다. 여성은 신체적으로 상대를 공격하기보다 모욕적인 단어를 사용하거나 소문을 만들어 간접적으로 공격하는 등의 패턴을 사용한다(Kenrick & Trost, 1993).

공격성이 남녀의 선천적인 차이라기보다는 여성은 항상 조신해야 한다는 것을 문화적으로 강조해 온 결과일 수도 있다. 어릴 때부터 남성의 공격성은 활달하고 진취적이라는 긍정적 보상이나 또는 개구쟁이라는 등의 크게 부정적이지 않은 반응을 받게 되지만, 여성이 공격적인 행동 성향을 보이게 되면 부모에게 야단을 맞거나 제지당하는 반응을 받게 되어 스스로 공격성을 낮추는 학습을 하였을 가능성이 크다(Perry, Perry, & Rasmussen, 1986). 공격성 영역의 성차에 대한 최근의 연구들은 남녀의 공격성 차이가 현저히 줄어들었다고 보고하고 있다(임정빈, 정혜정 1997). 이는 여성의 적극적인 사회 진출로 인해 전통적으로 남성의 이미지로 인식되었던 주장성, 독립성, 이성적, 능동성 등이 여성에게도 충분히 허용되는 사회적 분위기와, 여성 스스로도 적극적인 이미지로 표현되는 것에 긍정적인 인식을 하고 있기 때문으로 여겨진다.

7) 성행동

성행동과 관련한 성별의 차이는 모든 종에서 뚜렷이 나타나며, 특히 하등동물일수록 이러한 차이는 더 명백히 관찰된다. 예를 들면, 설치류는 수컷에게 남성호르몬인 테스토스테론의 수치를 높여 주면 삽입 행동 등의 성행동을 보이고, 그 수치를 다시 내리게 되면 모든 성행동은 중단된다. 만약 테스토스테론을 다시 투약하면 수컷의 삽입 행동을 볼 수 있다. 설치류 암컷의 경우에도 여성호르몬인 에스트로겐을 주입하면 성행동의 하나인 수용적 자세를 보이고, 난소를 절제하여 에스트로겐의 영향을 없애 버리면 이러한 성행동은 나타나지 않는다. 반대로, 암컷 쥐에게 남성호르몬인 안드로겐을 투입하면 성행동 시 수컷이 보이는 자세를 취하고, 출생 직후 거세한 수컷은 암컷의 성행동 패턴을 보여 주었다. 그러므로 설치류에서는 성호르몬이 성행동에 절대적인 영향력을 발휘한다고 볼 수 있다(김태련 외, 2007). 하지만 하등동물에서 고등동물로 갈수록 성호르몬만으로는 설명되지 않는 성행동들이 나타난다. 인간의 경우, 거세된 남성이나 폐경기 여성처럼 성적 기관과 성호르몬의 영향이 감소되어도 성적 욕구와 이성에 대한 애정 욕구가 존재하는 것으로 보아 호르몬의 영향이 성행동에 있어서 절대적이라고 볼 수는 없다. 또한 나이가 들어 감에 따라 성욕이 감퇴되는 이유는 단순히 남성호르몬의 감소 때문이 아니라, 노화의 진행으로 생겨나는 다양한 현상들이 성기능이나 성욕 감퇴에 영향을 주었기 때문일 수도 있다(김태련 외, 2007).

성행동에서 생물학적 요인의 영향력은 의심할 여지없이 인정된다. 하지만 사고 능력과 인지 기능이 발달할수록 성행동은 이성적 · 사회적 · 윤리적 판단의 영향력을 받는다는 것도 분명하다. 인간은 사회적 동물이며, 생리적 동기나 호르몬의 영향만으로 행동을 규정지을 수 없도록 사회화 과정을 거치게 된다. 그러므로 성행동과 관련한 다양한 현상들을 논의할 때에는 이러한 측면을 반드시 고려하여야 한다.

지금까지 다양한 영역에서 남성과 여성의 차이를 알아보기 위해 과학적인 연구 자료들을 비교해 보았다. 한 가지 주의할 점은 과학적 연구들도 사회의 일반적인 통념이 영향을 미칠 수 있음을 간과해서는 안 된다는 것이다. 왜냐하면 연구자들 역시 남녀에 대한 성고정관념을 가지고 있기 때문이다. 물론, 연구자는 최대한 자신의 선입견을 배제한 상태에서 연구에 임해야 하겠지만, 자신이 세운 가설을 지지하는 연구 결과에 주목할 가능성이 높을 수밖에 없다. 인지 능력을 비롯한 인간의 다양한 영역별 차이를 모두 성별 차이로 귀결시킨다면, 이때 발생하는 문제점은 단순히 성별 차이를 확인하는 것으로 끝나는 것이 아니다. 이를 토대로 교육 장면, 직업 선택 및 삶의 많은 부분에서 여성뿐만 아니라 남성도 불이익을 받을 수 있다. 언어 능력이나 공감 능력은 여성이 무조건 높고, 수리 및 공간 능력은 남성의 영역이라고 생각하게 되면, 건축, 기계, 공학 관련 학과나 직종에서 사람을 뽑을 때는 남성을 더 선호하게 될 것이고, 여성이 우세하다고 여기는 직업에서는 여성에게 더 특혜가 주어질 가능성이 높다(김태련 외, 2007). 또한 양육 행동이 여성의 특성이라고 규정하면 육아는 모두 여성이 책임져야 하고,

공격행동이나 성행동이 남성의 전형적 특성이라고 한다면 범법 행위에서 남성의 행위에 정당성을 부여할 수 있는 근거를 제공할 수도 있다. 그러므로 능력이나 행동의 차이를 어떤 관점으로 보느냐는 우리의 삶에 많은 영향을 미칠 수 있음을 고려하여야 한다.

현재는 남성과 여성에게 나타나는 차이는 생물학적 원인과 사회적 학습의 영향의 상호작용으로 보는 관점이 우세하다. 생명공학과 유전학의 급성장은 생물학적으로 여성과 남성의 행동특성을 결정짓는 유전적 결정인자와 신경계의 발달 및 활동에 차이가 있다는 증거들을 보여 주고 있다. 다른 한편으로는 성장과 발달 과정에서 훈련 및 역할 학습에 의해서도 상당한 차이를 보인다는 길러진 성의 중요성 역시 강하게 지지되고 있다. 그러므로 남녀의 성차에 대한 이분법적 사고는 시대의 변화에 따라 보다 유연하게 바뀌어야 할 필요성이 있다.

요약

남성과 여성이 다르다는 것은 누구나 인정하는 사실이다. 하지만 남성과 여성의 능력이 고정관념이나 편견 때문에 불이익을 당하거나 차별을 받는다면 이는 분명히 잘못된 것이다. 이 장에서는 남성과 여성, 특히 여성에 대한 차별의 기원을 알아보았고, 실제 과학적 연구를 통해 밝혀진 남성과 여성의 차이를 언어능력, 수리능력, 공간능력, 정서, 양육행동, 공격성, 성행동 등의 각 영역으로 나누어 살펴보았다.

3장

여성과 남성의 발달 과정

학습 목표

1. 생애 주기에 있어서 심리적 발달 단계와 그 단계에서의 공통적인 발달 과제를 제시하고, 여성과 남성이 이 과정에서 겪는 공통적이면서도 차이 있는 적응 과정에 대하여 알아본다.

2. 프로이트, 에릭슨, 레빈슨의 발달 모델을 제시하고, 성인기 발달 과정의 문제들을 남녀별로 분석 · 비교한다.

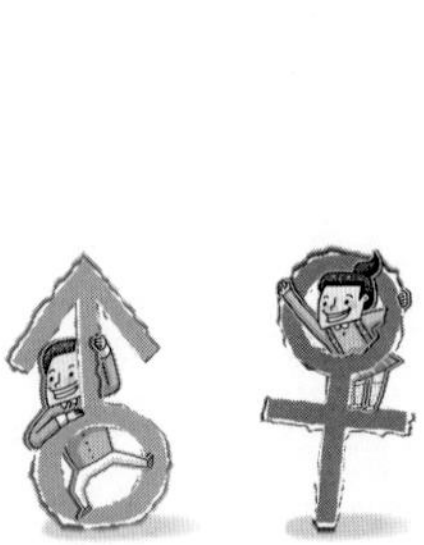

1. 심리적 발달의 개념

발달 이론이란 인간에게 있어 경험에 의한 변화, 그중에서 'why'와 'how'를 설명하는 것을 일컫는다. 발달을 더 정확히 정의하면, 여러 차원에 걸친 행동과 심리적 특성이 조직화되고 구조화되는 것이다(Flavell, 1977). 여기서 조직화와 구조화는 당연히 시간 함수와 관련이 있다. 즉, 시간이 흐름에 따라 축적된 경험을 통해 어떤 행동과 심리적 특성이 차차 변해 가는 것이다. 따라서 발달을 가정하려면 단계냐 혹은 연속이냐 하는 질문을 피해 갈 수 없다.

즉, 인간의 발달이 단계적으로 일어나는 것인지 아니면 연속적으로 일어나는 것인지에 대한 논란이다. 과연 발달이라는 변화는 그 변화 과정이 연속적일까 아니면 단계적일까? 발달에 대해 연속을 지지하는 관점은 생명체의 발달이 유아기에서 완숙기를 거쳐 노화에 이르는 일련의 주기를 거치듯이 변화가 물리적으로 일어날 뿐이라고 본다. 이는 변화에 있어 양적 차이를 강조한 관점이다. 반면, 단계를 지지하는 관점은 어떤 생명체의 경우 애벌레에서 고치로, 그다음 나방으로 변하는 곤충의 예에서 볼 수 있듯이, 변화가 시기마다 극적으로 재구조화된다고 본다. 생명체의 변화가 단계마다 분명한 질적 차이를 보인다는 관점이다. 양쪽 견해가 모두 일리 있지만, 결론적으로 현대의 발달 이론은 연속보다는 단계를 지지하는 가운데 많은 학자들이 그 세부 과정을 연구하였다.

발달 이론은 전통적으로 물리적 변화가 뚜렷한 아동기에 집중되었다. 아동의 신체 발달이나 인지 발달(피아제의 인지발달) 등은 이미 오래전에 조명된 아동 발달 이론의 예들이다. 그 외 심리적 발달이라는 개념은 정의를 내리기도 어렵고 개념화 자체를 시도하기가 어려운 주제라고 볼 수 있는데, 이를 처음으로 이론화한 공은 프로이트(Freud)에게 간다. 프로이트의 심리적 발달은 가설적인 구성 개념의 세계인 심리성적 발달(psychosexual development)을 개념화한 것으로서 인간의 성격 형성과 증상 형성을 이해하는 개념적 틀로서 널리 알려져 있다. 그렇지만 그도 역시 생후에서 5세까지 주요한 심리성적 주제들이 대부분 발달된다고 하였고, 이후 성인기의 인생은 발달 시기마다의 욕구의 고착과 퇴행이 반복되는 반복 강박(repetition compulsion)이라고 하였다. 따라서 프로이트는 5세까지 3단계의 주요한 심리성적 주제가 활성화되는 시기를 구분하였고, 이후 아동기에서 성인기까지 2단계의 발달 단계를 확장하여 총 5단계의 발달 과정을 제안하였다.

정신분석이 시대의 변화에 따라 진화하면서 인간 행동에 대한 사회적 영향력이 강조된 수정주의가 출현했는데, 이름하여 문화학파다. 중심 인물인 에릭슨(Erikson)은 프로이트의 발달이론을 특유의 사회적 관점을 가미하여 8단계로 재개념화하였다. 그는 각 단계마다 개인이 속한 사회적 환경 속에서 공통적으로 부과된 문제와 해결해야 할 숙제를 명확하게 제시하였다. 정신분석의 초기 이론이 성적 주제를 중심으로 인간 발달을 논했다면, 보다 후기에 활동했던 에릭슨의 발달 이론은 사회적 주제를 강조했다는 의미에서 심리성적 발달 대 심리사회적 발달로서 분류한다.

보다 후기에 활동한 레빈슨(Levinson, 1978)은 성인기에 초점을 맞춘 세부적인 성인 발달 단계를 개념화하였다. 그는 성인으로서 활동이 시작되는 20세 전후에서 노인기까지의 과정을 인생의 4계절(봄, 여름, 가을, 겨울)에 비유하여 전체 인생주기를 단계로 나누어 기술하였다. 비슷한 시기의 관련 학자(Conway, 1978)가 이를 총 6단계로 개념화한 것을 이 장에서 소개하고자 한다. 정신분석적 발달 이론이 인간 성격의 변화 과정을 이론적으로 잘 정비했다면, 레빈슨의 발달 모델은 당시 심리학의 조류였던 인본주의 심리학의 영향을 받아 관계 속에서 발생하는 인간의 본질적인, 보다 철학적인 측면의 변화를 조망한 점이 특징이다.

2. 남성과 여성의 심리성적 발달

1) 프로이트의 심리성적 발달 모델

프로이트는 인간에게 심리 구조를 유지하는 데 쓰이는 기본적 본능인 성적 에너지가 있다고 보았으며, 이를 리비도라고 불렀다. 아동의 발달에 있어 이 리비도의 에너지 투자(카텍시스라 함)에는 성장하면서 자연스럽게 일정한 대상과 순서가 정해진다는 내용의 5단계의 심리성적 발달 과정을 제안했다. 이 심리성적 발달은 성역할의 발달을 설명하는 제1, 2장에서 자세히 다루었으므로, 여기서는 남녀에게 상이하게 작용하는 발달 압력과 결과적으로 유발된 정신병리에 초점을 맞추어 기술하고자 한다.

첫 번째 발달단계는 생후 0~1세에 일어나는데, 이 시기에 유아는 어머니로부터 전적으로 모유를 공급받는 시기로서 입을 통해 만족과 상호작용이 일어난다. 그만큼 유아에게 입이라는 생리기관이 중요하다는 의미에서 구강기(oral stage)라고 명명하였다. 이때 일체의 상호작용의 결과, 구강적 만족과 관련된 심리적 특성이 형성된다. 구강기적 주제는 유명하다. 구강기적 주제는 초기에 구강기적 만족을 추구하는 수용기와 구강기적 공격이 나타나는 보다 후기의 주제를 모두 포함한다. 구강기적 만족은 보호자로부터 안전과 먹이를 제공, 보장받는 의존 수동성과 관련되고, 치아가 나기 시작하면 자기중심적 요구를 나름대로 표현하고 보복하는 구강 공격성의 발달적 기원이기도 하다.

유아가 2~3세가 되면 근육 발달이 일어나고 따라서 걷기와 운동 및 이동을 활발하게 하게 된다. 그러면 어머니는 유아가 일정한 시간에 원하는 장소에서 대소변을 가릴 수 있도록 학습시키는 배변훈련을 하기 시작한다. 배변훈련 과정에서 항문 기관과 배설물에 대한 유아의 리비도 투자가 집중되는데, 이 시기를 항문기(anal stage)라고 명명하였다. 이 시기에 유아는 이미 문화적 훈련을 학습한 부모로부터 원치 않는 규제를 받고, 그 사회가 바라는 어떤 규칙과 행동을 받아들여야 한다. 따라서 이때는 배변 기관, 더 정확하게는 배변훈련과 관련된 심리적 특징이 형성되는 중요한 시기다. 흔히 개인 대 부모, 개인적 욕구 대 사회적 규칙과의 투쟁을 해결해야 하는 시점이기도 하다. 이런 문제들을 성공적으로 해결한 유아는 반동 형성을 통해 그 사회가 요구하는 문화인으로서의 행동규범(청결, 규칙, 질서)을 내사화하게 된다.

유아가 4~5세가 되면 외양적으로 생리적 발달과 성별 분화가 일어난다. 이때 남성적 정체성을 대표하는 남성의 성기에 대한 관심이 고조되는데, 유아는 최초의 성적(관심) 대상으로서 이성 부모에게 관심이 생기는 대상추구가 일어난다. 반면, 유아는 동성 부모에 대해 경쟁 상대로서 적대감을 느끼게 되어 자연스럽게 위협적 아버지 상으로부터 지각된 거세불안이 유발된다. 이러한 일련의 갈등(오이디푸스 콤플렉스로 명명)을 동일시를 통해 해결함으로써, 그 결과 부모와 그 사회의 가치, 규범, 성격 등이 유아에게 내사화된다. 이것이 초자아 구조물의 기초이며 형성의 기원이기도 하다. 이 시기를 남근기(phallic stage)라고 명명하였다.

격렬한 갈등과 변화가 요구되는 남근기를 지나면 연령상 취학 시기가 다가오며, 따라서 취학 후 외적 과제에 대한 대처와 인지적 학습에 전력을 쏟는 잠재기를 거친다. 이 시기는 심리성적 발달보다는 외부 과제에 대한 학습에 에너지를 쏟는 대신에 심리성적 발달은 정지된다는 의미에서 잠재기(latent stage)라고 명명하였다.

개인이 사춘기에 도달하면 이차 성징이 나타나고, 성적 욕구가 활성화되는 성기기(genital stage)에 다다른다. 성기기는 심리성적 발달의 최종 단계로서 성기관에 리비도가 집중됨으로써 종 보존적 욕구로부터 활성화된 타인에 대한 리비도 투자가 일어나는 시기다. 이때 개인은 생식이 가능한 이성에게 성적 욕구와 관련된 관심 및 대상추구를 하게 된다. 부분 대상이나 자기 대상으로서 타인에 대한 대상추구를 하는 것이 아니라 온전히 타인으로서 관심을 갖게 되고 욕구가 생기는 것이다. 이 단계를 거쳐야 개인은 비로소 이성애(heterosexuality)가 완성된다. 성기기 단계에서는 자기가 아닌 타인에 대한 리비도 투자가 일어나므로, 이러한 과정을 거쳐 발달한 이성애가 곧 대상애(object love)의 기원인 것이다.

2) 남성과 여성의 심리성적 발달의 비교

프로이트의 발달 모델은 전통적인 성역할이 여전히 지배하던 19세기에 대두된 것이라서 남성중심적 가치관이 고스란히 이론에 반영되어 있음을 볼 수 있다. 따라서 남성의 발달에 초점을 맞추어 개념화하였을 뿐 성차에 대한 세부 지침이 부족하다. 다만 여아와 남아는 남근기에 성기관의 차이와 각각 다른 이성 부모에 대한 리비도 투자가 일어나므로 이 점을 고려했을 뿐이다. 따라서 프로이트는 우선 남성 발달을 가정하고, 다음에 여성 발달을 보조적으로 설명하는 방법을 취하였다.

프로이트는 심리성적 발달 단계에서 남근기가 성격발달과 정신병리에 가장 중요하다고 주장했으며, 이것의 성공적인 해결이 잠재기를 거쳐 정상적인 성욕의 단계인 성기기로 발달하는 데 선행조건이라고 생각했다. 남근기는 남성의 성기관이 명칭으로 사용되었듯이 남아의 발달과정을 대표한다. 여기에 남성 성기의 가치와 우월이 전제되어 있고, 그것이 남성 프라이드의 근간이라는 의미를 내포하고 있다. 이는 성인인 아버지가 비교의 준거가 되며, 그 이면에는 남성 대 남성의 세대 대결 또는 권력의 우위를 다투는 권력 투쟁이라는 숙명을 바탕에 깔고 있다. 오죽하면 아버지를 죽이고 어머니를 차지한 오이디푸스 신화에서 오이디푸스 콤플렉스란 명칭을 따왔겠는가? 다행히 동일시를 통해 일찍부터 아버지와 아들 간의 긴장감을 해결한다고 마무리했지만, 여전히 권위자와의 갈등, 세대차이, 구세대에 대한 신세대의 불만 등의 현상에서 일반적인 남근기적 주제를 엿볼 수 있다. 더 특수하게는, 권력과 성공에 대한 끝없는 열망도 그 바탕에는 경쟁에서 절대 우위를 점하려는 남근기적 불안과 갈등이 깔려 있는 것으로 이해할 수도 있다.

이 시기에 발달적 문제가 있는 남성의 병리적 현상은 다양한 형태로 나타난다. 거세불안의 방어로 해석되는 과장된 남성성의 강조 형태는 방만한 남성다움적 시위(masculine protest)라고 명명된 행동과 관련되어 있다. 이 용어는 여자처럼 되는 것에 대한 혐오로 볼 수 있는 방어적 행동을 일컫는데, 후에 호나이(Horney)가 비판한 주제, 즉 남근기적 갈등을 논할 때 페니스가 없어져 여자처럼 열등한 존재가 될까 봐 두려워하는 쪽은 남자이지 여자가 처음부터 남근 선망을 갖게 된 것은 아니라고 지적한 바 있다. 이 해석이 시사하는 바는 크다. 남성적 시위란 여성의 전형적 특징이라고 귀인시킨 감정과 약함을 거부하고 이의 보상적 형태인 남성적 강인함과 무자비함을 덕목으로 여기는 태도를 말한다. 남성에게 슈퍼맨과 같은 막강 파워에 대한 로망이 깔려 있다는 것은 이미 알려진 사실이다. 일반 남성뿐 아니라 가끔 청소년 갱 집단에서 나타나는 이상한 하위문화적 가치에서 이러한 덕목이 대접받고 있음을 볼 수 있다. 오늘날에도 공격성과 비행, 심지어 범죄적 일탈까지 남자가 그러한 행동을 했을 경우 남자다운 행동으로 인정받는 사례가 여러 문화권에서 관찰된다.[1)]

드물지만 어떤 남성의 경우 성에 대한 강박적 탐닉 혹은 천문학적 성적 상대를 갖는 사례도 있는데, 이는 돈후안(Don Juan) 증후군으로 명명되며 역시 남근기 갈등을 원인으로 갖는 정신병리의 예라고 할 수 있다. 이런 현상의 역동적 원인은 여성에 대한 성적 정복을 통해 거세불안의 해결을 시도하는 것으로 알려졌다. 바람둥이의 심리는 역설적으로 자기의 남성적 매력에 자신이 없는 사람인 것이다. 뒤에서 자세히 기술하겠지만, 모든 종류의 성도착도 결국 남근기적 고착에 기원을 두고 있는데, 이는 이성애가 가능하기 위해서는 성기기까지 정상적인 발달이 이루어져야만 된다는 가정에서 이성애, 더 넓게는 대상애의 발달지체의 변종 행동으로 설명할 수 있다.

그러나 여성의 남근기 발달은 애초 프로이트 사전에 없었던 것으로 알려져 있다. 여성에게 남근이 있을 리 만무하지 않은가? 따라서 그는 이러한 비판을 의식해 나중에 여성에게는 남근이 없다는 사실을 스스로 열등한 존재로 지각하고 남성의 남근을 부러워한다는 남근 선망을 이 시기 여아 발달의 핵심 주제로 집어넣었다. 여아 발달의 나머지 과정은 남아와 같다. 즉, 여아는 이성 부모인 아버지에게 리비도 투자하고 동성 부모인 어머니에게 경쟁심을 느끼며 해결 방법으로 동일시 기제를 사용하는데, 그 결과 어머니의 전반적인 특성이 내사화된다고 보았다. 이때 남아와 달리 여아는 남근기적 갈등에 대해 부분 해결을 하기 때문에 어머니에 대한 양가감정이 평생 지속된다고 하였다. 그 결과, 여성은 일생 동안 경쟁 상대로서 어머니, 더 넓게는 여성 전반에 대해 양가감정을 갖는다고 한다.

남근기 갈등이 뚜렷한 여성은 히스테리성 성격(histrionic personality)으로 기술되는데, 그런 여성의 특징으로서 과도한 여성성과 동성 간 경쟁심을 지적하지 않

1) 저자는 군범죄자의 MMPI 프로파일을 얻을 기회가 있었는데, 이들이 한결같이 남성성 척도(MF)에서 T점수 30 이하로 과대 남성성을 보여 놀란 적이 있다. 이는 공격성과 범죄를 남성성으로 오해하는 사례들로 해석된다.

을 수 없다. 이 과도한 여성성은 정확히 표현하면 유아적인 여성성으로서 주로 남성으로부터 주의와 애정을 집중받고 싶어 하는 유치한 섹슈얼리티로 표현되며, 또한 동성 간 경쟁심은 다른 여성에 대한 경쟁심 때문에 경쟁 대상인 여성이 가진 배우자나 파트너를 뺏고 싶은 욕구에서 활성화된 소위 삼각 구도에 곧잘 돌입한다.[2)]

그 밖에 남근 선망에 대해 남성과 경쟁하는 사회활동의 참여, 더 병리적으로 경쟁 상대인 남성에 대해 성적으로 정복, 통제하려는 의도를 예로 설명할 수 있다. 영어 표현에 남성을 사사건건 간섭하고 좌지우지하는 여성을 두고 남성을 거세하는 여성(castrating women)이라는 심리학적 표현을 쓴다는 점도 새겨들을 만하다.[3)]

그러나 프로이트의 심리성적 발달 모델은 특히 남근기적 기술에서 시대의 변화에 빈히는 점이 많다. 일찍부터 호나이와 같은 여성 정신분석가는 여아의 남근 선망 개념과 여성 성격 발달에 대한 편협한 시각을 시대착오적으로 남성중심적인 견해라고 비판하였다(Horney, 1967). 따라서 요즘 남근 선망과 같은 민감한 용어는 사용하지 않는 것이 바람직하다.

3. 남성과 여성의 심리사회적 발달

앞서 살펴보았듯이, 대부분의 발달 이론은 주로 아동기에 초점을 맞추고 있다. 그렇다고 성인의 발달이 일어나지 않는다거나 중요하지 않다는 것은 아니다. 인생은 변화와 상대적인 안정의 순환 주기를 생을 마감하기까지 계속 진행하는 것

---

2) 삼각관계는 남근기적 삼각 구도에서 유래되었다고 본다. 이때 여아의 경우 이성 부모를 두고 어머니와 경쟁 구도에 들어가는데, 결과는 여아의 영원히 이길 수 없는 패배다. 바탕의 이러한 역동이 후에 성인기에 아는 여성의 연인이나 남편에 대해 같은 감정을 부활시키는 동기라는 것이다. 이루어질 수 없는 안타까움이 더욱 감정에 불을 지핀다고 하는데, 이는 마음의 심술 혹은 요술에 의해 헛것을 보는 것과도 같다.

3) 황진이의 남성 정복은 유명하다. 자기에게 넘어오지 않는 남자가 없다는 성적 자부심이 대단한데, 이 자부심에 상처를 준 사람이 바로 벽계수다. 유혹을 시도했으나 눈도 꿈적하지 않자, 바로 그 유명한 시 '청산리 벽계수야, 수의감을 자랑마라'라는 시를 지었다는 실화는 유명하다. 이런 태도에 깔린 역동이 바로 남근선망으로 해석할 수 있다.

이 사실이다. 변화에 따른 고비는 청소년기에, 혹은 학업이 끝나는 시기에, 혹은 직업을 갖기 전에 모두 넘기고 그 후 남겨진 대부분의 성인기는 관심을 못 받았기 때문에 그럴 수 있다. 이와 같이 평생 과정으로서 발달은 비교적 늦게 조명된 것이 사실이다. 따라서 이제 인간의 전 생애를 포함한 에릭슨(Erikson)의 심리사회적 발달 모델과 성인의 발달과정에 초점을 맞춘 레빈슨(Levinson)의 성인 발달 모델을 차례로 살펴보고자 한다.

1) 에릭슨의 심리사회적 발달 모델

에릭슨은 문화학파[4]의 대표적 학자로서 성격 발달에 중요한 요인으로서 환경과의 상호작용을 통한 사회적 발달을 강조하였다. 따라서 그는 전 생애를 8단계로 구분하여 각 단계마다 성취해야 할 중요한 발달 과제를 제시하였다(Erikson, 1963). 그는 각 단계에서 공통적으로 겪고 해결해야 할 발달과제뿐만 아니라 발달과제를 해결하지 못하거나 좌절될 경우 생기는 반대의 심리적 현상도 같이 제시하였다. 에릭슨의 심리사회적 발달 모형의 8단계는 다음과 같다.

(1) 구강 감각기(0~1세): 신뢰 대 불신

에릭슨의 구강 감각기는 프로이트의 구강기에 해당하는 시기로서, 태어난 첫 해에 모자관계에서 인간에 대한 신뢰와 세상에 대한 안정감을 획득하는 시기다. 유아는 어머니에게 전적으로 의존할 수밖에 없기 때문에 어머니의 적절한 돌봄이 유아의 생존을 결정하게 된다. 어머니의 돌보기 행동에 유아의 생존이 달려 있는 것이다. 전적으로 중요하고 절대적으로 필요한 어머니와의 관계에서 인간이 혹은 세상이 생존을 위협하는 위험한 대상인지 아니면 안심하고 믿을 수 있는 대상인지 결정될 수밖에 없다. 그만큼 신뢰감을 형성하는 데는 첫 인간관계인 어머니의 역할이 중요하다. 어머니가 유아를 친밀하게 대하고 지속적으로 일관성 있게 대한다면 신뢰가 형성되지만, 유아를 대하는 방식에 혼란을 일으키거나 일관성 없이 대하면 유아는 불신감을 형성하게 된다. 따라서 유아에게 어머니와의

4) 문화학파는 1세대 정신분석 이론의 성적 주제를 배제하고 당시 유행했던 사회과학의 영향을 받아 성격 발달에 미치는 사회적 영향력을 강조한 차세대 정신분석가들을 일컫는다.

관계는 세상과 인간 전반에 대한 개념형성의 첫 단추가 되는 셈이다.

(2) 근육 항문기(2~3세): 자율성 대 수치심, 회의

이 시기는 프로이트의 발달 모델의 항문기에 해당하는 시기로서, 성취해야 할 긍정적인 과제는 자율성이다. 이 시기의 유아는 신체 발달이 활발하게 진행되고 이동이 가능하며, 전적으로 의존적이었던 모자관계에서 벗어나 신체적 모험과 독립을 시도한다. 이때 부모가 유아를 한 인간으로서 존중해 주고, 유아에게 자신의 삶에 영향을 미치는 활동들을 자유롭게 조절하고 통제할 수 있도록 허용해 줄 때 자율성이 발달한다. 만일 자유롭게 환경을 탐색하고 조절할 수 있는 기회가 좌절되면(어떤 어머니는 아이의 환경 탐색을 처벌함), 유아는 자신의 능력에 대해 자신의 가능성을 믿을 수 없고 타인의 판단이나 평가에 좌우되는 데서 생기는 수치심을 느끼게 된다. 따라서 유아 스스로 시행착오를 통해 성취하는 것이 중요하다. 자율성은 스스로의 힘으로 외부 환경을 탐색하고 모험을 성공적으로 시도했다는 성취감에서 나온다.

(3) 운동 생식기(4~5세): 주도성 대 죄의식

이 시기는 프로이트 발달 모델의 남근기에 상응하는 시기로서, 성취해야 할 긍정적인 과제는 주도성이다. 또래 집단과의 사회적 교류가 활발해지는 이 시기의 아이는 새로운 것을 해 보려는 호기심이 많으며, 자기주장과 적극성을 보이게 되는 자연스러운 과정을 밟는다. 이러한 시기에 부모가 만일 아이 스스로 어떤 일을 완수할 수 있도록 하는 기회를 주지 않거나 어떠한 욕구 표현에 대해서 과도하게 벌을 준다면, 아이는 자기욕구나 주장을 적극적으로 표현하는 주도성 발달에 문제가 생기며, 그러한 자신에 대해 스스로가 내리는 비교와 판단인 죄의식[5]을 느끼는 개인으로서 성장하게 된다.

---

5) 수치심과 죄의식은 다음과 같이 구분해야 한다. 수치심은 근육항문기에 아직 초자아의 자율적 평가 기능이 없을 때 생기는 현상이므로 타인의 준거에서 피드백된 감정이고, 죄책감은 초자아적 평가에 의해 스스로 느끼는 감정이다.

(4) 잠재기(취학기): 근면성 대 열등감

이 시기는 프로이트의 잠재기에 해당하는 시기로서, 성취해야 할 긍정적인 과제는 근면성이다. 즉, 학교에 들어가 규칙적인 생활을 하게 되며, 그곳에서 부과하는 규범과 학습 과제를 따라 해야 하는 근면성이 요구되는 시기다. 공식적인 교육이 시작되는 시기의 아이는 성취 동기가 강하며 규칙의 학습과 학습 성취를 중요시한다. 이때 부모는 아이가 열심히 하고자 하는 일을 격려하고 칭찬해 줌으로써 근면성을 더욱 발달시킬 수 있다. 그러나 아이가 스스로 자기 친구나 가족 구성원과 비교하여 부족함을 느끼거나, 부모나 교사로부터 자신을 다른 사람과 비교하는 말을 자주 듣게 되면 열등감에 사로잡힐 수 있다.

(5) 청소년기: 정체성 대 정체성 혼미

이 시기는 심리적 퇴행과 초기 발달 시기의 미해결 과제의 재생이 일어나는 시기이므로 정신병리적으로 중요한 단계다. 이 시기에 성취해야 할 긍정적인 과제는 자아정체성이다. 이 시기는 어린이도 어른도 아니면서 성인기에 요구되는 여러 가지 사회적 요구와 역할 변화를 겪게 되는 혼란의 시기다. 이때 청소년은 타인과 자신이 생각하는 성격의 통일과 가치관 형성, 그리고 인생에 대한 신념과 계획을 정립해야 한다. 따라서 대략적인 자신의 인생 계획을 구조화하려고 하며, 의식을 확장하려는 욕구가 높아진다. 그러나 한 사회가 구조화될수록 경험의 한계와 일탈이 제한됨으로써 정체성의 공개적 갈등이 허용되지 않는 반면, 그 반대의 경우에는 유럽의 청소년처럼 정체성 미해결에 따른 실존적 쟁점이 증가할 수도 있다. 즉, 나는 누구이며, 무엇을 하고 살아야 할 것인지, 어떤 미래를 꿈꿀지 대략적인 조망이 없이 방향을 잃어버리는 소위 정체성 혼미(identity diffusion)를 겪게 된다.

(6) 청년기: 친밀감 대 고립

이 시기는 공식적인 성인 생활이 시작되는 시기로서, 성취해야 할 긍정적인 과제는 친밀감이다. 이 시기의 젊은 성인은 다른 사람, 소속이나 집단을 통해 정서적 의존심을 해결하고 정체성을 확장해 나간다. 따라서 사랑과 일을 선택하고 목표를 추구하고 인생을 구조화해야 한다. 결혼을 해서 가족 단위를 이루고 친밀한 관계를 실현해야 한다. 직업과 지위는 사회적 존재로서 존재감을 확인하는 방법이며, 가족과 마찬가지로 소속감과 친밀감을 느끼게 하는 주요 원천이다. 그러나 각 개인이 친밀한 관계 형성에 실패하고 소속과 역할을 찾지 못하면 고립에 빠진다.

(7) 중년기: 생산성 대 침체

이 시기는 인생의 중반기에 해당하는 시기로서, 성취해야 할 긍정적인 과제는 생산성이다. 각 개인은 일과 직업 그리고 사회에 대한 헌신을 통해 인간으로서의 가치와 자신의 자존감을 유지하는 것을 중요하게 생각한다. 만일 생산성의 과제를 성취하지 못하게 되면 그 개인의 인간관계는 황폐화되고 자신의 활동은 침체되어 '중년의 위기', 즉 인생무상과 절망의 느낌을 갖게 된다.

(8) 노년기: 자아통합 대 절망

이 시기는 인간이 지금까지의 자신의 노력과 성취에 대해서 반성하는 시기로서, 성취해야 할 긍정적인 과제는 자아통합이다. 자아통합은 자신이 지금까지 살아 온 인생을 돌이켜 보고 '이만하면 만족한다.' 혹은 '후회 없이 살았고 이제 죽어도 여한이 없다.'고 확신할 때 생긴다. 만일 이러한 확신이 결여되어 있다면 개인은 죽음에 대한 두려움과 자기 인생을 되돌릴 수 없는 것에 대한 후회, 그리고 희망했던 것에 대한 끊임없는 미련이 생기고 결국 절망에 빠지게 된다. 절망은 다시 돌이킬 수 없다는 판단에서 나오는 것이다.

이상의 에릭슨의 발달 단계를 요약하면 〈표 3-1〉과 같다.

표 3-1 **에릭슨의 심리사회적 발달단계**

1단계 구강 감각기 (0~1세)	신뢰 대 불신	• 태어난 첫해의 모자관계에서 인간에 대한 신뢰와 세상에 대한 안정감을 획득하는 시기 • 이를 형성하는 데 첫 인간관계인 어머니의 역할이 중요함
2단계 근육 항문기 (2~3세)	자율성 대 수치심, 회의	• 신체 발달이 활발하게 진행되고 이동이 가능한 시기 • 전적으로 의존적인 모자관계에서 벗어나 신체적 모험과 독립을 시도하는 시기 • 스스로 시행착오를 통해 성취하는 것이 중요함

3단계 운동 생식기 (4~5세)	주도성 대 죄의식	• 또래 집단과의 사회적 교류가 활발해지는 시기 • 독립, 자기주장, 적극성을 중요시함
4단계 잠재기(취학기)	근면성 대 열등감	• 공식적인 교육이 시작되는 시기 • 규칙의 학습과 학습 성취를 중요시함
5단계 청소년기	정체성 대 정체성 혼미	• 성격의 통일, 가치관 형성, 인생에 대한 신념과 계획 정립을 중요시함 • 대략적인 인생 계획의 구조화 시기 • 의식 확장의 욕구가 높아짐 • 한 사회가 구조화될수록 경험의 한계와 일탈이 제한됨. 즉, 정체성의 공개적 갈등이 허용되지 않는 반면, 그 반대의 경우 정체성 미해결에 따른 실존적 쟁점이 증가함
6단계 청년기	친밀감 대 고립	• 다른 사람, 소속, 집단을 통해 정서적 의존심의 해결과 정체성을 확장하는 시기 • 사랑, 일 선택, 목표 추구의 확립 및 구조화를 중요시함
7단계 중년기	생산성 대 침체	• 일, 직업, 사회에 헌신을 통한 인간적 가치 및 자존감 유지를 중요시함
8단계 노년기	자아통합 대 절망	• 인생 전반에 걸친 평가

2) 남성과 여성의 심리사회적 발달의 비교

에릭슨(1963, 1986)의 발달 모델에 따라 여성과 남성의 발달 과정을 비교해 보면 청소년기, 청년기, 중년기에 걸쳐 다음과 같이 차이점이 두드러진다. 첫째, 청소년기의 갈등 쟁점이 다르게 나타난다. 먼저, 여성은 기존 규범에 빠르게 일찍 동일시하면서 보다 보수화하는 반면, 남성은 의식 확장의 기회가 상대적으로 허용적이라서 이 시기를 길게 경험하기도 한다. 특히 우리나라는 군대 문제나 가족 구조 등의 개인 외적 요인 때문에 심리적 · 경제적 독립 시점이 여성보다 남성에게 훨씬 지연되어 있다. 남성이 군대까지 마치고 취업을 하려 하면 30세를 바라보는 경우가 흔하다. 또한 가족 구조의 특성상 장남에 대한 부모의 기대 때문에 자신이 원하는 인생 설계를 선택하지 못하는 대신, 부모가 정해 준 학교, 전공, 직업을 따라가다 보면 적성, 더 크게는 인생 자체에 흥미를 잃어버리는 현상이 생길 수 있다. 이 점이 청소년기 과제인 정체성 형성에 있어 여성은 일찍 인생목표가 정해지고 빨리 제도화되는 반면, 남성은 문자 그대로 청소년기 졸업이 지연되는 이유다. 우리나라에서 "남성은 군대를 갔다 와야 철이 든다." 또는 "군대에 갔다 와야지 진짜 남자가 된다."는 속설이 바로 이런 점을 표현한 것이다. 청소년기 정체성의 쟁점은 가족과 문화적 기대의 압력(영향력)이 성별에 따라 차별적으로 미친다고 할 수 있다.

두 번째로 청년기 단계의 발달 과제의 갈등에 대해서 살펴보면, 남성과 여성의 발달 과정의 차이를 다음과 같이 지적할 수 있다. 이 시기에 다다르면 결혼과 경제적 독립이라는 전환점에 있게 된다. 그러기 위해 개인은 직업을 갖고 친밀한 관계를 계속하여 결혼을 해야 되는 중요한 과제를 앞두고 있다. 그런데 사랑과 일을 선택함에 있어서 여성은 집합성[6](친밀감과 소속)이 개별성[7](개인적 정체성) 발달을 저지하는 병합적인 상태일 수 있으며, 남성의 경우 개별성과 집합성이 분리되어 있다는 점이 중요한 변수다. 즉, 남성은 자신의 개인적인 성취와 친밀의 욕구가 서로 독립적이라 개인적인 성취를 하는 데 있어 사랑 관계나 가족이 걸림돌이 될 이유가 없다. 다시 말하면 남성은 보통 그 두 가지를 동시에 추구한다. 그러나 여성은 개인적 성취를 하는 데 있어서 사랑 관계와 새 가족 형성을 하는 것은 취사 선택 사항으로서의 입지를 가질 때가 많다. 일과 직업적 성취를 추구할 때 여성에게 사랑과 결혼은 걸림돌이 되는 경우가 흔하다. 따라서 이 시기에 남성은 개인적 성취를 하는 데 있어 여성보다 훨씬 자유롭고 지지적이다. 여성은 상대적으로 문화적 제약을 더 받으며, 그만큼 남성보다 여성이 더 복잡한 조건 속에서 선택을 해야 하는 상황에 놓이게 된다.

마지막으로 중년기의 생산성에 관한 쟁점을 살펴보면, 생산성은 크게 생식성(출산과 육아), 생산성(직업과 일에 투자), 창조성(고차 생산성)으로 구성되어 있다(Erikson, 1986). 중세시대까지 여성은 생식성을 담당하고 남성은 생산성을 담당하는 등 성역할이 명백하게 분리되어 있었으나, 자본주의 사회 구조로 변화하면서 대부분의 문화권에서 생산성이 그 사회의 최우선의 가치가 되었다. 따라서 생식을 담당하는 여성적 역할이 상대적으로 평가절하되면서, 여성은 이제 두 과제

6) 관계와 집단 속에서의 자기에 대한 정체성
7) 개인으로서 고유한 자기 자신에 대한 정체성

를 모두 성취해야 하는 압력에 직면하게 되었다. 이제 더 이상 자녀 출산과 양육만으로 한 개인의 소임을 완수했다고 인정받기 어렵게 된 것이다. 결국 이 시기의 여성은 개인적 정체성의 요구가 증가하면서 여성적 정체성과 개인적 정체성 간의 괴리라는 정체성 혼란이 전 시대와 다르게 증가하게 되었다고 결론지을 수 있다. 이 시기에 변화의 욕구에 있어서도 가해지는 변화의 정도에 있어서도 그 변화에 더 직면해야 하는 쪽은 여성이라는 사실을 지적할 수 있다.

이와 같이 남성과 여성은 여러 단계에 걸쳐 공통적인 발달 단계에서 겪는 심리적 갈등의 유형이 차이가 있음을 확인할 수 있다.

4. 인생 주기와 성인 발달

1) 레빈슨의 성인 발달 모델

레빈슨(1978, 1993)은 성인의 인생인 20세 이후부터 노년기까지 성인 발달 과정을 사계절에 비유한 인생 주기로 설명하였다. 인간이 청소년기를 벗어나 독립된 존재로서 인생을 내딛는 바로 그 시점부터 죽음의 마지막 단계까지, 인생 주기는 전환과 안정의 주기를 순환하는 구조를 보인다고 보았다. 전환기는 인생 설계를 수정하여 다음 다가오는 삶에 대비해야 하는 시기다. 그리고 안정기는 수정하고 변화시킨 설계하에 새로운 삶을 사는 시기다. 이 인생 구조의 변화에 따라 다음과 같은 6단계의 발달 단계로 구분할 수 있다. 1단계는 뿌리 뽑기, 2단계는 분투하는 20대, 3단계는 30대로의 이동, 4단계는 뿌리 내리고 확장하기, 5단계는 최종 기한 10년, 마지막으로 6단계는 새 출발 혹은 은퇴로 구분되어 전환기와 안정기를 순환하는 주기를 보인다(Conway, 1978).

1단계는 뿌리 뽑기(18~22세)라고 부를 수 있는 성인 전기의 전환기로서 부모로부터 경제적으로 독립하고 정서적으로 분리하여 성인으로서의 삶을 준비하는 과도기다. 이 시기에는 정체성을 확립하려는 노력이 수반된다. 즉, 성인 이전의 자기를 마무리하고 최초로 성인으로서의 자기를 형성하여 성인 세계의 일원으로서 자격을 얻기 위한 선택들을 시작해야 한다. 뿌리 뽑기란 이 시기를 기점으로 현재 이전의 미성년으로서의 인생 방식을 마감하고 그 잔재들을 청산해야 한다는 의미에서 명명되었음을 알 수 있다.

2단계는 분투하는 20대(23~28세)인 성인 전기의 초보 인생이 구조화되는 시기다. 개인은 이성을 만나 결혼을 하여 가정을 꾸리고 직업 경력을 쌓기 시작하며, 인생 설계를 구조화하고 꿈을 실현하는 단계를 시작하게 된다. 이 시기에 남성은 인생 설계의 우선순위의 결정에 전력투구하는 동안, 여성은 결혼과 직업 간의 딜레마를 경험하게 된다.

3단계는 30대로의 이동(29~32세)인 전환기를 맞아 첫 번째 평가의 시기이자 선택한 일에 대한 회의와 평가의 시기가 다가온다. 개인은 사회적 일원으로서 첫발을 내디뎠지만 지금 이 일을 계속해야 할지 바꿔야 할지 갈림길에 와 있는 시기다. 따라서 전진보다는 답보의 형태이지만, 아직 인생의 방향을 전환할 시간과 에너지가 있다는 점이 낙관적이다. 남녀 모두 20대의 삶을 되돌아보며 자신이 해 온 일들이 적합했는가에 대해 의문을 제기하며, 가벼운 정도에서 심각한 정도까지 위기를 경험하게 되기도 한다.

다음으로 4단계 뿌리 내리고 확장하기(33~38세)는 성인 전기의 절정인 인생 구조가 형성되는 단계이며, 제2의 안정기로서 성인으로서 투자와 책임을 쏟고 장기 계획과 목표에 매진하는 고도의 활동기다. 또한 꿈을 이루기 위해 한 계단씩 올라가는 시기다. 실제로 생물학적으로도 가장 효율적인 기능을 하는 때이기도 하다. 이때 개인은 결혼을 하여 새로운 가족 단위를 이루고, 어떤 조직에서든 허리의 세대로 활동한다. 레빈슨은 이 과정을 '자기 자신 되기(Becoming One's Own man)'라 지칭하여 문자 그대로 자신의 인생을 구조화하고 꿈을 이루기 위해 전력투구하는 시기로 보았다.

다음으로 5단계 최종 기한 10년(39~49세)은 중년에 다시 한 번 찾아오는 전환기다. 인생 구조를 재평가하고 자아와 세상에 대한 탐색에 더욱 관심을 기울이며 다음 시기의 인생 구조를 형성하기 위한 기초로서 꼭 겪어야 할 시기지만, 꼭대기에 올라가서 밑을 내려다 봐야 하는 인생 재평가와 정리의 시기이기도 한다. 제2의 평가 시기이자 불안정한 시기로 제2의 사춘기로 비유되기도 한다. 청년은 미래를 조망하고 정체성을 탐색하는 등의 불확실한 정서 반응을 특징으로 하는 반면, 중년기는 과거를 조망하고 정체성을 심사하는 후회와 회한 등의 정서 반응

표 3-2 **레빈슨의 성인 발달 단계**

1단계	18~22세	뿌리 뽑기	성인으로의 전환기
2단계	23~28세	분투하는 20대	안정기
3단계	29~32세	30대로의 이동	첫 번째 전환기
4단계	33~38세	뿌리 내리고 확장하기	고도의 활동기
5단계	39~49세	최종 기한 10년	두 번째 전환기
6단계	49세 이후	새출발 혹은 은퇴	안정기

을 특징으로 보인다. 청년기에 겪는 전환은 미래와 희망을 앞에 두고 있지만, 노년기를 남겨 두고 중년기에 겪는 전환은 정점에서 밑으로 내려가는 길을 두고 정리와 포기만 남아 있다는 점을 직면해야 한다. 이 시기의 갈등은 그 사람의 역할로 볼 때 가족이나 집단에 결정적 영향을 미칠 정도로 위험하다. 만약 가장이 정체성 갈등을 겪느라 가정에 소홀하게 되면 그 집안에 도미노와 같은 여파를 미치게 된다. 자녀의 미래에 영향을 미치고 집단의 의사결정이 흔들릴 정도로 여파가 크기 때문에 이 시기를 중년의 위기라고 명명하였다.

마지막으로, 6단계 새출발 혹은 은퇴(49세 이후)의 시기는 세 번째의 안정기이며 중년기의 침체를 극복하고 새롭게 남은 인생을 설계하는 시기다. 생물학적으로 노화와 기능의 감퇴를 수용하고 극복한다면 오히려 집중적으로 인생의 말미를 관리할 수 있다. 따라서 심리적으로 생산성이 증가하고 타인과의 경쟁심이 감소하며 이타주의가 증가한다는 장점을 강조하고 싶다. 이 시기는 더 이상 경쟁과 욕심에 휘둘리지 않고 자신의 주관대로 인생 설계를 할 수 있는 마지막 시간이기도 하다.

2) 여성과 남성의 성인 발달의 비교

레빈슨의 발달 모델은 우리 사회에서의 성역할의 차이 때문에 여러 단계에 걸쳐 남녀가 겪는 심리적 발달이 상이한 과정과 갈등을 겪음을 잘 설명해 주고 있다. 레빈슨의 발달 모델에 따르면, 1, 2단계에서 여성은 원가족(basic family)으로부터의 분리는 쉬우나 결혼을 통해 또 다시 집합성을 추구하는 대신, 개인적 정체성 발달은 지체되는 경향을 보일 수 있다. 이에 반해 남성은 1, 2단계에서 가족에 대한 책임감 사이에 갈등을 빈번하게 할 수 있다. 예를 들어, 대학교와 학과를 선택하는 경우에 혹은 진로 선택 시 자신이 원하는 진로보다 부모의 입김 때문에 원치 않는 학과나 진로를 선택하는 경우가 흔하다. 부모의 압력이나 혹은 가족에 대한 책임감을 내용으로 하는 장남 콤플렉스 등으로 개인적 정체성과 가족의 기대로 인한 집합성 간 딜레마를 남성이 더 자주 겪는다고 말할 수 있다.

2, 3단계에서 여성은 남성보다 사회적으로 더 많은 압력에 직면한다. 이 시기는 대략 대학교 졸업을 하고 직업을 가져야 하는 시기다. 여성에게는 몇 가지 선택지가 눈앞에 놓여 있다. 예를 들어, 결혼을 선택하여 전업주부가 될 것인지, 아니면 결혼과 취업을 병행할 것인지를 결정해야 한다. 취업을 먼저 하고 결혼을 연기하게 되는 경우, 결혼 적령기에 묶이게 되는 딜레마를 겪는다. 전보다 형편이 나아지긴 했지만, 고학력 여성과 전문직 여성 중 골드미스가 많은 현상은 여전히 주변에서 흔히 볼 수 있다. 반면 남성은 대체로 직업 선택과 미래의 목표 추구에 전력투구할 수 있고, 이 측면에서 사회로부터 지지를 많이 받는 것이 사실이다. 오히려 꼭 취직을 해서 경제적 책임을 져야 하는 부담감이 어깨를 짓누르지만 말이다. 그렇다고 여성이라고 이러한 부담에서 이제는 자유롭지 않다. 요즈음은 맞벌이를 원한다고 대답하는 남성이 압도적 다수이지 않은가.

4단계에서 남성은 고도의 사회적 활동기에 접어드는 반면, 여성은 압도적인 비율이 생식성만 담당하게 된다. 즉, 자녀를 출산하고 양육함과 동시에 남편을 내조해야 하는 이중고를 겪게 되며, 우리나라의 경우 시댁식구의 문제까지 복합적으로 발생한다. 따라서 결혼 만족도가 저하되고, 심할 경우에는 주부 우울증까지 유발되기도 한다. 우리나라에서 여성의 경우 중년기보다 30대 고도의 활동기에 더 스트레스를 많이 받고 정신건강의 부정적 지표가 크다고 할 수 있다. 일하는 여성은 육아와 직장 스트레스의 이중고에 시달리며, 전업주부라고 해서 형편이 낫지는 않다. 또한 미혼 여성은 불특정 다수가 주는 스트레스 때문에 불행감을 느낀다. 이 단계에서 남성의 발달 과제가 쉽다고 보는 것은 아니다. 남성의 경우 최소한 이 시기의 과제와 목표가 여성보다 단순하고 구조화되어 있는 것은 분명하여 여성보다 사회적 활동의 측면에서 유리한 점이 많다는 사실을 지적하고 싶다. 분명 공통적인 시기에 비슷한 인생 과제가 주어지지만 남녀는 상이한 심리적 과정을 겪는다는 점이 대조된다.

다음으로 5단계에서 이미 융(Jung)이 중년기의 성격 특성의 역전을 역설한 바 있는데, 남녀 모두 발달 시기와 관련된 심리적인 변화를 겪게 되고, 더 결정적으로는 결혼생활과 가족을 뒤흔들 만한 경제적 변화가 닥친다는 점이 중요하다. 중년기에는, 앞서 지적하였듯이, 심리적으로 반대적 특성이 활성화될 가능성이 있다. 남성은 여성적으로, 여성은 남성적으로 변화되는 경우가 흔하다. 남성은 감수성이 증가하여 전과 다르게 민감해지는 반면, 여성은 보다 투쟁적이고 주장하는 성격으로 변화하여 부부간 권력 구조가 역전될 수 있다. 남성은 그동안 소홀했던 가족들에게 다가가려 하지만, 이미 아내를 중심으로 편모화한 가족 구조에서 소외되어 있음을 발견하게 된다.

직업적 은퇴가 시작되면 사태는 더 악화된다. 서구를 비롯해 후기 산업사회에 돌입한 사회에서는 조기퇴직의 증가 추세로 생존의 위기와 심리적 위기가 동시다발적으로 발생한다. 남성이 경제 위기로 강제 실직하였을 경우 그후 재적응에 실패할 가능성이 높아진다. 경우에 따라서 땅에 떨어진 위신을 세우고자 배우자 폭행을 하게 되고, 알코올 중독에 빠질 수도 있다. 이 때문에 이혼율이 폭증하는 아수라장을 이미 우리 사회도 겪지 않았는가(1997년을 기점으로 경제 위기와 대규모 실직을 겪으면서 이혼율이 폭등하다가 한풀 꺾임. 자세한 내용은 제7장 참조). 여성의 경우, 이 시기에 생리적 변화를 겪게 되며 여성적 매력을 상실하고 점점 남성화되어 간다. 젊음과 출산을 여성적 가치로 보는 사회일수록 성적 매력의 상실이 주는 의미나 스트레스가 심할 수 있다. 또한 자녀에 대한 양육의 의무를 달성함으로써 자신의 여성적 정체성을 어느 정도 달성한 후, 생식성 과제에 전력을 쏟느라 이루지 못한 개인적인 꿈, 개인적 정체성의 욕구가 활성화되는 역전의 시기로 설명되기도 한다.

마지막으로, 6단계에서는 남녀 모두 노화를 겪지만, 역할의 변화가 뚜렷하게 다르게 다가온다. 즉, 이 시기에 부부관계에서의 힘의 역학 구도의 변화가 일어나기 마련이다. 경제력을 책임졌던 남성이 그 힘을 잃으면서 노년기에 가족 역학은 모계 중심적인 양상을 띠게 된다. 따라서 여성은 여성적 정체성을 상실한 후에 역설적으로 적응과 만족도가 증가한다고 할 수 있다. 반면, 남성은 은퇴 후 사회적 활동이 끝나는 시기를 맞이한다. 따라서 남성은 심리적 위축과 노인기 우울증을 겪게 되며, 스트레스에서 비롯되는 치명적인 성인병을 앓는 경우가 증가할 수 있다. 인생의 제2막이라며 은퇴 후 아버지들의 새로운 선택을 강조하는 책이나 강연이 얼마나 인기 있는지는 이 시기 남성의 또 다른 위기를 짐작하게 해 준다(그런데 레빈슨은 안정기라고 역설했다).

결국, 자본주의 사회의 특징인 생산성에 가치를 두는 문화적 환경의 영향으로 인해 성인기 여성과 남성의 발달은 상이한 과제와 갈등을 겪는다. 특히 우리나라의 경우 1990년대 후반에 시작된 경제 위기와 계속된 경제 사정의 악화에 따라 성인기 발달에 예측 불허의 변수가 개입되고 있다고 할 수 있다. 남성과 여성 모두 전환기에 가중된 스트레스를 겪는 현실임을 유의해야겠다. 게다가 통계적으로 생존 연령이 남녀 모두 높아지고 있다는 새로운 변수가 나타났다. 향후 성인 발달에서 제2막이 진짜 도래하는 시기가 올 가능성을 염두에 두고 대비해야 할 것이다.

속물과 잉여

우리 사회가 급격한 고속 성장으로 물질적으로 전보다 풍요로워졌지만 심리적으로는 더 불행해졌다고들 한다. 후기 산업사회의 경제 구조상 부의 분배의 불평등과 직업 기회의 축소, 사회적 계급의 고착화 현상 등의 구조적 요인들 때문에 한창 직업 전선에 뛰어들어 기존 체계로의 편입에 서둘러도 모자란 시기에 그럴 기회와 의욕을 잃은 청년들로 넘쳐 나고 있다. 오늘날의 불확실성을 앞에 둔 젊은 세대는 이 장에서 소개한 레빈슨 발달 모델의 2, 3단계에, 에릭슨 발달 모델의 청년기에서 중년기 전까지 넓은 범위에 걸쳐 포진하고 있는 실정이다. 이러한 사회적 현상을 개념화한 『속물과 잉여』에 나오는 인상적인 시를 소개한다.

너와 나, 또 수많은 동무들이
삶의 뜻을 알려고 어린 시절을 보낸 지도 여러 해,
하늘같이 높던 그 이상은 다 꺼지고 말았다
인류를 사랑하자던 마음은 나만 알자로 되어 버리고
사회를 위하여 이 몸을 바치자던 생각은
나의 향락만을 꾀하게 되어

이 시는 월북시인인 박세영의 〈나에게 대답하라〉 중 일부인데, 그가 36세에 썼다고 한다. 그는 자신의 이상이라고 생각했던 이념을 따라 출신 사회를 버리고 다른 사회를 택한 사람이다. 이상에 따라 치열하게 살았으나, 그 역시 인생의 중점에 서서 이상(ideal)의 허망함과 이상에 대한 미련(레빈슨은 이를 청춘에 대한 애도라 불렀다. 나르시즘을 포기하고 현실을 바라봐야 할 때가 온 것이다)을 노래했던 것은 아니었을까?

이 책에서 저자는 속물이란 체제 내에 포섭되어 축적하고 소비하는 주체라고 말한다. 이들은 재산과 지위를 축적하기 위해 일생을 바친다. 그러나 정작 자기 주체에 대한 성찰과 반성은 없다. 속물은 위선자와 졸부 중에 많았으나 이제 인구의 다수를 차지할 만큼 대세가 되었다. 악인이 될 만한 힘과 용기를 갖고 있는 것도 아니고, 그렇다고 선한 윤리의 힘든 경로를 추구할 진정성도 갖고 있지 않다고 한다. 반면, 잉여란 속물대열에 가담하여 속물 지위를 얻고자 노력했으나 실패한 자들 가운데, 속물이 되기를 유예하는 존재다. 이들은 체제 안에서 살지만 이상한 방식으로 포섭되어 있다. 24시간 컴퓨터와 게임에 파묻혀 살며 취향이 다양하여 여러 영역을 아우른다. 주로 인터넷에서 패러디를 즐기지만 인정 경쟁에 빠져들면 현실로 걸어 나와 엽기 행위를 서슴없이 저지른다.

저자는 체제 바깥으로 나간 자발적인 분열자인 아웃사이더와 체제에서 배제되거나 체제 바깥으로 던져진 잉여를 구분하고 있다. 1960년대 미국의 히피들은 스스로 잉여가 되기를 선택했으며, 체제의 가치와 규범을 모두 부정하고 기성 체제에 대항하는 자신만의 윤리를 형성하여 대항 문화의 특성을 갖추었다. 2010년대 우리나라의 잉여는 주어진 것을 버리고 새로운 삶을 추구하는 적극적 아웃사이더가 아니다. 그들은 경쟁에서 밀리고 배제된 수동적 아웃사이더이자 실업자이자 불안정한 노동자다. 그래서 현실의 잉여는 한때 부단히 노력했던 자기 형성의 주체이자 경쟁에서 진 루저(loser)이기도 하다. 향후 경쟁의 틀로 다시 들어가길 유예하고 있지만, 그렇다고 체제의 부속품이 되고 싶어 하진 않는다. 그렇다면 지속적인 잉여 상태는 그 자체로 정체성을 형성하게 될 것이다(백욱인, 2013).

심리학적 발달 모델은 평균이나 대표치를 모델화한 규범적(nomothetic) 접근의 산물이다. 젊은 세대가 제도화된 사회에 진입하여 그 일원으로 잘 적응할 것을 가정하여 표준화한 것이 앞서 지적한 발달 모델들이다. 그렇다면 잉여는 적응에 실패한 평균 이탈 영역일까? 이탈 수가 다수가 된다면 대안적인 정체성을 분명하게 갖출 것이다. 이 책의 저자는 현재 우리 사회의 젊은 층에서 다수의 잉여를 생산하고 있고 특징적인 범주를 형성해 가고 있다고 주장한다. 잉여의 실체가 실재로 개념화된다면 발달 대상에서 재정의해야 할 숙제다. 저자가 묘사한 대로라면 우리나라 인터넷 세계의 특성이 왜 이리 험악한지 이해가 간다. 그런데 저자가 투사한 잉여들에게 느껴지는 이미지는 긍정적 자기상을 유지한 채 타인과 사회를 평가절하하는 방어적 거리두기, 즉 뒤에서 다룰 거부적 회피애착 유형과 놀라울 정도로 일치한다. 저자가 예시한 체제를 거스른 사람과 체제 속에서 거부적으로 살아가는 오늘날의 잉여 간에 인생의 중년기에 어떤 차이를 보일지 사뭇 궁금하다.

토론거리

1. 여자와 남자의 일생은 어떠한 심리적 변화를 겪는지 이야기해 보자.
2. 인생 주기에서 남녀의 성차가 있는지 생각해 보자.

요약

에릭슨은 인간의 심리사회적 발달단계를 전 생애를 포괄하여 8단계로 구분하였고, 각 단계마다 공통적으로 성취해야 할 과제를 제시하였다. 레빈슨은 성인기 이후의 발달 과정을 6단계로 자세히 개념화하였고, 특히 청소년기와 대비되는 또 다른 정체성 갈등의 시기로서 중년기의 중요성을 강조하였다. 결론적으로 여성과 남성은 각 발달 단계에서 상이한 갈등을 겪고 있음이 분명하고, 이를 자세히 대비하여 설명하였다.

4장

성과 사랑의 성차

학습 목표

1. 성행동의 성차에 대한 심리학적 이론과 연구들에 대하여 알아본다.

2. 성행동의 결정 요인을 알아보고, 남녀의 성적 반응의 차이에 대하여 알아본다.

1. 성차의 기원: 생존과 번식

1) 진화심리학적 관점

결혼제도의 생성 원인은 무엇일까? 남성과 여성은 각각 어떤 배우자를 선호하는가? 성적 선택에 성차가 있다면 어떤 법칙이 존재하는가? 이러한 질문의 답이 궁금하다면 진화심리학에 주목할 필요가 있다. 진화심리학은 인간 본성의 궁극적 원인을 진화적 기원에서 찾는 이론이다. 인간 행동의 발생 원인은 각각 개별적이지만 궁극적 원인은 누구에게나 공통적이다. '왜 그러한가?'에 대한 질문에 '진화된 결과다.'라는 환원론적 답을 제공한다. 작은 단위의 실험 연구의 집합이 알고 싶은 것에 대해 전반적인 설명을 제공할 수 없을 때, 인간 행동의 근원을 큰 틀에서 구조화하는 진화이론은 시원한 설명이 목마른 사람들에게 쉽게 귀에 들어온다. 인간의 성격, 특정 행동, 더 크게는 본성이 왜 현재의 모습으로 생성되었는지 궁금할 때 진화적 원인이 마지막 답을 제공해 주는 것이 분명하다.

진화심리학에서는 인간 본성은 인류의 진화적 적응 환경에서 부딪친 선택 압력에 반응하여 진화한 종 전형적 해결책이라고 한다(Buss, 1991). 그렇다면 인류에게 진화를 선물한 적응 환경이란 어떤 것이었을까? 인류의 진화적 적응 환경이란 오래전 인류가 문명사회를 발달시키기 전에 수렵채집 사회를 이루고 살았던 원시시대의 환경을 말한다. 원시시대의 인류는 혈연으로 이루어진 공동체 집단을 형성하고 모여 살았기 때문에 집단의 효율적인 관리를 위해 역할 분화가 필요했을 것이다. 공동 식량을 확보하기 위해 수렵활동에 참여하는 자와 남아서 집안을 관리하고 보호하는 자로 나누어졌을 것으로 본다. 여기에 신체적으로 임신과 출산을 할 수밖에 없는 여성이 집안에 남아, 아이와 노약자를 돌보는 일을 주로 담당하였을 수 있다. 여성이 집안을 지키는 동안 남성은 사냥을 나가 공동 양식을 확보하는 일에 안심하고 참여하였을 것이다.

일의 분화의 적응적 가치는 자연 선택을 언급하지 않고도 오래도록 대를 물려 관습처럼 남지 않았겠는가? 따라서 여성은 출산과 양육을 담당하고 그런 일을 하기에 적합한 행동과 사고 특징이 전형화되었을 것으로 본다. 소위 여성에게 전형적인 '표현적 역할(expressive role)'(Bernard, 1972)이 의미하는 바는 양육 역할과 이에 관련된 상호 관계적이고 보호적 특성이 강조된 성 전형적 특성을 말한다. 반면, 남자는 사냥과 수렵에 적합하도록 공격적이고 두려움이 없이 과감한, 모험과 탐색에 집중하는 성 전형적 특성이 진화적으로 선택되었을 것으로 본다. 소위 남성에게 전형적인 '도구적 역할(instrumental role)'(Bernard, 1972)의 의미는 인류의 오랜 역사 동안 남성적 가치로 대접받아 온 바로 그것이다.

결론적으로, 인간의 성격 특성은 바로 이러한 생존과 번식 적합성에 기여한 정도에 기초해서 선택되고 진화했다는 것이다. 생존하고 번식하기 위해 다양한 행동 책략을 진화시켜 왔는데, 성역할의 분화에서 생긴 책략의 종류에 있어서도 성차가 생겨날 수밖에 없었다. 이 행동 책략의 기저에는 짝짓기 선호도, 사랑 방식, 성행동, 질투 등 개별적인 심리 구조가 형성되어 있다. 실제로 다양한 측면에서 여성과 남성이 다르게 선호하고 행동하는 현상을 관찰할 수 있다. 앞서 언급하였듯이, 진화심리학자들은 성역할의 분화에서 유전된 성 전형적 행동 및 특성이 남성과 여성의 성차의 원인이며 이는 진화적 가치가 결정한 유전적으로 설계된 산물이라고 설명한다. 남녀의 행동양식과 심리 구조에서의 성차도 마찬가지 원칙이 적용된다.

2) 성적 선택

모든 생명체의 대표적인 두 가지 본능은 자기보존 본능과 종보존 본능이다. 생명체는 태어나면서부터 생존하기 위해 필사적으로 노력하며, 생명을 이어가기 위해 짝짓기를 하고 자손을 남기는 번식 과정을 필수적으로 거친다. 자연의 법칙상 생존과 번식에 성공한 개체만이 선택되기 마련이다. 따라서 자연 선택에 따라 번식 성공을 높이는 행동이 당연히 촉진되었을 것이다. 마찬가지로, 인류도 생존과 번식에 성공하기 위해 어떤 진화 전략을 발전시켰을 것이다. 그렇다면 인간이 사용한 진화 전략은 어떤 것이었을까?

번식의 성공을 위한 인간의 진화 전략에는 크게 두 가지 가설이 있는데, 하나는 부모 투자(parent investment) 가설과 다른 하나는 부모권(친권) 확률 가설이다. 먼저, 부모 투자 가설은 종보존(유전자 보존)을 위해 자식에게 투자하는 부모의 노력이나 전략을 일컫는다. 남성은 출산 능력이 없으므로 자손의 보존 가능성을 높이는 방법을 어떻게든 개발하였을 것이다. 그들은 다수의 상대에게 종을 퍼뜨려서 다산 번식하려는 방법을 취했는데, 씨를 여러 상대에게 뿌릴 뿐 차후 책임을 지지 않는 전략이다. 이는 책임을 질 필요가 없기 때문에 최소의 비용으로 다수에게 투자할 기회를 잡을 수 있었다고 본다. 이러한 전략은 번식에 투자하는 비용이 최소화되는 이점이 있지만 확실성이 보장되지 않는 다수의 상대에게 무선적(random)으로 투자해야 하는 불확실성을 내포할 수밖에 없다(Buss et al., 1993).

한편, 여성은 출산 능력이 있으므로 남자의 번식 전략이 맞지 않는다. 상대를 잘 고르면 자손을 임신하고 출산할 확률이 확실하다. 그렇기 때문에 불확실한 다수 상대에게 무선적 투자를 할 필요 없이 한 명의 상대를 확실하게 고르면 된다. 선택권이 있는 쪽은 상대를 고를 때 가장 좋은 유전자를 감별하고자 신중한 접근을 할 것이다. 자손을 출산한 후 일체의 양육 과정을 여성이 담당한다는 점도 성적 선택에 영향을 주었을 것이다. 여성은 자녀 양육에 투자하는 비용이 너무 많이 들기 때문에 선택 과정이 신중하며 거기에 적합한 어떤 조건을 남성에게서 찾을 것이다.

다음으로, 부모권(친권) 확률 가설(parenthood probability)은 자신의 자손의 독점권 보장을 의미한다. 남성은 짝짓기에 성공하기 위해 다른 남성과 경쟁을 해야 하고, 자기 자손의 독점적인 임신과 양육을 확실하게 할 필요성이 생긴다. 반면 여성은 선택권이 있기 때문에 기득권을 살려서 양육을 위한 배우자의 보호와 지원을 요구하게 된다. 이때 성공적으로 자손을 키우는 데 적합한 조건은 초기에 선택 단계에서 일어나는 좋은 유전자 감식과 관련이 있을 수도 있고 또는 무관할 수도 있지만, 여성의 선택의 조건은 그 남성이 향후 긴 양육 기간 동안 필요한 생리적 · 경제적 지원을 할 수 있는 남성인가 하는 점이다. 이같이 특정 남성에게 자손의 독점권을 주되, 그 상대의 절대적인 지원과 보호를 보장받아야 하므로 이 같은 조건이 중요하게 된 것이다. 그렇다면 서로 이 조건을 충족시키기 위해 의견 일치를 볼 수 있다. 장기적이고 안정적인 관계에 들어간다는 것은 남성과 여성 모두에게 이해관계가 일치되는 사항이란 점을 주목해야겠다. 따라서 이러한 진화 전략에 따라 성별상 차별화된 심리 구조가 형성되었다는 결론이다(Buss, 1991; Buss et al., 1993).

결론적으로, 자손 번식을 하기 위해 남녀가 하는 성적 선택은 부스(1993)가 언급한 먼저 일어나는 남성의 동성 내 경쟁(intrasexual competition)과 여성의 이성 간 선택(intersexual choice)이다. 그러나 앞서 지적하였듯이, 인류는 인간의 긴 성장 과정 때문에 양육을 위해 장기적이고 안정적인 관계가 적응적이었던 것으로 보인다. 따라서 성적 선택은 인간에게 단순히 생물학적 수준에서 끝나지 않았고 사회적 · 경제적 투자로까지 확대되어 훨씬 복잡한 의미를 지니게 된 것으로 본다. 결혼은 이런 맥락에서 최종 선택된 해결책일 가능성이 높다.[1)]

3) 심리적 구조의 성차

앞서도 살펴보았듯이, 진화심리학은 과학적 심리학에서 무선화한 성차를 다시 한 번 부각시킨 이론이다. 그동안 과학적 심리학에서 작은 단위를 대상으로 확률적 가설 검증의 절차를 연구 방법으로 사용해 왔고, 그러다 보니 격차가 크지 않은 연구들로 모인 연구의 집합이 어떤 현상에 대해 단호하게 결론을 내릴 수 없었던 것이 사실이다. 심리학 역사에서 행동주의가 그 단적인 예이며, 그렇게 수많은 연구의 합산에도 불구하고, 이론적 체계성은 상대적으로 절제되어 있는 점이 이를 지지해 준다. 그만큼 학문의 진행 방향이 그렇게 큰 범주의 설명이 필요 없는 쪽으로 흘러왔던 점을 부정할 수 없다. 이 틈새를 진화심리학이 활용하고 있다고 여겨진다. 진화라는 대전제의 연역적 주제가 경험적 연구의 부족에도 불구하고 단시간에 심리학자들을 사로잡고 있는 점만 봐도 그렇다. 오랜만에

---

1) 부스의 이론에 따르면, 여성이 좋은 배우자를 고르기 위해 매의 눈을 갈고 닦을 때, 남성은 수컷 간 경쟁에 들어가야 한다. 여기서 이겨야만 짝짓기를 할 수 있는 것이다. 왜 남성에게 경쟁심과 공격성이 키워졌는지 이해되는 대목이다.

나온 단호하고 포괄적인 설명이 어떤 사람들에게 매력적일 수 있다.

진화심리학에서는 인간의 심리 구조는 생존과 번식에 적응하기 위해 설계된 본성이라는 전제에서 시작한다. 생존과 번식에 성공하기 위해서 인간은 많은 문제들을 해결해야 했다. 짝짓기에서 우성 선택을 하고, 그러기 위한 경쟁에서 이겨야 한다. 자손의 생존과 양육을 위해 물질적으로 투자해야 했으며, 적들과 싸워 자기 자손을 보호해야 하는 과제들이 산적했다. 이러한 다양한 생존 과제들을 해결하기 위해 행동 책략들을 발전시켰는데, 이 과제를 해결하기 위해 사용한 전략에 성차가 있고, 남녀 본성에 차별화된 특성으로 유전되었다는 취지다. 남자는 공격적이고 두려움 없이 과감한, 모험과 탐색에 집중하는 성전형적 특성이 강조되었을 것이고, 여자는 양육 역할과 이에 관련된 상호 관계적이고 보호적 특성이 강조된 성전형적 특성이 유리했을 것이다.

이러한 성전형화된 행동 유형과 성격 특성이 인간이 학습한 개념인지 진짜 존재하는 것인지 의문이 드는 건 사실이다. 지금까지 여성심리학에서 성차의 사회문화적 학습의 측면을 밝히려고 시도해 왔고, 그러한 방향으로 연구를 진행하여 꽤 성과를 거두었던 셈이다. 그러나 진화심리학에서 제시하는 주장은 몇몇 연구를 가지고 질서 있는 논리를 제시한다. 남녀의 심리적 구조에서 성차가 확연하다면 구체적으로 어떤 것일까? 여기서는 짝짓기, 배우자 선호도, 성적 행동 및 태도 등의 성차와 관련된 성격 특성을 살펴보고자 한다.

먼저, 짝짓기와 배우자 선택에 있어서 남성은 후손을 번식하는 책략에 우선순위를 둔다. 따라서 여성의 젊음과 신체적 매력 그리고 여성의 정절을 선호하는 기호가 발달되었다. 젊을수록, 신체적으로 건강할수록 수태할 확률이 높다는 계산이다. 한편, 여성은 자녀 양육을 위한 좋은 조건을 우선순위에 둔다. 따라서 생계를 보장해 주고 안정된 배우자를 선호하며 경제력과 사회적 지위를 갖춘 남성을 택하는 기호가 발달되었을 것이다. 여성의 배우자 선택의 조건은 자녀를 양육하는 데 있어서 가장 필요한 조건에 맞추어졌다.

다음으로, 사랑과 결혼에 대한 태도에서도 성별 간 차이점을 나타내는데, 남성은 이성과의 단기적인 관계를 맺는 것과 일부다처제를 선호한다. 이에 비해, 여성은 이성과 장기적인 관계를 맺는 것을 선호하며 독점적 결혼제도를 선호한다. 왜 그런가 하는 것은 앞서 살펴보았듯이, 여성은 자녀 양육을 하기에 적합한 환경을 우선적으로 필요로 할 것이며, 그 적합한 조건은 경제력과 사회적 지위가 있는 남성과의 장기적 관계임은 말할 필요도 없기 때문이다. 그러한 조건을 갖춘 상대를 본능적으로 알아보고 찾을 것이다.

이에 따라 습득한 성적 태도와 성행동에도 많은 뚜렷한 차이가 있다. 우선, 남성은 여성의 마음을 끌 때 남성다움을 과시하는 행동이 일반적이고, 상대를 먼저 선점하기 위해 저돌적으로 행동한다. 그리고 성적 상대가 많을수록 남성성의 확인을 지지하는 증거로서 지각한다. 성적으로 일회적 관계가 쉬우며, 장기적이고 안정적인 관계는 기호가 아닐 것이다. 킨제이 연구소의 최근 보고에 따르면, 결혼 후에도 많은 남성이 혼외관계를 갖는 것처럼 성적 선택은 사라지지 않는다(Crooks & Bauer, 2007 재인용). 반면, 여성은 이성을 선택할 때 소극적이며 신중하다. 쉽게 성적 관계에 빠져들지 않고, 안정적인 관계를 맺기를 원한다. 성적 상대의 선택도 많은 요인을 고려하며, 한 번 관계에 돌입하면 상대방에게 헌신하며 한눈을 팔지 않을 것으로 기대된다. 성적으로 보수적임은 말할 것도 없다. 이를 지지하는 연구들을 살펴보면 다음과 같다.

부스(Buss, 1988)는 결혼에 있어 배우자 선택의 성차를 연구하였는데, 33개 국가를 표본으로 하여 이성에 대한 선호도를 조사하였다. 그 결과, 남성은 배우자 선택 시 상대방의 신체적 매력과 상대적 나이를 일순위로 고려하였고, 여성은 상대방의 경제적 능력과 야망 그리고 근면함을 일순위로 고려하는 것으로 나타났다. 이 경향성은 인종 혹은 국가 간에 일관되게 나타나는 현상이었다(Eagly & Wood, 1999).

부스 등(Buss et al., 1993)을 비롯한 다른 많은 연구에서 이성의 선택에 있어 남녀의 질투 반응을 조사하였는데, 남녀 간 질투의 경험 빈도와 감정의 심도에는 예상과 달리 크게 차이가 없으나, 서로 질투의 양상에 있어서 질적 차이가 있음이 관찰되었다. 남성은 상대방의 신체에 대한 성적 질투심을 강하게 보였고, 여성은 정서적이고 애정적인 질투를 강하게 드러냈다. 이는 미래의 후손을 보존하기 위한 남녀 각각의 고유하고 독점적인 태도의 차이를 나타내는 결과로 해석된다.

많은 연구자들이 사랑과 이성의 선택에 있어서 남녀 태도의 차이를 연구한 결과, 남성이 더 낭만적이라는 결론을 얻었다. 사랑의 경험을 보고하는 데 있어서 남성은 여성보다 더 빨리 보고하는 경향이 있고, 둘 사이의 관계가 악화되었을 경우에 남성은 질질 끄는 경향이 있으나 여성은 깨끗이 정리하는 경향을 보였다.

또한 관계가 끝난 후에 남성이 여성보다 더 우울함을 많이 느끼고 자살률도 높았다고 보고되었다. 이에 비해 여성은 배우자를 선택하는 데 더 타산적이고 사랑하지 않는 상대와 결혼할 수 있다는 대답이 훨씬 많았다. 또한 관계가 깨졌을 때 정서적인 혼란을 덜 느끼는 것으로 나타났다(Dion et al., 1988; Hill et al., 1976; Kenrich et al., 1990; Peplau et al., 1985).

이제껏 알려진 고정관념을 깨는 이와 같은 결과는 남성은 연애할 때 상대방 자체만 보는 반면, 여성은 상대방 이외의 요인을 더 고려하기 때문으로 보인다. 따라서 모순되게도 사랑 관계에 있어 남성이 여성 자체의 요인만 본다는 의미에서 더 순수하고 감정적이라고 볼 수 있다. 이는 앞서도 지적하였듯이, 여성은 진화적 필요성에 의해 상대를 고르는 안목을 발달시켜 온 데서 한 원인을 찾을 수 있는데, 역설적으로 남성은 수컷끼리의 경쟁에 쓸데없이 힘을 소모하는 데 치중했을 뿐, 상대를 고르는 안목이나 필요성을 기르지 않았다는 해석이 그럴듯하다.

4) 여성심리학의 반론

여성심리학의 기본 가정은 성역할은 생물학적으로 결정된 것이 아니라 외부 환경, 즉 사회문화적 환경에 의해 만들어지고 학습된 것이라는 점이다. 성차의 기원은 인류 역사상 오랫동안 유지된 가부장적 사회구조의 전통하에 발달하여 차별화되고 고정된 것이라고 본다. 남녀 간에 약간의 유전적인 차이를 갖고 성장과 발달 과정에서 훈련의 차이와 역할의 학습에서 차이를 만들었고, 이런 것들의 상호작용의 결과로 차별적으로 사회화된 성각본(sex script)을 각각 학습한 것뿐이라는 주장이다. 따라서 유전적으로 형성된 차이라고 주장하는 그 성차는 생물학적 성과 학습된 성 간에 혼동의 역사의 산물이라는 것이 요지다. 자세한 쟁점은 제1, 2장에서 충분히 논의하였다.

지금까지의 논점을 요약하면, 성별 간 특정 행동, 특히 성과 사랑에 있어 나타나는 성차를 보는 시각에는 진화심리학과 여성심리학 간에 좁힐 수 없는 간격이 존재한다고 결론지을 수 있겠다. 참고로, 여성심리학에서는 이러한 차이를 성차가 아닌 개인차로서 접근하길 추천한다.

2. 성행동의 결정 요인

성(sexuality)은 기본 본능으로서 소모와 발산이 되어야 하는 동기다. 이러한 성행동의 결정 요인으로는 성호르몬과 뇌가 관장하는 내부 요인, 그리고 학습 및 환경이 영향을 주는 외부 요인이 있다. 여기서는 성행동에 관여하는 중추를 차례대로 살펴보고자 한다.

1) 성호르몬 통제

설치류의 경우, 암수 간 성행동의 분화가 분명하다. 수컷은 남성호르몬인 테스토스테론이 분비되면 설치류의 종전형 행동인 생식기의 삽입 행동을 개시할 수 있으며, 생식기를 거세할 경우 성행동을 중단한다. 거세된 쥐에게 테스토스테론을 주사할 경우 삽입하는 성행동이 다시 회복된다. 쥐는 생식기에서 테스토스테론을 분비하기 때문에 생식기의 절단이 곧 호르몬의 종결을 의미하기 때문이다. 암컷의 경우 여성호르몬인 에스트로겐이 분비되면 암컷 쥐의 종전형 성행동인 수용 자세를 보인다. 수용 자세는 수컷과 짝짓기하기 쉽도록 앉고 쪼그리는 자세를 말한다. 그러나 수컷과 같은 절차를 적용하여 난소를 절제하여 더 이상 에스트로겐 분비가 일어나지 않으면, 이 암컷은 수컷의 도발에도 반응을 하지 않는다. 수용하는 자세의 성행동을 멈추는 것이다. 이와 같은 결과로 볼 때, 설치류에게는 암컷과 수컷 모두 호르몬의 영향력이 절대적임을 알 수 있다(Carson, 1995 재인용).

쥐에게 미치는 호르몬 효과는 막강한 데 비해, 대부분의 다른 영장류(원숭이 등)는 성호르몬이 중단될 경우, 암컷에게는 다소 영향이 있고 수컷은 성행동을 완전히 중단하게 된다(윤가현, 2006 재인용). 최소한 대부분의 영장류에서 수컷이 암컷보다 성호르몬 통제를 더 받는다는 결론이다.

그렇다면 인간의 경우에는 어떠한가? 남성의 경우 테스토스테론은 성욕과 정적 상관관계를 갖고 있으나, 성기능 자체에는 영향을 미치기도 하고 그렇지 않기도 하는 다양한 결과를 보인다는 점이 주목할 만하다(Delamater et al., 2005). 그

지지 증거로 몇 가지 연구가 있다. 거세된 남성들(여러 이유로 성기관이 절단된 사례들)을 연구한 결과, 피험자들은 테스토스테론이 분비되지 않는 점이 동일하였음에도 불구하고 성적 욕구는 개인마다 비일관적이었고, 개인차가 존재했다. 또 다른 연구에서 성 범죄자와 암환자에게 치료 목적으로 안드로겐 차단제를 투여한 결과, 앞서 제시한 거세된 피험자 연구와 비슷하게 항안드로겐 효과의 변산이 있었다. 남성호르몬을 차단하더라도 성적 욕구가 없어지는 개인이 있고, 없어지지 않는 개인도 있어서 일관되게 그 효과가 나타나지 않았다는 결론이다. 이것은 남성호르몬의 차단이 성범죄 예방에 효과적이지 않다는 결과를 시사하는 것이기도 하다(Crooks & Bauer, 2007 재인용).

여성의 경우 에스트로겐은 질 내 두께와 탄성 그리고 질 윤활에 영향을 주는 등 성행동과 어떤 연관성이 있는 것이 분명하지만, 성행동을 일으키기보다 출산과 더 관련이 있는 호르몬으로 알려져 있다. 마찬가지로, 여성에게 여성호르몬 치료를 하면 성욕구 및 성적 관계의 질의 증가를 기대할 수 있다는 연구(Crooks & Bauer, 2007 재인용)도 있었으나, 오히려 심리적 효과란 증거(Wilson, 2003)도 제기되었다. 폐경기 이후 여성이나 자궁 적제술을 받은 여성의 경우, 여성호르몬이 감소되거나 중단된 상태임에도 불구하고 이후 성관계는 여전히 가능하다는 사실을 주목해야겠다. 따라서 인간의 경우 성호르몬이 성적 행동에 영향을 주는 정도는 유의하지 않다는 결론이다.

이와 같은 결과로 볼 때, 하등동물에서 고등동물로 갈수록 성행동에 대해 성호르몬의 통제력이 약화되는 것으로 결론지을 수 있다.

2) 신경(뇌) 통제

성행동을 관장하는 기관 중 중추신경의 역할이 중요하다. 이제 척수신경과 시상하부와 변연계 중추, 그리고 대뇌피질 등의 역할을 살펴보고자 한다.

인간의 신경계 중 척수 부분의 신경은 남성의 발기와 사정을 담당하고, 여성에게는 골반 수축을 일으키는 기관으로서 성행동의 기본 반사 운동을 담당하는 것으로 알려졌다. 대뇌 구조로 들어가 살펴보면, 피질하 구조물인 시상하부는 성적 흥분(욕구와 동기)을 관장하고, 상대방과의 결속과 연애 감정 형성에 관여하는 동기 및 욕구 시발의 장소이기도 하다. 특히 수유할 경우와 이성과 포옹하거나 성행위를 할 때 그리고 성적 흥분을 할 경우에 시간 함수에 따라 옥시토신 분비가 증가한다(Love, 2005). 이 옥시토신 호르몬은 정서적으로 친밀한 관계에서 분비가 증가하며, 자폐아에게서는 일반적으로 감소하는 것으로 알려졌다(자폐증은 친밀한 관계 형성에 결함이 있는 장애다). 이 때문에 옥시토신은 사랑 호르몬이라고도 불리고, 상호 결속의 요인이거나 결과다. 이러한 호르몬들은 시상하부에서 신호가 시작되어 뇌하수체를 통해 분비가 일어난다.

피질하 구조물인 변연계 역시 성행동에 깊이 관여하는 것으로 알려져 있다. 변연계는 원래 감정의 중추라고 알려졌듯이 성적으로 흥분할 동안 변연계의 여러 영역(대상회, 편도체, 해마, 시상하부 핵)에 걸친 활성화가 일어난다(Stark, 2005). 이 근처 부분이 통상 보상 중추 혹은 쾌락 중추라고 불리는데, 특정 신경전달물질을 수용기로 갖는 것으로 알려졌다. 즉, 도파민은 흥분 효과를, 아편제제는 억제 효과를 미친다. 남성과 여성의 성적 욕구를 촉진하는 테스토스테론이 시상하부와 변연계의 영역(정확하게 시상 전 영역)에서 도파민 활동을 촉진하는 것으로 밝혀졌다(Wilson, 2003). 테스토스테론과 성행동과의 정적 상관은 바로 이런 이유에서 연유된 것으로 보인다.

피질 수준에서는 대상에 대한 호감, 평가 및 인지를 담당한다. 이곳은 성에 대한 개별적인 개념이 활성화되는 곳이기도 하다. 따라서 대뇌피질이 관여하면 성에 대한 가치와 기억과 환상이 복합된 개인 특수적 반응이 나타날 것이다. 성행동에 관여하는 하위 수준의 중추부터 상위 수준의 중추까지 고찰할 수 있는 한 실험연구가 있다. 이 연구(Kennedy et al., 1990)에서는 척수가 손상되어 발기 불능인 남성들과 건강한 남성들이 포르노를 감상할 때 느끼는 주관적 흥분의 보고와 유발되는 생리적 반응을 측정 · 비교하였다. 이때 척수가 손상된 집단의 남성들은 주관적으로 낮은 흥분을 보고한 반면에 건강한 집단의 남성들은 높은 흥분을 보고하였으나, 생리적 반응(흥분의 신체 지표)에 있어서는 두 집단 간의 차이가 없었다. 이 연구는 성행동이 어떤 원인 때문에 손상되어도 다른 관련 반응은 여전히 남아 있음을 알려 주는 결과로 해석된다. 그만큼 인간의 경우 성기능은 행위 그 자체보다 더 복합적이고, 그만큼 상위 중추가 관여함을 시사하는 것으로 해석된다.

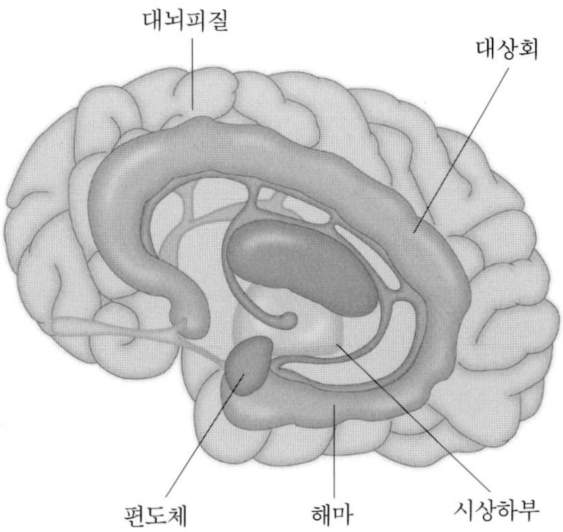

그림 4-1 **성행동에 관여하는 신경중추**

결론적으로, 설치류는 시상하부 영역이 파괴되면 성행동이 중단되는 것과 같이 시상하부 수준에서 모두 성행동을 통제하는 것에 비해, 인간의 경우 성행동은 보다 상위 수준의 중추가 관여하는 복합적 기능이라고 할 수 있다. 성행동을 총괄하는 성중추가 아직 무엇인지 확실하게 제시할 수 없으나 변연계와 대뇌피질 여러 영역에 걸친 관여에 의해 성행동의 복잡성이 나타난다는 점에는 의문의 여지가 없다.

[그림 4-1]은 인간의 성행동에 관여하는 신경중추를 보여 주고 있다. 앞서 언급한 대뇌피질이 가장 외피 쪽에 위치해 있고, 피질하 구조물인 시상하부, 해마, 편도체 등이 그 아래에 깊숙이 위치해 있다.

3) 학습과 경험의 역할

하등 포유류는 성행동 시 학습과 경험에 의해 영향을 받지 않는 반면, 고등 포유류는 그것의 영향력이 증가하는 것으로 나타났다. 이를 예시하는 유명한 실험이 있다. 비교심리학자인 할로우(Harlow)는 태어난 직후 격리된 채 성장한 원숭이가 성적으로 성숙하게 되자 다시 원숭이 무리에서 살게 하였는데, 이 원숭이는 무리와 어울리는 데 문제가 있었으며, 특히 이런 부적절한 행동은 짝짓기에서 더욱 두드러진다는 사실을 보고하였다. 그의 연구에서 격리된 적이 있는 원숭이는 성적으로 부적절하게 시도하거나 시도 자체를 실패하고 다른 원숭이들의 원성을 자초하여 그 결과 무리에서 추방되었다. 여기서 원숭이가 발정기에 달했다고 무조건 짝짓기를 하는 것이 아니라 서로 눈이 맞고 호감을 표시하고 동의하는 일련의 정서적 과정이 따라야만 가능하다는 점에 주목해야겠다. 우리가 예상하는 것 이상으로 인간 이하의 동물에게도 짝짓기는 정교한 사회적 행동이 아닐까 한다. 이와 같이 할로우의 연구는 종에게 공통적인 본능적 행동도 배우지 않으면 실행할 수 없다는 역설적 결론을 내리게끔 하는 연구다.

인간이 출생 이후에 무인도에 고립되었다가 문명 사회에 나오면, 과연 짝짓기와 연애 그리고 성행동이 가능할까? 인간에게 성행동이 미치는 사회문화적 영향력을 생각할 때 학습의 역할이 결정적임은 말할 것도 없다. 성행동이 사회문화적 산물이라는 점은 원숭이보다 고등 존재인 인간에게 애써 언급하는 것 자체가 부적절하다. 더 복합적이고 더 심리적인 과정이라는 얘기다. 배우지 않는다면 어떻게 호감가는 대상에게 구애를 하고 마음을 얻겠는가? 섹스가 본능이나 생리적 충족에 불과하다는 통념은 과소평가된 일반론임을 유의해야겠다. 인간에게는 섹스 역시 사랑 영역의 어떤 계열에 위치하고 있다는 결론이다. 그 사랑이라는 것도 사회적 교류의 맥락 속에서 일어난다.[2)]

3. 성적 발달

1) 1차 성징의 분화

성별의 발달은 유전자, 성기관 그리고 뇌의 분화에 걸쳐 일어나며, 모두 태내에서 발생한다. 수정이 이루어질 때 성염색체 조합에 의해 유전자 수준의 성별

2) 오늘도 짝이 없어 외로운 싱글들에게 자신의 매력을 의심할 것이 아니라 사회적 기술에 문제가 없는지 돌아보라고 권하고 싶다. 한 연구에서 데이트 성공률이 높은 남성의 비결을 연구했다. 그 결과가 외모도, 매력도, 조건도 아니라 적극성이라는 연구 결과에 공감한 적이 있다. "열 번 찍어 안 넘어가는 나무 없다."는 속담이 생각나게 하는 대목이다. 바람둥이의 숨겨진 비결인지 잘 새겨 볼 대목이다.

결정이 일차적으로 일어난다. XY성염색체는 생물학적으로 남자로 결정되며, 결정된 유전 암호에 따라 애초에 미분화된 생식선(뮬러선 대 볼프선-여자와 남자의 생식선 전구체를 모두 갖고 있음)이 고환으로 발달한다. 고환이 형성되면 여기에서 성호르몬이 분비되기 시작한다. 향후 성적 분화는 안드로겐이라는 남성호르몬이 결정적인 역할을 하는 것으로 알려져 있다. 안드로겐은 남성호르몬 복합체로서 그중 하나가 테스토스테론인데, 종종 혼동해서 쓰기도 한다. 이것이 분비되면 양방향으로 영향을 미친다. 우선, 정관, 정낭, 사정관 등 외부 생식기 발달이 급속히 일어나며, 동시에 여성 생식기 전구체의 발달을 억제한다. 마지막으로, 뇌의 분화 단계에서도 안드로겐 여부에 따라 시상하부 및 기타 기관에서 에스트로겐에 둔감하도록 구조화한다. 후에 이 효과는 여성과 대조적으로 성호르몬의 주기 없이 호르몬 분비가 상시화하도록 만드는 것이다. 남성화된 뇌는 행동적 탈여성화와 행동적 남성화를 동시에 일으킨다. 행동적 탈여성화란 동물의 경우 암컷

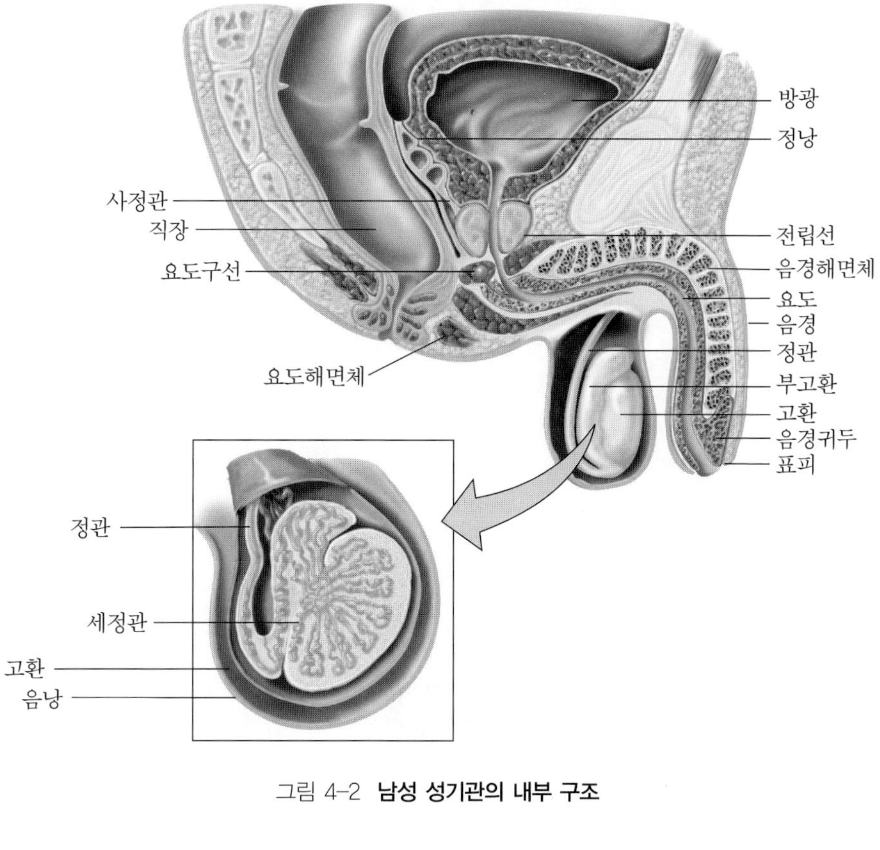

그림 4-2 **남성 성기관의 내부 구조**

성행동을 막는 효과이며, 암컷 성행동을 조절하는 신경회로의 발달을 저지하는 것이다. 행동적 남성화란 성숙한 후 수컷 성행동에 관여하도록 만드는 효과를 미친다(Carson, 1995 재인용).

여성은 XX성염체를 가지며, 태내에서 생식기가 분화될 때 난소가 발달한다. 여기에서 에스트로겐과 프로게스테론 혼합물이 분비되고, 그러면 음핵, 내음순, 외음순 등의 외부 생식기가 발달하게 된다. 동시에 남성 생식기 전구체는 퇴화한다. 뇌의 분화 단계에서 안드로겐이 없을 경우(XX와 XY의 차이점) 남성과 달리 시

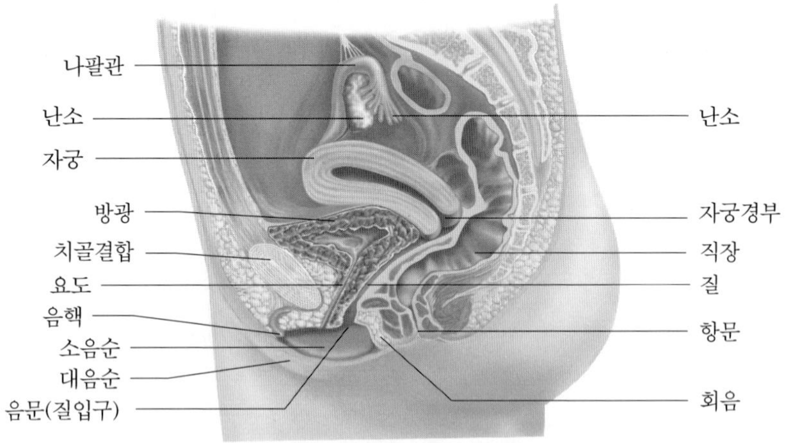

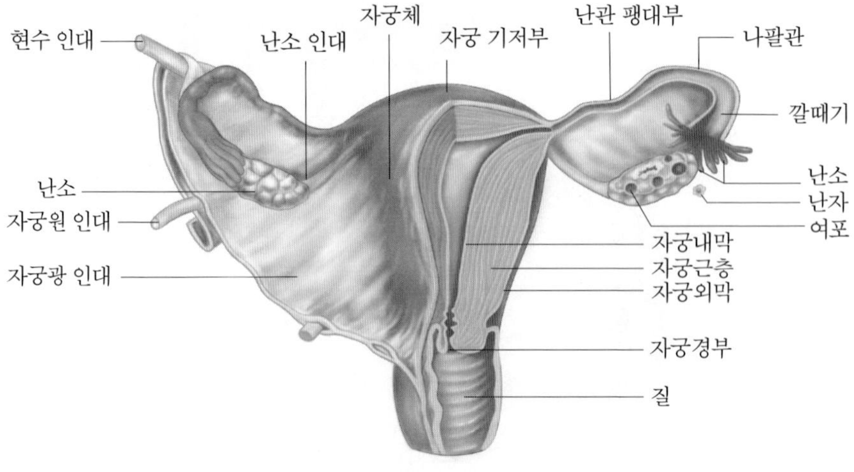

그림 4-3 **여성 성기관의 내부 구조**

상하부 세포가 에스트로겐에 민감하도록 구조화되어 출생 후 2차 성징기에 뇌하수체에서 분비된 호르몬에 의해 배란과 월경주기를 순환하게 된다.

이와 같이 1차 성징은 남녀 모두에게 안드로겐의 근소한 차이로 표현할 수 있을 정도로 성기관 발달의 열쇠로 보인다. 따라서 유전자의 성별이 결정되었다 하더라도 과정상 안드로겐 분비에 오류가 생길 경우 다양한 성기관의 변이가 나타난다. 안드로겐 불감성 증후군, 태아기 남성화 여성, DHT 결핍 남성 등이 그 예이며, 이는 모두 남성호르몬의 문제로 인해 생물학적 성별이 외양상 바뀐 경우다. 그러나 이들이 유전적으로 결정된 생물학적 성이 어떻든 외부에서 주어진 성 정체성을 내사화한 그대로 동일시한 성별에 따라 적응했다는 사례가 많다는 점을 보면 학습 효과에 대한 집중적인 연구가 필요하다고 하겠다. 성별 분화의 유전적 변이들은 제1, 2장을 참조하기 바란다.

[그림 4-2]와 [그림 4-3]은 남성과 여성의 생식기의 내부 구조를 보여 주고 있다.

2) 2차 성징의 발달

인간은 사춘기에 이르면(8~14세 범위로 편차가 넓음) 시상하부의 신호에 따라 뇌하수체에서 생식선 자극 호르몬이 분비된다. 그런 다음 신호를 받아 급증한 호르몬 분비량이 혈액 속을 순환하게 된다. 그러면 그 호르몬들이 생식선을 활성화하여 남녀 간에 화학적 차이를 일으킨다. 남성의 경우, 고환(정소)에서 테스토스테론 분비가 증가하여 스테로이드 호르몬과 성장 호르몬이 상승한다. 그 결과, 다음과 같은 두 방향에서 변화가 일어난다. 첫째, 남성으로서의 신체적 성숙인데, 흔히 알려진 목소리 변성, 음모 생성, 음경과 고환 등 외부 생식기 성장이 일어난다. 둘째, 정자 생산과 사정의 시작이다. 그 시기는 개인차가 있으나, 대략 13~14세 정도라는 연구가 있다(Stein & Reiser, 1994). 신체적인 성적 흥분도 2차 성징기에 일어난다. 남성 성기의 성장과 발기 현상이 나타나면서 몽정과 사정을 개시하지만, 사정했을 때 초기에는 정자가 들어 있지 않다고 보고되고 있다. 따라서 본격적으로 활성 정자를 생산하고 수태할 수 있는 완전한 성적 성숙은 그러한 활동이 시작된 후 1~2년이 지나서 가능하다고 보고된다.

여성의 경우, 생식선 자극 호르몬에 의해 난소에서 에스트로겐 분비가 급격히 증가하면 앞에서 기술한 대로 남성과 같은 절차에 따라 여성적 신체 특징이 발달한다. 가슴과 유두가 커지고, 음모 생성, 음순 발달 등 신체와 생식기 발달이 일어난다. 동시에 내부 생식기의 성장도 일어난다. 자궁벽이 두꺼워지고 자궁 크기도 늘어난다. 또한 성적 성숙의 지표인 월경을 처음으로 시작하는데, 이 역시 여성호르몬의 증가에 따라 질과 자궁 경부의 변화가 일어나고 난소가 활성화하면서 배란과 월경주기를 시작하게 되는 것이다. 초경 시기는 개인차가 있으며, 배란 없이 일어날 수도 있다. 남성과 마찬가지로 월경이 시작되었다 하더라도 당분간은(6개월~1년 반 정도) 임신이 되지 않는다고 알려져 있다.

성호르몬은 성별에 따라 다르게 분비되지만 반대 성의 호르몬을 남녀 모두 약간씩 분비한다. 남녀의 생식기관과 부신(adrenal gland)에서 남자는 여성호르몬인 에스트로겐을, 여성은 남성호르몬인 테스토스테론을 소량 분비하는데, 이런 호르몬들이 어떤 역할을 하는지는 아직 충분히 밝혀지지 않았다. 여성의 경우, 테스토스테론의 소량 분비가 음모 생성과 성적 욕구의 활성화에 영향을 주고 있다고는 하지만, 남성에게서 분비되는 소량의 에스트로겐은 정확히 어떤 기능을 하는지 알려지지 않았다.

요약하면, 사춘기에 나타나는 2차 성징의 발달을 통해 외양적인 성분화뿐만 아니라 생식이 가능한 성적 성숙까지를 포함한 과정을 거쳐 완전한 성적 성숙에 이르게 된다. 남성은 정자 생산이 활발해지고 사정이 가능해지면서 여성을 수태시킬 수 있는 발달 수준에 도달하는 것이다. 여성 역시 월경이 시작되면서 배란기 난자 배출의 신호를 보내고 임신을 할 수 있는 발달적 시기에 다다르는 것이다. 다만 여성이 남성보다 성적 성숙의 지표가 약 2년 정도 빠르게 시작되는 것으로 알려졌는데(Brooks-Gunn, 1991), 최근에 올수록, 또한 잘사는 나라일수록 초경 시기가 점점 앞당겨지는 것으로 알려졌다(Crooks et al., 2007 재인용). (여성이 남성보다 성적으로 빨리 성숙하는 것이 현대 사회에서 어떤 기능을 하는지 궁금하다.)

이와 같이 생식이 가능하기까지 성적 성숙을 완성하는 데에는 성호르몬의 역할이 결정적이다. 유전자의 성별 분화에 따라 성적 성숙의 프로그램은 우선 화학적 차이를 일으킨다. 이 차이에 따라 남성과 여성에게서 각각의 성기관의 완성과 생식 수준으로의 발달이 이루어지는 것으로 요약된다.

4. 성적 반응의 성차

카플란(Kaplan, 1979)은 인간의 성주기를 3단계로 나누었다. 즉, 욕구-흥분-절정 단계의 성주기를 갖는다는 것이다. 카플란의 3단계 성주기 모델은 성장애에서 치료 대상의 많은 부분을 차지하고 있는 성욕의 문제를 포함하고 있어 DSM 체계(정신장애의 진단 및 통계편람)는 이 모델을 사용한다. 각 단계마다 다양한 원인 때문에 기능장애가 있기 마련인데, 보통은 심리적 원인이 주를 이루는 1, 2단계의 문제를 갖는 사람이 심리치료자에게 주목을 받는다. 자세한 것은 제5장을 참조하기 바란다.

마스터즈와 존슨(Masters & Johnson, 1966)은 성주기를 심리적 요소를 제외하고 오로지 생리적 반응에 초점을 맞추어 4단계로 구분하였다. 즉, 흥분-정체-절정-해소 단계의 성주기다. 각 단계의 경험이나 만족도는 개인차가 있으나, 생리적 반응은 비교적 공통적으로 나타나며, 각 단계에서 남녀별 차이 있는 반응을 관찰할 수 있다. 〈표 4-1〉은 각 단계에서 보이는 성적 반응의 성차를 자세히 제시하고 있다. 남성과 여성에 있어 공통된 반응은 흥분기에서 정체기에 걸쳐 근육 긴장, 심장박동의 증가, 혈압, 호흡의 증가 등의 생리적 흥분 현상이다. 절정기의 공통적인 반응은 불수의근 경련이 몸 전체에서 일어나고 직장 조임근의 불수의 수축이 일어나는 현상이다. 이 때문에 어떤 사람은 절정기에서 요실금이나 변실금을 보이는 경우가 드물지만 있다. 해소기에서 남녀 모두 이러한 생리적 흥분 현상이 빠르게 가라앉는다.

표 4-1 **여성과 남성의 성주기의 반응 차이**

단계	남녀 공통된 반응	여성의 반응	남성의 반응
흥분기	• 근육 긴장, 심장박동 증가, 혈압의 증가 • 성적 홍조와 유두 발기 발생(여성에게서 더 일반적임)	• 음핵이 부음 • 대음순이 질 입구에서 분리됨 • 소음순이 붓고 검어짐 • 윤활 시작 • 자궁이 올라감 • 유방 커짐	• 성기 발기 • 고환이 올라가고 충혈 • 음낭 피부가 딱딱해지고 긴장됨

정체기	• 근육 긴장이 더 두드러지고, 불수의근 수축이 손과 발에 일어날 수 있음 • 심장박동, 혈압, 호흡의 증가	• 오르가슴 감대(질의 바깥 3개가 충혈) 형성 • 음핵이 포피에서 나옴 • 자궁이 완전히 상승 • 유륜이 더 부음	• 고환의 충혈과 상승이 더욱 뚜렷해짐 • 쿠퍼선 분비가 일어남
오르가슴	• 불수의근 경련이 몸 전체에서 일어남 • 혈압, 호흡, 심장박동이 최고 수준에 도달 • 직장 조임근의 불수의 수축	• 오르가슴대가 3~15번 수축 • 자궁 수축 발생 • 음핵은 포피에서 오므려진 상태 • 유방과 유두에서 더 이상 변화 없음	• 방출기 동안, 체내 성 구조가 수축되어 요도구선에 정자가 고임 • 방출기 동안, 정액이 성기의 기저 주위의 근육의 수축으로 방출
해소기	• 근육 긴장이 진정되며, 심장박동, 혈압, 호흡이 오르가슴 이후 즉시 정상으로 돌아옴 • 성적 홍조가 빠르게 사라짐 • 유두 발기가 천천히 진정됨	• 음핵이 내려오고 충혈이 천천히 진정됨 • 음순이 비흥분 때의 크기로 돌아옴 • 자궁이 정상 위치로 내려옴 • 높은 흥분 기간 후 오르가슴이 없어져 극적으로 천천히 해소기로 감	• 발기가 몇 분 안에 진정이 됨 • 고환이 내려오고 정상 크기로 돌아옴. 음낭의 피부가 주름 잡힌 모양으로 돌아감 • 해소기가 꽤 빠름

출처: Masters & Johnson (1996).

성적 반응의 차이점은 다음과 같다. 남성은 대부분 삽입 후 오르가슴에 도달하고 사정을 하는데, 사정 후 일정 기간 무반응기를 갖는다. 그래서 다음 성교까지 일정 시간이 경과해야 한다. 이 주기는 모든 남성에게 일정한 듯하되, 무반응기의 개인차가 수분에서 수시간까지 변산(variability)이 크며, 나이가 들수록 더 길어진다. 그러나 여성은 반응 주기 자체에 변화 범위의 개인차가 큰 점이 남성과 비교되는 점이다. 특히 여성은 모든 경우에 오르가슴에 도달하는 것은 아니다. 그래서 성행위의 만족도도 개인차가 크다. 라우먼 등(Laumann et al., 1994)에 따르면, 여성의 25% 정도가 오르가슴에 문제가 있는 것으로 집계되었다. 이 밖에 남성의 16%, 여성의 33%가 성행위 욕구가 없어 성생활이 없는 것으로 집계되었다. 우리나라의 성의학지에서는 18~52세 여성들을 대상으로 조사를 하였는데, 43%가 성적 욕구, 오르가슴을 포함한 성기능의 장애를 겪고 있다고 응답하였다(윤가현, 2006 재인용). 이런 점으로 보아 여성의 경우 상당수가, 남성의 경우 일부가 성주기의 1, 2단계에 문제가 집중된 것 같다. 또한 여성은 남성과 달리 성행위가 끝난 후 무반응기가 없이 곧바로 행위에 돌입할 수 있고, 일부는 멀티 오르가슴의 경험도 보고한다.

결론적으로, 여성은 일치된 성적 반응과 주기를 남성만큼 일관되게 보이지는 않는다고 할 수 있다. 즉, 여성의 반응은 개인차에 따른 상이한 패턴을 보인다고 해야 맞겠다. 따라서 성행동의 성차는 일반론만 무성하지 일정한 패턴이 없다고 보는 것이 타당하다. 과학적 검증을 토대로 하여 이해하는 것이 바람직하겠다.

토론거리

1. 배우자 선택의 조건에서 남녀 차이가 있는지 생각해 보자.

2. 남녀의 외도욕구에 대해 생각해 보자.

요약

성행동에 대한 진화심리학적 견해는 성행동과 사랑에서 나타나는 성차는 인류의 진화책략에 의해 결정된 유전적 차이라고 주장한다. 반면 여성심리학적 견해는 성행동과 사랑의 성차는 학습과 사회적 제한에서 발생된 후천적 차이라는 상반된 주장을 한다. 이 장에서는 이에 대한 각종 연구결과를 제시하였다. 결론적으로 성행동의 성차는 과학적 검증을 토대로 이해하는 것이 바람직하겠다.

5장

성과 사랑의 심리학

학습 목표

1. 성행동과 성심리는 어떻게 형성되고 발달하는지 알아본다.

2. 대인관계와 사랑관계를 설명하는 기초 개념인 애착 이론에 대하여 알아본다.

3. 사랑에 대해 심리학적으로 재정의한다.

1. 성행동의 심리

1) 성행동의 생물학적 측면

동물의 경우는 성행동에 있어서 비독점적인 번식과 다산의 경향이 나타난다. 정해진 인자가 있는 것이 아니고, 그때그때 형편에 따라 짝짓기를 하며 한 번 짝짓기를 했다고 그 짝과 지속적으로 접촉하지는 않는다. 따라서 출산을 할 수 있는 능력을 갖고 있는 암컷이 생물학적 우위를 차지하기 마련이다. 동물의 경우 짝짓기는 암컷이 배란기에 있을 때에 한해 수컷을 받아들이도록 제한되어 있다. 수컷은 성적으로 흥분하면 적극적이고 공격적인 성향을 띠며, 암컷은 수동적이고 수용적인 성향을 띠는 등 성분화된 성행동이 공통적으로 나타난다. 제4장에서 살펴보았듯이, 동물에게 성호르몬의 영향은 성행동을 결정하는 열쇠다.

그러나 인간은 독특한 성행동의 생물학을 보인다. 동물에게서 보이는 보편적인 성행동의 성별 분화가 없고, 짝짓기 혹은 성행위의 개시는 배란기와 관련 없이 무제한적으로 행해진다. 진화심리학에서 다루었듯이, 인간 성행동의 타고난 성향은 동물만큼은 아니어도 적어도 남성에 한해 다산 번식을 지향하는 것으로 보인다. 그런데 어찌하여 결혼제도를 통해 이 본능을 규제해 왔는지 의문이 남는다. 이에 대한 해답은 성행동에 대한 사회문화적 규제를 통해 이해하는 것이 적절하다.

2) 성행동의 사회문화적 측면

생물학적으로 대체로 다산 번식했던 인류가 어찌하여 독점적 성적 관계를 가정하는 결혼제도를 만들었을까? 결혼제도에서 요구하는 성행동의 강령(윤리)은 상호 독점적 번식 및 관계다. 이 독점관계에 예외가 있다면, 일부다처를 허용하는 일부 문화권의 예처럼 남성에 한해서인 점이 특이하다. 진화심리학에서 주장하는 대로 사회적 규제로서도 없애 버릴 수 없는 인간 본성의 한 측면인지, 아니면 다른 접근이 있는데 진화적 설명이 원천 봉쇄하는 것인지 심사숙고해 봐야 한다.

인간의 성윤리는 전통적으로 일부일처제인 결혼제도를 통해 규제하지만, 남성과 여성에게 각기 다른 이중적인 잣대를 적용해 왔던 것이 현실이다. 남성의 경우, 성행동이 힘의 논리와 결합하여 지속 시간, 빈번한 횟수 그리고 다수의 상대는 남성적 힘의 증명 수단으로 대접받았다. 이는 성이 생물학적 번식력 이상의 의미로서 심리적 · 사회적 의미를 내포하고 있음을 의미한다. 남성의 성은 과장되고, 부추기는 성적 가치를 가진다. 성이 과장되고 과시될 때 자존감의 만족을 주었던 것이다. 따라서 성윤리의 잣대는 전통적으로 남성에게 관대했으며, 대부분의 사회, 특히 전통적인 사회에서 남성의 웬만한 일탈은 허용적이었다. 다수의 문화권에서 존재했던 과거시대의 처첩제도는 남성의 성적 과시를 만족시켜 주는 제도화된 통로로서 기능을 가졌다. 같은 맥락으로서 전쟁 시 일어나는 대규모 강간의 근간에 힘의 논리와 결합된 성적 정복이란 메시지가 있다는 점에도 이의가 없다.

여성의 경우, 성행동은 생식기능(자손 번식)이 우선적 가치였기 때문에 감추고 보호되고 적극적으로 방어해야 할 대상이었을 것으로 본다. 일부일처제의 성적 독점제는 여성에게 더 엄격한 윤리적 규제를 적용했다. 오랫동안 인류의 역사에서 혼전순결과 혼외관계 금지가 여성의 성윤리의 화두였지 않은가. 어머니는 딸에게 정조를 지키길 철석같이 교육해 왔고, 어떤 문화권에서건 여성에게 성적 억제 학습을 통한 문화적 규제가 보편화되어 있다. 이와 같은 성윤리는 우리의 일상에 언어 표현과 행동 규칙으로 뿌리 깊게 박혀 있다. '입술을 뺏겼다.' 또는 '순결을 뺏겼다.'는 표현은 성행위가 상호 혹은 본인의 의지에 의한 선택의 개념이 아니라, 적으로부터 방어해야 할 가치를 가진 대상으로 인식하고 있음을 반영하는 사고 구조의 단적인 예라 하겠다.

앞장에서 살펴보았듯이 인류의 역사에서 부스(Buss, 1991, 1993)가 제안한 진화심리학적 성심리의 성차가 지배해 온 것은 부정할 여지가 없으며, 여성에게 불리한 성윤리와 문화적 규제가 보편적으로 존재해 왔다고 말할 수 있다. 적어도 성행동의 이중적인 윤리적 규제를 이해하는 데 진화심리학적 관점이 타당한 면이 있다. 아마도 출산권을 가진 여성과 그것이 없는 남성이 결혼제도를 통해 안정적 번식과 자손 양육을 보장하는 데 합의하고(이해관계가 일치하므로) 그래도 못 미더워 여성의 성적 규제를 엄격히 하여 친족 가능성을 높이려 했던 일련의 시도를 인류의 성윤리의 역사로 해석할 수 있기도 하다.

3) 성심리의 현주소와 변화

1940~1950년대 미국의 성 풍속도를 반영한 「킨제이 보고서(Kinsey Reports)」만 해도 성에 관한 통계치는 첫경험, 연령, 대상, 빈도, 성적 일탈 등에 걸쳐 사람들이 알고 있는 것보다 훨씬 충격적인 결과였다. 그때를 기점으로 성에 대한 태도 변화는 전 세계에서 가장 빠르게 변화하는 쟁점이 되어 버린 듯하다. 「킨제이 보고서」 이후 몇십 년 동안 성경험의 태도 변화에 대한 통계 조사 결과가 꾸준히 증가 추세인 점은 말할 것도 없다. 비단 이런 현상은 서구에서만 볼 수 있는 것이 아니다. 이제는 전통적인 사회에서 산업사회로 변화하고 있는 지구촌 곳곳에서 일반적으로 관찰되는 현상이기도 하다.

그러나 최근 흐름은 변화의 조짐을 보인다. 미국 질병센터의 자료를 보면 최근 20년간 미국 청소년의 성교 경험의 비율이 남녀 모두 하락세를 보이고 있다. 또한 청소년 위험 행동 조사를 보면 성적으로 무모한 행동화의 비율도 전반적으로 떨어졌음을 볼 수 있다(Crooks & Baur, 2007 재인용). 또한 어떤 연구는 청소년들의 성적 관계는 서로 사랑하는 사이에서 압도적으로 일어난다는 보고를 하였다(Laumann, 1994; Overbeek et al., 2003). 이는 청소년의 무모한 성적 모험이 차차 감소하고 있다는 뜻이기도 하다. 이상의 결과는 킨제이가 활동했던 시절과 비교할 때 전반적으로 성의 태도는 개방되었으나 괄목할 만한 질적인 변화가 생긴 것으

표 5-1 **대학생의 성경험 비율**

	1990년 초*	1997년**	2003년***	2010년****
전체	16.4%	27.9%	34.2%	43.0%
남학생	22.9%	54.5%	52.7%	58.1%
여학생	9.8%	18.4%	22.1%	30.0%

* 윤가현(2006).

** 연문희 외(장순복, 1998 재인용).

*** 김주희 외(2003).

**** 대학신문협회(2010).

로 해석된다.

우리나라에서는 청소년 성경험 자료를 연구하는 데 있어서 표집 대표성과 반응 신뢰성 문제 때문에 자료가 마땅치 않다. 윤가현(2006)의 자료를 살펴보면, 1990년대까지 아직 남녀 모두 성적 개방율이 높지 않았다. 〈표 5-1〉에서 보여주듯이, 대학생의 성경험 비율은 1990년도 초 남자 대학생 22.9%, 여자 대학생 9.8%를 보였는데(윤가현, 2006), 2003년(김주희 외, 2003)과 2010년(대학신문협회, 2010)의 자료를 보면 경험자가 반에 육박할 정도로 급증가하고 있다. 괄목할 만한 점은 2010년도에 들어와 여학생의 경험 비율이 전년도 대비 12%나 증가하여 증가 폭이 남학생에 비해 가파르게 상승하고 있다는 것이다.

이에 반해, 우리나라 청소년의 조사 연구는 연구자마다 편차가 크다. 조사 대상이 편파적이거나 대표성 없는 표집을 대상으로 했을 가능성이 지적된다(가출한 청소년 대상이 그 예). 그래도 그중에서 전국 표집을 사용한 자료를 제시하면, 경찰청(2006)의 자료에 따르면, 중·고등학교 학생 가운데 성경험자가 6.4%를 차지하였고, 보건복지부(2006) 자료 역시 13~18세의 중·고등학생 가운데 성경험 비율이 남학생 6.7%, 여학생 3.4%를 기록하여 대체로 이 선에서 편차가 있는 것으로 간주된다. 교육인적자원부(2011)가 고등학생만 대상으로 조사했을 때 성경험률이 남학생 13.5%, 여학생 8.1%를 기록하여 전체적으로 역시 완만한 증가를 보였다. 또한 성경험 시작 연령이 14.2세였고, 남학생과 여학생이 비슷하였다.

이를 요약하면 우리나라의 청소년의 성경험 비율은 완만하게 증가하고 있는 반면, 대학생이 되었을 때 증가 폭이 해를 거듭할수록 크게 증가하고 있으며, 특히 여자 대학생의 증가율이 가장 큰 것으로 나타났다. 이는 다음에서 제시할 서구사회의 현황보다 안정적인 결과이고, 성경험 연령이 성인기에 도달해서 시작되고 있다는 고무적인 결과로 해석될 수 있다.

4) 성윤리의 태도 변화

성경험이 얼마나 일찍 시작되었는가, 일정 시기에 경험한 비율이 전체의 어느 정도를 차지하고 있는가 하는 조사 자료를 통해 성윤리의 변화와 성 개방에 대한 양적 지표를 얻을 수 있다면, 다양한 성적 현상을 두고 반응하는 가치관과 의견을 통해서는 세부적이고 질적인 정보를 알 수 있다.

성경험에 대해 일반적으로 남자는 성과 사랑을 분리하는 경향을 보이며, 여자는 성관계를 사랑하는 관계의 일부로 생각하는 경향을 보인다고 알려져 있다. 이런 태도는 다산번식을 추구해야 하는 남성에게 관대한 성윤리가 선호될 수밖에 없다는 점에서 여전히 전통적이다. 그러나 이에 대해 지극히 일반론적인 입장이며 예외가 많다는 반박도 존재한다. 여성에게서도 사랑 없는 섹스도 가능하다는 대범한 반응이 더 이상 새롭지 않다. 그 밖에 혼전순결, 결혼에 대한 태도, 성적 취향에 대한 입장, 동거에 대한 의견 등 성윤리와 관련된 쟁점에 대해 오늘날의 젊은 세대는 놀랄 만큼 변해 있다.

대학생의 혼전동거에 대한 태도 조사(고대신문, 1999; 동아일보, 2012)를 살펴보면, 압도적 다수가 동거도 새로운 형태의 파트너십이라고 찬성하는 입장이었지만, 자신의 자녀가 그럴 경우 반대한다는 입장이 반을 넘었다. 이미 10여 년 전부터 이러한 태도 변화가 나타나기 시작했는데, 살아 보고 안 맞으면 헤어진다는 식의 결혼과 동거 간 경계를 대수롭지 않게 생각하는 대학생이 늘었고, 20세도 안 된 어린 사람들의 동거를 다룬 드라마는 대중에게 폭발적 인기를 얻기도 했다. 이런 현상은 혼전 동거에 대한 호기심과 허용적 태도를 반영하는 것이다. 이뿐만 아니라 성 관련 일탈 행위의 일상화를 지지하는 인터넷 여론을 볼 때 우리 사회가 생각보다 성윤리 의식이 빨리 변화하고 있음을 알 수 있다.

그러나 이중적인 성윤리는 여전히 존재하는데, 성윤리의 성차는 간격이 줄어든 반면, 행위와 이상(규범) 간 불일치는 증가하였다고 볼 수 있다. 이제 여성과 남성 간에 다른 윤리적 잣대를 들이대는 방식은 변화하고 있으나, 그 잣대가 자신의 행동과 꼭 그래야만 하는 가치 사이에서 여전히 괴리를 일으키고 있는 듯하다.

2. 성심리의 비교문화 자료

인류의 역사에서는 진화심리학에서 주장했던 것처럼 성에 규제를 받지 않는 남성과 성에 규제를 받는 여성 간에 성적 경험이나 일탈에 있어 차이가 뚜렷하였다. 그러나 현대에 이르러서 남녀 모두에게서 성에 대한 태도와 행동이 변화하면서 이 성차는 무너지고 있는 중이다. 이런 현상은 종교적으로 엄격하게 구조화된 일부 특수한 국가를 제외하고 전 세계적인 현실이라고 할 수 있다. 앞서도 지적하였듯이, 우리나라의 자료는 연구자와 표집에 따라 더 많은 비율이 보고되기도 하고, 어떤 때는 적은 비율이 보고되는 등 통계치의 편차가 크다. 윤가현(2006)의 통계 정보를 살펴보면, 1990년대 초반 성교 경험의 비율이 대학생 중 남 22.9%, 여 9.8%로 지극히 보수적인 수치를 기록하였으나, 최근 자료는 대학생 경험자 비율이 1/2 이상이며 첫 경험 평균 연령도 고등학교, 심지어 중학교로까지 낮아지고 있다. 이 점은 앞에서 논의되었다. 우리 사회는 성인의 입문 시기(대학생은 성인 초기에 해당함)에는 서구의 성적 개방의 지표를 따라가고 있는데, 청소년의 행동은 아직은 가족과 사회의 통제가 힘을 미치고 있는 현상으로 해석된다.[1)]

성심리에 대한 비교문화 자료를 제시하면 〈표 5-2〉와 같다(Crooks & Baur, 2007 재인용). 이 자료를 보면 성경험이 있는 사람 중에서 첫 성경험 연령이 자료에 제시된 모든 국가에서 평균 13~14세 때 일어났으며, 15세 기준으로 성경험을 한 비율이 북유럽 일부, 영국, 독일을 제외하고 평균적으로 소년이 소녀보다 많

1) 서구의 이른 사춘기에 높은 성경험률은 개방과 진보라기보다 사회통제력의 실패로 보인다. 높은 임신과 낙태율, 알코올 및 마약 중독, 높은 정신장애와 자살률 등이 이 시기에 동반되는 점을 보라. 생물학의 증거는 완전한 성적 성숙을 18세 정도로 제시하는데, 그 전에 잦은 성경험은 생리적 · 심리적 역효과를 미칠 수밖에 없다. 한창 정체성을 탐색하고 인지적 학습의 완수를 해야 하는 시기에 공적(public) 감시망이 못 미치는 범위가 넓어져 간다는 이야기다.

다. 모든 나라에 걸쳐 15세 기준 성경험률이 소년의 경우에는 적게는 1/5, 많게는 1/3에 육박한다. 소녀의 경험률은 적게는 1/10, 많게는 1/3에 육박한다. 이 표를 살펴보면 북유럽, 영국, 미국이 전체적으로 높고, 특이하게 남녀 간 차이는 크로아티아, 그리스, 이스라엘 등에서 컸다. 즉, 남녀 간 차이가 큰 몇몇 나라는 소년의 경험 비율은 다른 나라와 비교해 상위권인 데 비해, 소녀의 경험 비율은 가장 하위권에 속한다. 이 결과를 통해 전통적 성도덕이 남아 있는 나라에서 남자

표 5-2 **성경험 빈도의 비교문화적 통계**

국가	15세 성경험률(%)		15세 평균 첫 경험 나이	
	소년	소녀	소년	소녀
오스트리아	22.1	19.1	13.5	13.6
벨기에-플랑드르	26.3	23.7	14.0	14.2
벨기에-프랑스	34.4	23.2	13.7	14.0
캐나다	24.7	24.0	13.9	14.2
크로아티아	23.2	9.7	14.0	14.5
영국	35.7	40.4	14.0	14.1
핀란드	23.0	33.1	14.1	14.2
프랑스	26.1	18.3	13.5	13.9
독일	22.5	33.5	13.7	14.2
그리스	33.6	9.6	14.3	14.6
헝가리	25.5	16.4	14.1	14.4
이스라엘	32.4	9.7	14.3	14.7
라트비아	21.8	14.1	14.2	14.4
리투아니아	26.4	10.8	13.5	13.6
네덜란드	24.2	21.6	13.8	14.0
폴란드	20.9	9.2	14.1	14.7
포르투갈	30.2	20.3	13.7	14.8
스코틀랜드	32.9	34.6	14.0	14.0
슬로베니아	30.8	21.6	14.1	14.4
스페인	18.0	14.8	14.2	14.5
스웨덴	25.3	30.9	13.7	13.8
스위스	25.1	20.6	14.0	14.5
우크라이나	47.2	24.0	14.5	14.9
미국	36.5	30.6	13.7	14.1
웨일스	28.7	40.1	14.3	14.3

출처: Ross et al. (2004), pp. 28-34. Crooks & Baur, 2007 재인용.

는 일찍부터 성에 개방적이나 여성은 여전히 제한적이라는 사실을 새삼 확인할 수 있다. 이 역시 성윤리에 있어 이중적 태도를 반영하는 결과일 것이다. 그런데 영국, 핀란드, 독일 등 일부에서 나타나는 소년보다 소녀의 더 높은 성경험 비율의 반전은 무엇인가? 이중적인 성윤리가 몇몇 국가에서는 남성에게 적용되고 있는 건 아닌가? 혹은 성취향의 변화로 소년의 경험률이 감소된 것인지 알 수 없다. 아무튼 소년보다 소녀의 더 높은 성경험 비율이 전반적인 현상은 아니지만, 몇몇 국가의 소녀에게서 나타나는 소년을 앞지르는 성적 개방성의 지표는 어린 소녀의 의식이 가족과 사회적 규범으로부터 통제 범위를 벗어나고 있음을 시사하는 듯하다.

3. 사랑에 대한 심리학적 고찰

1) 사랑의 의미와 이해

우리는 사랑이 넘쳐 나는 시대에 살고 있다. 길거리에서 흘러나오는 노래는 사랑의 아픔을 노래하고, 사랑을 주제로 한 소설과 드라마는 인기가 높다. 시대를 뛰어넘어 영원한 사랑은 우리의 심금을 울린다. 드라마 작가는 나날이 높아지는 독자의 욕구를 채워 주기 위해 더 강도 높은 사랑을 다뤄야 한다고 한다. 이렇게 사랑에 대한 요란한 관심에도 불구하고 사랑을 과학적으로 다루기 시작한 지는 불과 몇 십 년 전이다. 그만큼 사랑이란 정의하기 애매하고 측정하기 어려운 주제이기 때문일 것이다.

그러나 사랑에는 아주 오래된 거품과 과장이 있다는 점을 들여다봐야겠다. 사랑이 인류의 오랜 기억 속에 환상적 요소를 갖고 자리 잡아 왔기 때문에 검증하고 분석하기보다 신성한 것으로 여겼던 것은 아닌지 반문해 보고 싶다. 바로 이 점이 사랑을 학문적으로 다루길 망설이게 한 요인일 수도 있다. 그동안 종교 안에서 신성한 주제로, 또는 소설 속에서 환상적인 영역으로 다루었던 사랑을 검증된 사실의 관점에서 이해할 필요가 있겠다.

사랑에 대한 심리학적 접근은 보다 현실적인 정의와 본질을 알려 준다. 버설드와 일레인(Berschield & Elaine, 1978)은 사랑의 신화를 다음의 네 가지로 기술하였다. 첫째, 진정한 사랑은 확실히 자각한다는 신화다. 그러나 불행히도 이 연구에 따르면, 연애 중인 커플 대부분이 상대방을 사랑하는지 확신이 없다고 대답하였다. 둘째, 사랑은 빠져드는 것이라 어쩔 수 없다는 믿음이다. 그러나 사랑관계를 시작할지 말지 여부는 그 개인이 결정할 수밖에 없다는 점을 간과하고 있다. 셋째, 진정한 사랑은 영원하다는 신화다. 그러나 이별을 노래한 유행가는 영원한 베스트셀러이지 않은가. 끝난 자신의 사랑이 진정했다고 확신하기 때문에 그토록 괴로워하는 것으로밖에 안 보인다. 사랑이 사실은 한순간일지도 모른다는 불안이 요즈음 또 다른 현상을 불러일으키고 있다. 바로 영원한 사랑에 대한 열광, 즉 사랑에 대한 대리만족 추구 현상이다. 이러한 욕구와 환상이 멜로 장르의 히트의 주역일 것이다. 넷째, 사랑은 모든 걸 이겨 낼 수 있다는 믿음이다. 그렇지만 높은 이혼율은 어쨌든 이기는 데 실패한 결과일 것이다.

부스(Buss, 1988)는 대학생을 상대로 사랑이란 사건(event)을 평가하는 질문을 하였다. 사랑이라고 경험될 때, 혹은 사랑이라고 판단한 사건이 무엇인지 알아보기 위해 자기보고를 하도록 하였다. 그랬더니 누군가를 사랑한다고 판단할 수 있는 근거는 다른 이성을 정리하고, 결혼 약속을 하고, 미래의 자녀를 열망하는 등, 둘 사이의 미래 계획이 포함된 상호 배타적인 독점적 몰입이라고 결론을 내렸다.

2) 사랑의 요소들

사랑을 구성하는 요소는 다각적임을 시사한다. 이를 개념화한 사람이 스턴버그(Sternberg)다. 스턴버그의 삼각형 이론(1986, 1988)에 따르면 사랑은 세 가지 요소로 이루어졌는데, 마치 삼각형을 이루고 있는 모습이다. 삼각형의 각 꼭지점은 친밀감, 열정 그리고 관여다. 친밀감(intimacy)은 감정적 요소이며, 서로 간에 느끼는 친밀감, 애정, 따뜻함, 배려, 보살핌, 잘해 주는 것 등을 나타낸다. 열정(passion)은 동기적 요소이며, 생리적 흥분, 성적 욕구, 신체적 매력 등을 나타낸다. 열정은 사랑에서 나타나는 상대방에게 긍정적으로 접근하려는 동기나 에너지의 기초다. 마음만 있지 않고 가까이 다가가고 움직이게 만드는 추동적 힘을 말한다. 관여(commitment)란 인지적 요소로서 타인을 사랑한다는 결정과 장기적 관계를 유지하려는 의도를 나타낸다. 말이나 마음만으로 그치지 않고 자신과 상대방에 대한 결단과 책임, 약속 같은 요소를 포함한다.

이 세 가지 요소를 모두 갖춘 것이 완벽한 사랑, 이상적인 사랑이다. 그러나 모든 사람이 완벽한 사랑을 하고 있지는 않다. 사랑은 세 가지 요소의 몇 가지 조합에 따라 여덟 가지 유형으로 분류할 수 있다. 이 중 대표적인 다섯 가지 유형을 살펴보면 다음과 같다. 친밀감과 열정 요소만 있는 사랑은 낭만적 사랑이며, 열렬히 사랑하지만 앞일을 생각하지 않는 연인에게서 관찰되는 유형이다. 열정과 관여는 충분하지만 친밀감이 결여되어 있다면, 그것은 첫눈에 폭풍처럼 반하여 일방적으로 좇아다니는 사랑일 것이다. 또한 친밀감과 관여는 충분하지만 열정이 결여되어 있다면, 오래된 부부나 친구 같은 연인에게서 볼 수 있는 미지근한 형태의 동반자적 사랑이다. 열정만 있는 경우, 풋사랑이나 짝사랑 형태일 것이다. 아이돌이나 스타에 목매는 청소년의 사랑 유형이 여기에 해당된다. 마지막으

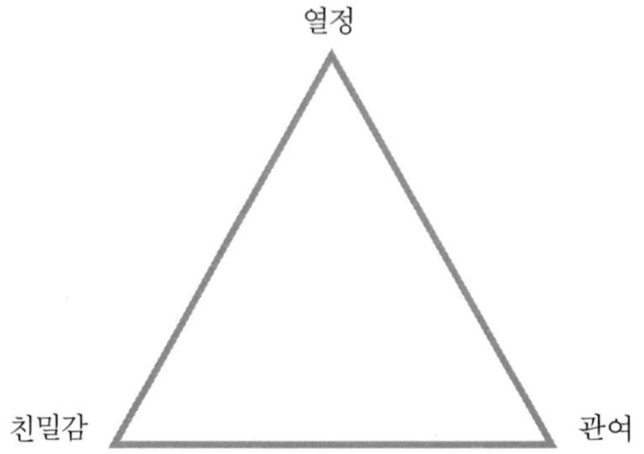

그림 5-1 **스턴버그의 사랑의 삼각형**

출처: Sternberg (1986).

표 5-3 **사랑의 유형**

• 친밀감 + 열정 + 관여 +	→	이상적 사랑
• 친밀감 + 열정 + 관여 −	→	낭만적 사랑
• 친밀감 − 열정 + 관여 −	→	첫눈에 반한 사랑
• 친밀감 + 열정 − 관여 +	→	동반자적 사랑
• 친밀감 − 열정 − 관여 +	→	공허한 사랑

로 관여는 충분하나 친밀감과 열정이 모두 결여되어 있다면, 임신을 핑계로 사랑 없는 결혼을 했거나 계약 결혼과 같은 형태의 공허한 사랑이다. 서로 남남처럼 개별적으로 살고 부부관계의 유지만 하는 경우다. 일부 유명인사에게서 관찰되는 쇼윈도우 부부가 여기에 해당될 것이다.

현대 사회에서 지지하는 불타는 사랑은 열정과 약간의 친밀감 요소를 갖고 있는 형태일 것이다. 그러나 아론과 웨스트베이(Aron & Westbay, 1996)에 따르면, 사귀는 사이에서 관계 유지의 성공을 예측해 주는 요인은 관여와 친밀성임을 지적하였다. 즉, 장기적인 관계를 결정하는 변수는 사랑의 강도가 아니라 관여라는 점이다. 흔히 사랑은 유효 기간이 짧다고들 한탄한다. 정확히 말하면, 생물학적 요소를 가진 열정이 가라앉는 것이지 사랑이 끝나는 것은 아니다. 따라서 열정이 식어도 관계가 지속되게 만드는 요소는 약속과 신뢰 같은 인지적 · 정서적 요소다. 즉, 사랑은 변치 않겠다는 약속이고 결정이므로, 약속의 실천이 없으면 열정이 식는 두어 달의 유효 기간밖에 없는 것이 맞다.

4. 사랑의 기초: 애착 이론

애착(attachment)이란 어떤 특정인과 접촉하고 근접하려는 정서적 유대관계에 대한 지향성을 뜻한다. 유아는 어머니와의 최초의 인간관계를 통해 타인과 인간 전반에 대한 기본적인 표상을 형성하고 이를 기억 속에 저장하게 된다. 어릴 적 유아와 어머니의 관계 경험에 기초하여 향후 대인관계에 대한 기대의 틀을 발달시킨다. 이때 형성되고 저장된 표상에 의해 향후 타인과의 관계에서 현실적인 측면과 내적 표상이 복합된 형태로 상호작용하게 된다. 유아기에 어머니와의 긍정적인 경험은 타인에 대한 신뢰와 안정되고 장기적인 대인관계 능력을 발달시키는 반면, 어머니와의 부정적인 경험은 대인관계에서 편향된 부정적 기대를 활성화시켜 성장한 후 타인과 관계 형성에 장애를 준다. 따라서 어린 시절에 유아와 어머니와의 관계 특성이 후에 대인관계의 양상과 질을 결정하는 초석이라 하겠다.

1) 애착의 초기 연구들

비교심리학자였던 할로우(Harlow, 1971)의 고전적인 실험을 보자. 그는 애착의 원인을 알아보기 위해 원숭이를 대상으로 실험하였다. 이 연구의 쟁점은 '유아의 애착은 먹이를 얻기 위한 생리적 욕구에서 비롯되는가'에서 출발하였다. 실험 절차는 다음과 같다. 태어난 직후의 새끼원숭이를 어미로부터 격리하여 키운 다음 대리어미(인형)와 같이 있게 하여 보이는 애착행동을 관찰하였다. 첫 번째 실험에서 어미를 흉내 낸 철사 인형과 어미를 흉내 낸 헝겊 인형을 제시하였더니 새끼원숭이는 헝겊 인형에 애착하는 결과를 보였다. 두 번째 실험에서는 철사 인형과 우유를 함께 제시하였고, 헝겊 인형에는 먹이가 없도록 조건을 조작하였다. 그 결과, 예상과 달리 새끼원숭이는 여전히 헝겊 인형에 애착을 보였고, 우유를 먹을 때만 철사 인형 곁에 머물렀을 뿐 그 시간도 짧았다.

할로우의 연구는 유아의 어머니 혹은 양육자에 대한 애착이 먹을 것을 제공하는 상대라서가 아니라 그 이상의 의미를 갖는 것임을 시사한다. 결론적으로, 애착은 먹이와 같은 생리적 욕구에서 생기는 것이 아니라, 접촉이나 따스함과 같은 정서적이고 심리적인 욕구와 관련된 것이라 할 수 있다.

한편, 볼비(Bowlby, 1980)는 아동의 어머니에 대한 애착에 어떤 유형이 있는지 실험하였다. 이 연구는 어머니와 유아의 이자 관계(dyadic relationship)의 중요성을 다시 한 번 발견한 연구다. 유아가 어머니와의 상호작용 속에서 애착경험을 한 것이 후에 타인에 대한 내적 작동체계와 신념을 발달시키는 데 얼마나 결정적 영향을 미치는지 예시한 연구다. 그 실험 절차는 다음과 같다. 실험 1단계에서 유아와 어머니를 놀이방으로 꾸민 실험실에 같이 있게 하였다. 2단계로 어머니가 방을 나간 후 유아를 혼자 두게 하였고, 3단계로 30분 후 어머니가 돌아오게 했다. 각각의 단계에서 유아가 어떤 반응을 보이는지 일방 거울을 통해 관찰하였다.

그 결과, 다음과 같은 세 가지 유형의 반응을 보였다. 첫 번째 유형은 어머니와 분리 후 잠시 불안해하나 곧 혼자 잘 놀고 어머니가 돌아온 후 반갑게 재결합하는 아이들이었는데, 이를 안정 애착이라고 명명하였다. 두 번째 유형은 어머니와 분리 후 과도하게 불안하고 심지어 파괴적 행동을 보이며 재결합 시 화를 내거나 피하는 아이들이었는데, 이를 불안-양가 애착이라 명명하였다. 마지막으로, 세 번째 유형은 어머니와의 분리와 재결합에 대해 무반응으로 일관하는 유형으로, 이를 회피 애착으로 명명하였다(Ainsworth, 1978).

2) 애착 유형이 성인기 대인관계에 미치는 영향

볼비(1980)의 애착 이론이 후속 관련된 이론과 실험 연구에 미친 영향력은 일종의 학문에 패러다임적 지침으로 평가받을 수 있을 정도로 대단하였다. 그 후 애착 유형을 측정하는 질문 개발이 이어졌고, 이를 사용하여 성인 대인관계의 양상을 밝히려는 수많은 후속 연구를 고무시켰다. 또한 이 이론은 정신분석의 최신판인 대상관계이론과 불가분 관계를 갖는데, 대상관계의 발달 모형인 말러(Mahler)의 분리개별화 과정에서 강조하는 모자관계의 중요성과 일치한다. 말러의 발달모델에서 0~2세에 어머니와의 상호작용 경험이 유아의 대상표상 형성과 후에 대인관계의 기초에 결정적이라는 점도 볼비와 의견을 같이한다.

후속 연구에서 밝혀진 결과는 유아 때 형성된 애착의 유형은 아동기와 청소년기를 지나 전 생애에 걸쳐 지속된다는 것이다. 어릴 때 보였던 애착 유형이 성인기에서 관계 유형과 관련이 높았다. 셰이버와 하잔(Shaver & Hazan, 1992, 1993)은 성인 가운데 안정 애착을 보인 사람은 약 55%에 해당하는데, 이들은 대인관계에서 신뢰와 상호 의존을 하는 데 편안해했으며 장기적인 관계 유지를 하고 이혼율도 낮았다고 하였다. 불안-양가적인 애착 유형은 20%에 해당하였는데, 이들은 집착과 몰두가 가장 심한 집단이며 관계의 지속이 짧고 결혼생활도 불행한 것으로 보고되었다. 회피 애착 유형은 약 25% 정도이며, 대인관계에서 긍정적 경험이 가장 낮은 집단이다. 또한 애착 유형의 비율이나 특징에 있어서 성차는 없는 것으로 보고되었다(Feeny & Noller, 1990).

바솔로뮤(Bartholomew, 1991)는 성인 애착 유형을 다음의 네 가지 유형으로 확장하였다. 즉, 안정 애착, 불안-양가 애착, 불안 회피(fearful), 애착 거부(dismissing) 등이다. 안정 애착과 불안-양가 애착은 볼비의 원형과 같으나, 회피 애착을 불안 회피형과 애착 거부형 둘로 나누었다. 불안 회피형은 부정적 자기평가를 하며 적응과 자기상에 불만족인 반면, 애착 거부형은 방어적인 긍적적 자기평가를 하는 사람으로 자신에게 불만이 없다. 네 가지 유형 중 안정 애착은 자기상이 긍정적이고 타인상에 대해서도 긍정적이다. 따라서 이들은 대인관계에서 친밀성과 편암함을 느끼는 데 문제가 없다. 반면 불안-양가 혹은 집착 애착은 자기상은 부정적이나 타인상에 대해 긍정적이므로 관계에 목매달 수밖에 없을 것이다. 마지막으로 두 회피 유형 중 불안 회피형은(애착 불안을 가진) 자기상과 타인상에 대해 모두 부정적이므로 관계의 회피가 일관된다. 마지막 애착 거부형은 타인상에 대해 부정적으로 생각하나 자기상은 긍정적으로 방어하여 타인이 필요 없다는 식의 역의존 행동을 보이는 유형으로 개념화하였다. 이 역의존이라는 것은 내적으로 의존 갈등이 있으나 반동 형성된 행동을 행동적으로 하는 것이다. 타인과 세상에 대해 평가절하하고 적대적으로 대함으로써 '네가 날 거부하기 전에 내가 너를 거부한다, 또는 필요로 하지 않는다.' 식의 통제력을 회복하려는 태도를 보이는 방식이다.

이와 같이 모든 연구에서 일관되게 안정 애착이 다른 두 유형보다 대인관계의 양과 질이 좋았고, 이외에도 적응과 정신건강 등 여러 면에 걸쳐서 만족스러운 것으로 나타났다.

3) 애착 유형과 이성 간 사랑

앞에서 애착 유형이 성인 대인관계에 광범위한 영향을 준다는 사실을 밝혔는데, 대인관계의 가장 강렬한 상태인 사랑 관계에서 유아기의 애착표상이 가장 생생하게 활성화된다는 것은 두말할 필요가 없다. 연구자들은 애착과 성인 사랑 간에 일정한 공식이 있음을 일관되게 제시하였다. 즉 안정 애착은 타인과 정서적으로 친밀한 관계를 맺고 자기개방을 하는 데 불안해하지 않는다. 그래서 친밀해지는 데 두려움이 적으며, 일단 친밀해지면 장기적이고 안정된 관계를 지속한다. 불안-양가 애착은 타인으로부터 사랑받지 못하고 버림받을지도 모른다는 깊은 불안감을 갖고 있는 사람들이다. 따라서 이들은 관계에 대해서 양가적 태도를 갖는데, 다시 말하면 친밀감에 대한 욕구는 강하나 기저의 부적합감 때문에 버림받을까 봐 불안해한다. 따라서 대상에게 과도한 집착과 소유욕을 보이면서도 막상 가까워질수록 분리불안이 강해져 혼란되는 딜레마에 빠진다. 마지막으로, 회피

		자기상	
		긍정(+)	부정(−)
타인	긍정(+)	안정 애착(안정 애착)	집착 애착(불안−양가 애착)
	부정(−)	애착 거부(회피 애착)	불안 회피(회피 애착)

그림 5-2 **셰이버와 하잔의 애착 유형 대 바솔로뮤의 애착 유형**

애착은 가깝지 않으면 잃을 것도 없고, 잃어도 고통스럽지 않게끔 정서적 거리를 둠으로써 관계 및 관계에서 생기는 예상된 고통으로부터 자신을 방어하는 사람들이다. 관계에 개입하지 않고 피한다는 의미에서 회피 유형이다.

셰이버와 하잔(1993)의 연구에서는 애착 유형과 사랑 간의 관계성을 제시하였다. 안정 애착 유형은 관계 형성에 큰 어려움이 없었고, 일단 관계를 맺으면 꾸준하게 장기적인 관계를 발달시킨다. 이런 관계 유형은 스턴버그의 사랑 유형에서 제시한 동반자적 사랑에 대응한다. 상대방 배우자의 선택에서도 비슷한 유형끼리 매칭될 가능성이 높기 때문에 안정된 파트너십을 이루는 집단이다(Collins et al., 1990).

불안정 양가 애착 유형은 빠르고 강렬하게 사랑관계에 돌입하지만, 관계가 깊어질수록 (퇴행이 일어남) 활성화되는 분리불안과 유기불안에 압도되어 관계는 불신과 의심으로 점철된 고통스러운 상태로 악화된다. 그리하여 관계를 끊고 도망가거나, 매달리거나, 공격적인 퇴행행동을 함으로써 결국 상대방이 떠나게끔 한다. 그러나 이들은 사랑이 끝난 후 분리불안 반응에 괴로워하지만 곧 새로운 대상으로 교체하는 전략을 발달시킨다. 당신 없으면 못 사는 것이 아니라 당신이 없는 사이 대체 대상을 찾는 사랑 중독을 보이는 사람들이다. 이와 같은 예에서 보듯이, 사랑의 강렬함은 상식과 달리 진정성에 비례하는 것이 아닌 것으로 보인다. 사랑의 강렬함은 그 근원이(동기적 측면에서) 건강하기보다 병적 열정에 가까운 듯하다. 이와 관련된 사례 분석을 이 장의 끝부분에 제시하였다.

마지막으로 회피 애착 유형은 어머니와 가까운 교류를 해 본 경험이 없거나 어떤 이유로 피했던 사람이다. 그 어떤 이유는 배신 경험에서 각인된 상처와 신뢰 상실이기 쉽다. 이들의 사랑 유형은 게임 같은 사랑이다. 일정한 거리 유지의 공식에 따라 움직인다. 저쪽이 다가오면 뒤로 물러설 것이고 저쪽이 도망가면 따라갈 것이므로 언제나 평행선이다. '연인인 듯 연인 아닌 연인 같은' 이라는 유행가 가사는 이런 사랑을 겪어 본 사람의 절규로 들린다. '한 발 다가가면 두 발 도망가고' '뒤돌아서면 한 발 다가오고' 의 안타까운 심정이 전달될 것이다(겪는 사람의 입장에서). 회피적 사랑은 거리 유지와 평형 상태 유지를 위해 둘 이상의 관계에 감정을 분산시켜 놓고 쏠림 현상을 막으려는 방어 전략을 쓸 수도 있다. 양다리 걸치는 심리가 이 예에 해당될 것이다.

5. 사랑에 대한 대상관계 이론적 정의

금세기 최고의 정신분석가인 컨버그(Kernberg, 1995)는 '사랑과 공격성' 에서 사랑을 논하였다. 그에 따르면, 사랑(열정)은 성적 욕구와 대상관계와 초자아 투자 등 세 가지 요소로 구성된 정서 상태이며 각각의 요소를 이해해야 한다고 제시하였다. 사랑은 대상에게 동일시를 통해 자기의 경계를 초월하면서 동시에 자기의 경계 내에 머물러 있어야 하기 때문에 감동적이고 흥분된 것이지만 고통스러운 정서 상태라는 것이다. 따라서 사랑에 빠지고 유지를 하기 위해서는 다음과 같은 능력과 발달 수준에 도달해야 한다. 자아정체성, 자기애(narcissism)에서 대상애(object love)로 발전한 상위 수준의 전체 대상관계를 형성할 수 있는 능력, 그리고 이자 관계에서 헌신과 투자를 할 수 있는 초자아의 발달 등이 필수요소로 꼽힌다.

첫째, 자아정체성의 언급은 자기-비자기, 자기와 타인의 경계가 확실히 구분된 분화되고 독립적인 자기구조를 발달시켜야 한다는 의미다. 왜냐하면 정체성이 형성되지 않은 사람은 관계에 대한 욕구가 정상인보다 더 강력할 수 있으나(object catechesis), 엄밀히 말하면 종속이나 흡수 병합 현상이므로 앞서 언급한 자신임을 자각하면서 자기를 초월할 수가 없다. 자기-비자기(대상)의 구분이 무너진 관계는 퇴행적인 융합으로 광기와 집단 정신병 그리고 병적 망상 등에서 관찰될 수 있다. 자신의 정체성을 잃어버리고 강력한 다른 존재에게 흡수 병합되어 버리는 기생적 관계에서, 자기와 상대방 간에 경계 붕괴로 인한 정신병적 집착에서, 내 안에서 일어난 의심을 그 사람에게 투사해 버리는 질투망상에서 병적 사랑의 광기를 읽을 수 있다.

둘째, 대상애는 전체 대상관계를 형성한 사람이기에 가능하다. 간혹 부분 대상관계에서도 사랑의 모습을 가장할 수 있지만 나르시즘의 연장일 뿐이다. 이때는 자기의 연장이나 일부로서 혹은 자기대상(self-object)[2]으로서 상대방을 인식하기 때문에, 엄밀히 말하면 필요할 때 잠시 이용하는 존재로서 원하는 것이지 그 사람을 독립된 인격체로서 사랑하는 것이 아니다.

셋째, 사랑이 도덕적 능력을 가정한다는 사실은 잘 조명되지 않은 점이다. 그럼에도 수많은 장애를 이겨 내고 장기 관계를 이루기 위해서 필요한 건 상대방에 대한 헌신이다. 이를 이룰 수 있는 능력은 초자아 기능인 것이다.

종합하면, 사랑은 아무나 하는 것이 아닌 것 같다. 사랑에 실망하기 전에 사랑이라고 정의 내릴 수 있는 의미와 수준에 대해 엄격한 잣대로 따져 봐야 할 것이다.

페어베언(Fairbairn)은 부부관계의 갈등을 일으키는 역동적 원인을 잘 설명하고 있다. 배우자와의 의존도는 부모 자식만큼이나 가깝고 강렬한 관계다. 유아기에 형성된 대상표상이 가장 경계 없이 활성화되는 관계이기도 하다(부모-자식 관계는 1촌이지만 부부는 촌수가 없다). 교제를 하고 배우자를 선택할 때, 남성과 여성은 서로 반하는 과정에서 이원화된 심리적 과정이 활성화된다. 이 과정에서 서로 간의 욕구가 맞을 때 끌리고 결정한다는 것이다. 사랑에 빠진 이유가 되는 것이다(Scharff et al., 1991 재인용).

교제를 할 때 상대방의 어떤 점이 마음에 들었는가 하는 질문에 '성실하다, 지적이다, 미인이다, 배려가 깊다, 부자다, 경제력이 있다' 등의 평가는 의식적 수준에서 일어나는 반응이다. 그러나 이것만으로는 다음 액션이 일어나지 않는다. 결혼이라는 어려운 과정을 진행하기 위해서는 강력한 동력이 있어야 하는데, 바

---

2) 인류의 대상애는 자기애에서 발달한 상위 수준의 대상관계인데, 이 영역에서 모든 사람의 발달이 완성되는 것은 아니다. 이 발달지체의 한 유형으로 자기대상으로서의 자기와 대상의 경계가 분화되지 않은 상태에서 자신의 연장선상에서 대상에게 리비도 투자가 일어날 때 이를 자기대상이라 한다.

로 무의식적 수준에서 서로 코드가 맞아야 사랑에 불이 당겨진다는 것이다. 페어베언은 이 과정을 자세히 개념화하였다.

우리가 이성을 만날 때 무의식적 수준에서 흥분자아/거부된 자아가 움직이기 시작한다. 간단히 말하면, 어린 시절에 어머니와의 관계에서 내사화된 어떤 표상과 감정이 있어서 이 욕구에 일치하는 사람에게 투사가 일어날 때(대상 투자) 상대방에게 끌리는 것이다. 흥분자아와 거부된 자아는 한 대상에 대해 동시에 갖고 있는 속성으로서 일단 관계가 시작하면 순차적으로 활성화되는 동기적 힘의 개념이다. 이 흥분자아는 어머니와의 긍정적 상호작용을 통해 형성된 호의적이고 접근하고 싶은 감정 복합체이고, 거부된 자아는 모와 부정적 상호작용을 통해 형성된 적대적 감정복합체다.

서로 이러한 코드가 맞으면 흥분 자아와 거부된 자아의 무의식적 활성화로 인해 사랑하는 단계에서 대상선택을 하는 것이다. 그러나 결혼 후 반전이 일어난다. 서로 법적으로 묶이면 안심해서 그런지 적나라한 모습을 보이는데, 이를 퇴행 현상이라고 한다. 이 단계에서 거부된 자아의 순차적 활성화가 일어나는데, 바로 적대적 투사 현상이다. 부부는 처음에 끌렸던 그 요소 때문에 역설적으로 후에 싸우고 미워하는 것이다. 그렇지만 이것으로 끝나지는 않는다. 필히 일어나지만 잘만 하면 도움이 되는 다음 단계가 기다리고 있다. 즉, 부부관계의 밀착 시 일어나는 양가적 감정 중 이 공격적 부분을 서로 표현하고 수용할 때 상호 성장이 일어나고 관계의 질도 깊어지는 것이다. [그림 5-3]은 이와 같은 부부관계의 상호 대상 투사를 보여 주고 있다.

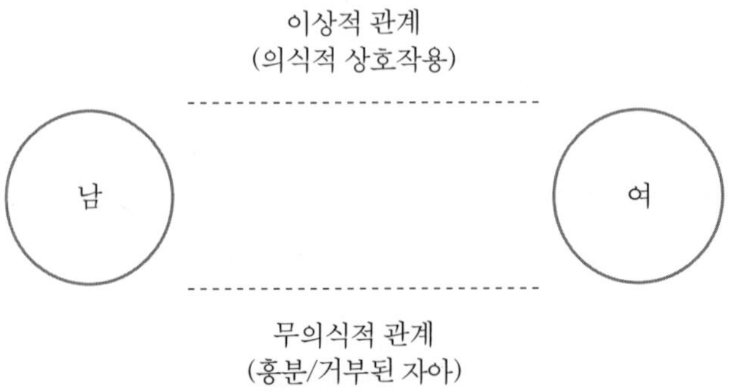

그림 5-3 **부부관계의 상호 대상 투사**

우리 사회에서는 과도기 현상인 사회 통제력의 약화를 틈타 반사회적 성격장애(진화상 가장 원시적 성격 구조는 동물의 구조와 가장 가깝다)의 논리가 목소리를 키웠고, 이런 논리가 젊은 사람에게 매력을 주고 있는 점이 없지 않다. 그들의 주장은 기성의 가치를 깨라는 메시지를 담고 있는 듯하여 젊은 세대의 변화와 혁신의 욕구에 무임승차하는 듯한 인상을 준다. 특히 사랑에 대한 이러한 논리가 가장 선동적이라서 그동안 저평가된 사랑의 담론들이 우리 사회에 소음처럼 떠돌아다녔던 측면을 간과할 수 없다. '사랑이 곧 섹스이고, 섹스가 곧 사랑'이라는 표현은 우리 모두 진실이 아니라는 것을 안다. 섹스도 사랑 계열의 일부이며, 정서적 · 사회적 의미를 담은 넓은 개념이란 점은 앞서 언급하였다. 하물며 사랑은 훨씬 복합적이며, 이 장에서 제시하듯이 여러 가지 구성요소를 필수로 하는 상위 단계의 구성 개념이라고 단언할 수 있다. 결론적으로, 인간은 확실히 동물의 세계로부터 부단히 진화해 왔으며, 사랑은 이 중 최근까지 진화된 상위 단계의 복잡한 고등 과정인이 확실하다.

경계선 성격의 불안-양가 애착

작고한 엘리자베스 테일러(Elizabeth Taylor)는 리차드 버튼(Richard Burton)과 여러 번 이별과 재결합을 반복했다고 한다. 이 여배우는 경계선 성격으로 진단되는 사람으로서 실제로 심리치료와 약물복용의 개인력이 있고, 우울, 자살 기도, 불안정한 대인관계 등의 증상으로 고통을 겪었던 것으로 전해진다.

경계선 성격의 역동적 원인은 대상관계 이론으로 잘 설명된다. 경계선 성격을 가진 사람은 발달적으로 초기에 대상항상성의 발달 결함으로 인해 안정된 대상지각 및 관계에 특별한 문제가 있는 사람들이다. 사람을 온전히 지각하지 못하고, 좋은 면과 나쁜 면, 사랑하는 감정과 미워하는 감정으로 파편화된 인식을 하기 때문에 사랑에 빠지면 한 대상에 몰두하는 건 맞지만, 사랑과 미움이 보통 사람이 상상할 수 없을 정도로 격하고 빠르게 변화한다. 같은 대상에게 느끼는 감당할 수 없을 만큼 빠르게 변화하는 감정의 소용돌이 때문에 사랑을 목마르게 원하되 괴로움의 원흉이기도 하다. 불안정한 관계는 자신과 상대 모두에게 해로울 뿐이므로 빨리 깨지기 마련이다. 이 여배우는 불안-양가 애착의 극적인 예다. 애착의 문제가 경계선 성격에서 일관되게 나타나는 장애이긴 하지만, 불안 애착 유형이 모두 경계선 성격으로 진단되는 것은 아니다. 불안-양가 애착의 최대 증폭된 특징이 경계선 성격에서 나타난다고 해야 옳다.

그런데 리즈 테일러 부부의 예처럼 한 번 깨진 관계인데 왜 반복적으로 재결합했을까? 그 이유는 애착 형성의 발달적 원인을 보면 그럴듯하다. 통상 경계선 성격을 고전적 모델로서는 항문기 이전에, 대상관계적으로는 분리-개별화 단계에서 발달 지체나 손상의 문제로 보는데, 그 하위 단계인 재결합 시기에 양육자의 안심과 지지하에 성공적으로 독립적 분리를 달성할 수 있다. 이것이 좌절되거나, 혹은 더 적극적으로 처벌을 받게 되면 앞에서 언급한 분리불안의 트라우마를 겪게 된다. 이것이 대인관계에서 가까운 관계에 들어갈 때 일어나는 상실에 대한 예기 및 불안의 근원이다. 또한 이별을 극복하고 떠나가는 분리 능력이 결정적으로 부족하기 때문에 완전한 결별이 불가능한 이유다.

우리 주변에서도 이러한 불안-양가 애착에서 나타나는 사랑과 이별의 드라마를 겪는 사람들을 흔히 볼 수 있다. 어쩐지 불안정하다 못해 무절제한 사랑 유형은 과거보다 점점 증가하는 듯하다. 실제로 불안-양가 애착의 극단인 경계선 성격장애의 진단이 점점 증가 추세다. 이 정신과적 진단이 널리 알려진 데에는 이들의 삶이 극적인 요소를 지니고 있기 때문에 자극적 주제로서 대중매체의 주목을 받았기 때문일지도 모른다. 그러나 문제는 이러한 스토리를 진보적 삶인 양 과대평가하는 모습이다. 지금도 여전히 구조화된 인생 경로에서 경력을 쌓기 시작해도 모자란 20대에게 지도 밖으로 행군하라고 부추기지 않는가. 진부한 사랑은 시대에 뒤떨어졌으니 한 사람에게 얽매이지 말고 자유롭게 살라는 메시지를 소위 진보적인 인사들이 보낸다. '원나잇 엔조이'는 자유롭고 진보적인 사랑 형태인 것처럼 역설되기도 한다.

그러나 심리학자의 결론은 이렇다. 정상적인 사람들이 소수의 상대와 독점적 관계를 맺는 동안, 다수의 상대와 짧고 강렬한 관계를 즐기는 사람은 일생에서 만난 하룻밤 상대를 다 모아도 평범한 사람의 인생 경로인 한 사람과 장기적으로 산 넘고 물 건너 무럭무럭 성장하는 사랑관계에 비하면 아무 성과도 못 얻는다. 이런 관계에서 얻는 것은 반복되는 이별과 공허일 수밖에 없다. 실제로 경계선 성격의 정서적 특징이 공허와 자기파괴적 우울의 복합이라는 점은 주요 대상 관계에서의 상실과 무관하지 않다.

토론거리

1. 과시하는 남성의 성, 지키는 여성의 성에 대한 현황에 대해 이야기해 보자.

2. 사랑에 대한 과대평가 또는 과소평가에 대해 이야기해 보자.

요약

사랑은 상호 독점적 관계이며, 다양한 요소로 구성돼 있는데, 스턴버그는 사랑의 요소로 친밀, 열정, 관여를 꼽았다. 사랑은 대인관계의 특수 유형이므로, 애착 이론으로 시작된다. 애착은 어린 시절 어머니와의 관계에서 형성되어, 이후에 모든 대인관계에 영향을 준다. 애착의 세 가지 유형에는 안정 애착, 불안-양가 애착, 회피 애착이 있다. 애착과 성인 사랑과의 관계성에 대해 셰이버와 하잔이 연구하였다. 컨버그의 사랑에 대한 결론은 사랑은 상위 고등 과정이라는 점이다, 페어베언은 배우자 선택과 부부 역동의 정신분석적 원인을 제시하였다.

6장

성행동과 성기능 장애

학습 목표

1. 성기능에 영향을 미치는 요인과 이에 따른 각종 장애에 대하여 알아본다.

2. 이상 성행동의 종류와 원인을 알아보고, 이에 대한 치료법에 대하여 알아본다.

1. 성행동의 생리적 과정

카플란(Kaplan, 1979)은 3단계 성주기(욕구-흥분-절정)설을 제안했으며, DSM 체계에서는 성행동은 욕구(desire)에서 시작하여 흥분(excitement) 상태를 거쳐서 절정(orgasm)으로 이어지고 해소(resolution)로 마무리되는 4단계의 주기를 제안하였다. 각 단계마다 기능장애가 있으니, 1단계의 기능장애는 주로 심리적 원인이 장애를 일으키는 것으로 알려져 있으며, 2, 3단계는 생리적 요인과 심리적 요인 모두 기능장애에 관여할 수 있다. 그러나 모든 사람이 자발적인 성적 욕구를 느끼고 성행위에 돌입하는 것이 아니므로 초기 주기를 생략한 마스터즈와 존슨(Masters & Johnson, 1966)의 4단계설도 자주 인용된다. 이들은 성주기를 흥분기, 정체기, 절정기, 해소기 등의 4단계의 주기로 제안하였다. 성주기에 대한 자세한 소개는 제5장에서 다루었다.

마스터즈와 존슨(1966)에 따르면, 성적 흥분 주기에는 4개의 단계가 있고, 각 단계 동안 남녀 모두 주요한 생리적 변화가 나타난다. 첫 번째, 흥분기에는 남녀 공통적으로 근육이 긴장되고 심박동 수와 혈압이 증가한다. 여성의 경우, 더 일반적으로 성적 홍조와 유두 발기가 발생한다. 두 번째, 정체기에는 남녀 모두 근육 긴장이 두드러지고 불수의적 근수축이 손과 발에 일어날 수 있으며, 심박동 수와 혈압 및 호흡이 증가한다. 세 번째, 절정기에 이르게 되면 불수의 근경련이 몸 전체에서 일어나며, 혈압, 호흡 및 심박동 수가 최고 수준에 도달하게 되고, 직장 조임근의 불수의 수축이 발생한다. 마지막으로, 해소기에는 근육 긴장이 진정되며, 심박동 수와 혈압 및 호흡이 정상으로 돌아오면서 성적 홍조가 빠르게 사라진다.

앞서도 제시하였듯이, 성주기의 패턴에 있어서는 남성이 대부분 일정하고 여성은 주기와 단계의 변산이 상대적으로 개인차가 크다. 또한 성적 욕구나 실제 성교 시 절정을 포함한 만족도에 있어서도 성차가 있다. 즉, 일반적으로 남성보다는 여성의 성적 불만족 비율이 압도적으로 높은 것으로 알려져 있다. 이 숫자로만 볼 때 대다수의 여성이 성적 문제를 겪고 있다고 봐야 하는데, 실제 조사 결과는 그렇지 않다. 최근 킨제이 연구소에서 조사한 바에 의하면, 어떤 형태든 성적인 문제가 있다고 대답한 여성이 절반에 육박했는데, 성주기의 단계별 문제를 구체적으로 물었을 때 그중 24%만이 성기능 장애로 고민한다고 대답하였다. 이 24%의 여성 응답자들은 파트너 혹은 배우자와 감정적으로 문제가 있거나 관계가 부정적인 사람들이었다. 따라서 성적인 갈등은 관계의 불만족과 관련된 것으로 해석되었다. 즉, 성적으로 문제가 있다고 해서 불행하거나 관계에 불만족인 것은 아니라는 말이다. 성적으로 아무 문제없다 하더라도 성생활, 더 정확하게는 관계에 불만족하는 경우도 당연히 있다(Bancroft et al., 2004 재인용).

이는 성적 만족은 주관적인 판단이지 모범 답안이 있는 것이 아니라는 진리를 반영하는 예라 할 수 있다. 요즘 추세가 성에서 심리적 요소를 배제한 채 과대평가하거나 성을 해리시키기 때문에 성적 궁합만이 부부관계의 전부일 것이라고 믿는 단순한 사람들이 많다. 앞에서도 계속 강조하였듯이, 성이 넓은 의미로 사랑 계열의 한 측면이란 지극히 단순한 진리를 무시하기 때문에 생겨나는 일이다. 다음에서는 실제로 심리적 · 생리적 요인 때문에 생기는 성기능의 이상을 살펴본다.

2. 성기능 장애

1) 성기능 저하

성흥분 주기의 기능장애는 남녀 모두에게 나타난다. 앞서 기술하였듯이, 각 단계마다 기능장애를 일으키는 원인은 심리적 요인일 수도 있고, 생리적 요인일 수도 있다. 혹은 두 요인 모두 관여할 수도 있다. 따라서 정확한 원인 진단을 해야 하며, 심리적 원인에서 발생했을 경우 혹은 그것이 최소한 심리적 원인이 영향을 미친 것이라면 심리치료를 병행한 성치료가 적합하다. 성기능 저하(hyposexuality)를 일으키는 심리적 요인으로는 학습 효과로서 주로 여성에게 나타난다는 성적 억제가 종종 회자된다. 그러나 이 문제는 시대의 변화에 따라 재정의되어야 하는 쟁점이기도 하다. 남성의 경우, 성격적 요인, 즉 분열성 성격과 회피적 성격의 남자에게서 관찰되는 만남의 기회 회피와 욕구 자체의 결핍이 오랜 독신 생활을 고수하게 만들기도 한다. 부부간에 배우자에 대한 분노 때문에 욕구 자체가 안 생기는 현상은 남녀 모두에게서 종종 관찰되는 현상이다.

그리고 많은 종류의 정신장애에서도 성활동의 저하가 일어난다. 우울증, 신경증, 기타 정신병 관련 장애에서 종종 나타나고, 이보다 더 심각한 영향은 항우울제, 항정신병 약물 등 정신과 약물에 의한 성기능 감소 효과다.[1] 이러한 약물의 복용 시 성적 욕구의 결핍과 발기 및 절정의 둔화 등의 부작용이 나타난다(Kantrowitz & Wingert, 2005). 혈압 강하제 및 기타 약물도 성기능장애와 연관되는 것으로 알려져 있다.

마약류의 불법 약물도 모두 기능 손상을 일으키는 것으로 증명되어 마약의 힘을 빌은 기능 항진에 대한 일부 사람들의 기대는 사실이 아니라는 점이 밝혀졌다. 특히 불법 약물의 만성 중독의 경우, 성기관의 혈관 수축뿐 아니라 뇌혈관의 수축과 이에 따른 뇌손상이 나타나기도 한다. 〈표 6-1〉은 불법 약물이 성기능에 미치는 검증된 효과에 대해서 자세히 보여 주고 있다. 이를 보면, 암페타민은 도파민 촉진제로 알려진 약물로서 일시적인 흥분 효과와 과대감 유발 때문에 심리적인 고양감을 줄 뿐 계속 복용 시 남녀 모두에게 기능 손상을 일으킨다. 코카인과 같이 강력한 마약 효과를 가진 약물도 아예 성적 욕구 자체를 없애는 것으로 알려져 있다. 이 약물들은 상대방에게 성적 흥분을 느끼게 하는 것이 아니라 환각 속으로 철수하게 만들기 때문에 상대방에 대한 매력이나 끌림을 느낄 시간도 관심도 없게 만든다. 마리화나 역시 고양된 기분과 과대감 유발 효과 때문에 성적 자신감을 느낄 수는 있으나 실제로 성적 감각이 아니라 환각과 지각 왜곡이 일어난다. 이러한 약물은 모두 생물학적 변화를 일으키는 중독으로 끝나는데, 중

1) 노벨상 수상자였던 수학자 존 내시(John Nash)의 일생을 그린 영화 〈뷰티플 마인드〉에서 내시는 항정신병 약물을 복용하면서 성기능에 문제가 온다. 부인과의 성관계가 어려워지고 이 때문에 부인이 괴로워하자 약을 중단하면서 증상이 재발하였다는 일화다.

표 6-1 **불법 약물의 성기능 효과**

이름(속칭)	소문의 효과	실제 효과
알코올	흥분 촉진, 성적 활동 자극	성적 행동에 덜 긴장하도록 하는 심리적 효과. 알코올은 실제로 진정 효과가 있으며, 다량 복용 시 발기 능력, 흥분, 오르가슴 손상 가능
암페타민 (speed, uppers)	기분 향상, 성적 지각과 능력 향상	중추신경계 자극제이며, 억제를 감소시킴. 다량 또는 장기 복용 시 남성에서 발기부전, 사정 연장, 오르가슴 억제를 일으킬 수 있으며, 여성의 질 윤활을 감소시킬 수 있음
질산아밀 (snappers, poppers)	오르가슴과 흥분 증대	뇌로 가는 동맥과 생식기 주위를 팽창시킴. 골반 부분을 따뜻하게 함. 시간 혼동, 성적 흥분 감소, 오르가슴 지연, 발기 억제 또는 방해 가능
바르비투르염 (barbs, downers)	흥분 향상, 성적 활동 자극	알코올과 비슷한 방식으로 억제를 감소시키며, 성욕 감소, 발기 부전, 사정 억제를 일으킬 수 있음
코카인 (coke)	오르가슴 빈도와 강도 증가, 흥분 고조	중추신경계 자극제. 억제를 약화시키며 좋은 기분 고조. 성을 즐길 능력 손상, 성욕 감소, 발기 억제 또는 자연적이나 지연된 사정을 일으킬 수 있음
LSD 및 기타 환각제 (메스칼린과 실로시빈 포함)	성적 반응 향상	성적 반응에 직접적인 생리적 향상 없음. 성적 활동에 대해 바뀐 인식을 낳을 수 있음. 성적 경험의 불만족과 빈번하게 관련됨
엘 도파 (L-Dopa)	늙은 남성의 정력 회복	성적 능력에 대한 공식적인 이익 없음. 때때로 지속발기증(지속적인, 무의식적인 발기)이라는 고통스러운 병을 일으킬 가능성 있음
마리화나	기분과 흥분 향상, 성행위 자극	기분 고조 및 알코올과 비슷한 방식의 억제 감소. 성적 반응 억제 가능과 시간 개념 혼란과 연장된 흥분과 오르가슴의 환각 유발 가능

출처: Mckay (2005), pp. 47-56.

독이란 이미 뇌에서의 손상과 인격적 황폐화가 일어나고 있다는 징후다.

한편 알코올의 소량 섭취는 성적 욕구 증가를 유발하지만 다량은 마비를 야기하여 남성의 경우 발기 자체가 안 된다는 것이 정설이다. 알코올의 알려진 최음 효과는 아마도 긴장 완화에서 기인하는 것 같다. 아동 성폭행 사례에서 만취 후 음주 강간의 보고는 가해자의 변명에 불과하다고 봐야 정확할 것이다(가해자의 진술에서 음주 후 정신을 잃어 기억이 없다고 보고함). 이에 관한 사례연구는 이 장의 끝에 제시하였다. 일반 의학 조건으로 고혈압, 당뇨, 기타 심혈관 질환 등 만성질환에서도 성기능장애가 필히 나타나며, 뇌손상인 경우 경우에 따라 성기능이 증가하거나 감소하기도 한다.

2) 과잉 성행동

과잉 성행동(hypersexuality)을 유발하는 첫 번째 요인으로 성기능의 항진을 들 수 있다. 성기능 항진을 일으키는 일반적인 의학 조건은 전두엽이 손상되었거나 두부 종양(부위에 따라) 등에 의해 드물게 무절제하고 부도덕적인 과잉 성행동을 보이는 경우다. 또한 정신장애가 있을 때, 조증 상태에서 다수와의 접촉과 성행동의 과잉 활동을 증상의 하나로 보이기도 한다. 이때 폭발적으로 증가된 횟수를 보인다거나, 제한된 시간에 다수의 상대와 성적 접촉을 하기도 한다.[2)]

배우자가 있는 상태에서 습관적으로 바람을 피운다거나, 또는 장기적이고 안정적인 일대일 관계를 맺지 못하는 불성실한 형태의 과잉 성행동의 유형은 주변에서 흔히 볼 수 있고, 왜 그런지 궁금증을 자아내는 경우다. 이들은 파트너의 잦은 교체를 보이고, 절대 한 사람과 지속적인 관계를 맺지 못하며, 다수와 일회적인 관계를 맺는다. 이러한 불성실한 형태의 과잉 성행동의 원인은 역시 성격적 요인이 가장 흔하다. 남성의 경우, 남근기 문제인 거세불안이 해결되지 않은 사람이 보상적 형태로 여성에 대한 성적 정복을 통해 남성성을 확인하는 행동을 보이는 성격장애가 있는데, 이를 역사상 유명한 바람둥이의 이름을 따서 돈후안 증후군, 즉 히스테리성 성격이라고 진단한다. 정신분석이론에서는 이 성격장애의 역동적 원인을 역설적으로 자신의 남성성에 대한 부적합감에서 추동된 남성성의 확인이라고 설명한다. 이 성격에 대해서는 제5장에서 자세히 기술하였다.

그 밖에 도덕적 결함이 그 원인인 경우를 빼놓을 수 없다. 임상적으로 반사회적 성격과 경계선 성격 등에서 죄의식 없이 다수와 일회적 관계를 가지는 성적 난잡함(sexual promiscuity)이 자주 보고된다. 이들은 성격의 원시적 구조와 전반적 미발달을 특징으로 하는 대표적 성격장애를 가진 초자아 구조의 결함으로 인해 통상

2) 평소 아내와의 성관계가 드물고 점잖던 남편이 어느날 안 마시던 술을 마시고 밤새 부인과 잠자리를 가지려고 괴롭힌 사례가 있다. 그 부인이 정신과적 지식이 없었음에도 불구하고 뭔가 이상하다고 생각하여 남편을 정신과에 데리고 왔는데, 진단은 양극성 장애 조증 상태였다.

보통 사람들이 학습한 최소한의 도덕성이 없다는 데서 그 원인을 찾을 수 있다. 충동을 억제하는 능력에 결함을 보이고 성적 욕망을 승화하는 통로의 부족으로 인해 사랑 관계에서 동물과 같은 비독점적 번식을 추구하는 원시적 특징을 보이는 것이다. 또한 섹스는 먹고 마시는 행위와 같이 생리적 충족이자 본능이라고 생각한다. 여기에 심리학에서 강조하는 규범적 가치나 대상애가 들어갈 리가 없다.

자애적 성격(narcissistic personality)의 남성의 경우, 여성에 대한 뿌리 깊은 질시 때문에 여성을 무의식적으로는 해치고 싶은 경쟁 상대로 여기지만, 행동적 수준에서 사냥 욕구를 충족시키는 자기대상으로서 추구하기도 한다. 그러나 상대방이 반응을 보이면 곧바로 권태를 느끼고 새로운 대상에게 흥미를 느끼는 등 대상의 교체가 잦은 점이 특징이다.

여성에게서도 반사회적, 경계선 및 히스테리성 성격에서 비슷한 현상이 종종 나타나는데, 남성과 달리 성을 주의 끌기와 애정 획득의 수단으로 동일시하여 난잡한 남성 편력에도 불구하고 정신적 순결('눈처럼 순결하다.')을 강조하는 부정(denial)과 자기상 왜곡이 나타난다.[3)]

마지막으로, 전통적인 가부장적 문화권에서 남성의 성적 불성실이나 혼외 관계에 대해 관대한 전통이 남아 있는데, 이것이 도덕적 자제력 혹은 인격적 수준과 무관하다고 인식되는 바람에 불성실한 성도덕의 면죄부로 작용된 측면이 없지 않다. 심리학적 관점에서 볼 때 초자아 결함은 불성실한 과잉 성행동과 무관하지 않다.

3. 성행동의 장애

1) 성도착의 정의

성행동의 정상과 이상의 기준은 논란이 많다. 따라서 성행동의 이상은 다양한

3) 프랑스 문학에서 이러한 유형의 매춘부를 묘사한 소설을 쉽게 찾아볼 수 있다. 성녀 혹은 백치미의 이미지를 가진 매춘부의 예로 보바리 부인, 라 트라비아타 등이 있는데, 이들은 남자 예술가들의 뮤즈로 이상화되어 있지 않은가.

관점에서 정의되기 마련이다. 개인의 자유인지, 치료 대상인 정신질환인지, 아니면 처벌받아야 할 범죄인지 그 기준을 정하는 것이 쉽지 않다. 이를 의학적으로 접근할 때와 일반적으로 이해할 때에 정의, 기준 및 범위가 다르다는 점에 유의해야겠다.

성도착(paraphilia)이란 비일상적인 성적 행동에 대한 심리학적이고 정신과적인 용어이며, 증상과 진단적 의미를 갖는다. 또 다른 용어인 비전형적이고 변태적 성행동(atypical sexual behavior)이란 전형적으로 표현되지 않는 성행동을 뜻하며 통계적 의미를 갖는다.

고전적으로 성행동의 이상과 정상의 기준은 성기 이외의 신체 부위가 성행위에 사용될 때와 관습에서 일탈된 대상을 상대로 할 때를 기준으로 삼았다. 그러나 근세 이후 꾸준히 다양한 성행동과 동성애와 같은 비관습적인 성행동의 증가현상이 표면화되었고, 앞서 기술한 기준이 정상과 이상의 준거로 사용될 때 통계적 의미에서도 비합리적으로 보일 만큼(다수가 참여하고 있으므로) 상황이 변해 버렸다. 시대의 변천에 따라 일탈된 성행동이 새로운 성이란 개념으로 대체되고 있는데, 혼전 성교와 혼외 정사 그리고 동성애에 대한 완화된 시각이 이를 반영한다.

따라서 DSM 체계에서는 성도착에 대해 비정상적인 대상이나 행위, 상황에 대해 반복적이고 강력한 성충동, 환상 및 행동화가 있을 경우라는 엄격한 좁은 범위로 변화하고 있다. DSM 체계에 따라 보다 제한된 기준을 사용하면, 성도착은 첫째, 인간이 아닌 대상을 사용할 경우, 둘째, 자신과 상대방에게 실제로 모욕과 고통을 가하고 굴욕감을 유발할 때, 마지막으로 소아나 동의하지 않은 성인을 대상으로 할 경우에 진단할 수 있다. 따라서 DSM 체계의 성도착 정의는 정신장애이면서 범죄 행위와 일치된 준거를 제시한다. 특히 DSM-5(2013)에서는 성도착(paraphilia)과 성도착 장애(paraphilic disorder)를 구분하면서 장애로서 성도착은 타인에게 해를 끼치는 범죄적 요소를 내포해야 하는 경우로 못 박음으로써 성적 일탈의 범위에 대해 제한적인 관점과 신중한 태도로 접근하고 있다.

2) 성도착의 유형

DSM-5에서는 성도착에 대해 제한된 관점을 유지하기 때문에, 그 행위가 분명하고 흔하며 타인에게 위해를 미치는 여덟 가지 종류의 성도착만을 선정하고 있다. 즉, 노출증, 관음증, 성적 가학증, 성적 피학증, 물건기호증, 의상도착증, 마찰도착증 및 아동기호증이다. 이를 다시 두 집단으로 나누었는데, 변칙적 활동기호형과 정체불명 표적기호형으로 나눈다. 변칙적 활동기호형은 다시 왜곡된 대상구애를 닮은 구애장애형(관음증, 노출증, 마찰도착증)과 고통과 괴로움을 갖는 아르고형(성적 피학과 가학)으로 나눈다. 정체불명 표적기호형에는 일방향, 양방향의 인간관계를 맺는 아동기호증, 물건기호증, 의상도착증이 있다.

성도착의 종류를 나누는 또 다른 준거로는 그것이 강제적인지 혹은 비강제적인지에 따라 구분하는 것이다(Crooks & Baur, 2007). 그 행위가 강제적일 때는 원하지 않는 피해자가 존재하고 개인의 안녕을 해치고 기본적인 권리를 침해하는 면에서 범죄에 해당한다. 그 예로는 노출증과 음란전화, 관음증, 마찰도착증, 동물성애증, 시체성애증 등이 있다. 반대로 비강제적인 경우에는 단독으로 혹은 동의하에 하기 때문에 강제성이 없고 덜 악의적이지만 타인에게 혐오감을 유발한다는 점이 특징이다. 그 예로는 특정 물건기호증이나 의복도착증, 성적 가학과 피학, 자기성애 질식증, 관장애증, 호분증과 요기애증 등이 있다.

노출증(exihibitionism)이란 자신의 성기를 노출하는 행동이다. 남성 환자가 우연한 관찰자인 여성, 특히 소녀를 대상으로 자신의 성기를 강제로 보여 주는 행동을 한다. 노출의 장소로 다양한 장소가 선택되는데, 법칙이 있다면 도망가기 쉬운 곳을 택하며, 드물게 아파트와 같은 자기 집에서 행해지기도 한다.[4] 환자의 특징이 있다면 20~30대에서 빈번하고, 1/2이 미혼으로 조사되었다. 성격적 특이점이 있다면 이성애 경험이 없고, 수줍고 자기주장을 못하는 남성으로 알려져 있다. 뜻밖에 성에 대해 수치스럽다는 교육을 받은 종교인도 다수 있다는 사실이 놀랍다. 그들의 (여성으로부터의) 거절에 대한 두려움, 남성적 자신감의 저하는 노출행위를 통해 남성성을 회복하려는 것이다. 소수는 강간, 아동 범죄와 같은 심각한 유형으로 발전되는 수도 있다(APA, 2013).

---

4) 속칭 '바바리맨'은 여학생이 자주 다니는 학교 근처에서 출몰하는 노출증 환자를 일컫는다. 속에 알몸을 숨기고 겉에 바바리만 걸친 채 배회하다가 여학생이 나타나면 바바리를 열고 성기를 노출한다고 해서 바바리맨이라고 한다. 노출증 환자에게 있어 상대방의 무관심은 그들의 낙을 경감시키는 지름길이다.

관음증(voyeurism)이란 다른 사람의 성기와 나체 그리고 성행위 장면 등에 대한 강박적 탐닉을 하는 성도착을 뜻한다. 이 병은 어릴 적 부모의 성교 장면을 목격한 기억의 고착으로 설명되기도 한다. 요즘에는 인터넷 동영상이 유명인사 혹은 일반인까지도 보복하고자 하는 대상의 나체 사진 및 성행위의 폭로 수단으로 이용되고 있는 등 일반화된 관음증 현상이 기승을 부리고 있는 현상이 더욱 흥미롭다. 일반화된 관음증은 상업적 노출증과 매치되며, 한때 여성 연예인 사이에서 유행했던 누드 열풍은 그것을 보고 즐기는 관음증 소비자가 있기 때문에 인기를 끌었다는 것을 주목해야 한다. 관음증 환자는 가장 위험을 감수하는 유형이며, 발견 위험이 높을 때 더 흥분한다고 알려져 있다. 관음증 환자가 관찰이 허용되는 나체 해변을 선택하지 않는 이유가 바로 이 때문이다.

성적 가학(sexual sadism)과 피학(masochism)은 소아기에 신체적이고 성적인 학대를 받은 사람이 고통을 수반하는 행위에서 성적 흥분을 하는 경우로 설명할 수 있다. 이는 단순히 성행위에서만 제한적으로 나타나는 것이 아니라 인간관계 전반에서도 나타남을 볼 수 있다. 성적 가학과 피학은 같은 현상의 변형 행동으로 이해된다. 성적 피학은 여성에게 상당수 있는 유일한 도착이고, 성적 가학은 파트너를 지배하는 가학적 행동이 남성적 힘을 확인하게 해 준다. 보통 성적 가학이 성적 피학보다 적다고 하며, 양쪽 역할을 교대로 한다고도 알려져 있다. 성적 가학이 적은 이유는 그 행위에 가담했을 경우 범죄로 처벌받을 가능성이 크기 때문이기도 하다. 또한 성적으로 억제된 남성이 가학보다 피학의 역할이 현실에서 좀처럼 실현 불가능한 행위이기 때문에 더 유인가가 높다고 볼 수 있다. 이 증상은 발달적 경험이 원인으로 보고되는데, 성적 피학성은 아동이 성적 행동으로 처벌을 받은 경우 성과 고통이 연합되어 생기기도 한다. 극단적인 경우, 희대의 변태적 살인자에게서 기록되기도 하는 타살적 폭력이 성적 만족과 가학이 합성된 예다.

물건기호증(fetishism)이란 성적 흥분을 얻기 위해 여자의 속옷이나 구두 등 무생물을 사용하는 것으로서 자극적 물건을 훔치다가 도벽으로 오인받기도 한다. 이들은 흔히 이웃집 여자의 속옷을 훔치는 범죄 행위를 하다 발각되어 드러난다. 이들의 기호 대상은 여성의 속옷, 구두, 머리카락, 스타킹 등 다양하다. 이런 것들은 환상 속에서 물체나 신체 부위와 동일시되는 것으로서 자위 단계의 만족을 통해 물건과 연합된다. 극단적인 경우 타인의 머리카락을 자르거나, 살해 후 신체 일부를 잘라 자위에 사용하기도 한다.

의상도착증(transvestism)이란 성적 흥분을 얻기 위해 반대 성의 의상을 입는 행동인데, 동성애와 성전환자는 제외된다. 집에서 은밀히 단독으로 하거나, 성행위 시 만족을 증대하기 위함이며, 이성애 기혼 남자에게 발생하는 것이 흥미롭다. 드물지만 여성도 이 증상을 갖고 있는 것으로 보고된다.

마찰도착증(frotteurism)은 붐비는 공공장소(예: 지하철, 경기장, 엘리베이터)에서 옷 입은 여성을 누르거나 비빔으로써 만족을 얻는 경우다. 손으로 여성의 신체 부위를 만지기도 한다. 이때 성적 흥분을 느끼며, 이후 자위 환상에 사용한다.[5)]

DSM-5에서는 아동기호증(pedophilic disorder)이란 사춘기 이전의 아동(보통 13세 이하)과 성행위나 성적 흥분을 일으키는 환상이나 충동 혹은 행동의 반복을 보이는 증상으로 규정하였다. 하위 유형으로는 남아를 선호하거나 여아를 선호하거나 양성 모두를 선호하거나, 혹은 근친에 국한된 유형이거나 아동에게만 성적 매력을 느끼는 제한형과 아동과 성인을 구분하지 않는 비제한형이 있다. 서구에서는 피해자 연령을 미성년까지로 확대하여 가해자를 강력히 처벌한다. 뜻밖에 보육 교사나 성직자와 같이 아동과 접촉이 흔한 직업을 가진 사람이 아동성폭력의 가해자로 밝혀진 경우도 있다.[6)] 이 질환은 아동을 대상으로 한 성폭력과 아동학대를 동시에 적용하는 심각한 범죄로서 자세한 것은 제12장에서 자세히 다룰 것이며, 여기서는 그런 행위를 실행하는 가해자에 초점을 맞추어 기술하겠다. 이 장의 끝에 아동기호증의 심리에 대해 자세히 분석하여 제시하였다.

기타 DSM 체계에 기록되어 있지 않은 다양한 유형이 있는데, 앞서 기술했듯이, 정도나 범죄적 요소, 빈도에서 명기되지 않은 것들이다. 그중 가장 심각한 것은 음란전화인데, 음란전화는 노출증과 유사한 패턴을 보인다. 피해자가 공포에

5) 2011년 30대의 고등법원 판사가 지하철에서 여성 뒤에 밀착하여 성추행을 했다가 체포된 사건이 있었다. 그 결과는 사직이었다. 한 순간에 명예를 잃는 사건을 저지른 것이다.

6) 남아메리카에서 가톨릭 사제에 의한 아동 성추행이 표면화되어 결국 뒤늦게나마 교황의 사과로 발전한 사건이 있었다. 그동안 피해 아동의 진술을 신뢰하지 않은 이유는 '설마 사제가…….' 하는 무지 때문에 벌어진 사태다. 아동기호자의 아동 관련 직업 선택은 흔하다. 우리나라에서도 영어마을 원어민 교사직에 아동기호자가 원정 지원하여 말썽이 벌어지지 않았는가. 아직 아시아권에서는 관련 법안과 경각심이 부족하다는 정보를 알고 들어왔을 것이다. 물론 극히 일부일 것이다. 그러나 그 일부 때문에 피해자가 생긴다. 아동 관련 직업 지원자 선발 시 철저한 검증을 이제부터라도 해야 한다.

표 6-2 **DSM-5의 아동기호증 진단기준**

• 사춘기 이전의 아동(보통 13세 이하)과 성행위를 포함한 일체의 행동, 성적 충동, 강렬한 성적 흥분을 일으키는 환상 등이 6개월 이상 반복될 때 • 이 성적 충동을 실행해 왔거나 아니면 성적 충동 및 환상 때문에 곤란을 겪을 때 • 가해자가 16세 이상이고, 피해 아동보다 5살 연상이어야 함 * 후기 사춘기의 청소년이 12~13세 아동과 성관계를 갖고 관계가 진행 중일 때 포함시키지 말아야 함 • 구체화 항목: 제한형(아동에게만 향함) 확산형(아동, 성인 모두 대상) (기타 남아 선호, 여아 선호, 양성 선호, 근친 한정)

질리거나 충격을 받으면 성적 흥분을 경험하며, 그때 자위행위를 한다. 피해자의 반응이 강렬할수록 비례하여 만족도가 높다고 한다. 이 점은 바바리맨과 같은 노출증의 어떤 점과 유사하다. 음란전화자의 뒤따르는 보복이나 신체적 가해는 드물다고 알려졌으나, 가해 위협은 흔한 것으로 알려졌다.

기타 동물성애증은 성적 관계의 대상이 사람이 아닌 개, 고양이, 가금류, 말 등 동물인 경우다. 사례가 특이해서 이를 소재로 소설에 등장하기도 한다. 동물성애증은 인간이 대상이 아니기 때문에 사람에게 직접 피해를 주지는 않지만, 강제적 성도착으로 분류된 점은 역설적이다(동물이 원치 않는데 강제로 끌어들인다는 의미에서). 시체성애증은 죽은 사체와 성행위를 하는 매우 드문 경우인데, 시체안치소, 장의사 직업에서 보고되기도 한다. 성행위 시 사람의 분비물을 이용하는 호분증, 요기애증 등도 있다. 이 장애는 상호 합의하에 은밀하게 행해지므로 범죄는 아니지만 일반인에게 혐오감을 불러일으킨다는 점이 공통적이다.

3) 성정체성 장애와 동성애

성별(sex)과 성정체성(gender)에 대하여 앞서 충분히 논의하였듯이, 생물학적으로 타고난 성별과 이에 대한 심리적 · 사회적 역할의 개념인 성정체성이 보통은 일치하지만, 일부는 모호하거나 갈등인 경우가 있다. 이처럼 성정체성 장애(gender dysphoria)는 생물학적으로 주어진 정체성에 정서적 · 인지적으로 거부감을 느끼는 사람의 일반적인 표현이다.

DSM-5는 성정체성 장애를 아동과 성인 구역으로 나누어 제시하고 있다. 아동의 경우, 반대 성이 되고 싶은 강한 욕망이나 반대 성이길 고집하는 것, 주어진 성의 옷이나 성전형화된 활동을 거부하고 반대 성의 옷차림과 활동을 선호하는 것, 반대 성의 놀이 친구를 선호하는 등의 주어진 성별과 경험하거나 표현된 성별 간에 뚜렷한 불일치를 보이는 아동에게 이 진단을 내린다.

청소년 및 성인인 경우, 주어진 성별과 경험하거나 표현된 성별 간에 뚜렷한 불일치를 보이고, 이 불일치 때문에 원래의 주어진 성징을 없애고 싶어 하고, 반대 성의 성징을 갖고 싶어 한다. 더 나아가 반대 성이 되고 싶어 하거나 그렇게 대우받길 원하여 반대 성의 전형적 감정과 반응을 갖고 있다고 확신하는 나머지 성전환을 하고 싶어 하는 성인에게 이 진단을 내린다. 우리나라에서도 외과 수술을 통해 타고난 생물학적 성을 바꾸는 사례가 보고되고 있다. 외과적으로 남성 성기를 잘라 내고 질과 자궁 유사 기관을 만들고, 가슴 성형과 호르몬 치료를 통해 여성적 외양을 갖추기까지 가능하지만, 임신은 불가능하다. 그다음 단계로 아예 법률상 여성으로 전환하는 절차를 밟는 경우도 있다.

동성애(homosexuality)란 성정체성은 정상이지만 동성에 대한 성적 욕구를 가지는 사람을 뜻하며, DSM-5뿐만 아니라 이미 오래전부터 정신장애 분류에서 빠졌다. 이런 문제를 가진 내담자를 치료할 때, 자신의 동성애적 욕구를 불편해하는 갈등 유형에 한해 심리치료 서비스를 제공하되, 그 외에는 성행동 장애로 취급하지 않는다. 동성애에 대한 원인으로는 심리적 요인과 생물학적 요인 모두를 가지고 접근한다. 설치류의 경우, 안드로겐화 과정과 성호르몬이 동성애 여부에 결정적이지만, 인간의 경우에는 일치하지 않으므로 생물학적 기원은 있는 듯하나 관계성이 확실치 않다. 따라서 현재는 동성애에 대해 정신장애가 아닌 인권 차원에서 접근하고 있다.[7)]

7) 성정체성 장애는 생물학적 정체성을 원래의 성에서 본인이 동일시하는 반대 성으로 바꾸고 싶어 하는 사람들이므로 'sex'가 아닌 'gender'의 차원이다. 게다가 성전환 이후 가족과 사회적 관계에서, 혹은 법률적으로 성역할이 재정의되야 하므로 일정한 법적 절차 후 외과적 수술이 가능하도록 관리해야 할 필요성이 있다.

4. 성도착의 원인과 치료

1) 성도착의 원인

성도착은 약한 정도에서 심각한 정도(범죄 수준)에 이르는 다양한 스펙트럼을 갖는다. 남성 가해자가 대부분이지만, 여성은 상대적으로 노출이 안 되기 때문에 공식 집계를 피해 갈 가능성도 있다. 성도착은 단일하게 고유한 행동을 보이는 것이 아니라 집합적으로 일어난다는 점에서 시사점이 크다. 브래드포드(Bradford, 1998)에 따르면, 성도착자의 1/2 이상이 한 종류 이상을, 1/5은 4종류 이상의 도착을 경험한 것으로 나타났다. 이와 같이 성도착은 다른 범죄 행위와 이런 면에서 유사점이 있다. 즉, 한 번 성취의 성공은 다른 행위에 제약이 없게 느껴지고, 그러한 행위가 쉽게 확산되거나 일반화되는 것이다.

성도착이 일어나는 원인은 생물학적 관점, 사회문화적 관점, 심리학적 관점에서 살펴볼 수 있다. 생물학적 관점에서는 성분화 과정상 남성의 성분화 과정이 더 복잡하기 때문에 오류가 일어나기 쉽다고 본다. 사회문화적 관점에서는 남성이 압도적 다수(APA, 2000, 2013)라는 점을 들어 오랜 남성 중심적 가치관의 산물이란 관점에서 접근한다. 즉, 남성의 여성에 대한 성적 과시와 통제 때문이라는 것이다. 심리학적 관점에서는 정신분석 이론의 포괄적 설명이 적용된다. 즉, 성도착을 심리성적 발달 단계에서 최종 시기인 성기기에 이르기 전까지 여러 단계에 걸쳐 발생하는 퇴행과 고착으로 설명한다. 정신분석 이론에 따르면 성도착과 신경증은 심리성적 발달 단계의 최종 단계인 성기기로의 발달 지체라는 공통적인 원인을 갖고 있지만, 신경증은 성적 측면이 제외된 것으로 본다.

성도착의 행동화는 심리적으로 이성을 정복하였다는 유능함과 남성성의 주체성 확인 및 회복을 느끼고 싶을 때 발생하는 경우가 많다. 성적 파트너에 대한 비인격화(인간이 아닌 물체로서 대상 지각)와 여성에 대한 증오가 공통적으로 나타난다. 특히 이러한 행위가 여성에게 모욕당했다는 느낌 후 발생한다는 점은 시사하는 바가 크다. 또한 상대방의 무력한 피해 반응이 그 행위의 주체자의 만족을 극대화한다는 점을 보면 남성적 권력의 과시, 장악하고 좌지우지한다는 지배감 등이 만족의 원천임을 유추할 수 있다. 이 점에서 몇몇 성도착(아동기호증, 노출증, 음란전화)은 강간과 같은 모든 성범죄의 역동적 원인과 유사하다. 따라서 그 행동의 이면에는 그 행위자의 인격 특성이나 의학적 조건이 깔려 있다고 봐야 한다. 결론적으로, 성도착은 단일 장애로 일어나기보다 다양한 범위에 걸친 장애(정신병, 신경증, 해리장애)와 인격 형성(반사회적 성격, 경계선 성격, 자애적 성격 등)을 가지기 때문에 개개인의 역동적 원인을 이해하는 것이 중요하다.

2) 성도착의 심리치료

성도착자들은 조기 발병과 만성적 경과라는 공통점을 갖고 있다. 즉, 성도착은 2차 성징이 나타나는 사춘기에 시작하여 자아 동조적인 탐닉을 오랫동안 했기 때문에 변화가 어렵다. 또한 이들은 범죄나 이혼 등 현실적인 위기가 닥쳤을 때 의사에게 오게 되므로 치료 동기가 결여되어 있는 것이 대부분이다. 이러한 내담자를 치료하기 위한 방법으로는 단기적으로 행동치료를 하거나, 장기적으로 정신역동적 치료를 적용한다. 약물치료로는 항안드로겐을 투여하거나 범죄의 심각성이 관건일 경우 거세(화학적 혹은 물리적)할 수도 있다.

성도착자는 그 행위에서 절대적 만족감을 느끼기 때문에 치료 동기가 약하다. 심지어 자신이 치료 대상이라는 점에 대해서 심하게 거부한다. 따라서 치료 과정에서 무엇보다 환자에게 성도착 행위는 범죄 행위임을 인식시켜야 한다. 치료자의 입장에서 볼 때 이러한 내담자에게 혐오감을 느끼기 쉽고, 그러다 보면 내담자를 치료하는 것이 아니라 모욕감을 주거나 도덕적 설교를 하게 되는 등 역전이 현상이 발생할 수 있다. 이런저런 이유로, 성도착은 치료 성공 및 효과에 부정적 예후를 가진 장애라고 할 수 있다.

따라서 치료 시 치료 목표를 정할 때, 환자 스스로 자신의 행동과 그에 따른 결과에 대한 책임을 갖도록 하는 방법이 도움이 된다. 이를 위해 환자의 부정기제에 직면하도록 해야 한다. 또한 가해자로서 피해자에 대해 갖는 비인격화를 변화하여 피해자와 정서적 공감을 할 수 있게 도와주어야 한다. 치료 동기가 치료 수용의 열쇠임을 알려 주면서 인지 왜곡에 도전하여 피해자가 보이는 반응과 고통을 직면하게 하고, 재발 예방 계획을 철저히 세워야 하는 것이 일반적인 원칙이다.

아동기호증의 심리

모든 성도착증 및 성폭력에 깔려 있는 심리적 특징이 아동기호증 환자에게 압축되어 있다. 그들은 남자로서 볼품없고, 외모는 누가 보아도 성적 매력이 없다. 오죽하면 힘이 없는 아동을 대상으로 하겠는가. 그러한 그들에게도 남성적 힘을 충족할 수 있는 기회가 생긴 것이다. 만약 성인 여성과 정상적인 경로로 성행위를 하려면 어림도 없었을 자신의 콤플렉스를 잊고 어린 아동을 대체 수단으로 이용하려 한다. 이들에 대해서는 상대가 대상이 아니라 수단인 점에 주목해야 한다. 이런 면에서 굳이 전문가가 아니더라도 그것은 사랑이 아니라는 것을 금방 알 수 있다. 어찌하여 대부분의 성도착에 사랑 '애(愛)'가 들어가는가 말이다.

심리학적으로 아동기호증 및 기타 도착증은 대상애의 발달 손상이 궁극적 원인이라고 볼 수 있다. 다른 사람을 사랑할 수 있는 능력 자체가 발달되지 않아서 상대방은 욕구 충족의 대상으로서만 추구될 뿐 사후 장기적 관계는 관심도 없고 그럴 능력도 없다. 그렇기 때문에 범죄 대상에 대한 비인격화는 상대에 대해 물건과 같은 값어치로서 부분 시각을 할 수밖에 없기 때문에 일어나는 것이다. 사람이 단지 물건과 진배없는 것이다. 이들에게 피해자는 필요할 때 이용하거나 소비되는 존재이지, 피해자가 고통스러워할 것이라거나 향후 어떤 상처를 받을지 상상할 수 있는 능력도 없고 그래 본 적도 없다. 따라서 이들은 자신의 행위와 피해자에 미치는 반응 간에 연결고리를 지각하지 못한다. 그래서 자신에 의해 희생된 피해자의 반응이 의아한 나머지, 멋대로 인지 왜곡을 한다. 아동기호증의 상당수가 아동을 사랑한다고 표현한다. 그래서 그 아동에게 사랑이라는 선물을 주는 것이라고 합리화한다. 또한 성폭력 시 아동이 보이는 고통스러워하는 반응을 사랑을 받고 기뻐하는 것이라고 착각한다. 피해 아동의 질과 기타 성기관이 찢어지고 피를 흘리는데도 말이다.

아동기호증자에게 전자팔찌를 채우고 항안드로겐 약물을 투여하여 성적 욕구만 없애면 범죄가 해결될 것이라고 믿는 정치가나 법조인들이 있다. 그러나 실제 결과는 그렇지 않다. 심리학자들의 조사에 따르면, 계속 강조하듯이, 그 원인이 성적 욕구가 아니라 남성적 힘과 지배의 욕구에서 추동화된 것이라면 성욕과 성범죄와의 연관성이 미미할 수밖에 없다. 오히려 진실은 같은 범죄자들끼리 더 잘 인식하고 있는 듯하다. 들리는 말에 따르면, 교도소에서 아동기호 성범죄가 서열상 가장 낮은 순위로 취급받는다고 한다. 오죽하면 아동이 범죄 대상인지 그 이유를 잘 안다는 정황이다. 아동 대상 성범죄에 대한 우리 사회의 법적 준거를 시대에 맞게 강화하길 촉구한다.

토론거리

1. 변태 성욕에 대한 적용은 어디까지인지 생각해 보자.

2. 성전환이 개인의 취향인지 자신의 의견을 생각해 보자.

요약

성기능장애를 일으키는 원인으로 의학적 요인과 심리적 요인이 있다. 이상 성행동은 정신장애로서 성도착이라 부르고, 통계적 의미로서 비전형 성행동 혹은 변태성욕이라 부른다. 성도착은 크게 강제적 유형과 비강제적 유형으로 나누는데, 강제적 유형에는 아동기호증, 노출증, 음란전화, 마찰도착증, 관음증, 물건기호증 등이 있고, 비강제적 유형에는 성적 가학/피학, 의상도착증 등이 있다. 강제적 유형은 범죄와 같은 특징이 있지만 비강제 유형에는 범법적 요소는 없으나 타인에게 혐오감을 유발한다는 차이점이 있다. 성도착은 치료의 결과와 예후가 나쁜 장애로서 다양한 원인과 치료적 지침이 있다.

7장

결혼과 배우자 선택, 결혼적응

학습 목표

1. 결혼의 의미에 대하여 알아본다.

2. 배우자를 선택하는 과정에 대하여 알아본다.

3. 결혼적응에 대하여 알아본다.

4. 부부관계에 영향을 미치는 요인에 대하여 알아본다.

5. 이혼과 재혼에 대하여 알아본다.

결혼의 사전적 의미는 "사회가 인정하는 절차에 따라 남자와 여자가 결합하여 부부가 되는 것으로 이것은 사회적으로 인정된 지속적인 남녀의 성적 결합이며, 일반적으로는 특정한 규범에 바탕을 둔 동거 관계와 경제적 협력이 따르는 사회제도"다. 결혼이란 신랑의 가족, 신부의 가족, 그리고 두 사람의 결혼을 통해 형성되는 세 가족 모두에게 중요한 사건이라 할 수 있다. 개인은 결혼을 함으로써 부모의 영향력에서 벗어나 새로운 가족 형성이라는 중요한 발달 과업을 이루게 된다. 그러므로 남자나 여자나 모두 원가족에서 건강하게 독립하여 한 가정의 어른으로서 자신의 의무와 책임을 다하는 과정은 무엇보다도 중요하다. 상담실에서 보는 부부 갈등의 경우, 많은 사례에서 두 성인이 만나서 생활하는 것이 아닌 한 가정의 어린 아들과 어린 딸이 만나 자기 자신은 없이 각자의 부모의 뜻에 따라 살면서 상대방에게 일방적인 희생을 요구하고 비난과 질책을 하는 경우를 볼 수 있다.

결혼은 각 개인의 인생에 관련되는 일신상의 문제인 동시에 사회적으로도 여러 가지 중요한 의미를 지닌다. 첫째, 결혼은 결혼한 남녀에게 남편과 아내라는 지위를 사회적으로 인정하는 동시에 각자에게 규범에 따른 권리와 의무를 부여한다. 이 지위는 여러 사회에서 성인이라는 자격과 결부된다. 둘째, 결혼은 특정 남녀가 성관계를 특별히 인정받는 대신 혼외 성관계를 제한하고 이러한 통제를 통하여 사회의 기본 구성 단위인 가족의 존립과 사회의 안정에 기여한다. 셋째, 결혼은 부부 사이에 태어난 자녀를 합법적으로 승인하여 적자로서의 자격을 주는 동시에 그것에 상응하는 권리와 의무를 인정한다. 넷째, 결혼은 친족 조직에 개인을 편입시킴으로써 조직 강화와 제도 유지에 기여하는 동시에 사회 자체의 확대를 가져오는 역할을 한다.

1남 3녀 중 막내 아들로 태어난 A씨는 아버지가 4대 종손으로 아들에 대한 강한 염원 속에 가족들의 많은 기대를 받고 태어났다. 어린 시절부터 부모의 지나친 보호와 간섭으로 자기 생각이나 주장이 없이 생활해 온 A씨는 대학에 들어가면서 이러한 간섭과 기대를 견뎌 내기 힘든 상황에 이르렀다. 대학을 졸업하고 취직한 후 부모는 끊임없이 A씨의 취향이나 감정과는 무관하게 자신들의 기준에 맞는 많은 혼처를 가져와 선을 보라는 강요를 하였고, 화가 난 A씨는 이를 무조건적으로 거부하면서 부모와의 갈등이 심각해졌다. A씨는 부모와 떨어져 있기 위해 지방이나 해외 업무를 자원하면서 혼기를 넘기게 되었다. 이에 부모는 지치고 혹시 아들이 결혼을 안 하면 어쩌나 하는 생각에 아무하고나 결혼만 하면 좋겠다는 생각을 갖게 되었다. 이때쯤 A씨는 거래처에서 한 여직원을 만나게 되었고, 자신보다 학력이 낮고 어리고 유순하며 자신의 요구에 고분고분한 듯 보이는 L씨에게 호감을 느끼고 결혼을 전제로 사귀게 되었다. A씨의 부모는 L씨가 전혀 마음에 들지 않았으나 아들이 결혼을 하지 않을 것에 대한 두려움으로 마지못해 결혼을 허락하게 되었다. 결혼 후 L씨는 시부모의 무시와 남편의 권위적이고 자기 생각대로 하는 행동으로 많은 스트레스를 받았고, 외로움, 불행감과 우울감이 심해졌다. 원가족에서도 아버지의 음주와 무능함으로 학업의 꿈이 중단되는 등 불행감과 우울감을 느껴 온 L씨는 연애 시절 자상하고 경제적으로도 안정되어 있는 A씨를 만나 행복을 기대했으나 결혼 후 너무도 다른 현실과 반복된 불행감으로 지쳤고, 임신한 것을 알았음에도 이혼을 생각하게 되었다.

이 장에서는 한 인간의 삶에서 아주 긴 시기를 차지하는 주요한 요소인 결혼에 대해서 알아보고, 인생 주기가 진행되면서 결혼관계가 어떻게 발전되어 가며, 노후까지 성공적으로 지속되는 결혼관계에는 어떤 특성이 있는지 살펴보고자 한다. 즉, 결혼의 의미, 배우자의 선택, 성인 초기와 중기, 노년기의 부부관계, 이혼과 재혼, 성공적인 부부관계에 대해서 살펴본다.

1. 결혼의 의미

젊은 남녀가 서로에게 호감을 느껴 교제를 하고 이런 과정에서 사랑을 느끼게 되며 사랑의 결실로 결혼에 이르게 된다. 연인관계는 결혼을 통해 부부관계로 바뀐다. 배우자는 인생에 있어서 가장 중요한 동반자다. 또한 안정되고 신뢰적인 부부관계는 화목한 가족관계의 근간이며, 한 개인의 행복을 결정하는 가장 중요한 인간관계라 할 수 있고, 법적 구속력을 가진 남녀의 결합이다. 결혼을 통해 사람들은 성욕을 해소하고, 심리적 안정감을 느끼게 되며, 역할 수행에 따른 소속감을 지니게 된다. 결혼이란 서로 다른 가정과 환경에서 자라고, 태도나 감정과 행동양식, 일처리 방식 등 각자의 개성이 다른 남녀가 만나 부부관계를 이루게 되는 것을 말한다. 올슨과 데프라인(Olson & DeFrain, 2003)은 결혼을 "정서적 · 신체적 친밀감과 다양한 과업 및 경제적 자원을 서로 공유하는 두 사람의 정서적 · 법적 책임 관계"라고 정의하였다. 이처럼 결혼에는 많은 노력과 적응이 요구되는데, 배우자들은 서로가 가정의 주도권을 잡거나 먼저 받고 먼저 채우려는 것을 넘어 서로에 대한 배려와 이해, 양보와 존중이 요구되고 있다. 이에는 개인이 어린 시절부터 심리적으로 삶의 발달 과정에 맞게 얼마나 건강하게 성장되어 왔는가 하는 성숙 정도가 많은 영향을 준다.

근래에는 여성의 사회 진출과 경제력 신장 등의 사회적 변화, 결혼과 모성 역할에 대한 가치의 변화와 같은 발달적 문제들로 혼인 건수가 줄어들고 있는 추세를 보였다. 그러나 통계청(2012) 자료에 따르면, 2011년 혼인은 32만 9,100건으로 전년보다 3,000건으로 0.9% 증가하였으며, 평균 초혼 연령은 남자 31.9세, 여자 29.1세로 조사되었다. 또한 조혼인율(인구 천명 당 혼인 건수)은 6.6건으로 전년에 비해 0.1건 증가된 것으로 조사되었다([그림 7-1] 참조).

혼인 시기로는 남성은 30대 초반의 혼인 건수가 가장 많이 증가하였고(35.6%)

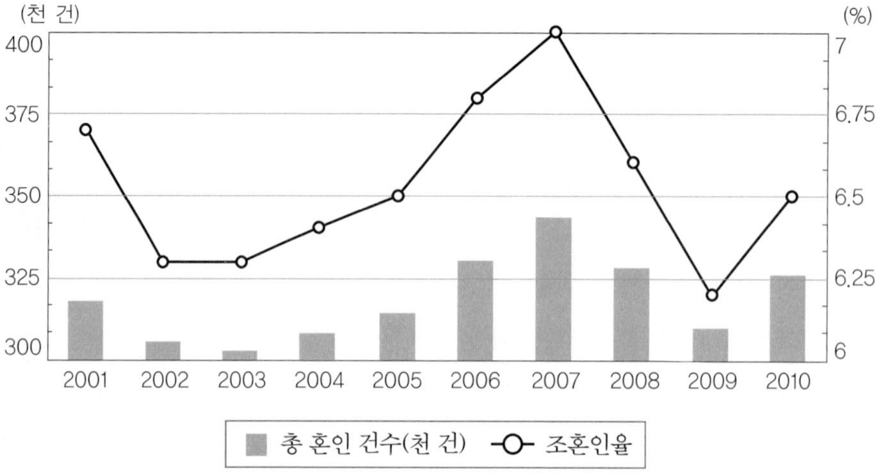

그림 7-1 **총 혼인 건수 및 조혼인율 추이**

출처: 통계청 (2012).

모든 연령층에서 혼인 건수가 2009년보다 증가한 것으로 나타났다. 이와 달리, 2006년까지 가장 높은 비중을 차지했던 20대 후반의 비중은 감소하였고, 30대 초반~40대 초반의 혼인율은 1970년 통계 작성 이후 최고 높은 수준을 보였다. 여성은 주 혼인 연령층은 20대 후반으로 전체 혼인의 35.6%를 차지하고 있으며,

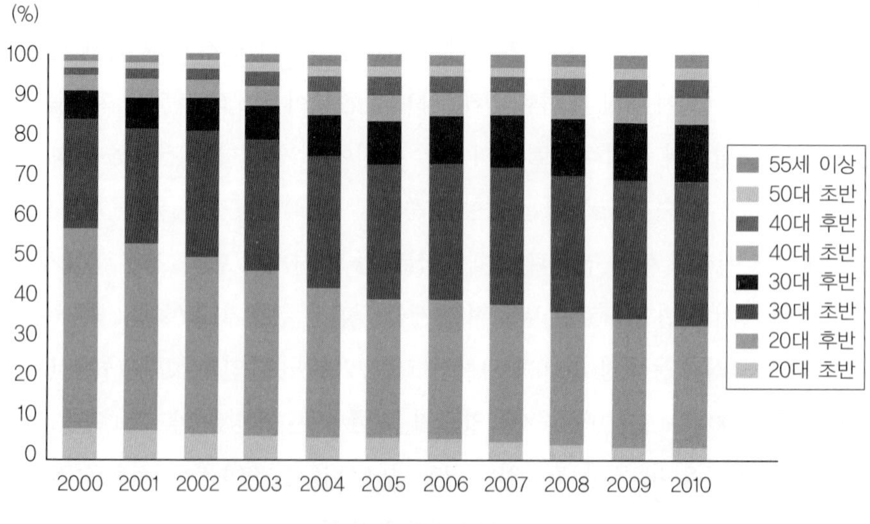

그림 7-2 **남성의 연령별 혼인 구성비**

출처: 통계청 (2012).

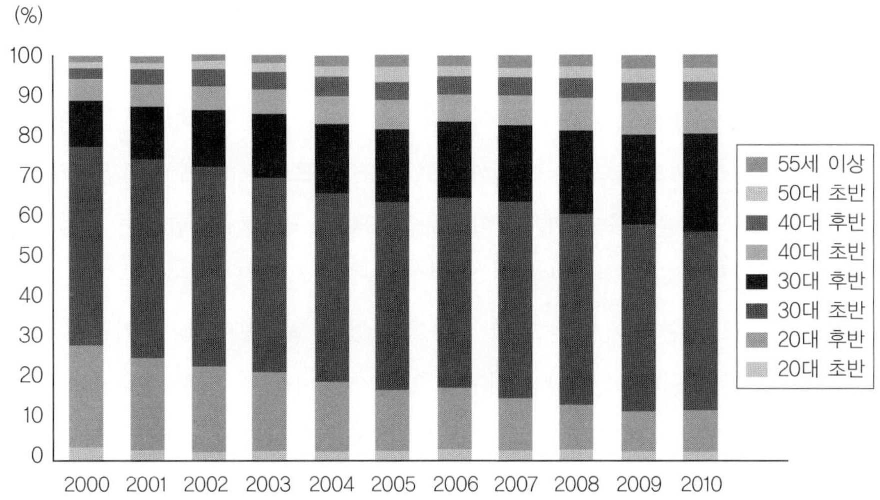

그림 7-3 **여성의 연령별 혼인 구성비**

출처: 통계청 (2012).

30대 초반에서 가장 많이 증가하여 전년 대비 총 증감분 중 59.5%를 차지하였다. 40대 후반을 제외한 모든 연령층에서 증가하고 있으나, 2006년까지 가장 높은 비중을 차지했던 20대 후반의 비중은 지속적으로 감소하는 추세다. 남성과 마찬가지로 여성도 30대 초반~40대 초반의 혼인율이 1970년 통계 작성 이후 최고로 높은 수준을 보이고 있다([그림 7-2], [그림 7-3] 참조).

평균 초혼 연령은 남성 31.8세, 여성 28.9세로 상승세를 유지하고 있으며, 2000년과 비교해 보면 남성 2.5세(29.3세에서 31.8세), 여성 2.4세(26.5세에서 28.9세)로 상승하고 있다.

부부간 나이 차이를 보면, 남성 연상 부부의 구성비는 감소세에 있고, 여성 연상 부부의 구성비는 증가세가 지속되고 있는데, 남녀 모두 초혼 부부 중 남성 연상 부부 69.1%, 동갑 부부 16.0%, 여성 연상 부부 14.9%다. 남성 연상 부부의 연령차는 3~5세가 39.5%로 가장 많으나 그 비중은 감소하고 있으며, 여성 연상 부부의 연령차는 1~2세가 73.4%로 가장 많은 것으로 조사되었다(통계청, 2010). 이렇듯 최근에는 연상녀 · 연하남 커플이 대세로 나타나고 있고, 드라마나 영화, 심지어 광고에서도 이러한 커플이 자연스럽게 등장하고 있다. 이는 여성의 사회 진출이 늘어나고 경제력을 갖게 되면서 남성에게 의지하던 예전과 다르게 여성이 남성을 이끌려는 경향성이 반영되는 것일 수도 있고, 한편으로는 경제적으로 여유로워진 여성이 자신을 가꿔 동안의 외모를 유지하려고 하고 이런 점에 연하남이 연상녀에게 호감을 가지게 되는 이유일 수도 있다. 소셜데이팅 사이트(이음의 블로그(iumsin.net)의 2011. 2. 14~18일까지 5일간 진행) 조사 자료에 따르면, 연하남들은 '나보다 인생을 아는 어른의 여유로움' '내가 리드해야 한다는 부담감이 없어서'라고 끌리는 이유를 밝혔다. 반면, 연상녀들은 '세상 물정 모르는 순수함' '내가 리드할 수 있어서'라고 그 이유를 꼽았다. 하지만 이러한 커플이 좋은 면만 있는 것은 아니다. 연하남을 사귀고 있는 연상녀들은 "나도 애교도 부리고 싶고 남자친구에게 기대고 싶을 때가 있다."며 고충을 토로했다. 또한 "남자친구의 어린 여자친구들과 자꾸 비교된다."며 어리게 보이는 성형은 필수라고 말했다. 이에 연하남도 "리드해야 하는 부담이 없는 반면 점점 시간이 갈수록 엄마 같은 느낌을 받게 된다." 또는 "나보다 잘나가는 여자친구를 보고 있으면 열등감을 느낀다."라고 밝혀 연상녀 · 연하남 커플이 가질 수 있는 단점을 말하고 있다(매일경제, 2012. 2. 22.).

기혼 남성 및 기혼 여성에게 '현재 결혼 생활에 만족하십니까'를 물어본 통계청(2006) 자료에 따르면, 전체 기혼 여성 응답자 중 결혼생활에 만족한다고 답한 경우는 61.8%이었던 반면에 기혼 남성은 81%로 나타났다. 남성의 대부분은 현재의 결혼생활에 만족하고 있었으나 여성은 남성에 비해 만족도가 떨어졌다. 반면, 결혼생활에 대한 불만족은 남성에 비해 여성이 많았고, 그 차이는 3배 이상이 났다. 또한 결혼생활에 대한 만족감은 결혼 기간에 따라 점차 감소를 하였다(통계청 사회통계조사, 2006).

2. 배우자의 선택 과정

1) 배우자의 선택 기준

사람이 일생을 살아가면서 많은 선택의 기회가 있는데, 그중 중요한 것이 바로 결혼에 따른 배우자의 선택이라 할 수 있다. 상담 장면에서 많은 사람들이 배우자의 선택 시 성격적으로 유사한 사람을 선택하는 것이 좋은지 아니면 상반되는 사람을 만나는 것이 좋은지에 대한 질문을 한다. 모든 것에는 다 그 나름대로의 장단점이 있으므로 단정적으로 어떤 선택이 좋다고는 할 수 없다. 성격이 유사한 사람을 만났을 경우, 적응과 서로에 대한 이해는 상대적으로 쉬울 수 있으나 갈등 시 똑같은 특성으로 타협이 어려울 수 있고, 또한 별 문제 없이 살 경우에도 성장의 폭이나 다른 사람에 대한 이해의 정도가 협소할 수 있다. 반대로 서로 다른 성격 특성의 사람이 만났을 경우, 이해나 적응에는 시간이 많이 소요될 수 있으나 둘이 서로 다투고 화해하고 이해하면서 살다 보면 심리적 성장이나 다른 사람에 대한 이해의 폭은 넓어질 수 있을 것이다. 그러나 배우자 선택에는 이처럼 성격도 중요하지만, 서로 살아 온 성장 환경적 여건, 생활습관, 삶의 과정에서 받은 상처와 이를 해소하고 극복해 가는 데 있어서의 태도나 방식, 삶에서 지향하는 목표나 가치관 등 많은 요소들이 같이 생활하고 서로를 이해하고 적응해 가는 데 영향을 미친다.

B씨는 4년간 사귀어 온 남자친구와 결혼을 하고자 하였으나 남자친구의 경제적인 조건이 좋지 않다는 이유로 부모의 심한 반대에 부딪혀 결국 헤어졌다. 반복된 중매 끝에 부모의 마음에 드는 남자와 결혼은 하였으나 B씨의 마음에는 헤어진 남자친구에 대한 그리움이 떠나지를 않았다. 아이도 낳고 가정생활은 이어가고 있으나, A씨는 삶에 의욕이 없어 우울증 약을 복용하고 있고, 가족도 모두 힘들어하고 있다.

K씨는 어머니와의 심각한 갈등 속에서 성장해 왔다. 어머니는 모든 것이 완벽하고 철저한 사람으로, 어릴 때부터 어머니가 자신을 못마땅하게 여기고 비난하고 무시한다는 느낌을 가져 왔다. 결혼 적령기가 되어 K씨와 어머니는 선보는 사람마다 이견을 보였고, 갈등은 더 심각해졌다. 그러던 중 어머니가 선호하는 사람과는 정반대 성향을 지닌 회사 동료에게 매력을 느낀 K씨는 결혼을 강행하였고, 결국 어머니와는 깊은 감정의 골이 생겼다. 결혼 후 K씨는 어머니와 달리 사치하고 정리정돈을 못하고 여유롭고 덜렁대는 아내를 감당하는 것이 힘들었고, 며느리의 행동이 못마땅하여 자신에게 한 것과 똑같은 태도를 취하는 어머니에

게 화가 났으며, 또한 어머니의 질책과 비난에도 아랑곳하지 않고 자신이 하고 싶은 대로 하는 아내에게 당혹스러움과 불편함을 느꼈다. 시간이 흐를수록 어머니와 아내의 사이는 더 나빠졌고, 어머니에 대한 분노와 함께 아내에게도 실망과 이해가 안 된다는 생각이 더해졌으며, 어디 하소연할 곳도 없고 갈 곳도 없고 다 밉고 싫다는 생각을 하며 방황하게 되었다. 특히 어머니에게 이와 같은 자신의 결혼생활이 알려지는 것이 너무 자존심이 상하는 K씨는 이러지도 저러지도 못하고 있다.

일반적으로 결혼생활의 행복 여부는 어떤 배우자와 만나는가에 의해 좌우된다고 볼 수도 있다. 결혼을 통해서 가정이라는 공동체를 형성하고 각자 책임 있는 역할을 수행하는 것은 당사자의 행복과 불행뿐만 아니라 일생 동안의 생활의 질, 자녀, 친족, 나아가 사회에까지 영향을 미치므로 배우자의 선택은 일생의 중대한 결정 사항이다(이선정, 신효식, 2000). 성공적인 결혼을 위해서는 완벽한 배우자를 선택하기보다는 서로의 부족한 점을 보완하고 배려할 수 있으며 자신에게 가장 잘 어울리는 배우자를 선택하는 것이 중요하다. 주변에 외형적으로 남보다 더 우월한 상태로 보이기 위한 과시적인 기준에서의 배우자 선택 또는 해결되지 않은 상처로 병리적 측면이 개입된 배우자 선택은 많은 문제를 발생시킬 가능성이 있다. 그러므로 일생의 많은 시간을 함께할 배우자를 선택하는 데 일시적인 정서 감정에 좌우되는 것은 매우 위험할 수 있다.

그렇다면 요즘 우리나라의 미혼 여성은 배우자를 선택할 때 어떤 조건을 우선시하는가? 김동수, 박미형 및 정태연(2009)의 연구에 따르면, 배우자 선택의 외적 조건은 수입, 재산, 학력, 외모, 직업, 건강 상태, 장래성, 가정환경 등이었고, 내적 조건은 전반적 매력, 애정의 표현력, 유머감각, 정서적 성숙, 대인관계의 원만성, 진취성 등이었다. 그리고 남성은 여성에 비해 신체적 매력 등 비경제적 조건을 더 중요하게 생각한 반면, 여성은 남성의 사회경제적 지위, 야망, 성격, 지적 능력을 더 중요하게 생각하는 것으로 나타났다. 김경신, 김오남 및 윤상희(1997)가 미혼 남녀를 대상으로 한 연구에 따르면, 원하는 배우자의 외적 조건의 경우 남성은 건강 상태, 장래성, 가정환경 등의 조건에서, 여성은 장래성, 건강 상태, 수입, 직업, 학력 등의 조건에서 비교적 높은 수준을 선호하였다. 내적 조건의 경우 남성은 정서적 성숙, 대인관계의 원만성, 애정의 표현력의 조건에서, 여성은 대인관계 원만성과 진취성, 정서적 성숙 등의 조건에서 비교적 높은 수준을 원하였다. 사우스(South, 1991)는 미국 미혼 남녀의 배우자 선택 선호도를 분석했는데, 그 결과 여성은 사회경제적 지위, 확고한 직업, 높은 수입, 높은 교육 수준과 같은 사회경제적 요소들을 가진 남성을 선호하였고, 남성은 여성의 매력이나 낮은 연령과 같은 비경제적 요소를 희망하였다.

배우자 선택은 여러 가지 방식으로 이루어진다. 흔히 배우자의 선택 방식은 중매혼, 자유혼 및 절충형으로 구분된다. 중매혼은 배우자의 선택권이 당사자보다는 부모나 친족에게 있는 경우다. 이 경우 흔히 당사자의 사랑이나 성격보다는 가문이나 사회경제적 지위가 중요한 선택 기준이 된다. 이에 비해, 자유혼은 배우자의 선택이 전적으로 당사자의 의사에 맡겨진다. 이 경우에는 서로 직접적인 교제를 통해 자신에게 적합한 사람을 선택하여 결혼에 대한 서로의 합의에 의해 부부관계가 형성된다. 절충형은 중매혼과 자유혼의 요소가 혼합된 형태로서 두 가지 하위 유형이 있다. 하나는 당사자가 자유로운 교제를 통하여 결혼 상대를 선택한 후 부모에게 소개하여 동의를 얻는 유형이다. 다른 유형은 부모가 상대자를 선택하여 자녀의 동의를 얻는 방법이다.

2) 배우자 선택에 대한 이론

수많은 이성관계 중에서 결혼 상대자를 만나는 과정은 가히 운명적이라고 할 만큼 신비롭다. 배우자가 선택되는 과정은 매우 다양하고 복잡하기 때문에 이러한 배우자 선택에 개입되는 요인과 과정에 대한 연구들도 많이 이루어져 있다. 윈치(Winch, 1958)의 상보적 욕구 이론에 따르면, 배우자 선택에 있어서 개개인은 그에게 최대의 만족을 줄 것을 약속하는 사람을 찾는다. 사람들이 서로 비슷한 사람보다는 서로를 보완해 줄 수 있는 요인이 있을 때 매력을 느끼고, 이러한 특성이 배우자 선택에서도 작용한다고 보는 것이다. 어떤 분야에서 높은 욕구를 가지고 있는 사람은 그렇지 않은 사람에게 매력을 느끼는데, 예컨대 남성이 종속적이라면 그는 자신을 지배할 수 있는 여성을 구하려 할 것이다. 그리고 여성이 도움을 받는 성격이라면 그녀는 남을 위해 어떤 일을 해 줌으로써 즐거움을 느끼는 남성을 찾아야 한다. 반면, 만족하려는 욕구 분야가 서로 다를 때 매력을 느끼기도 하는데, 이는 서로가 다른 소질을 가졌을 때 매력을 느끼는 것이다. 즉, 배우자 선택 시 개개인은 자신이 채우지 못하는 것을 상대방이 만족시켜 줄 수 있을 때 그 사람을 배우자로 선택한다는 것이다.

M양과 L군은 동아리 모임에서 만났는데 처음에는 서로에게 별 관심이 없었다. 상반되는 성격으로 거리감과 이해가 안 된다는 당혹스러움을 느꼈지만, 반복적으로 보게 되면서 같은 고향 사람이라는 사실에 서로 호감을 느끼게 되었다. 점차 시간이 가면서 L군은 M양의 차분하고 다른 사람을 배려해 주는 성격에 매력을 느꼈고, M양은 L군의 활달하고 행동력이 강한 성격에 매력을 느꼈다. 친구들과 주변 사람들이 서로 잘 맞는다는 평가를 하였고, 둘은 배우자로서의 선택을 결심하게 되었다.

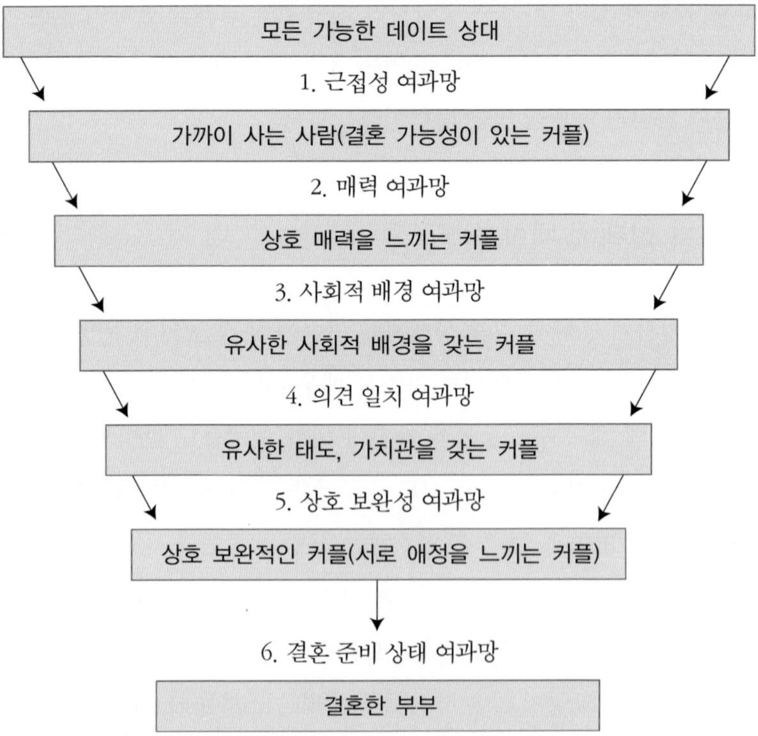

그림 7-4 **여과망 이론**

출처: Udry (1971).

케르코프와 데이비스(Kerkoff & Davis)는 배우자 선택에 영향을 미치는 여러 요인들을 소개하였다(김명자, 1994 재인용). 그들은 이러한 선택 요인들이 두 사람 사이의 관계가 발달함에 따라 변화된다고 주장하였다. 남녀의 교제가 시작되는 초기 단계에서는 인종, 연령, 교육 수준, 사회계층, 종교와 같은 사회적 특성이 중요한 역할을 한다. 그러나 관계가 점차 진전되면서 사회적 특성보다는 가치관, 인생관, 흥미, 관심사와 같은 개인적 특성의 공유와 공감이 더 중요한 역할을 하게 된다. 더욱 친밀한 관계로 진행되어 약혼이나 결혼을 생각하는 단계에 이르면, 상호 보완성이 가장 중요한 선택 기준이 된다.

우드리(Udry, 1971)는 이러한 견해를 좀 더 정교화하여 여과망 이론을 주장하였다. 우드리는 결혼 상대자가 선택되기까지 6개의 여과망(filter)이 존재한다고 보았다. 모든 가능한 결혼 상대자는 이러한 여과망을 하나씩 거치면서 걸러져 그 대상을 좁히고 결국 마지막 한 사람을 선택하게 된다고 하였다. 이 6개의 여과망은 다음과 같다. 첫째, '근접성 여과망'으로 모든 가능한 대상자 가운데 지리적으로 가깝고 쉽게 만날 수 있는 사람들로 그 대상이 제한된다. 이것은 현재 서울에 거주하고 있는 한 남성은 제주도 여성보다는 서울 여성과 결혼할 가능성이 높다는 것이다. 마찬가지로 교사로 일하고 있는 여성은 같은 직업을 가지고 있는 남성과 만나 결혼할 가능성이 높다. 둘째, '매력 여과망'으로 서로 매력과 호감을 느끼는 사람들로 그 대상이 다시 좁혀진다. 매력을 느끼는 요인은 개인에 따라 다르나 인성, 외모, 능력 등이 포함된다. 처음 만났을 때에는 신체적 매력이 호감을 촉진시키는 데 중요하게 작용하지만, 장기간 사귀는 과정에서는 능력이나 성격적인 요인들이 매력으로 작용할 수 있다. 셋째, '사회적 배경 여과망'으로 인종, 연령, 교육 수준, 사회계층, 종교 등이 유사한 사람들로 더 범위가 축소된다. 넷째, '의견 일치 여과망'으로 인생관, 가치관, 결혼관 등에 대하여 일치하는 의견과 태도를 지닌 사람만이 남게 된다. 다섯째, '상호 보완성 여과망'으로 서로의 욕구와 필요를 충족시켜 줄 수 있고 서로의 단점을 보완해 줄 수 있는 사람을 결혼 상대자로 진지하게 고려하게 된다. 마지막으로, '결혼 준비 상태 여과망'을 통과함으로써 비로소 결혼에 이르게 된다. 이와 같이 여러 단계의 여과망을 통과했더라도 결혼 준비 상태가 되어 있지 않다면 결혼은 성사되기 어렵다. 우리나라 남성의 경우, 병역 문제가 해결되고 경제적 독립을 위한 안정된 직업을 갖게 되는 등 결혼에 필요한 준비가 갖추어지면 최종적인 결혼 상대자로의 선택이 이루어지고, 여자는 대학을 졸업한 후 혼기에 만난 사람과 결혼할 가능성이 가장 높을 것이다. 배우자를 선택하는 것은 수동적인 과정이 아니며, 자기 의지에 의한 능동적인 과정이다. 그러므로 외적 압력이나 순간적인 감정에 의해서 일생의 동반자를 선택하는 것은 매우 위험한 일이다.

르위스(Lewis, 1973)는 배우자가 선택되는 심리적 과정을 중시하여 결혼에 이르는 6단계를 제시하였다(김명자, 1994 인용). 첫째, 유사성(similarity)의 단계로서 상대방의 사회적 배경, 가치관, 성격 등이 유사함을 지각하는 단계다. 둘째, 라포(rapport)의 단계로서 상대방에 대해 긍정적인 평가를 하고 호감과 친밀감을 느낀다. 셋째, 자기 공개(self-disclosure)의 단계로서 상대방에 대한 신뢰감이 증진되면서 서로 자유롭고 솔직한 자기표현을 할 수 있는 관계로 발전한다. 넷째, 역할탐색(role taking)의 단계로서 밀접한 관계 속에서 자신의 역할을 구축해 가고, 상대방의 역할에 대한 기대를 형성하게 된다. 아울러 상대방의 성격과 능력에 대한 구체적 파악을 통해 기대하는 역할의 수행능력을 평가하게 된다. 다섯째, 역할조화(role fit)의 단계로서 서로에 대한 역할 기대와 역할 수행을 조정하여 상호 보완적인 조화를 이루어 가는 단계다. 상대방의 기대에 맞추어 자신의 역할을 조정해 나가는 동시에 상대방의 역할에 대한 자신의 무리한 기대를 변화시켜 가는 과정이 이루어진다. 마지막 단계는 상호 결정(dyadic crystalization)의 단계로서 서로의 역할을 수용하여 확정하고 한 쌍의 동반자로서의 정체감과 일체감을 느낀다. 결혼을 통해 주위 사람들로부터 공식적인 부부로 인정받게 된다.

한편, 페어베언(Fairbairn, 1952)은 부부관계를 대상관계적으로 접근하였다. 그는 배우자와의 심리적 의존도는 부모와 자식만큼이나 가깝고 강렬한 관계이며, 유아 때 형성된 대상표상이 가장 경계 없이 활성화되는 관계라고 정의하였다. 이상적 관계는 배우자의 교육수준, 경제력, 성격 등에 대한 인지와 호감도로 결정된다. 반면, 무의식적 관계는 거부자아와 흥분자아의 대상을 투사한 것인데, 이것이 서로에게 끌리고 접근하게 하는 동기적인 요인이며, 바로 그 무의식적 요소에 의해 대상을 선택하고, 결혼 후에는 해결되지 못한 이 무의식적 요소가 서로 적대시하고 갈등을 초래하는 공격적 힘으로 작용하게 된다. 그러므로 결혼은 어린 소녀와 어린 소년, 신랑과 신부가 만나는 4자 관계이며, 이와 같은 상태에서

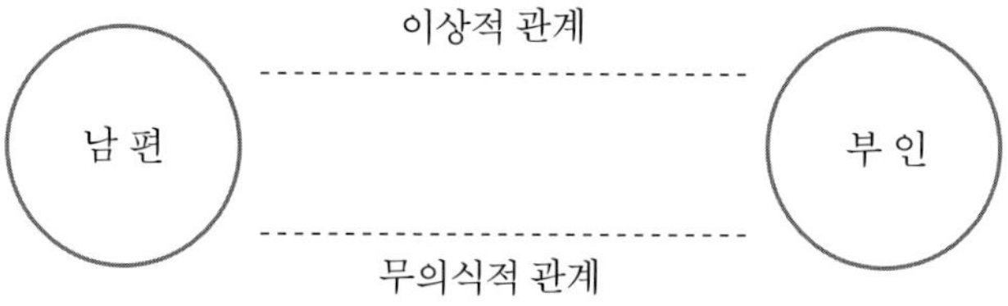

그림 7-5 **페어베언의 부부관계에 대한 대상관계적 접근**

출처: Fairbairn (1952).

결혼생활에서의 적응과 문제 해결에 어린 시절 습득한 기술을 반복적으로 사용하면서 생활할 경우 부부관계의 악화와 좌절 상태가 초래될 수 있다. 부부관계의 밀착 시 일어나는 양가적 감정 중 이 공격적 부분을 서로 표현하고 수용하고 해결해 갈 때 건강한 상호 성장이 일어난다.

이처럼 배우자를 선택하는 과정은 아주 복잡하고 복합적인 과정으로 다양한 요소들에 의해 설명되고 있다. 우리나라에서는 예로부터 혼인관계가 성사되었을 경우 '연분(緣分)'이라고 하였으며, 가장 좋은 짝을 하늘이 맺어 준 인연이라 하여 '천생연분(天生緣分)'이라고 하였다. 과연 이 천생연분의 배우자들은 서로에게 어떤 존재일까? 우선 두 사람이 서로 호감을 갖고 끌릴 때는 정신생물학적(psycho-biological) 요인이 작용할 수 있다. 즉, 서로 신체적이나 성적으로 끌림이 있고, 함께 있으면 편안하다는 느낌이 먼저 작용해야 할 것이다. 그러나 인생 후반으로 갈수록 심리사회적(psycho-social) 요인이 결혼관계에서 매우 중요해진다. 즉, 두 사람이 가치, 흥미, 태도, 성격의 조화를 이루어 의사소통이 가능하고 서로를 이해하고 신뢰할 수 있는 상태일 때 결혼관계가 충만해진다. 그래서 배우자 선택 시 가장 중요하게 고려해야 하는 것은 상대방의 조건보다 두 사람 사이의 '관계의 질(quality of relationship)'이라고 할 수 있다.

3) 남성이 바라는 배우자 대 여성이 바라는 배우자

드라마나 영화, 소설에서 보면 이상적인 배우자로 특별한 여성(special woman) 혹은 특별한 남성(special man)을 묘사하고 있다. 이런 특별한 사람은 성적인 대상이면서도 인생의 가치와 목표가 같고 상대방의 자아를 촉진하고 확장시켜 줄 수 있는 사람으로 묘사되고 있다(Levinson, 1996). 과연 실제로 그러한가? 버나드(Bernard, 1982)의 연구 결과를 살펴보면 다음과 같다. 첫째, 결혼한 남자가 독신 남자에 비해 심리적 고통과 정신건강 손상이 낮다고 보고하였다. 또한 범죄율과 저축률, 자살률 역시 낮은 것으로 나타났다. 또한 홀아비는 결혼남에 비해 재혼율이 높고 우울 등과 같은 심리적 장애가 수반되며 신체질환에 걸릴 확률이 높다고 보고되는 반면, 과부는 재혼율이 낮으며 건강 상태가 양호하였다. 둘째, 기혼녀는 독신녀에 비해 심리적 고통감이 높으며, 우울, 수동성, 불안 등 정신장애가 많다고 나타났다. 독신 남녀의 비교에서는 이와 같은 차이는 없었다. 즉, 이 연구결과에 따르면, 남자는 혼인 상태가 긍정적인 효과를 많이 초래하지만 상대적으로 여자에게는 스트레스가 초래되는 상태가 더 많이 보고되고 있다. 따라서 결혼은 여성에게 불리한 것으로 볼 수 있고, 여성에게 결혼이 행복의 문이라는 일반론은 유인가일 수 있다. 셋째, 결혼 만족도가 높은 여성에게서도 다음과 같은 문제점이 보고되는데, 독립과 자기실현의 욕구가 좌절된 것과 이상과 현실 간의 차이로 불만이 많다는 것이다. 결혼이 주는 장점은 여성보다 남성에게 유리한데, 이는 결혼에 부과되는 역할과 부담이 남자보다 여자에게 더 크기 때문이다. 또한 이는 비중과 의미의 문제로도 해석될 수 있는데, 남자에게 있어 결혼은 인생의 일부라고 인식하는 반면에 여자는 '전부 아니면 무'라는 인식을 지니고 있는 것에도 영향이 있다.

최근 여성들은 일적인 측면에서나 개인적인 측면 모두에서 스스로의 가치를 높이기 위해 부단히 노력을 거듭해 왔다. 그 결과 자신도 모르는 사이에 스스로의 수준이 높아지게 되었고, 자신의 수준이 높아진 만큼 자신이 바라는 남성의 기준 역시 높아지게 되었다. 그러나 높아진 수준을 충족시켜 줄 남자는 많지 않으며, 결국 자신이 원하는 남성을 찾는 데 실패하게 된다. 배우자 선택 기준에서 경제력이라는 조건이 완화되고 있다고는 하지만, 여성은 여전히 자신보다 혹은 자신 못지않게 능력 있는 남성을 원하는 경우가 대다수다. 그런데 남성과 거의 동등한 여성의 교육 수준과 능력을 자랑하는 시대에 여전히 여성이 원하는 연봉이 자신보다 2배 정도 높은 배우자를 찾는 것은 쉽지 않은 것처럼 보인다. 또한 의존형 결혼이라고 불리는 '취집'이 신조어가 될 만큼, 생계를 책임질 능력이 있음에도 불구하고 남성에게 의존하여 살고자 하는 여성도 적지 않은 비중을 차지하고 있는 추세다. 그러나 최근 여성의 라이프스타일과 소비 형태를 충족시켜 줄 경제력을 갖춘 남성은 절대적으로 부족한 실정이고, 이는 여성이 더욱 배우자 선택에 어려움을 겪는 원인 중 하나라고도 볼 수 있다.

남성의 배우자 선택 조건 또한 결혼이 성사되기 어려운 점에 한몫을 하게 된다. 대부분의 여성이 원하는 경제적 능력을 갖춘 남성뿐만 아니라 다른 조건들까지 여성이 원하는 기준에 어느 정도 맞는 남성은 결혼시장에서 굉장히 희소하다고 볼 수 있다. 그런 희소한 남성은 자신을 뒷바라지해 줄 수 있는 전통적인 여성상을 원하기도 한다. 이는 여성의 배우자 선택 기준과 상충되는 부분이라고 볼 수 있다. 남성과 동등한 교육을 받아 온 여성은 과거처럼 집안일에 능하고 자신만이 가사를 책임져야 한다고 생각하지 않게 되었다. 여성 또한 자라나는 과정에서 남성처럼 가사에 손을 대지 않는 경우가 허다하다. 그러나 대부분의 남성은 비슷한 상황임에도 불구하고 맞벌이가 가능하면서도 가사 능력이 뛰어나고 육아까지 책임질 수 있는 슈퍼우먼을 원하고 있다. 맞벌이를 하고 있음에도 불구하고 식사, 청소, 빨래 등 모든 가사를 아내가 전적으로 담당하길 원하며, '아이에게는 엄마가 최고다.'라는 생각으로 육아에서 한 발 떨어질 생각부터 하고 있다. 또한 가사에 대해 '돕는다'고 표현하는 것으로 보아, 가사를 아내의 책임이며 자신은 도움을 줄 수 있는 것이 최선이라고 선을 정해 놓는 것이다.

이러한 상황에서 여성은 차라리 연봉이라도 높아 자신이 모든 일을 책임지지만 맞벌이까지는 하지 않아도 되는 남성을 원하게 되고, 앞서 언급했듯이 이러한 남성은 굉장히 희소하기 때문에 결혼에 어려움을 겪게 된다. 이렇듯 배우자 선택 기준이 변화되었음에도 여전히 남녀 사이에 선택 기준이 상충되고 있고, 바뀐 기준이 오히려 결혼 적령기의 남성과 여성이 성공적으로 결혼하는 것을 어렵게 만들기도 한다.

드라마나 영화, 소설에 나오는 이상적인 결혼 대상자는 당연히 현실에서 존재할 가능성이 드물다. 그러므로 우리가 서로를 인생의 동반자로 선택했을 때 무엇보다 중요한 것은 상대에게 이런 이상상을 꿈꾸거나 상대를 이런 이상상으로 착각하는 것이 아닌 바로 자신의 마음가짐이다. 어떤 이유에서 어떤 배우자를 선택했건 간에, 결혼이란 서로를 사랑하고 책임지겠다는 의지에서 시작되어야 할 것이다.

3. 결혼적응

1) 결혼관계의 발달

(1) 성인 초기: 자녀의 출생

사람이 결혼하는 이유는 매우 다양하다. 아마도 많은 사람이 사랑을 성취하기 위해서, 사랑하는 사람과 함께 있고 싶어서 결혼을 한다고 생각할 수 있다. 어떤 사람은 외로움에서 탈피하거나 정서적 안정을 위해서, 혹은 경제적 안정이나 주위의 압력 때문에 결혼을 하기도 한다. 그러나 결혼은 무언가를 얻고 충족하는 것 외에도 아주 중요한 성장 과업이 있다는 것을 알아야 한다. 그 성장 과업은 바로 자기 선택에 대한 책임을 지는 것을 배워 나가는 과정이란 것이다. 사람은 아무리 선하고 도덕적이고 바람직하다고 해도 그 개인 각자가 가진 장단점이 있고, 또한 개인들이 같은 공간에서 지내다 보면 당연히 성격의 차이, 습관의 차이, 가치관의 차이 등이 나타나게 된다. 이때 차이에 집착해 불행해하기보다는 선택에 대한 책임이라는 측면을 생각하고 서로 타협과 적응의 방안을 모색하는 것이 중요하다.

이는 자녀가 있을 때 더 중요해진다. 결혼에는 대체로 자녀 출산 과정이 수반되고, 자신의 선택권과는 무관하게 태어난 자녀의 전 생애가 부모의 결혼생활의 질에 많은 영향을 받으므로 자녀의 삶에 대한 책임감을 느껴야 하는 것이 중요하다. 결혼이란 '부모로서의 역할과 책임'이라는 정서적 짐을 짊어지고 한 개체에 대한 책임의식을 지니게 되는 일종의 성인기로 입문하는 발달 의식이라고도 할 수 있다. 대개 결혼 후 1~3년 안에 자녀가 출생하면서 가족이 확장되는데, 이때 젊은 부부는 자신의 개인적 성장 과정의 질과 상처의 여부에 따라 충만함과 기쁨을 느낄 수도 있고, 두려움과 우울을 느낄 수도 있다. 그러나 많은 경우 양가감정을 느끼게 되는데, 즉 자녀의 출생은 부부에게 행복감도 주지만 일시적으로 결혼의 만족도를 떨어뜨리는 원천이 되기도 한다. 결혼생활을 50년 이상 지속한 사람들의 회고담을 들어 보면, 자녀 양육의 시기는 인생에서 가장 만족스럽기도 하였고 불만족스럽기도 한 시기였다고 한다.

예를 들면, 자녀의 귀여운 모습, 행동 및 성취가 부모에게 행복감을 줄 수 있다. 가끔 새내기 아버지들 가운데 '자녀에게 완전히 매혹되어 버린(engrossment)' 모습을 볼 수 있다. 이런 아버지는 자녀와 더욱 밀접한 접촉을 하며, 어머니의 양육을 지원하는 역할을 훌륭히 수행해 낸다(송길연 외 역, 2001). 이러한 아버지의 역할은 자녀의 자아 성장에 중요한 기능을 한다. 전통적 부모 역할을 강조하는 아버지는 물질적인 공급을 하고, 자녀가 사회 규범에 맞게 행동하도록 훈육하며, 양육의 문제를 모두 어머니에게 맡긴다. 그러나 발달적 부모 역할을 하는 아버지는 자녀와 많은 시간을 보내며, 자녀의 자아 성장을 촉진한다. 이들에게는 자녀 양육 자체가 삶의 보람이고 즐거움일 수 있다.

그러나 많은 부부들이 자녀 출산 이후 결혼 만족도가 감소한다는 보고도 하는데, 이때 부부 갈등의 핵심에는 자녀 양육과 관련된 '성역할의 분담'이라는 문제가 있다. 성역할의 측면에서 공평한 부부관계에서도 양육의 부담은 아내 쪽이 더 하게 되는 경우가 많은데, 특히 아내가 일과 가정을 동시에 삶의 핵심에 두고자 할 때 자녀 양육이 부부관계의 질에 미치는 영향은 더 클 수 있다. 즉, 자녀 양육에 대한 남편의 참여가 아내의 기대에 못 미칠 때 불만족이 더 커질 가능성이 있다. 자녀가 어릴수록 부모의 보살핌을 많이 요구하여 체력적인 소모가 크고, 이때 많은 양육자, 특히 아내의 경우 짧은 시간이나마 주변의 도움이나 편안한 휴식을 바라게 된다. 아내가 자녀 양육만을 책임지고 있는 경우, 하루 종일 자녀를 돌보면서 남편이 집에 와 자녀를 돌보아 주었으면 하는 기대를 한다. 그러나 이 기간의 남성은 직장 내에서의 승진을 위해 매우 열심히 일하고 일을 배워 가면서 많은 스트레스를 느끼는 직위에 있기 때문에 집에서 쉬고 싶은 욕구를 가지고 귀가하게 된다. 그러므로 이 시기의 부부는 예민하고 날카로울 수 있고, 부부 갈등이나 불화는 당연한 삶의 과정이라 할 수 있다. 특히 아내가 직장일을 겸하고 있는 경우, 아내 역시 직장 내에서의 직위가 남편과 유사한 상황으로 직장 내에서

의 업무로 지쳐서 귀가하는데 그때부터 다시 가사와 육아를 담당해야 한다는 부담감은 많은 압박감으로 작용할 수밖에 없다. 이 시기에 전업주부보다 직장을 가진 여성의 결혼 만족도가 낮은 이유는 많은 경우 이와 같은 현실에서 비롯된다고 볼 수 있다. 그러나 자녀가 성장할수록 자녀와 관련된 결혼 불만족의 원천은 노동의 분담에서 부모-자녀 관계와 같은 질적인 문제로 변화한다.

(2) 중년기

많은 연구에서 인생의 주기가 진행됨에 따라 결혼 만족도는 'U자형 곡선'을 그린다. 신혼 초기에는 결혼 만족도가 매우 높으나 자녀 출산 이후 서서히 감소하여, 중년에 이르면 부부가 직업 세계에 깊이 매달리는 동시에 청소년 자녀와의 갈등이 심화되면서 결혼 만족도가 최저가 된다. 그러나 자녀가 집을 떠나는 시기인 50대 후반부터는 결혼 만족도가 차츰 회복되어 제2의 신혼기가 시작된다(김애순, 2004).

특히 40대 중년의 전환기에 이르면, 부부관계는 보다 평등하고 동등한 관계로 탈바꿈하기 위해서 진통을 겪게 되는데, 이러한 진통은 부부 사이에 아무런 정신적 연결고리가 없는 것처럼 느끼는 무미건조한 결혼생활의 재평가에서부터 시작될 수 있다. 이때 여성은 아내와 어머니로서의 노고를 인정받고 한 인격체로 대우받고 싶어 하는 반면, 남성은 이전처럼 아내가 자신을 보살피는 모성적인 여인이기를 기대하기보다는 서로 이해하고 대화를 나눌 수 있는 인생의 동반자이기를 바란다. 따라서 이 시기가 되면 부부관계는 정서적 유대, 이해와 신뢰를 바탕으로 한 동반자적인 사랑의 관계로 재편성되어야 할 것이 요구된다. 다행히 부부가 그동안 동등한 성장을 이루었고 정신적 공감의 시간들을 쌓아 왔을 경우에는 서로의 변화를 이해하고 친밀한 관계를 발전시킬 수가 있다. 그러나 부부 사이에 정신적 공감대가 없고 상호 발달적 변화를 수용하지 않을 경우 서로의 욕구가 상충되어 부부관계가 침체될 수 있다.

이때 결혼 불만족의 한 촉매로 작용할 수 있는 것이 부모-자녀 관계다. 부부관계가 좋으면 부모-자녀의 관계도 좋은 것이 자연스러운 현상이다. 우리나라의 경우 부모-자녀 관계에 영향을 주는 중요한 요인 중 하나가 자녀의 학업 성취 수준이다. "자식이 공부를 잘하면 부부관계도 좋아진다."는 말도 하는데, 이는 자녀의 학업적 성취가 부모의 기대 수준에 미치면 부모-자녀 관계가 원만하고 자연히 부부관계도 좋아진다는 것을 의미한다. 아마도 이것은 자녀의 학업성취에 따라 희비가 엇갈리는 한국 중년세대의 특수 상황을 반영한 말일 것이다(김애순, 2004).

50대에는 결혼생활에 중요한 변수로 작용하는 은퇴라는 사건이 대두되는데, 그 영향은 긍정적일 수도 부정적일 수도 있다. 은퇴 이후의 결혼 만족도는 신체건강, 경제적 자원, 그리고 무엇보다 '이전 부부관계의 질'에 달려 있다. 즉, 결혼생활이란 탄력성과 연속성이 있어서 신체적으로 건강하고 경제적으로 여유가 있을 뿐 아니라, 이전의 부부관계가 좋을 경우에 50대 후반이 제2의 신혼기가 될 가능성이 충분히 있다.

반면에 남편의 은퇴 이후 "수입은 줄고, 남편으로 인해 일이 2배로 늘었다."고 말하는 아내들이 있다. 특히 50대는 여성이 가사와 자녀양육의 성역할 굴레에서 벗어나 보다 자기주장적이고 독립적이 된다고 해서 여성 지배의 절정기라고도 한다. 이때 은퇴로 남편이 사회적 역할을 상실하고 집안에 상주하고 여기에 경제적 어려움이 함께할 때, 은퇴 상황은 부부 갈등의 원인이 될 수 있다.

(3) 노년기

나이가 들어갈수록 사회적 유대망이 좁아지기 때문에 노년기에는 부부관계가 사회적 지지의 보다 큰 부분을 차지하게 된다. 따라서 초혼을 그대로 유지해 왔든 또는 재혼을 했든 간에 노후에는 배우자 관계가 모든 대인관계에서 가장 중요한 관계가 된다. 대체로 결혼생활을 하고 있는 노인이 홀로 사는 노인보다 수명이 더 길다는 연구가 보고되고 있는데, 그 이유는 사회적 유대관계나 사회경제적 상태에서도 기인하겠지만, 혼자 사는 데서 오는 심리적 스트레스가 수명을 단축하는 데 상당한 기여를 하는 것으로 추측되고 있다(Blazer, Bachar, & Manton, 1986).

노년기의 행복한 부부관계의 핵심에는 성적인 친밀감보다 동반자 관계, 정서적 편안함, 서로에 대한 배려가 자리 잡고 있다. 즉, 노후에는 서로 흥미나 습관이 같고 서로를 믿고 배려하며, 정서적으로 편안함을 느낄 때 결혼생활이 행복하다. 대체로 노후까지 부부관계가 원만하게 유지된 경우를 보면, 동반자적 사랑,

정서적 만족감, 결혼 만족도의 수준이 매우 높은 것이 특징이다. 이런 결혼생활에서는 정서적 긴장이 적고 의사소통이 원활하며 감정과 경험을 매우 솔직히 나누는 경향이 있다. 또한 늙어 갈수록 상대방의 단점이나 기벽을 더 이해하게 되고 참으며, 결혼에 대한 목적과 태도가 서로 유사해진다. 이들은 많은 시간을 함께 보내는 데 큰 즐거움을 느끼며, 서로를 가장 좋은 친구로 생각한다. 또한 행복한 결혼생활을 하는 노인들을 보면 배우자 사이에 동등성(equality)이 있다. 비록 늙어 가면서 자신의 욕구에 더욱 집착하는 경향성이 있으나, 노부부는 역할관계에서만은 더욱 동등해진다(김애순, 2004).

2) 부부관계의 적응

A씨는 결혼한 지 7개월이 되었다. 남편과는 2년 이상을 사귀다가 결혼을 했으므로 나름대로 남편을 잘 안다고 생각하였는데, 막상 결혼 후에 나타나는 남편의 모습은 너무 실망스러웠다. 사랑하는 사람과 행복하게 지낼 것이란 예상과 달리, 결혼생활은 피곤함의 연속이었다. 주중에는 맞벌이를 하느라 직장생활과 집안생활로 정신이 없었고, 주말에는 매주 시댁을 방문하여 며느리의 역할을 해야 했다. 특히 남편은 집에서 일어난 모든 것을 시어머니에게 시시콜콜 이야기했고, 이에 시어머니는 모든 것을 간섭하였다. 또한 시어머니의 비합리적인 요구도 거절하지 못하였고, 남편은 무조건 A씨가 시어머니의 입장과 자신을 다 이해해 주고 순응해 주기를 원했다. 이에 더해 자신에게 잘해 주기보다 더 시부모님에게 효도해 주기를 바랐다. 남편은 시부모의 바람에 따라 빨리 아이를 낳기를 원하지만, A씨는 자신이 없고 결혼생활 자체에 회의가 들고 있다.

부부관계란 그 어떤 관계보다 정서적 지지의 주요한 원천이 되는 친밀한 관계이며, 사회적 지지망의 큰 부분을 차지한다. 대체로 결혼하지 않은 사람보다 결혼한 사람이 신체적으로나 정신적으로 더 건강하다고 하는데, 남자는 결혼생활의 만족 여부와 관련 없이 결혼한 사람이 더욱 건강한 반면에 여자는 결혼생활이 행복할 때만 건강하다는 주장이 있다(Hess & Soldo, 1985). 결혼은 사랑하는 사람과 부부가 되는 행복한 변화다. 그러나 동시에 결혼은 과거의 생활양식이나 습관을 조금씩 바꾸고 양보하면서 새로운 가족이라는 틀에 적응해야 하는 인생의 커다란 변화를 요구하는 것이기도 하다.

결혼을 하면 남녀는 모두 생활에 많은 변화가 생긴다. 즉, 남편 또는 아내로서 수행해야 할 여러 가지 새로운 역할이 부여되는데, 이러한 변화에 적응하고 새로운 역할을 수행하는 것이 결코 쉽지 않다. 그래서 많은 신혼부부들이 행복해야 할 결혼 초에 많은 어려움과 갈등을 경험한다. 결혼생활은 서로 다른 환경에서 삶의 가치관과 요구, 습관을 형성해 온 두 사람이 서로 적응해 가는 과정으로서 행복한 부부관계는 서로 노력하여 만들어 가는 것이다. 적절한 배우자를 선택하는 것만으로 행복한 가정이 이루어지는 것은 아니다. 결혼으로 새롭게 부과된 역할과 변화에 잘 적응하는 일은 행복한 부부생활을 위한 필수조건이다. 모든 부부가 결혼생활을 지속하는 과정에서 여러 가지 적응 과제와 갈등을 겪게 된다. 이러한 과제와 갈등을 잘 해결하여 적응하지 못하면 결혼생활은 고통스럽고 불만스러워진다.

부부관계에서의 적응은 여러 가지 측면의 노력을 의미한다(Wells, 1984). 첫째, 결혼생활에서 드러나는 서로의 차이점을 조화시켜 나가는 과정이다. 결혼하여 함께 부부생활을 하다 보면 서로의 차이점과 결점을 수없이 발견하게 된다. 이러한 부부간 차이는 성격, 행동 습관, 감정 표현, 가치관, 흥미 등 여러 측면에서 발견되며, 흔히 부부 갈등의 주요한 원인이 된다. 이러한 차이를 서로 수용하고 서로의 단점을 보완하며 조화로운 관계로 발전시켜 나가는 것은 부부관계 적응의 주요한 과제라 할 수 있다. 둘째, 결혼 전의 연인관계에서 결혼 후 부부관계로의 변화를 인식하고 이를 변화시켜 나가는 일이다. 연애와 결혼은 현격하게 다르고, 연애할 때의 상호 관계와 결혼생활에서의 상호 관계 역시 다르다. 상대방에 대한 호칭, 애정 표현 방식, 부부의 역할과 권력, 친인척과의 관계 등 두 사람 사이의 관계에 많은 변화가 생긴다. 특히 결혼 초기에 이 같은 변화된 관계를 잘 인식하고 그에 적응해 가는 일이 중요하다. 결혼 전의 연애 상대가 아니라 결혼한 부부로서 서로를 대하고 행동하는 것에 있어서의 변화와 전환이 필요하다. 셋째, 부부관계의 적응은 결혼생활에서 요구되는 일상적 과업을 배우며 익히는 과정이다. 즉, 결혼을 통해 새로이 부과된 역할을 잘 수행하는 일이다. 남편으로서 또는 아내로서 수행해야 하는 새로운 과업들을 수행해 나가는 것이 적응의 중요한 측면이다. 예를 들어, 남편은 가정의 경제적 부양을 책임지며 아내의 행복을 위해 노력을 하고 처가에 대한 예의를 갖추는 등 남편으로서의 다양한 역할과 과업을 수행하는 일이 중요하다. 아내는 가정을 돌보고 자녀를 양육하며 시부모에 대한 예의를 갖추는 아내로서의 역할을 배우고 수행해 가는 과정을 통해 부부관계에 적응해 가게 된다.

이와 같이, 부부관계에서 적응해야 하는 일들은 다양하다. 결혼생활에서 적응해야 하는 구체적 영역 중에는 성(sex)관계, 성격차, 생활비, 역할 분담, 자녀 양육, 종교, 여가 등이 있다. 아울러 시댁과의 관계, 처가와의 관계, 친구 관계와 같은 사회적 관계도 중요한 적응 영역이다. 이러한 적응 영역은 별개의 문제라기보다 서로 밀접하게 연결되어 있는 경우가 많다. 또한 결혼생활이 지속되면서 여러 가지 적응 과제가 발생하게 된다.

또한 부부관계는 세월이 흘러감에 따라 변한다. 특히 가족생활 주기(family life cycle)에 따라 부부의 역할과 관계가 변화하며, 이러한 변화에 적응하는 일이 중요하다. 신혼기에는 서로에게 적응하고 원활한 부부관계를 확립하며 친척 관계에 적응하는 일이 중요한 과제가 된다. 출산 및 유아 자녀 양육기에는 부모로서 자녀를 양육하는 부모의 역할에 적응해야 하며, 학령 전기의 자녀 양육기에는 자녀의 성장을 촉진하고 자녀가 지닌 욕구와 흥미를 잘 키워 주는 것이 필요하다. 학령기의 자녀 양육기에는 자녀의 교육에 힘써야 하며, 자녀가 학업에서 성취를 이룰 수 있도록 지원하고 격려하는 일이 중요하다. 청소년기의 자녀 양육기에는 부부가 자녀의 자연스러운 심리적 독립을 인정하고 지원하는 노력이 필요하며, 자녀의 독립기에는 자녀가 결혼을 하고 독립적인 가정을 형성하는 과정에 지지적인 역할을 하는 것이 중요하다. 자녀가 모두 독립된 가정을 이루어 떠나가고 가정에 부부만 남게 되는 중년기에는 부부관계가 변화한다. 부부는 자녀를 떠나

보낸 정서적 공허감을 경험하는 동시에 자녀 양육으로부터의 자유로움을 느끼면서 서로에 대한 의존성이 증가하고 부부관계가 더 긴밀해진다. 노년기에는 직장에서의 퇴직, 신체적 노쇠와 질병, 사회적 활동의 위축, 배우자의 사별, 혼자 사는 것에 대한 적응이 중요해진다.

3) 부부의 권력과 의사소통

아무리 낭만적인 사랑에서 시작한 경우라도, 신혼의 단꿈이 지나면 크든 적든 부부 갈등이 생기기 마련이다. 즉, 부부는 생활의 여러 가지 사건들로 환희, 자부심, 성취감을 느끼면서 극히 친밀한 순간들을 공유하지만, 그런 친밀감이 분노, 슬픔, 질투와 같은 극단적인 부정적 느낌들의 토대가 되기도 한다. 부부 갈등은 사소한 생활습관의 차이부터 소유욕과 질투, 성적인 불만족, 힘의 통제력 분배, 가족관계 등에서 오는 갈등, 그리고 사랑하는 방식, 성역할, 가치관의 차이에 이르기까지 그 원천이 매우 다양하다.

우리나라의 유교적인 전통 사회에서는 '여필종부(女必從夫)'라 하여 아내는 남편의 뜻에 따라야 한다는 사회적 규범에 의해 부부관계가 결정되었다. 즉, 남편에게 강력한 가족 권력이 주어졌다. 그러나 현대 사회에서는 여성의 사회적 지위가 향상되면서 부부 역할과 더불어 부부 권력도 변화하고 있다.

부부 권력은 가족과 관련된 일에 대한 의사결정에 미치는 부부의 영향력을 의미하며, 최종적인 의사결정자가 우세한 권력을 지닌 것으로 간주된다. 부부 중 누가 더 우세한 권력을 지녔느냐에 따라 남편 우위형, 부인 우위형, 합의형, 자율형으로 구분되기도 한다. 우리나라 부부는 자율형, 합의형, 남편 우위형, 부인 우위형의 순서로 나타났는데, 자율형이 가장 많은 것은 부부가 각자 가정생활의 고유 영역에서 결정권을 가지며 부부간의 역할 분담이 뚜렷하게 이루어져 있음을 의미한다(박미령, 1994). 부부 권력의 주요한 기반은 교육 수준, 수입, 직업적 지위이며, 이러한 요인에서 우세한 쪽의 권력이 증대된다. 그러나 이 밖에도 배우자 간에 교환될 수 있는 다양한 자원이 권력 기반으로 작용할 수 있다. 이러한 자원으로는 사랑과 애정을 제공하는 정서적 자원, 대인관계 및 여가활동과 관련된 사회적 자원, 부부의 성생활과 관련된 성적 자원, 자녀 양육 및 집안일과 관련된 가사적 자원 등이 있다.

그러나 부부관계를 결정하는 중요한 것은 '갈등이 많은가 또는 적은가?'보다는 '갈등을 어떻게 다루는가?' 하는 문제다. 부부마다 자기 나름대로의 독특한 갈등 해결 방식을 습득해 가는데, 거기에 따라 결혼관계의 성패가 달려 있다. 부부가 공유한 긍정적 정서의 양보다는 갈등을 해결하는 방식이 성공적일 때 결혼의 성패를 더 잘 예측할 수 있다. 깁(Gibb, 1965)은 의사소통의 기능성에 따라 지지적 의사소통과 방어적 의사소통으로 분류하였다(김순옥, 1994 재인용). 지지적 의사소통은 상대방에 대한 성실한 경청, 자신에 관한 충실한 정보 제공, 자발적 문제해결 능력, 공감적 이해, 평등한 관계 등을 특징으로 하는 순기능적 의사소통을 의미한다. 반면, 방어적 의사소통은 일방적 의사 전달, 상대방에 대한 통제, 자기 책임의 회피, 우월감이나 무관심 등을 특징으로 하며, 이러한 의사소통 방식은 부부관계의 역기능을 초래한다.

의사소통은 특히 부부간에 문제나 갈등이 생겼을 때 이를 잘 표현하고 해결하는 기능을 하게 된다. 문제와 관련된 감정의 노출 정도와 언어화의 정도에 따라 의사소통은 크게 차단형, 억제형, 분석형 및 친숙형으로 구분할 수 있다(김순옥, 1994). 첫째, 차단형은 문제를 피하거나 숨김으로써 이 문제를 직접적으로 언어화하지 않고 대신 엉뚱한 대의명분이 있는 일로 감정을 부적절하게 과장하여 노출하는 의사소통 방식을 의미한다. 둘째, 억제형은 문제나 자신의 내면 상태를 분명하게 언어화하지는 않지만 비언어적 단서를 통하여 이와 관련한 자신의 감정 상태를 노출하는 것을 의미한다. 셋째, 분석형은 문제를 다양한 측면에서 탐색하고 자신의 신념과 생각을 명백하게 언어화하며 다른 사람의 견해를 존중하는 개방적인 태도를 지니지만 자신의 감정은 노출하지 않는 지적인 의사소통 방식을 뜻한다. 넷째, 친숙형은 자신과 타인의 내적 상태에 대해서 분명하게 언어화하며 감정적 노출도 많은 것을 의미한다. 일반적으로, 부부관계에서 차단형과 억제형의 의사소통은 문제 해결에 도움을 주지 못하기 때문에 역기능적인 반면, 분석형과 친숙형은 너무 극단적인 형태가 아니라면 효과적인 의사소통 방식이 될 수 있다.

4. 성공적인 결혼적응의 요소

1) 부부관계에 영향을 미치는 요인

부부관계는 기본적으로 부부간의 노력에 의해서 성취되는 것이다. 그러나 여러 가지 외부적 요인들이 부부관계에 영향을 미친다. 성공적인 부부관계에 영향을 미치는 요인에 대한 많은 연구 자료가 있다. 이러한 요인은 크게 결혼 전 요인과 결혼 후 요인으로 나뉜다(최규련, 1994).

먼저, 부부관계에 영향을 미치는 결혼 전 요인을 살펴보면 다음과 같다. 첫째, 부부의 가족 배경으로서 성공적인 결혼생활을 한 부모를 둔 사람은 성공적인 부부관계를 형성하는 경향이 있다. 부모의 부부관계는 장래에 자녀의 결혼생활과 부부관계에 영향을 미치는 모델의 역할을 한다. 둘째, 결혼하는 사람의 연령과 성숙도는 부부관계의 안정성에 영향을 미친다. 조혼을 한 사람은 결혼생활에서 더 많은 문제를 겪으며, 결혼에 실패를 할 가능성이 높다. 조혼이 결혼 실패와 관련되는 것은 단순한 연령 요인 외에도 교육 기회의 제한과 그에 따른 교육수준의 저하, 원하는 직업을 갖지 못함, 낮은 수입, 부모 됨의 준비 부족, 정서적 미숙, 자아인식의 결핍, 개인적 발달 과업의 성취 부족 등의 문제에서 비롯될 수 있다. 셋째, 결혼 전의 교제 기간이 적절할수록 결혼생활이 행복하고 성공적이라는 보고가 있다. 갑작스러운 감정이나 일시적인 충동으로 적절한 교제와 탐색의 시간 없이 이루어진 결혼은 지속성이 낮으며, 결혼 초기에 실패할 가능성이 높다. 교제 기간이 적절하면 상대방의 성품과 습성을 파악할 기회가 많고 각자 삶과 결혼에 대한 기대가 무엇인지 알 수 있으므로 부부 갈등이 발생할 가능성이 감소하고, 의사소통의 효율성과 문제 해결 가능성을 높이는 결과를 가져온다. 넷째, 순수한 사랑과 이해, 공통의 흥미와 목표가 결혼 동기로 작용했을 때는 결혼에 성공하는 경우가 많다. 그러나 일종의 도피처나 외로움 해소, 부모에 대한 도전의 수단 또는 일종의 신분 상승의 기회, 경제적인 여건을 우선으로 결혼 배우자를 택했을 때는 결혼생활의 불만족과 실패의 가능성이 높다. 다섯째, 혼전 임신으로 결혼을 한 경우에 실패할 가능성이 높다는 보고가 있다. 그 이유로는 혼전 임신과 관련하여 결혼에 대한 강요와 압박감, 덫에 걸린 듯한 후회감, 결혼생활 준비의 부족, 교육이나 직업 계획의 차질 등의 부정적 영향 때문으로 알려져 있다. 여섯째, 부모의 승낙을 받고 결혼한 부부가 그렇지 못한 부부보다 더 행복하고 성공적인 결혼생활을 한다. 부모가 자녀의 결혼을 승낙하고 인정하는 경우에 부모는 자녀의 결혼생활 위기가 발생했을 때 결혼생활의 성공을 격려하고 돕는 중요한 지지자가 될 수 있지만, 그렇지 못한 경우에는 부부관계를 더욱 악화시키고 관계의 안정을 위협하는 요인으로 작용할 수 있다. 이와 같이 부부관계는 결혼 전의 여러 요인에 의해서 영향을 받는다.

한편, 결혼 후에 발생하는 요인은 부부관계에 더욱 강한 영향을 미친다. 부부관계에 영향을 미치는 결혼 후 요인을 살펴보면 다음과 같다. 첫째, 부부의 태도다. 배우자에게 지배적 · 경쟁적 · 비하적인 태도를 보이는 부부는 결혼생활에 실패할 가능성이 높다. 반면, 민주적이고 상호 존중적인 태도를 지니는 부부는 만족스러운 부부관계를 형성하는 경향이 있다. 둘째, 관심사나 흥미의 유사성이 부부관계에 영향을 미친다. 공통된 취미를 갖거나 관심사가 일치할 때 부부는 함께 활동을 할 기회가 많고 서로를 이해하며 공감할 가능성이 높다. 부부가 교육수준, 사회경제적 지위, 성장 지역, 종교 등의 문화적 배경에서 유사하면, 가치관, 역할 기대, 일상생활에서의 상호작용 측면에서 일치점이 많아져 갈등 요인이 감소한다. 특히 가족, 자녀, 사랑, 종교, 철학 등에 공통의 관심을 두는 부부가 돈, 명예, 향락 등에 공통의 관심을 두는 부부보다 결혼에 성공할 가능성이 높다는 보고가 있다. 셋째, 인척과의 관계가 좋으면 결혼은 더 만족스럽고 성공적이 된다. 시집과 처가 식구, 친인척과의 관계가 나쁘면 부부관계도 악화되는 경향이 있다. 특히 우리나라에서는 전통적으로 아내에게 시집 식구와 조화로운 관계를 유지할 의무가 요구되는데, 오늘날은 이와 동시에 남편도 처가 식구와 좋은 관계를 유지하는 노력이 필요하다. 넷째, 안정되고 적절한 수입이 성공적인 결혼과 관련된다. 결혼의 실패와 불행은 경제 문제에 원인이 있는 경우가 많다. 가족의 수입이 불충분하고 불안정할 때 부부간의 갈등이 많아질 수 있고, 수입의 감소, 실업 등은 결혼의 불안정 상태와 관련된다. 특히 수입은 교육이나 직업보다 결혼 성공에 더 큰 영향을 미치기도 한다. 다섯째, 종교 활동 참여와 결혼 성공은 관계가 있다. 종교 지향성과 참여도가 높은 부부가 그렇지 않은 부부보다 행복하고 성공적인 결혼생활을 하는 경향이 있다. 종교 활동이 결혼 성공에 긍정적인 영향을 미치는 이유로는 일반적으로 종교적 교훈이 부부관계의 성공에 기여하는 가치와 일치하기 때문이고, 또 다른 이유로는 부부 동반으로 종교적 모임에 참여할 기회가 많아 부부 공동의 활동과 동료 인식이 증가하기 때문이다.

2) 성공적인 부부관계

부부는 가족의 중심이다. 행복한 부부관계는 화목한 가족관계를 위한 기본적 조건이다. 과연 어떤 부부관계가 행복하고 이상적인 부부관계인가? 레슬리(Leslie, 1982)는 성공적인 부부관계에 대한 일곱 가지 기준을 다음과 같이 제시하였다. 첫째, 결혼생활의 지속성이다. 즉, 흔들리지 않고 오랜 시간에 걸쳐 지속되는 부부관계를 성공적이라고 본다. 둘째, 결혼생활에서 갈등, 다툼, 불안, 문제가 적은 부부다. 셋째, 부부간의 일체감과 응집성이 높은 부부다. 넷째, 개인의 성장과 발달을 촉진하고 지원하는 부부관계다. 다섯째, 결혼생활의 주요 문제에 대한 의견의 일치도가 높은 부부다. 여섯째, 결혼생활에 대한 주관적인 만족도와 행복감이 높은 부부다. 일곱째, 사회적 요구나 기대에 부합된 결혼생활을 하는 부부다. 이러한 속성을 지닌 부부는 성공적인 부부관계를 맺을 가능성이 높다고 볼 수 있다.

보먼과 스패니어(Bowman & Spanier, 1978)는 성공적인 부부의 심리적 특징을 조사하여 다음과 같은 여덟 가지의 심리적 특징으로 정리하였다. 첫째, 주관적으로 행복감을 느낀다. 둘째, 부부 사이에서 서로의 기본적인 욕구가 잘 충족되고 있다. 셋째, 배우자의 삶이 풍요로워지도록 서로 돕는다. 넷째, 결혼생활을 통해 인격적인 성숙과 잠재 능력의 발휘가 이루어진다. 다섯째, 부부는 서로 정서적으로 지지한다. 여섯째, 배우자를 깊이 이해하고 수용한다. 일곱째, 배우자의 행복에 대해 깊은 관심을 지닌다. 여덟째, 가족과 배우자에 대해서 자발적인 책임감을 느낀다.

이와 같이, 성공적인 부부관계는 부부 양자의 노력에 의해서 만들어 가는 것이다. 그렇다면 과연 성공적인 부부관계를 위해서는 어떤 노력을 해야 하는가? 성공적인 부부관계의 필수요건을 여러 학자의 견해에 근거하여 살펴보면 다음과 같다. 메이스와 메이스(Mace & Mace, 1980)는 계속적인 노력과 헌신, 효율적인 대화, 생산적이고 창의적인 갈등 관리의 세 가지 요소를 제시하였다. 고든(Gordon, 1975)은 사랑, 유머, 대화, 의무 수행, 동료 의식, 성실성, 참을성, 융통성, 원만한 성관계, 함께 나눔 등 열 가지 요소를 들었다. 하인(Hine, 1980)은 결혼에 실패한 부부와 비교하여 성공적인 부부의 열 가지 특징을 다음과 같이 제시하였다. 첫째, 가족의 위기를 성공적으로 해결한다. 둘째, 지속적인 애정 교환을 한다. 셋째, 배우자에게 헌신하며 성실한 태도를 갖는다. 넷째, 칭찬, 감사 등의 호감과 지지를 보낸다. 다섯째, 개방적이고 솔직한 대화를 나눈다. 여섯째, 인생관, 가치관 역할 기대를 일치시킨다. 일곱째, 유연하고 융통성 있는 성숙한 태도를 보인다. 여덟째, 배우자에 대해서 관용과 인내를 보인다. 아홉째, 배우자와 함께 나누는 동반적 활동을 많이 한다. 열째, 원만한 부부관계를 위해 의지를 가지고 노력한다.

세상에 어떤 것도 노력 없이 얻을 수는 없다. 결혼적응은 속성상 부부관계가 지속되는 한 계속되는 과정이며, 결혼 초기의 적응이 가족 주기 진행에 따른 제반 적응에 영향을 미친다. 그러므로 기본적인 갈등은 항상 존재하지만 이를 피하지 않고 인정하고 해결해 가려는 노력과 이 노력을 통해 얻는 성장은 아주 값지고 의미 있을 것이다. 이를 위해 부부는 다음의 노력을 해야 한다. 첫째, 부부는 자신과 다른 상대방의 인성 특성이나 생활방식, 가치관을 적절히 수용하고, 상호 기대 수준을 합리적으로 조정하여야 한다. 부부가 부딪치는 상호 간의 차이점을 갈등이나 부조화 없이 극복해 나갈 때 서로의 부족한 점이 보완되고 두 사람의 인격이 성장하게 되는 것이다. 둘째, 적응은 먼저 자기 스스로의 변화와 노력이 전제되므로, 자신이 먼저 바뀌고 상황에 따라 유연하게 자신을 개발해 나가야 한다. 부부가 서로를 변화시키려고 하면 다툼만 발생하고 관계가 악화되기 쉽다. 자신의 변화 노력은 배우자의 변화를 유발하는 역동성을 지닌다. 자신이 먼저 변화의 중요성을 인정하고 자신이 가능한 부분부터 스스로 변화하려는 노력을 하는 것이 중요하다. 셋째, 결혼적응은 두 사람의 관계만이 아닌 주변 환경의 변화나 다른 가족원과의 변화하는 관계에 대한 적응을 포함한다. 이를 위해서 부부가 외부 상황의 변화에 대하여 충분히 인식하고 협동적 동반자로서 팀워크를 이루도록 지속적으로 노력하는 것이 중요하다.

5. 이 혼

부부관계가 항상 만족스럽고 행복한 것은 아니다. 결혼생활에서는 삶의 단계별로 걱정거리나 해결하고 거쳐 가야 하는 문제가 있고, 이런 과정에서 사소한 여러 가지 문제로 서로 갈등을 겪기도 하고 대립도 하게 된다. 이러한 갈등과 대립은 서로의 해결 노력으로 해소되는 것이 일반적이지만, 노력을 하지 않거나 엉뚱한 해결 방책으로 문제가 해소되지 않을 경우에는 부부관계가 해체되는 이혼으로 이어지게 된다.

부부관계에서 흔히 부딪치게 되는 갈등 요인을 이혼 사유에 근거하여 살펴보면 다음과 같다. 첫째, 성격 차이이다. 성격 차이라는 말은 부부간의 다양한 심리적 갈등과 마찰을 의미한다. 부부는 결혼 전 각기 다른 성장 배경 속에서 서로 다른 가치관이나 생활습관, 성격 특성을 가지고 살아왔고, 이처럼 서로 다른 경험과 특성을 지닌 두 사람이 만나 같은 공간에서 함께 생활하는 것이다. 그러므로 성격 차이가 없는 부부는 없다. 이러한 성격 차이로 생활 속의 여러 영역—가정생활 및 습관, 감정 표현 방식, 자녀 양육 문제, 재정 관리 및 소비 양식, 의사결정 방식, 성욕구 및 성행동 등—에서 서로 의견 대립이 생길 수 있다. 예를 들면, 한 사람은 편안하게 이완되어 지내는 것을 좋아하여 적당히 늘어놓고 사는 데 비해 다른 배우자는 깨끗하고 정리정돈된 것을 좋아하여 그렇지 않은 환경에서는 불

안해지고 신경질적으로 된다면, 서로에 대한 불만이 생긴다. 한 사람은 외식을 좋아하고 유행에 따라 옷도 사고 여행을 좋아하는 등 소비적인 데 비해 다른 배우자는 매사 절약하고 저축을 해야 한다는 관념 속에 아주 절제적이고 인색하다면, 삶이 긴장되고 상대방의 눈치를 보게 되는 등 서로에 대한 불만이 생겨나게 된다. 한 사람은 스킨십을 좋아하고 성생활을 중요시하여 배우자에게 그런 애정표현을 기대하는 데 비해 다른 배우자는 성생활에 별 관심이 없고 적절한 애정표현을 어색해하고 그 방법조차 모른다면, 당연히 서로에 대한 사랑이 더해지기보다는 시간이 지날수록 불만을 지니게 된다. 둘째, 배우자의 부정행위다. 서로에 대한 정조를 지키는 것은 부부간의 기본적인 신뢰 행위이고 약속이며 의무다. 결혼 후에 배우자에 대한 성적인 매력이 감소하고 부부간의 갈등으로 정서적 유대감마저 저하되면 가정 밖에서 성적 욕구나 정서적 욕구를 충족하려는 생각이 생길 수도 있다. 이러한 부부관계의 사랑하는 감정의 저하는 혼외의 애정관계를 갖게 하여 부부관계의 치명적인 해체 요인으로 작용할 수 있다. 셋째, 가족 간 불화가 이혼의 주요한 이유가 되고 있다. 부부간의 갈등뿐만 아니라 넓은 의미의 가족관계에서 여러 가지 다양한 갈등이 생겨날 수 있다. 예를 들어, 고부간 갈등, 처가에 대한 불만, 시집 식구에 대한 불만 등은 부부관계를 악화시킨다. 부부간의 관계 자체에는 별 문제가 없는데 주변 친척이나 가족들과의 관계가 원만하지 못하면 부부관계에 갈등이 유발되고 가정이 해체되는 이혼의 상황에 이르게 된다. 넷째, 경제적 문제다. 가족을 부양하기 위해서는 최소한의 경제적 재원이 필요하다. 이러한 경제적 재원이 부부 중 한 사람에 의해 심각하게 부족한 상태에 이르게 되면 부부관계가 해체될 수 있다. 예를 들어, 남편의 경제적 무능, 남편 또는 아내의 지나친 소비 경향, 사업 실패에 따른 경제적 파탄, 보증에 의한 연대 파산 등이 이혼에 이르게 하는 경제적 문제가 될 수 있다. 다섯째, 건강 문제 역시 이혼에 이르게 되는 한 요인이 될 수 있다. 부부 중 한 사람의 장기적인 질병은 부부관계에 심각한 영향을 미치게 된다. 질병에 의한 역할 수행의 제한, 질병 치료에 따른 장기적인 경제적 부담감, 정서적 고통 등은 이를 감수해야 하는 배우자에게 커다란 심리적 부담이 될 수 있다. 많은 경우 부부간의 사랑으로 이러한 어려움을 극복하고자 노력을 하지만, 질병 상태가 장기화되면 부부간의 사랑이나 심적 결속력이 약화되고 여기에 경제적 문제가 유발하는 상황까지 초래되면 부부관계를 해체시킬 수 있다. 특히 질병이 정신 질환과 관련될 경우 가정해체의 가능성은 더 높아질 수 있다.

통계청(2010) 자료에 따르면, 우리나라 이혼율은 2010년 11만 7천 건으로 전년보다 5.8% 감소하였다. 조이혼율(crude divorce rate)[1]은 인구 1천 명당 2.3건으로 전년보다 0.2% 감소하였으나 50대 이상의 이혼은 2006년 이후로 증가하고 있으며, 50대 연령층을 제외한 모든 연령층에서는 이혼율이 감소 추세에 있다(통계청, 2010). 50대 이상의 이혼율 상승은 어린 자녀들이 상처받을 것에 대한 우려와 자녀가 혼인을 할 때 부정적인 영향을 줄 것에 대한 우려로 수년 동안 불만족한 결혼생활을 참아 내면서 '휴전상태'에 있던 부부들이 자녀 출가 후 별거하거나 결혼관계를 끝내는 경우가 있기 때문이다. 이러한 황혼 이혼을 예방하기 위해서는 부부관계의 재정립이 필수적인데, 40대 이후의 부부관계는 성적인 필요성이나 만족감보다는 인간적인 편안함을 바탕으로 재구성되는 경향이 있기 때문이다. 이 시기에는 낭만적인 사랑 감정보다는 즐거움과 고통, 슬픔을 함께 나누며 서로를 잘 이해하고 서로에게 신뢰감과 성실함을 느끼며 동반자 관계로 발전되어 갈 때 보다 원숙한 결혼생활로 접어들 수 있다. 이러한 동반자적 사랑 관계는

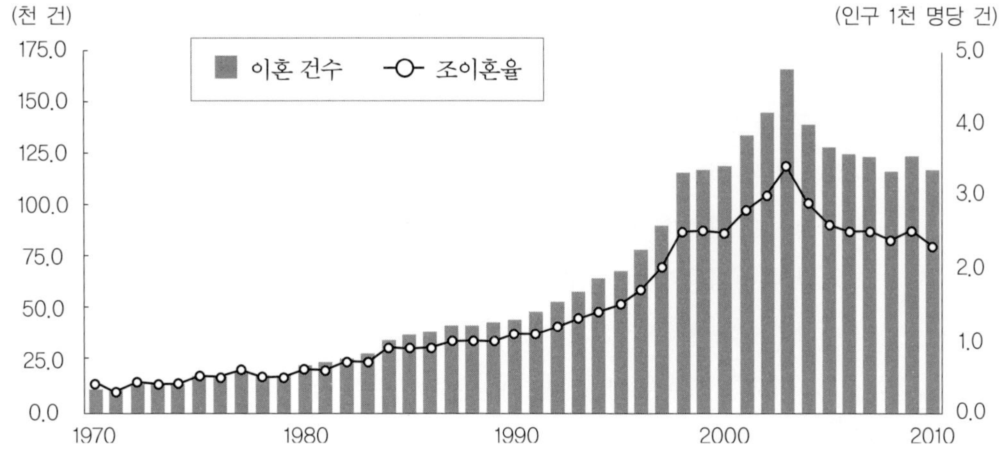

그림 7-6 **이혼 건수, 조이혼율 추이**

출처: 통계청 (2012).

1) 1년간 발생한 총 이혼 건수를 당해 연도의 주민등록에 의한 연앙인구로 나눈 수치를 1,000분비로 나타낸 것.
조이혼율(%)=(특정 1년간의 총 이혼 건수 / 당해 연도의 연앙인구)×1,000

결혼 초기부터 친밀감을 계속 발전시켜 온 부부에게만 가능한 것이다. 이 친밀감을 발전시키지 못했을 때 중년의 부부관계는 침체 상태에 빠질 수 있다. 즉, 애정이 없는 정서적으로 메마르고 공허한 관계 속에서 사회적 체면이나 자녀 때문에 법적으로 매인 삶을 살게 된다. 50대 후반에 자녀가 완전히 독립해 나가게 되고 부부간에 더 이상 공유할 것이 없음을 깨닫게 되면 이러한 상태의 부부는 여생을 함께 살기를 원하는지 스스로에게 묻게 되고 인생의 방황 상태에 놓이게 된다.

6. 재 혼

이혼율이 증가하고 있는 추세 속에 재혼율 역시 꾸준히 증가하고 있다. 특히 노인의 재혼율은 과거에 비해 괄목할 만하게 증가하고 있다. 대체로 재혼의 경우 참을 수 없는 구체적인 문제가 없는 한 조금은 더 결혼생활을 인내하려는 경향이 보인다고 한다. 그러나 우리나라의 재혼가정에서는 자녀 문제가 부부 갈등의 주요한 구조적 요인으로 등장하고 있다. 50대 이후의 재혼인 경우 이런 문제에서 벗어날 수도 있으나, 또 다른 요인들이 재혼을 방해한다. 노년에는 경제 문제, 건강 문제, 그리고 무엇보다 상속 문제나 자신의 부모의 사후에 남은 배우자의 거처 문제 등에 의한 자녀의 반대, 체면 등이 재혼의 장애 요인으로 작용하고 있다. 그럼에도 노인의 건강과 경제적 상태가 향상되었고, 또 자녀와의 동거가 어려워지고 독립된 생활을 추구하는 사회 분위기가 형성되기 시작하면서 노인의 재혼율이 점점 더 증가하고 있다. 특히 노후에는 여성보다 남성이 재혼하려는 욕구가 더욱 강하며, 재혼을 하는 데 훨씬 더 유리한 입장에 있다. 그것은 홀로된 남자보다 여자의 수가 훨씬 더 많기 때문이다(남 1 : 여 5). 남성은 아내와 사별한 후 대개 1~2년 이내에 재혼을 하게 되는데, 주로 이전 몇 년 동안 알고 지내던 자신보다 더 젊은 여성과 재혼하는 경우가 많다.

노년에 재혼한다고 해서 꼭 행복이 보장되는 것은 아니지만, 대체로 혼자 사는 노인보다는 더 행복하다. 특히 건강에 큰 문제가 없고, 경제력이 있으며, 이전의 결혼생활이 원만할수록 재혼의 성공률은 더욱 높아질 가능성이 있다. 또한 자녀나 친구가 재혼을 지지할 때 노부부의 재혼생활은 더욱 행복해질 수 있다.

토론거리

1. 다음과 같은 항목을 고려하여 자신이 원하는 이상적인 배우자상을 그려 보자. 아울러 나의 기대가 현실적으로 실현가능한지도 생각해 보자.
   항목: 성격(갖추어야 하는 성격, 싫어하는 성격), 직업, 돈과 재산, 취미 및 여가활동, 신체적 조건, 인생의 가치관, 결혼 후 여성의 취업에 대한 생각, 인생관, 가치관

2. 성에 대한 자기 자신의 확고한 생각과 관점이 데이트와 배우자 선택 과정에서 필수적이다. 성(sex)과 순결에 대한 자기 자신의 관점과 기준은 무엇인지 생각해 보자.

3. 불행한 결혼생활을 하고 있을 경우 결혼을 지속하여야 할 것인지, 아니면 이혼을 해야 하는지를 선택하고, 그에 따른 장단점을 토론하여 보자.

4. 대중매체 속에서 드러나는 이혼과 그들이 제시하는 이혼 후의 삶, 재혼에 대한 현실성과 문제점에 대해 토론하여 보자.

5. 인터넷에서 이혼이나 재혼과 관련된 동아리나 모임을 찾아보고, 이혼자 또는 재혼자를 돕기 위한 프로그램 등을 알아보자.

요약

젊은 남녀는 서로에게 호감을 지니게 되면서 교제를 시작하고, 이런 과정에서 사랑을 느끼며 사랑의 결실로서 결혼에 이르게 된다. 연인관계는 결혼을 통해 부부관계로 바뀐다. 배우자는 인생에서 가장 중요한 동반자다. 이 장에서는 결혼의 의미에 대해서 살펴보았고, 어떤 이성에게 끌려 결혼을 하는지, 즉 결혼 상대를 결정하는 과정에 대해서 살펴보았다. 또한 결혼은 과거의 생활양식이나 습관들을 조금씩 바꾸고 양보하면서 새로운 가족이란 틀에 적응해야 하는 인생의 커다란 변화를 요구하는데, 결혼관계의 발달, 부부관계의 적응, 부부의 권력과 의사소통을 살펴보면서 결혼 후 성공적인 적응과 관련된 요소들을 알아보았다. 마지막으로, 요즘 꾸준히 증가하고 있는 이혼과 재혼에 대해서도 살펴보았다.

8장

월경과 임신에 대한 심리학적 고찰

학습 목표

1. 월경과 관련한 의학적 지식과 더불어 심리적 상태에 대하여 알아본다.

2. 다양한 피임 방법에 대하여 알아본다.

3. 임신과 출산의 과정에서 일어나는 신체적 · 심리적 변화 및 대처법에 대하여 알아본다.

4. 유산을 한 후 여성이 겪는 신체적 · 심리적 후유증과 대처법에 대하여 알아본다.

여성에게 '임신'이 큰 의미를 갖는 이유는 여성이기 때문에 할 수 있는 특별한 경험일 뿐만 아니라, 동시에 임신의 시기를 전후로 많은 신체적 · 심리적 변화를 동반하기 때문이다. 또한 임신과 출산은 여성의 신체적 · 심리적 영역뿐만 아니라 여성에게 부여되는 사회적 변화 및 제약으로까지 확대된다는 사실도 중요하다. 임신과 출산이 단지 여성의 문제로 국한되지 않는 이유는, 임신과 출산으로 겪게 되는 변화들이 부부, 가족, 지역사회, 더 나아가 사회 전체가 함께 풀어 가야 할 일들과 연관되기 때문이다.

이 장에서는 월경 및 임신 등과 관련한 여성의 신체적 · 심리적 변화를 이해하고, 피임에 관한 정보 및 유산의 후유증에 대해 살펴보고자 한다.

1. 월 경

1) 월경에 대한 태도

우리나라에서 월경에 대한 이야기를 공공연히 할 수 있게 된 것은 1990년대 중반 이후부터다. TV(공중파)에서 생리대 광고를 시작한 것도 1990년대 중반 이후의 일이다. 우리의 어머니 세대에서는 월경을 하더라도 다른 사람들이 알아차리지 못하게 해야 하는 것으로 생각하였고, 생리대를 사는 것도 다른 사람들의 눈치를 보며 몰래 사는 것을 미덕이라고 할 만큼 월경하는 것은 숨겨야 하는 일이었다. 월경에 대한 개방적이지 않은, 심지어 부정적이기까지 한 금기시하는 태도는 과거 다른 문화권에서도 찾아볼 수 있다. 남아메리카의 한 인디언 부족은

19세기까지 월경이 시작된 여성을 격리하였고, 극동지방에서는 월경 중인 여성이 아편 재배에 참여하면 수확량이 떨어진다는 생각으로 아편 농장의 출입을 막았다. 유럽에서도 맥주를 발효하는 과정에서 월경 중인 여성이 들어오면 설탕이 흑색으로 바뀌어서 맥주의 발효가 제대로 되지 않는다고 믿었다(윤가현, 2007).

월경과 관련하여 비과학적인 미신들이 생기는 이유는 피가 주는 상징성 때문이라고 추측한다. 고대인에게 피는 출생이나 사망 또는 제사 때 바치는 동물의 피 등과 같이 생명이나 경외심과 연결되는 대상인 동시에, 인간이 통제할 수 없는 공포감을 유발하는 대상으로 인식되었다. 인간이 느끼는 피에 대한 두려움과 공포를 월경에 전이하여 해석하였고, 그러한 감정을 분리하는 방법으로 월경을 하는 여성을 억압하거나 격리하는 풍속이 나타났을 것이다(윤가현, 2007).

현대에도 월경에 대해 '귀찮은 월례 행사' 또는 '여자가 죄가 많아서 월경을 한다.'라는 부정적 인식을 가지고 있다. 월경에 대한 이러한 부정적인 태도를 없애기 위해서는 월경에 대한 정확한 지식과 남녀 모두가 월경에 대한 긍정적 태도를 공유할 수 있는 사회적 분위기를 만드는 것이 중요하다. 우리나라 평균 초경 연령은 2009년 현재 11.98세로, 중년 이상의 어머니 세대의 14.4세보다 훨씬 어린 나이에 시작한다(보건교육포럼, 2009). 그러므로 초등학교 때부터 제대로 된 성지식과 성교육이 필요하며, 남학생과 여학생이 함께 정확하고 건강한 성교육을 받을 수 있도록 하여야 한다. 또한 여학생이 초경을 하는 시기가 자신의 신체 및 외모에 신경을 많이 쓰는 발달 시기임을 감안하여, 초경을 맞은 여자아이에게 "축하한다." "이제 어른이 될 준비가 되었구나." 등의 메시지를 주는 것은 자신에 대한 긍정적인 신체 이미지 및 자아상을 발달시키는 데 도움이 될 것이다.

2) 월경주기

여성이 월경을 하는 시기는 대략 11~13세에 초경을 하기 시작하여 50세 전후 폐경에 이르는 약 37~38년에 이른다. 월경주기를 계산할 때는 월경 첫날을 주기의 시작점으로 하여 다음 월경 전일까지로 계산하며, 여성이 평생 동안 월경을 하는 횟수는 약 400회 정도다. 가까이 생활하는 여성들 사이에서는 월경의 주기가 비슷해지는 현상이 있는데, 이를 월경의 동시성이라고 한다. 이러한 현상에 대한 이유는 정확히 밝혀지지 않았지만, 냄새가 그러한 유사한 주기를 유발하는 것이 아닐까 추측한다.

일반적으로는 월경주기는 28일이라고 알려져 있지만, 사람에 따라 또는 신체적 · 심리적 변화에 의해 조금 당겨지기도 하고 늦추어지기도 한다. 월경주기의 구체적인 각 단계는 다음과 같다.

- 난포기(5~13일): 뇌하수체에서 난소를 자극하는 호르몬(난포자극 호르몬, Follicle-Stimulating Hormone: FSH)이 분비되고, 이 호르몬이 난소를 자극하면 에스트로겐이 분비되면서 난포 안에 있는 난자가 성숙해지기 시작한다.
- 배란기(월경주기 14일을 전후로 48시간): 에스트로겐이 가장 많이 분비되는 시기로 분비된 에스트로겐이 난포 자극 호르몬을 멈추게 하고 황체 형성 호르몬(Luteinizing Hormone: LH)을 발생시킨다. 황체 형성 호르몬이 성숙한 난자를 난포 밖으로 방출하는 역할을 하고, 이렇게 방출된 난자는 48시간 동안 생존하게 된다. 만약, 이 시기에 정자와 수정하게 되면 임신이 된다. 정자가 여성의 몸 속에서 생존 가능한 시간은 약 4일 정도이므로 임신이 가능한 시기는 배란 나흘 전부터 이틀 후까지인 6일 정도라고 할 수 있다.
- 황체기(15~25일): 난소에서 난자가 방출되고 나면 뇌하수체에서는 적황호르몬(Luteotrophic Hormone: LTH)을 분비하여 프로게스테론의 수치를 높이고 수정된 난자와 정자가 착상할 수 있는 자궁의 환경을 만든다.
- 월경전기(25~28일): 수정란이 없을 경우 에스트로겐과 프로게스테론의 수준이 급격히 떨어지게 된다.
- 월경기(1~5일): 모든 난소 호르몬들의 수준은 최저로 떨어지고 자궁은 혈액 공급이 저하되어 내벽이 떨어지면서 출혈을 보이게 된다.

3) 월경 중 신체 및 심리 상태

월경 전후를 포함하여 월경 중에는 신체적으로 가슴 통증, 집중력 저하, 두통, 복통, 관절통, 어지러움, 부종 등의 신체적 증상이 나타난다(Rapkin, 2005). 또한 식욕이 증가하는데, 어떤 이들은 설탕, 초콜릿 등의 단 것에 대한 갈망이 심해지기도 하고, 사람에 따라서는 빵, 밥, 국수 등의 탄수화물을 다량 섭취하기도 하며, 또 어떤 이들은 치킨이나 튀김 등의 기름기가 많은 음식을 먹고 싶어 하는 경향이 있어 월경을 시작하기 전에는 평소 체중보다 대략 1~2kg 늘어나기도 한다. 변비가 심해지고, 여드름이나 피부질환이 발생하기도 하며, 불면증 또는 과수면증 등의 수면 문제가 생기기도 한다. 월경 기간에 발생하는 증상은 단순한 신체 증상뿐만 아니라 심리적으로도 민감해지는 것이 보통이며, 우울, 불안을 포함하여 기분의 변화도 심하게 일어난다. 짜증, 초조, 불쾌감 등이 나타나고, 작은 일에도 쉽게 화를 내거나 예민해져서 공격성이 높아진다. 충동성도 강해져서 이것저것 쇼핑을 하기도 한다. 또한 우울, 외로움, 섭섭함 등의 슬픈 감정과 불안정성이 나타나며, 심한 경우 자살 충동이 강해지거나 도벽이 생기는 사람도 있다. 월경을 하는 여성은 출혈에 대한 걱정과 조심스러워야 하는 몸가짐 때문에 짜증이 나거나 신경질을 내기도 한다.

그렇지만 이러한 증상들이 모든 여성에게서 나타나는 것은 아니며, 매번 두드러지게 반복되는 것도 아니다. 만약 이와 같은 증상들이 월경주기에 따라 매번 반복해서 일어나고, 일상생활에 지장을 초래할 정도가 된다면 월경전 증후군(PreMenstrual Syndrome: PMS)이 아닌지 고려해 보아야 한다. 월경전 증후군은 월경 시작 4~10일 전부터 평소와 다른 신체적 · 심리적 증상 등이 나타나는 것을 말한다. 월경전 증후군은 월경을 하는 여성들 중 20% 정도가 겪고 있으며, 여성들 중 80% 정도는 평생 동안 한 번 이상 경험하는 증후군이다. 월경전 증후군의 정확한 원인은 아직 밝혀지지 않았지만, 월경주기에 따른 호르몬과 신경전달 물질의 변화, 심리적 · 사회적 요인 등이 함께 작용하는 것으로 알려져 있다. 구체적으로 월경 시 자궁 내막에 생성되는 프로스타글라딘의 과잉 분비, 엔도르핀 불균형, 세로토닌 감소, 면역 기능 이상, 정서적 불안 그리고 월경에 대한 사회적 반응 등으로 설명된다. 또한 어머니가 월경전 증후군을 앓은 경우, 그 딸이 이 증후군에 걸릴 확률이 높다는 연구(조현희, 정인철, 정재은, 최세경, 김수연, 김미란, 2008)는 유전적 원인의 가능성을 시사한다. 월경전 증후군의 증상은 호르몬의 변화 때문이기도 하지만, 월경에 대한 부정적인 인식의 영향도 크다(최효주, 2006). 월경에 대한 부정적인 인식이나 생각은 자신에게 일어나는 증상들이 평균적인 증상에 해당됨에도 불구하고 심각하거나 더 고통스럽게 느껴지도록 하는 역할을 한다.

월경전 증후군의 치료는 증상이 가볍다면, 즉 증상이 나타나기는 하지만 일상생활이나 사회생활을 유지할 정도라면 편안한 마음을 가지고 여유를 갖는 것이 좋다. 술, 담배, 커피와 같은 자극적인 음식은 자제하고, 채소나 과일 등의 가벼운 음식과 따뜻한 음료, 칼슘이나 비타민 B_6 등의 영양제를 섭취하면 도움이 된다. 전문가들은 산책이나 스트레칭 등의 가벼운 운동이나 명상을 권한다. 하지만 사회생활을 유지하기 힘들 정도로 심할 경우에는 꼭 전문가의 치료를 받아야만 한다. 이 경우에는 진통제 또는 여성호르몬제 등의 약물요법을 사용하거나, 정신적으로 혼란이 오는 경우에는 항우울제 및 신경안정제를 투약받기도 한다.

이 외에도 월경전 불쾌장애(PreMenstrual Dysphoric Disorder: PMDD)는 월경전 증후군의 증상들이 더 심하게 나타나는 것으로 30세 이전의 여성 중 3% 정도가 경험하고 있으며, 치료를 받지 않고 방치하면 심각한 결과를 초래할 수 있으므로 빠른 치료가 필요하다.

월경 전 불쾌장애의 진단 기준

의학적으로 월경전 증후군(PMS)에 대한 진단을 내리는 기준은 명시되어 있지 않고, 그보다 더 심한 증상을 보이는 월경전 불쾌장애(PMDD)에 대한 진단 기준은 정의되어 있다. 월경전 불쾌장애는 DSM-IV에서는 부록 B(criteria sets and axes provided for further study)로 분류되었으나 2013년 5월 출판된 DSM-5에서는 정식으로 장애분류를 판정받았다. 월경전 불쾌장애의 기준은 다음과 같다.

A. 지난 해 대부분의 생리 주기에 다음 증상 중 5개 이상이 황체기 후반 1주일 동안 나타나며, 감정과 관련된 증상인 1) ~ 4) 중 1개는 반드시 나타난다.

1) 우울감, 절망감, 자기 비하적 생각 증가
2) 격앙, 긴장감, 신경이 곤두서는 느낌
3) 감정적으로 매우 불안정(예: 갑작스러운 슬픔, 울컥함, 거절에 대한 민감성 증가)
4) 지속적이고 뚜렷한 분노, 과민성 또는 대인관계에서의 갈등 증가
5) 일상적 활동의 흥미 감소
6) 집중력 저하

7) 무기력, 피로, 활기 감소
8) 식욕의 증가 및 특정 음식 갈구
9) 수면과다 또는 불면
10) 중압감 또는 통제 불능
11) 유방통, 부종, 두통, 관절통, 근육통 등의 기타 신체적 증상

B. 직장 생활, 학업 또는 일상적인 사회활동을 방해할 정도로 증상이 심각하게 나타남
C. 주요 우울 장애, 공황장애, 감정부전 장애 또는 인격장애의 악화로 인해 나타난 것이 아님
D. A, B, C 기준은 최소 두 번의 주기 동안 매일 기록, 평가하여 증상의 시점이나 정도가 확인되어야 함
* A, B, C, D의 모든 기준에 부합되면 PMDD로 진단할 수 있음

2. 피 임

'피임(避姙)'의 한자를 해석하면 임신하는 것을 피한다는 뜻으로, 성관계를 가질 때 임신이 되지 않도록 하기 위해 임신이 가능한 기간을 피한다거나 기구나 약품 등을 이용하는 모든 행위를 말한다. 2010년 아시아-태평양 피임 협의회에서 발표한 자료에 따르면(World Contraception Day, 2010), 25개국의 15~24세 남녀 5,253명을 대상으로 성관계 시 피임을 하지 않는 이유를 묻는 질문에서 '피임 방법을 몰라서'라는 대답이 25개국 평균 4%로 나타났다. 놀라운 것은 우리나라는 같은 질문에서 22%의 응답률을 보였다는 것이다. 또한 다른 나라 청소년들은 활용 가능한 피임법에 대해 잘 알고 있다는 질문에 51%가 그렇다고 답하였지만, 우리나라 학생들은 26%에 그치는 것으로 나타났다. 앞서도 언급하였듯이, 우리나라에서 초경의 연령이 낮아지고, 낙태율이 세계 1위를 차지하고 있으며, 미혼모 문제가 심각해진 현 상황에서 올바른 피임법은 적극적인 성교육의 일환으로 시행되어야 한다. 다음 보건복지부(http://health.mw.go.kr)에서 제공하는 피임법의 내용으로 각 피임법의 방법과 장단점을 살펴본다.

1) 자연피임

자연피임법으로는 남성이 조율하는 질외사정법과 여성이 미리 점검하는 주기적 금욕법으로 나눌 수 있다. 남성이 준비할 수 있는 질외사정법은 사정을 질 내부에 하지 않고 사정 직전에 여성의 질에서 자신의 성기를 빼는 것으로 기구나 다른 피임 준비가 되어 있지 않을 때 쉽게 사용할 수 있는 방법이다. 하지만 실패할 확률이 크고, 남성의 의지가 상당히 필요하며, 성병으로부터 보호가 안 된다는 단점이 있다.

여성이 할 수 있는 주기적 금욕법은 여성이 자신의 신체 상태를 점검하여 임신이 가능한 기간에 성관계를 피하는 방법으로 달력이용법, 기초체온법, 자궁경부점액법 등이 있다. 달력이용법은 배란일을 계산한 후 그 시기를 피하여 성관계를 갖는 방법이고, 기초체온법은 배란일 아침에 여성의 체온이 0.3~0.5도 정도 조금 올라간다는 사실을 이용하여 이 시기에 성관계를 피하는 방법이다. 자궁경부점액법은 여성의 자궁에서 나오는 점액이 배란기에는 맑아지고 투명하게 변화하는 것에 착안한 방법이다. 여성의 자연피임법은 경제적이고 부작용이 없는 장점은 있지만, 여성의 신체 상태가 항상 일정하게 유지되는 것이 아니라는 것과 남성의 방법과 마찬가지로 절제가 필요하다는 단점이 있다.

2) 장치 이용

장치를 이용하는 피임법 중 가장 일반적인 방법은 콘돔을 사용하는 것이다. 콘돔은 구입과 사용이 쉽고, 신체에 어떤 해를 주지 않기 때문에 손쉽게 이용할 수 있다. 더욱이 성병을 효과적으로 막아 준다는 점 때문에 그 사용이 권장되는 방법이기도 하다. 하지만 성관계 시 느낌이 떨어진다거나 성교 직전에 착용해야 한다는 불만 때문에 사용을 꺼리는 사람들도 있다. 콘돔 사용 시 피임 실패율이 10~20%로 나타나는데, 그 이유는 이용 방법을 정확히 숙지하지 않았거나, 사용 시 찢어지는 등의 부주의에 의한 것이다.

남성이 사용하는 피임 장치가 콘돔이라면 여성이 사용하는 피임 장치는 페미돔이다. 페미돔은 여성의 질 속에 삽입하여 정자가 자궁에 진입하지 못하도록 하는 것이지만 콘돔에 비해 가격이 비싸고 피임 효과가 낮아서 잘 사용되지 않는다. 페미돔이 1회성으로 사용되는 피임 장치인 것에 비해, 루프는 여성의 자궁 내에 삽입하여 최대 10년까지 유효한 기구다. 피임률도 높고 성관계 시 아무런 지장도 주지 않지만, 골반염증성 질환의 위험이 증가할 수 있고 사람에 따라 출혈이나 통증 등의 부작용이 나타날 수도 있다. 또한 자궁에 상처를 줄 수 있기 때문에 미혼이라면 가능한 시술하지 않는 편이 좋다. 그 외에도 피임격막, 자궁 경부캡, 살정제 등의 피임장치가 있다.

3) 경구피임

경구피임은 먹는 피임약을 의미하며, 사전에 먹는 것과 사후에 먹는 것으로 나눌 수 있다. 사전 피임약은 배란을 억제하기 위해 여성호르몬인 에스트로겐과 프로게스테론이 함유된 약을 복용하는 것으로서 매일 같은 시간에 복용해야만 효과가 있다. 사용이 간편하다는 장점은 있지만, 사람에 따라 메스꺼움, 여드름 혹은 우울의 부작용이 나타날 수도 있다. 복용 전에 전문의의 진단을 받고 이후에도 정기적인 검사를 통해 신체 상태를 점검하면서 사용하여야 한다. 사후 피임약은 배란기에 사전 피임을 하지 못한 채 성관계를 한 경우, 관계 후 72시간 내에 고용량의 복합 호르몬제를 복용하여 수정란이 자궁에 착상되지 못하게 하여 임신을 피하는 방법이다. 하지만 사후피임약을 복용한 경우에도 임신이 되는 경우가 있으므로 복용 이후 2~3주 내에 월경 여부를 반드시 확인해야 한다. 또한 이 방법은 한 번에 상당한 양의 호르몬제가 투여되어 여성의 몸에 무리를 주게 되므로 응급 상황의 경우에만 사용하여야 한다.

4) 영구피임

영구피임법은 남성이 하는 정관절제술과 여성이 하는 난관절제술의 두 가지 방법이 있다. 정관절제술은 정자가 나오는 통로를 막아 정자가 배출되지 못하도록 하는 것이고, 난관절제술은 정자와 난자가 만나는 나팔관의 난관을 막는 것이다. 두 방법 모두 거의 영구적이라는 장점이 있으나 복구가 불가능하기 때문에 더 이상 자녀를 원치 않는 경우에 실시해야 한다.

자신에게 적절한 피임법은 개인의 선호와 더불어 안전성, 효과성, 신뢰성, 회복가능성, 경제성, 편의성 등을 고려하여 선택할 수 있다.

3. 임신과 출산

임신은 출산이라는 새로운 경험을 체험하게 할 뿐 아니라, 태어날 아이와 함께 자신과 가족 전체의 삶을 재조정하여 계획하는 등의 많은 변화가 요구되는 일이다. 그러므로 임신은 단순히 출산을 하는 여성의 일로만 국한되는 것이 아니라 가족 및 사회의 중요한 사건으로 바라봐야 한다.

1) 임신의 과정

정자는 한 번에 2~3억 개가 배출되는데, 이 중 난자까지 도달하는 정자는 약 200개이며, 200개의 정자 중 단 하나의 정자가 난자의 막을 뚫고 난자 내부로 들어가서 결합하게 된다. 이 과정이 성공하면 수정이 되고, 수정된 수정란이 자궁 내에 착상을 하게 되면 임신이 되는 것이다. 임신의 단계는 배포기를 시작으로 배아기를 거쳐 태아기로 구성되고, 임신 기간은 마지막 월경 첫날부터 출산일까지를 계산한 약 38주, 266일이다.

임신의 첫 단계인 배포기는 수정란이 자궁벽에 착상하기까지의 수정에서 2주까지의 시기를 말한다. 수정된 난자는 12시간 내에 핵이 융합되고 나팔관을 따라서 세포분열을 하게 된다. 수정 후 약 10일경에 자궁벽에 착상하여 이후 태반과 탯줄을 형성하며, 다음 단계인 배아기로 진입한다. 두 번째 단계인 배아기는 약 8주까지 진행되는데, 이 시기에 신체의 주요 구조와 기관이 발달한다. 태아의 기본 조직이 형성되고, 신체의 각 기관들이 만들어지는 때이므로 임신 과정 중 가장 중요한 과정이라고 할 수 있다. 이 시기에 팔다리가 성장할 뿐 아니라 심장이 뛰기 시작한다. 그러므로 이 기간 중에 일어나는 결함은 심각한 발달장애를 일으

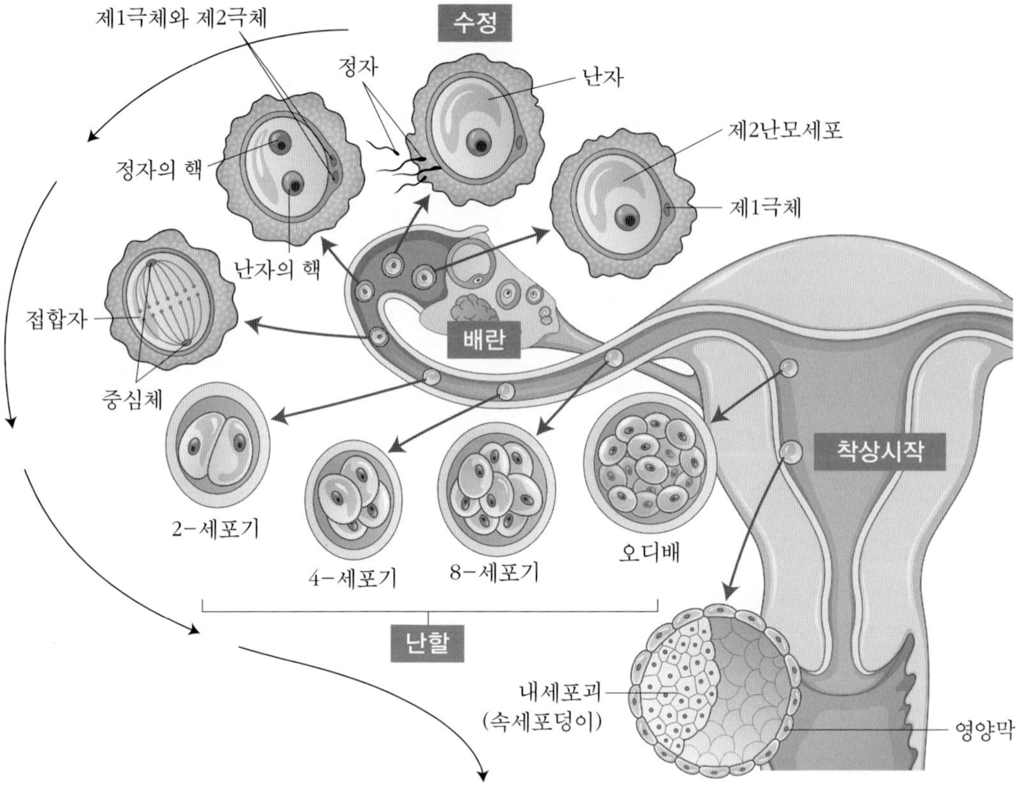

그림 8-1 **수정과 착상**

킬 수 있으므로, 임산부의 경우에는 임신 8주까지 각별히 신경을 써야 한다. 배아기를 잘 넘긴 태아는 임신 9주부터 출산까지의 태아기를 거치게 된다. 이 기간 동안 태아는 신체 구조와 조직이 완성되고, 외형이 보다 정교해진다.

2) 임신 중 증상

임신 중 신체적 증상으로는 입덧, 빈뇨, 변비, 피부의 변화 등을 들 수 있다. 입덧이란 음식 냄새를 맡으면 구토를 하는 것으로 개인차는 있으나 임신 6주경 부터 12주 정도까지 지속되고 이후에는 없어진다. 입덧이 태아에게 미치는 영향은 없지만, 산모에게는 신체적으로뿐만 아니라 심리적으로도 힘겨운 시기다. 빈뇨는 소변이 자주 마려운 증상을 일컫는데, 그 이유는 임신 초기에는 자궁이 방광을 압박하기 때문이고, 임신 후기에는 태아의 머리가 방광을 압박하기 때문이다.

방광이 압박되면서 요실금이 생길 수도 있다. 임신 중에는 변비도 생기게 되는데, 이는 프로게스테론의 분비가 장운동을 저하시켜 나타나는 현상이고, 임신 후기에는 태아의 머리가 직장을 누르기 때문에 변비가 생길 수도 있다. 또한 임신 기간에는 멜라닌 색소가 급격하게 증가하여 기미와 주근깨가 갑자기 생기지만, 이러한 임신성 기미는 출산과 동시에 없어지게 된다. 이 외에도 체중 증가와 호르몬의 영향 때문에 살이 트기도 하고, 자궁이 커지면서 위에 압박을 주어 속쓰림이나 소화불량이 생길 수도 있으며, 커진 자궁이 하지 신경을 압박하여 하지 경련과 허리 통증을 겪기도 한다.

임신 중에는 신체적 변화뿐만 아니라 심리적 변화도 동반된다. 임신으로 인한 기쁨과 동시에 부모가 되는 것에 대한 두려움 등의 정서적인 부담도 크기 때문에 다양한 심리적 증상이 나타난다. 임신 중 심리적 증상으로는 스트레스와 우울이 대표적이다. 임산부의 스트레스와 우울은 본인의 건강을 해칠 뿐만 아니라 태아에게도 영향을 주게 되고, 출생 후의 아동의 건강이나 발달과도 관련이 있기 때문에 임산부와 보호사 모두 유의하여야 한다(Field, 2011). 한 연구 결과에 따르면, 여성의 20% 가량이 임신 기간 중에 심각한 우울을 경험한다(Miller, Underwood, & Raymond, 2006). 임신을 계획하지 않았거나 원하지 않았는데 임신을 한 경우뿐 아니라, 계획된 임신 역시 임산부에게는 스트레스 상황일 수 있다. 또한 임신으로 인해 갑자기 나타나는 신체적 변화 때문에 우울을 경험할 수도 있다. 우울 외에도 모든 임산부는 불안을 느끼게 되는데, 임신 초기에는 정보나 지식 부족, 갑작스러운 신체 변화 때문에 혼란스러워서 불안을 느끼게 되고, 임신 후반기에는 출산 시의 고통이나 태어날 아기가 정상인지에 대한 걱정으로 불안을 느끼게 된다.

임신 증상들은 임신에 대한 산모의 태도와도 많은 관련이 있다. 예를 들면, 임신이 계획된 것이었는지, 태아의 아버지와 관계는 어떠한지 등도 임신 중 나타나는 증상에 영향을 주게 된다. 또한 산모 자신의 아동기 경험이나 현재 아이를 키울 수 있는 경제적인 여건이 충분한지도 임산부의 심리적 상태에 중요한 요인으로 작용한다. 이 외에도 임산부의 심리적 증상은 임신에 대한 사회의 인식이나 요구에 민감하게 반응한다. 최근에는 버스나 지하철에 임산부석을 따로 배정하고 많은 시설에서 수유실을 쉽게 볼 수 있는데, 이러한 사회 전체의 노력은 임산부에게 심리적인 안정을 줄 수 있다.

3) 산후 우울증

산후 우울증(Postpartum Depression)은 출산 직후 2주 이내에 시작되어 자연스럽게 사라지는 산후 우울감(postpartum blue, 또는 baby blue)과는 구별된다. 산후 우울감은 출산 직후 여성의 85%가 경험하는 것으로, 출산 후 3~10일 정도에 나타나는 우울, 짜증, 불안 등의 기분 변화를 뜻한다. 이에 비해 산후 우울증은 출산 4주 이후에도 증상이 계속 진행되면서 그 정도가 심해질 때 진단이 내려지며, 출산 여성의 10~20% 정도가 겪는 것으로 알려져 있다. 치료를 받지 않고 방치하게 되면, 산모의 건강과 아이의 발달뿐 아니라 가족관계에도 악영향을 미친다. 더 나아가 산후 우울증이 심각해질 경우에는 환각 및 망상 등의 증상까지 나타나는 산후 정신병(Postpartum Psychosis)으로 발전할 수 있다. 산후 정신병은 산모의 0.1~0.2%에게서 발병률을 보이는 것으로 알려져 있다.

산후 우울증의 증상은 정서 불안, 짜증과 피로, 수면장애, 기억력 및 집중력 저하, 식욕 감소 등의 일반적인 우울 증상과 유사하지만, 태어난 아이에 대한 죄책감이나 양육에 대한 심한 심리적 부담감이 더해지는 특징이 있다. 원인으로는 신체적 이유와 심리적 이유로 나누어 볼 수 있다. 신체적 원인은 출산으로 인한 신경전달 물질의 불균형과 여성호르몬인 에스트로겐과 프로게스테론 등이 갑자기 줄어드는 데서 비롯된다. 또한 신생아의 수면 주기가 불안정하기 때문에 육아로 인한 수면 부족으로 피로가 쌓이고 신체적 리듬이 깨어지는 것도 산후 우울의 원인이 된다. 심리적인 원인으로는 아기를 돌보는 것에 대한 부담감, 생각보다 어려운 양육에 대한 절망감, 부모가 되는 것에 대한 두려움 및 가족 간의 갈등 등이 있다. 산후 우울증의 치료에는 가족의 지지와 관심이 필요한데, 특히 남편의 도움이 중요하다. 산후 우울증이 의심되면 병원을 방문하여 정신과적 약물치료와 상담치료를 병행하는 것이 빠른 회복과 좋은 예후를 가져올 수 있고, 증상이 심각한 경우에는 입원 치료를 하여야 한다.

산후 우울증을 예방하기 위해서는 산후 우울증에 걸리기 쉬운 요건의 산모에게 지속적인 관심을 가질 필요가 있다. 우울증 과거력이 있거나 결혼 생활에 문제가 있는 경우, 또한 가족이나 친구 등의 지지 기반이 적거나 10대 산모인 경우에 발병률이 높으므로 이런 환경에 있는 산모와 가족은 유의해야 한다. 산후 우울증의 예방을 위해 산모는 출산 전에 출산 경험자들로부터 구체적인 정보를 많이 구하여 현실적인 어려움 등에 대하여 생각해 두어야 하고, 아기가 태어나면 생활의 많은 부분이 변화할 수 있음을 미리 염두에 두는 것이 좋다. 산후 우울을 느낀다면 우선 산모는 스스로 여러 가지 방법을 동원하여 대처하도록 한다. 자신의 감정을 충분히 표현하고, 기분을 좋게 하는 활동을 하거나, 양육에 대해 남편과 의논하면서 함께 아이를 돌보도록 하여야 한다. 또한 가족도 산모의 어려움을 공감해 주고, 산모가 충분한 휴식을 취할 수 있도록 양육에 적극적으로 참여하여 도움을 주는 노력이 필요하다.

4) 자연 유산과 후유증

태아가 자궁 밖에서 생존 가능한 시기는 임신 20주 이후부터이므로 임신 20주 이내에 어떤 이유로든 임신의 상태가 종결되어 태아가 사망하게 되는 것을 유산이라고 한다. 유산은 자연 유산과 인공 유산으로 나눌 수 있다. 자연 유산은 전체 산모의 10~15%에서 발생하고, 80% 이상은 임신 12주 이전에 일어난다(Farquharson, Jauniaux, & Exalto, 2005). 자연 유산의 원인으로는 염색체의 이상이 50~60%로 가장 높은데, 이런 경우는 12주 이전에 자연 유산이 되는 경우가 많으며, 12주가 넘어가면 자연 유산의 빈도는 급격히 감소한다. 염색체의 이상 외에도 내분비계나 면역계 등의 이상이나 흡연, 음주, 당뇨, 약물 복용, 자궁경부 상해, 환경호르몬 등의 유해 물질 노출, 산모의 연령 등도 유산의 원인으로 작용한다(Crooks & Baur, 2007). 한국보건사회연구원에서 발표한 '전국 출산력 및 가족보건, 복지실태조사'(김승권 외, 2012)에 따르면, 15~44세인 배우자가 있는 여성 중 임신 대비 자연 유산의 비율(총 임신 대비)은 1994년 8.2%에서 2012년 11.1%로 증가하였다.

자연 유산의 후유증 중 주목할 사항은 한 번의 경험은 이후 반복되는 자연 유산의 가능성을 높인다는 것이다(Griebel, Halvorsen, Golemon, & Day, 2005). 또한 다음 임신과 분만을 할 때 정상 분만이 아닌 조산, 유도 분만이나 기계 분만의 비율이 높고, 분만 후 출혈의 위험도 높은 것으로 나타났다(Griebel et al., 2005). 구체적인 신체적 후유증으로는, 질 분비물이 많아지고, 부종, 식욕 부진, 요실금 및 관절통 등의 증상을 보인다(정재원, 정혜선, 윤순녕, 신종철, 박현주, 한미연, 2009). 자연 유산의 경우, 정상 분만으로 출산한 경우에 이루어지는 자연스러운 몸조리나 회복 단계를 거치지 못하고 대부분이 곧바로 일상의 업무로 복귀하기 때문에 신체에 무리가 갈 수 있다. 당사자인 여성을 비롯하여 주변 사람도 출산을 한 경우만큼 관심을 가지지 않기 때문에 이후 지속적인 후유증을 유발하는 요인으로 작용할 수 있다.

유산은 신체적 후유증 못지않게 심리적 · 정신적 후유증도 상당히 크다. 심리적인 후유증으로는 예상할 수 있듯이, 슬픔, 상실감, 절망, 실망, 분노 등을 경험한다(정재원 외, 2009; Swanson, 1999). 또한 재임신을 한 경우에 과거의 경험이 반복될 것에 대한 두려움이나 불안감이 높으며, 태아와의 애착 형성에도 영향을 미치게 된다(Cote-Arsenault, 2003). 더 큰 문제는 자연 유산을 경험한 여성의 부정적인 심리적 증상이 오랫동안 지속된다는 것이다. 280명의 자연 유산 여성을 대상으로 한 종단 연구(Lok, Yip, Lee, Sahota, & Chung, 2010)에 따르면, 27%가 유산 직후 임상적 진단이 가능한 우울로 판명되었고, 이 중 9.3%는 1년 이후에도 계속되는 것으로 나타났다. 그러므로 자연 유산의 경우에는 여성 자신뿐만 아니라 주위 가족과 의료진도 각별한 신경을 써 주어야 하며, 지속적인 사후 관리가 필요하다.

5) 인공 유산(낙태)과 후유증

인공 유산은 임신 중절 또는 낙태라고도 하는데, 이는 의학적 방법을 이용하여 발육 중인 태아를 사망시키는 것을 말한다. 우리나라는 인공 유산을 금지하고 있고, 「모자보건법」에 의해 다음의 경우에만 인공 유산이 허용된다.

- 본인 또는 배우자가 대통령령이 정하는 우생학적 또는 유전학적 정신장애나 신체질환(유전성 정신분열증, 유전성 조울증, 유전성 간질증, 유전성 정신박약, 유전성 운동신경질환, 혈우병, 현저한 범죄 경향이 있는 유전성 정신장애, 태아에

미치는 위험성이 현저한 질환)이 있는 경우

- 본인 또는 배우자가 대통령령이 정하는 전염성 질환(풍진, 수두, 간염, 후천성 면역결핍증)이 있는 경우
- 강간 또는 준강간에 의하여 임신된 경우
- 법률상 혼인할 수 없는 혈족 또는 인척 간에 임신된 경우
- 임신의 지속이 보건의학적 이유로 모체(산모의 신체)의 건강을 심히 해하고 있거나 해할 우려가 있는 경우

인공 유산의 시술 방법에는 두 가지가 있는데, 그 첫 번째는 자궁수축제 또는 항프로게스트론제 등의 약물을 투여하는 약물적 방법이다. 두 번째는 수술적 방법으로 보통 12주 이전에는 자궁 내로 플라스틱 튜브 등의 기구를 사용하여 긁어내거나 흡입기로 빨아내는 소파수술을 시행한다. 16주가 넘어가면 태아의 신체 부분을 절단하여 배출하는 태아 축소술을 시행한다. 하지만 수술의 경우 여성의 사궁 상태에 따라 합병증이 생길 수 있으며, 경우에 따라 불임이 될 수도 있다(최정수, 원종욱, 채수미, 박은자, 서경, 2010).

인공 유산을 경험한 여성의 10명 중 1명이 낙태 직후 신체적 합병증을 호소한다. 경미한 증상으로는 고열 및 오한, 근육통, 만성 복통, 위장장애, 구토 등이 있으며, 심각한 증상으로는 감염, 다량의 출혈, 자궁 파열 또는 천공, 색전증 및 쇼크 등이 있다. 또 다른 후유증으로 자궁 외 임신이나 불임이 될 수도 있다(WHO, 1995). 실제로 미국에서 낙태를 허용한 이후 1970년에서 1983년 사이에 자궁 외 임신율이 4배까지 증가하였다. 항상 닫혀 있어야 하는 자궁 경관을 낙태 시술 시 강제로 열어야 하기 때문에 자궁경관 손상도 낙태 후유증 중 하나다. 특히 17세 이하의 여성의 경우, 신체가 완전히 성숙하지 않았기 때문에 그 부작용은 더 크다. 자궁경관의 손상이 자궁경관 무력증으로 발전하면, 태아의 무게를 지탱하지 못해 자연 유산이나 미숙아 출산으로 이어질 수 있다. 인공 유산 경험이 있는 여성의 58%는 모성 사망, 불임, 자궁 외 임신, 습관성 유산, 여성 생식기계 합병증 등과 같은 심각한 후유증으로 힘들어하는 것으로 나타났다(WHO, 2007).

낙태로 인한 심리적 후유증 또한 심각하다. 조사에 따르면, 낙태 후 8주 내에 55%의 여성이 죄의식을 보고하였고, 44%의 여성이 신경쇠약으로 힘들어하였으

며, 36%는 수면장애를 경험하고, 31%는 낙태를 후회하였다(Ashton, 1980). 자기 비하와 우울증이 반복되고 갑자기 분노감정을 보이기도 하며, 폭력성이 증가하는 등 자기 파괴적 행동 경향을 보이기도 한다(Zimmerman, 1997). 원하지 않은 임신을 한 경우의 여성은 낙태 직후 안도감을 보고하였지만, 이는 일시적인 현상일 뿐 이후에는 자신의 정서 상태를 표현할 수 없거나 아무런 감정도 느끼지 못하는 정서적 마비 또는 무감각 증상을 보이기도 한다. 이러한 증상들은 결과적으로 사회적 기능마저 떨어뜨리게 된다.

태아가 정상이 아닐 수도 있다는 병원 진단에 따른 낙태 찬성 vs. 반대

찬성 이유:

- 질병을 가진 결손 태아의 낙태는 아이가 비정상으로 살아가는 고통에서 벗어날 수 있다.
- 임신을 한 여성은 태아와 자신의 신체에 대한 책임과 선택의 자유가 있다.

반대 이유:

- 수정이 된 순간부터 인간이며, 인간의 생명을 파괴하는 것은 살인이고 도덕적으로 용서받을 수 없다.

요약

여성에게 임신과 출산은 남성과 차별화되는 경험의 기회인 동시에 인생의 큰 전환점이 되는 사건이다. 이 장에서는 임신과 출산을 포함한 월경부터 피임, 임신, 출산 그리고 유산을 살펴보았다. 각 영역에 해당하는 기본적인 지식과 정보, 그리고 이러한 경험에서 겪게 되는 여성의 심리적인 변화에 초점을 두었다. 이와 관련한 지식과 정보는 여성뿐만 아니라 남성도 반드시 숙지해야 할 내용임을 기억해야 한다.

9장

가족에 대한 심리학적 고찰

학습 목표

1. 가족의 본질에 대하여 알아본다.
2. 가족생활 주기에 대하여 알아본다.
3. 가족의 전반적인 특성에 대하여 알아본다.
4. 가족의 병리에 대하여 알아본다.
5. 건강한 가족의 특징에 대하여 알아본다.

가족은 인간의 출생과 더불어 존재하는 1차적 집단으로 사회의 안정과 개인의 성장 발달에 기초가 된다. 즉, 가족은 가장 본질적이고 중요한 최소의 사회적 단위로 사회 조직 속에서 중추적 역할을 하고 있고, 가족 구성원에 대해 여러 가지 가치 있는 기능을 수행하며, 가족 구성원 간의 교류와 사랑을 통해 정서적 · 심리적 안정감을 제공한다.

가족에 대한 정의를 살펴보면 다음과 같다. 머독(Murdock, 1949)은 "가족이란 동거 거주, 경제적 협력, 생식의 특성을 갖는 사회 집단이며, 성관계가 허용되는 성인 남녀와 출산한 자녀나 입양한 자녀로 구성된다."라고 정의하였다. 이는 핵가족에 대한 정의로 공동의 거주와 경제적인 협력, 인정받은 성관계, 자녀의 출산 등을 강조하고 있다. 레비-스트로스(Levi-Strauss, 1956)는 "가족은 결혼에 의해 출발하며, 구성은 부부와 그들 사이에서 출생한 자녀로 구성되지만, 이들 외에 가까운 친척이 포함될 수도 있다."고 보았다. 또한 그는 가족 구성원이 법적 유대, 경제적 · 성적 의무와 권리, 존경 및 애정 등 다양한 심리적 정감으로 이루어진 운명 공동체적 성격을 띠고 있다고 정의하였다. 이것은 머독의 정의보다 확대된 정의인데, 가족을 결혼과 혈연으로 이루어진 보다 넓은 친족 집단 구조로 파악한 것으로 가족 구성원의 유대 · 결합의 운명 공동체적 성격을 강조하고 있다. 한편 버제스와 로크(Burgess & Locke, 1945)는 "가족이란 혼인, 혈연 또는 입양에 의해 결합된 집단으로 하나의 가구를 형성하고 남편과 아내, 아들과 딸, 형제와 자매라는 각각의 사회적 역할 속에서 상호작용하며 의사소통하고 공통의 문화를 창조하고 유지하는 집단"이라고 정의하고 있다. 이 정의는 가족 구성원 간의 내적 상호작용 관계를 강조하고 있다.

국내 학자들은 가족의 외형에 근거하여 가족에 대한 정의를 내리고 있는데,

유영주(1993)는 “가족은 부부와 그들의 자녀로 구성되는 기본적 사회 집단으로서 이들의 이익관계를 떠난 애정적 혈연집단이자, 같은 장소에서 기거하고 취사하는 동거 동재 집단이고, 그 가족만의 고유한 가풍을 갖는 문화 집단이며, 양육과 사회화를 통하여 인격 형성이 이루어지는 인간 발달의 근원적 집단”이라고 정의하고 있다. 즉, 가족 간 심리적 · 정서적 정감을 어떻게 나누느냐를 중시하고 있으며, 가족을 서로에게 자원이 되고 충족감을 줄 수 있는 상호적인 체계로 보고 있다.

A씨는 3남 2녀 중 맏아들로 태어났다. 중학교 2학년 때 아버지가 직장에서 일을 하다 사고가 나 허리를 크게 다쳤고, 이후 어머니가 가족의 생계를 떠맡게 되어 경제적으로 어려운 상황에서 성장을 했다. 하루 종일 집에 있는 아버지는 수시로 술을 마시고 주사를 부렸고, 집안은 항상 아버지의 폭력과 폭언으로 조용할 날이 없었다. 이러한 환경에서 자란 A씨는 어머니가 너무 불쌍했고, 자신이 어른이 되면 아버지 같은 남편이 되거나 아버지가 꾸린 가족의 형태로는 살지 않겠다고 다짐을 하면서 컸다. 결혼 후 A씨는 아름다운 동화에서 나오는 화목한 가족을 머리에 두고 그렇게 사는 것이 올바른 가족이라고 생각했다. 스스로 집에서 큰소리 한 번 안 냈고 거친 용어도 쓰지 않았으며, 전업주부인 아내와 생활하면서도 여자만 집안일을 하는 것은 옳지 않다는 생각에 퇴근 후 설거지와 청소 등을 도맡아 해 주면서 스스로 자신은 행복한 가족을 이루면서 산다는 자부심을 가지고 살아왔다. 아들과 딸은 착했고, 아내와도 동료의식을 갖고 잘 지내고 있다고 생각을 했다. 그러나 언제부터인가 가족 간의 대화가 적어졌고, 아내는 별 의욕이 없이 무덤덤한 모습으로 변해 갔으며, 고등학생인 아들은 친구관계가 좋지 않아 학교에 가는 것을 힘들어하는 상황이 벌어졌다. A씨는 이러한 상황을 이해할 수가 없었다. 자신은 그런 아버지와 살면서도 친구들 사이에서 잘 지냈고 현재와 같은 삶을 이루면서 살고 있으며, 아들은 부모에게 한 번도 욕설을 듣거나 맞은 적이 없었고 원하는 것은 다 하고 안락하게 살고 있는데 학교에서 적응상의 문제를 겪고 있다는 것이 당혹스러웠다. A씨는 이 문제로 난생 처음으로 아들에게 화가 났고, 힘들게 화를 가라앉힌 뒤 아들과 대화를 하려고 하였으나 아들은 자신을 그만 좀 가만 두라고 소리를 지르면서 자기 방으로 문을 닫고 들어갔다. 아들

의 예상치 못한 행동에 화가 폭발한 A씨는 아들에게 흥분하여 욕을 하고 비난을 퍼부었다. 이와 같은 자기 모습에 혼란스러워진 A씨는 자신의 가족에게 일어나고 있는 현 문제의 해결에 전문가의 도움이 필요하다는 생각을 하였고 상담실을 방문했다.

인간은 태어나 처음 만나는 인간관계인 가족관계에서 모든 것을 처음으로 보고 경험하고 배우고 연습해 가고, 향후 성장하면서 이를 바탕으로 다양한 사회적 장면에서의 적응의 기본 소양을 갖추게 되므로 개인의 삶에서 가족은 아주 중요하다. 그러나 가족관계는 여러 구성원 간의 복잡하고 미묘한 역동성을 지니고 있어서 화목하고 원만한 가족관계를 형성해 가는 것이 결코 쉽지 않다. 가족이란 구성원의 특성과 조화에 따라 한 개인에게 행복의 근원이 되기도 하지만, 역기능적일 때는 정신병리의 원흉이 될 수도 있다. 이 장에서는 가족의 본질, 가족체계의 개념 그리고 건강한 가족의 특징에 대해서 살펴본다.

1. 가족의 본질

남녀가 서로 호감을 느끼고 사랑을 하게 되면서 결혼을 하고 가정을 이룬다. 연인관계가 부부관계로 변하여 자녀를 낳게 되면서 가족을 형성하게 되는데, 이렇듯 가족은 부부와 자녀로 구성되는 혈연 중심의 운명 공동체다. 따라서 가정은 한 인간이 생명을 다하는 순간까지 가장 긴밀한 관계를 맺게 되는 관계의 장이 된다. 가정은 인생이라는 험한 등반 과정에서 베이스캠프와 같은 곳이라는 말이 있다. 이처럼 가정이 인생의 베이스캠프가 되려면, 가정은 가족 구성원 모두에게 스스로 안전하고 보호받을 수 있다는 안정감을 느낄 수 있는 든든하고 따뜻한 울타리가 되어야 한다.

그러나 현대 사회에서 가정은 흔들리고 있다. 그 단적인 증거는 급격히 상승하고 있는 이혼율에서 찾을 수 있다. 화목하고 행복한 가정을 만들기 위한 결혼이 여러 가지 이유로 불행한 종말을 맺는 경우가 늘어나고 있다. 이렇게 파괴된 가정은 부부 당사자에게 커다란 불행일 뿐만 아니라 자녀에게는 많은 심리적 고통과 향후 병리적 행동이 발생될 수 있는 씨앗을 안겨 준다. 나아가서 사회적으로는 해결해야 할 여러 가지 많은 심각한 문제들을 야기한다. 불행한 결혼생활과 이혼으로 발생하는 이런 다양한 문제들이 바로 현대를 살아가는 우리가 가족관계에 대해 더 깊은 관심을 가져야 하는 이유라 할 수 있다.

1) 가족관계의 특성

가족관계는 여타의 다른 인간관계와 구별되는 여러 가지 특성을 가지고 있다. 첫째, 가족관계는 혈연을 매개로 하여 맺어진 인간관계 영역이다. 가족은 부부와 그들의 자녀로 구성되는 기본적인 사회 집단으로서, 이들은 이해 관계를 초월한 애정적인 혈연 집단이다. 이 점에서 가족관계는 다른 인간관계와 확연하게 구분된다. 가족은 유전자의 일부를 공유하고, 따라서 외모나 심리적 특성에 있어서 유사성을 갖는다. 혈연으로 이루어지는 가문을 보존하기 위해 조상의 성(姓)을 따르고 그 전통을 보존하게 되는 것이다. 둘째, 가족은 운명 공동체다. 함께 먹고 자고 생활하는 생활 공동체이자 모든 소유를 공유하는 소유 공동체이며, 가정의 행복과 불행을 함께 경험하는 운명 공동체다. 달리 말하면, 가족 구성원 모두의 행복과 불행은 서로 밀접하게 연결되어 있고 서로에게 많은 영향을 준다. 셋째,

가족관계는 부여된 인간관계다. 다른 인간관계와 달리 가족은 출생과 더불어 주어지는 인간관계다. 우리는 부모나 형제 · 자매를 선택할 수 없다. 부부는 예외로 서로의 선택과 결정에 의해 형성되지만, 부모와 형제 · 자매는 주어진 인간관계의 대상이다. 따라서 가족관계에서는 대상선택의 문제보다 주어진 대상과 화목한 관계를 맺는 것이 중요한 과제라 할 수 있다. 넷째, 가족관계는 지속적이다. 가족관계는 이혼이나 의절과 같은 극히 예외적인 경우를 제외하고는 평생 동안 유지되는 인간관계다. 가족 구성원 간에 불만이나 갈등이 있다고 해서 관계를 끊거나 이탈할 수 없는 인간관계다. 다섯째, 가족은 여러 구성원으로 구성된 하나의 역동적 체계다. 가족 구성원은 모두 각자 서로에게 밀접한 영향을 주고받는다. 가족 구성원 한 사람의 변화는 다른 구성원에게 영향을 미친다. 가족관계 속에는 부부관계, 부모-자녀 관계, 형제 · 자매 관계라는 하위 영역이 있으며, 부모-자녀 관계의 경우 부자관계, 부녀관계, 모자관계, 모녀관계와 같이 다양한 개별적 관계로 구성된다. 이렇듯, 가족관계에는 성별과 나이가 다른 여러 구성원 간에 복잡한 상호작용이 내포되어 있다. 내가족 체계에서 조부모나 다른 친인척까지 가족관계에 포함되면 더욱 복잡한 역동적 관계를 나타내게 된다.

2) 가족의 기능

가족의 기능은 다음과 같다. 첫째, 자손을 낳아 기르는 것이다. 가족은 후손을 낳아 양육함으로써 가문을 이어 가는 곳이다. 부부는 성관계를 통해 자녀를 생산함으로써 자신의 유전자를 후대에 전달하게 된다. 또한 자녀에게 영양분을 공급하고 위험으로부터 이들을 보호하여 건강하게 성장하도록 양육하는 곳이 가정이다. 진화론적인 입장에서 보면, 개체 보존과 종족 보존이 이루어지는 가장 중요한 장이 가정이다. 둘째, 한 인간의 가장 기본적인 인격이 형성되는 곳이다. 인간의 인격은 성장 과정 초기에 기본적인 틀이 형성된다. 성장 과정의 초기란 부모에 의해 양육되는 시기를 말하며, 이 시기에 부모와의 상호작용을 통해 한 인간의 인격이 그 토대를 갖추게 된다. 그러므로 한 인간의 인격 형성에 있어서 부모의 역할은 매우 중요하다. 자녀의 양육 과정에서 부모의 성격 특성, 가치관, 도덕적 규범 등이 자녀에게 전달되어 학습된다. 이와 함께 사회생활을 위한 기본적인 적응 기술이나 방식 역시 전적으로 가족관계 속에서 발달된다. 부모와의 관계에서 서로 대화를 하고 갈등과 마찰이 일어날 때 문제를 해결하고 조정하는 과정에서 서로를 설득하고 설득당하는 경험은 자녀가 사회적 기술을 습득하는 데 필수적인 과정이다. 그러나 부모의 틀에 따라 행동하고 지시대로 따르고 자신의 생각이나 판단에 따른 행동이 거의 없이 성장하는 자녀는 성인이 되어서도 독립된 성인의 역할을 하기보다는 자신이 없고 우유부단하거나 의존적이고 비결정적인 등 제한된 적응 상태에서 생활하게 된다. 즉, 언어 및 인지 발달, 정서발달 그리고 사회성 발달 모두 최초에는 가족관계를 통해서 이루어진다. 셋째, 가정은 인간의 가장 기본적인 욕구를 충족하는 곳이다. 즉, 생존의 필수요소인 의식주의 해결이 이루어지는데, 음식을 통해 영양분을 공급받고 신체적 건강과 기능을 유지하고 자연의 위험으로부터 보호되어 안전과 휴식을 누리는 곳이다. 생존을 위한 의식주의 제공뿐만 아니라 인간의 기본적인 동기 중의 하나인 성욕구가 충족되는 곳 역시 가정이다. 넷째, 가정은 가장 강력한 정서적 지지원이다. 가정은 가족 구성원 각자가 가정 밖에서 사회생활을 하고 저녁에 함께 모여 허기와 피로를 해소하고 서로에게 정서적인 지지를 주고받는 삶의 가장 중요한 안식처라 할 수 있다. 부모의 지지와 위로, 이해와 수용, 사랑만큼 힘들고 지친 개인에게 강력하고 큰 울타리와 안전한 휴식처가 되어 주는 것은 없다. 형제 · 자매 역시 애정을 제공하는 주요한 원천이다. 이와 같이 가족은 운명 공동체로서 강한 소속감을 제공한다.

지금까지 살펴보았듯이, 가족은 집, 가문, 가풍을 포함하는 넓은 의미의 개념을 갖는 문화 집단이고, 대를 이어 문화를 전수하는 사회적 기능을 전수하기도 하며, 인간의 가장 기본적인 욕구가 충족되는 곳인 동시에 인간의 인격발달이 이루어지는 곳으로서 가족 구성원의 기본 욕구인 생리적 욕구, 소속과 사랑의 욕구, 자존의 욕구, 자아실현의 욕구 등을 충족시키는 기능을 한다. 그러므로 가정은 건강한 사회를 유지 · 발전시키는 기본 바탕이라 할 수 있다. 가족 구성원은 경제적 · 심리적 · 정서적으로 서로 의존하고 도움을 주며, 동시에 가족은 자녀의 인격화와 사회화의 훈련장으로 사회와 교량 역할을 충실히 해낼 때 진정한 의미를 지닌다. 이런 점에서 가족관계는 다른 인간관계에 비해서 보다 일차적이며 근원적인 관계라고 할 수 있다.

3) 가족의 다양한 형태

가족은 부부와 그들의 자녀로 구성된 기본적인 사회적 집단이다. 그러나 같은 집에서 기거하며 취사하는 동거 집단으로서의 가족은 그 구성원에 따라서 매우 다양한 형태를 지니게 된다. 가족 구성원의 규모에 따라서 가족은 크게 핵가족과 확대가족으로 구분된다. 핵가족(nuclear family)은 부부와 자녀로 구성되는 가족 구조를 말하는 반면, 확대가족(extended family)은 조부모까지 포함된 3대 이상 그리고 직계 이상의 구성원으로 이루어진 가족을 말한다. 확대가족은 3세대 가족 또는 4세대 가족으로 함께 동거하는 세대의 수에 따라 구분하기도 한다.

현대에 와서 이러한 가족 형태는 여러 가지 절충적인 형태로 변형되어 나타나기도 한다. 변형된 가족 형태에는 수정확대가족과 수정핵가족이 있다. 수정확대가족(modified extended family)은 노부모와 자녀 가족이 각기 별개의 가구를 마련하지만, 근거리에 살면서 실제로는 한집과 같이 잦은 왕래와 협조를 하며 사는 가족 형태다. 이런 가족 형태는 서로의 사생활을 방해하지 않고 자녀에게 큰 부담을 주지 않으면서 친밀한 유대를 유지하는 절충적 형태라고 할 수 있다. 수정핵가족(modified nuclear family)은 외형상으로는 한 울타리 안에 거주하지만 실질적으로는 별개의 주거 공간에서 독립적인 생활을 하는 형태다. 예를 들어, 같은 집에 살지만 안채나 바깥채 또는 위층과 아래층에 나누어 살거나, 또는 같은 집에 살아도 아침식사는 각자 하고 저녁식사는 함께하는 등 서로의 사생활을 어느 정도 유지하며 동거하는 가족 형태다.

이 밖에 부모의 유무나 특성에 따라 구분되는 편부모가족과 계부모가족이라는 특수한 가족 형태도 있다. 편부모가족(single parent family)은 아버지 또는 어머니 중 한쪽의 부모에 의해 자녀가 양육되는 가족 형태를 말하며, '한부모가족'이라고도 불린다. 이러한 가족 형태는 주로 부모의 이혼, 별거, 사별 등에 의해서 생겨나며, 때로는 미혼모에 의해 자녀가 양육되는 경우도 있다. 반면, 계부모가족(step-parent family)은 부모 중 어느 한쪽이 친부모가 아닌 가족을 말한다. 흔히 재혼에 의해 이런 가족 형태가 나타나며, 부모 중 한쪽 혹은 양쪽에서 데려온 자녀들로 이루어진 가족 유형이다. 이러한 계부모가족은 가족 역동이 매우 미묘하여 갈등이 생길 여지가 많기 때문에 화목한 가정을 이루기 위해서 가족 구성원

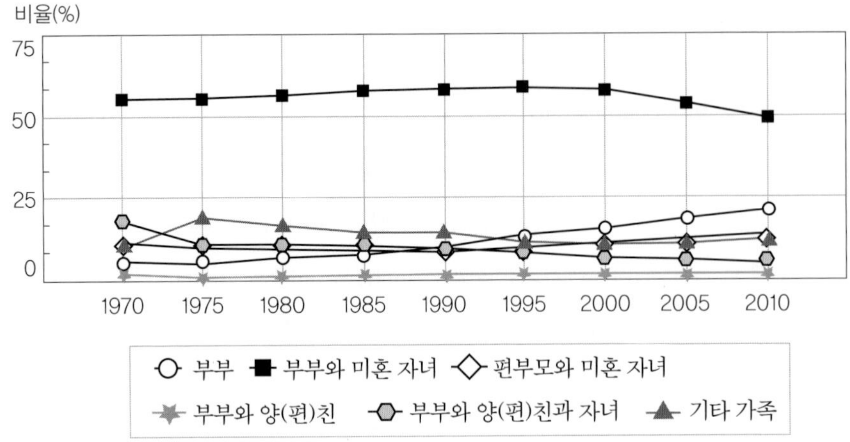

그림 9-1 **가족의 형태별 분포**

출처: 통계청 (2012).

모두의 많은 노력이 필요하다. 이러한 편부모가족과 계부모가족은 이혼율이 급증하는 현대 사회에서 흔히 볼 수 있는 가족 형태다.

통계청(2012)은 가족의 형태별 분포를 다음과 같이 제시하였다. 핵가족은 부부, 부부와 미혼 자녀, 한 부모와 미혼 자녀로 이루어진 가족이고, 직계가족은 부부와 양(편)친과 자녀로 이루어진 가족이며, 기타 가족은 핵가족과 직계가족에 해당하지 않는 모든 경우를 말한다. 2010년의 기타 가족 비율은 2000년에 비해 약간 증가하였으며, 직계가족 비율은 감소하였다. 지난 30년간 핵가족 비중은 지속적으로 증가한 반면, 3대가족 등 직계가족 비중은 감소하였다. 향후 부부와 양친과 자녀로 구성된 직계가족의 비중은 지속적으로 감소가 예상되는 반면에 가족 분화와 더불어 핵가족 중 부부가족의 비중은 계속 늘어날 전망이며, 이에 따라 가족의 형태별 분포도 지속적으로 변화할 전망이다. 부부와 자녀 및 한부모가족으로 이루어진 핵가족 비중 증가로 가족 내 자녀에 대한 돌봄 기능의 약화가 예상되며, 이에 따른 가족 내 돌봄 기능을 보완하는 가족 정책 마련과 다양한 가족을 지원하는 정책이 필요할 것으로 보인다.

4) 가족역할

가족은 생활 공동체로서 가족 구성원의 역할이 분화·분담되어 있다. 가족역할은 가족 내의 지위에 따라서 결정되며, 가족 구성원에 의해서 기대되는 행동유형이다. 가족역할은 가족 내에서의 활동 영역뿐만 아니라 가족 내의 권력에 영향을 미친다. 전통적으로 가족 내에서의 남편과 아내가 담당하는 역할은 성별에 의해 규정되었다. 아버지는 전형적으로 리더의 역할을 맡게 된다. 아버지의 활동이나 생산성과 교육 수준은 사회 공동체 내에서의 그 가정의 사회경제적 수준과 입지를 결정하게 된다. 어머니는 가족의 정서 생활에 더 관여하고, 가정에서 육아와 가사를 담당한다.

가족의 역할은 사회의 변화에 따라 많은 영향을 받는다. 지난 1세기 동안 여성인권운동의 확산으로 가정과 사회 생활에서의 남녀평등에 대한 인식이 현저하게 변화하였다. 남녀의 평등한 인권을 강조하는 사람들은 사회적 활동의 기회가 남녀 모두에게 공평하게 부여되어야 할 뿐만 아니라 가정 내의 역할 수행에서도 남녀평등이 이루어져야 한다고 주장한다. 따라서 전통적인 가족역할이 변화하여 부부 취업, 역할 공유, 역할 전도 등의 다양한 가족역할이 생겨나고 있다. 이렇게 변화하는 사회에서 살아가는 우리는 가족역할을 현명하고 융통성 있게 분담하는 것이 필요하다.

가족역할은 크게 부부역할과 부모역할로 나뉜다(옥선화, 1994). 결혼은 성인 남녀가 협동 생활을 약속하는 것이다. 따라서 이들은 서로가 수행해야 할 역할에 대해서 의논하여 서로의 역할과 기대를 명료하게 하는 동시에 이를 수용하는 것이 중요하다. 즉, 부부로서 자신과 상대방의 역할을 충분히 인식해야 한다. 이와 같이 부부관계는 상대방의 기대를 고려하면서 자기의 행동을 조정해 나가는 역할 취득 과정이라고 볼 수 있다. 그러나 가족역할에 대한 태도가 부부간에 일치하지 않으면 부부관계에 갈등이 발생하게 된다.

부부는 자녀의 출산과 동시에 부모가 된다. 즉, 자녀에게 아버지 또는 어머니로서의 역할을 수행해야 한다. 전통적인 가족에서는 부모의 역할을 엄부자모(嚴父慈母)라 하여 아버지는 엄하게 자녀를 훈육하고 어머니는 따뜻하게 자녀를 양육하는 역할을 강조해 왔다. 그러나 현대 가족에서는 부모의 역할이 크게 변화하고 있다. 부모는 자녀의 신체적 · 정서적 · 지적 욕구를 충족시켜 줄 책임을 함께 지닌다. 또한 자녀가 성장함에 따라 보호자로서, 동일시의 대상으로서, 그리고 상담자이며 때로는 친구로서 자녀가 당면하는 문제에 다양하게 대처하는 여러 가지 역할을 감당해야 한다. 이러한 역할을 잘 수행하려면, 가족생활 주기의 각 단계마다 부모역할에 대한 검토가 필요하다.

가족역할은 가족관계에 중요한 영향을 미친다. 첫째, 가족역할의 분담 과정이 가족관계에 영향을 미친다. 가족역할의 분담 과정에서 구성원 모두의 의견이 민주적으로 수렴되는 것이 바람직하다. 또한 각자 자신과 다른 가족 구성원의 역할을 명료화하여 자각하는 것이 중요하다. 아울러 이렇게 분담한 자신의 역할을 수용하고 그에 만족하는 것이 필요하다. 둘째, 가족역할의 수행과 평가가 중요하다. 가족 내에서 구성원 각자가 자신의 역할을 잘 수행할 때 가족이 원활하게 기능할 수 있고 화목한 가정이 이루어진다. 가족의 갈등과 불화는 가족 구성원이 자신의 역할을 잘 수행하지 못할 때 발생한다. 이때 무엇보다 중요한 것은 가족 구성원의 역할 수행에 대한 주관적 평가다. 다른 구성원의 역할 수행에 대해서 만족스럽게 생각할 때 가정은 화목해질 수 있다. 반대로, 역할 수행의 평가 기준이 각자 다르면 구성원 간에 의견 차이가 생겨날 수 있다. 셋째, 가족 내 역할은 융통성 있게 조절되어야 한다. 가족 주기가 변화함에 따라 가족역할도 변화하게 된다. 이러한 상황적 변화에 따라 적절하게 역할 분담을 조절하는 것이 필요하다.

5) 가족권력

가족 내에는 가족권력이 존재한다. 부모는 자녀의 행동을 통제하고, 자녀는 부모의 지시에 따른다. 이것은 부모의 권력에 자녀가 순종하는 것으로서 가족권력에 의한 것이다. 이처럼 가족 내에는 서로의 행위에 영향을 미치는 가족권력이 존재한다. 이런 점에서 가족은 작은 정치 집단이라고도 할 수 있다.

권력은 일반적으로 상대방의 행동에 영향을 줄 수 있는 잠재력이라고 정의된다. 좀 더 구체적으로 말하면, 가족 내 권력은 다른 가족 구성원의 행동을 통제, 변화 혹은 수정할 수 있는 행동들로 정의될 수 있다. 가족권력은 광범위한 사회적 권력의 하위 부분으로 볼 수 있고, 가족권력은 부부권력, 부모권력, 자녀권력,

형제권력, 친족권력 등으로 구분될 수 있다. 이러한 가족권력은 권력 기반, 권력 과정, 권력 및 결과라는 세 가지 영역으로 나누어 볼 수 있다(박미령, 1994).

먼저, 권력 기반은 권력의 원천을 의미한다. 권력의 주요한 원천은 경제적 자원이다. 가족의 생계를 유지할 수 있는 수입원의 역할을 하는 구성원은 가족권력을 장악하게 된다. 그러나 경제적 자원 외에도 규범적 자원, 감정적 자원, 개인적 자원, 인지적 자원 등의 비경제적 자원도 중요한 권력의 기반이 될 수 있다. 첫째, 규범적 자원은 문화적 전통에 의해 특정한 가족 구성원에게 권위를 부여하는 것이다. 어떤 가족의 경우 아버지가 경제적 부담을 하나도 담당하지 않으면서 오히려 배우자에게 당당하게 돈을 요구하고 음주, 폭력 문제를 일으키고 가족에게 군림하는 경우가 있다. 둘째, 감정적 자원은 가족 구성원에 대한 정서적 유대와 지지의 정도를 의미한다. 셋째, 개인적 자원은 가족 구성원 개인이 지니고 있는 성격 특징, 신체적 매력, 역할 능력을 의미한다. 넷째, 인지적 자원은 권력의 인지가 개인과 타인에게 가지는 영향력을 뜻한다. 이와 같이, 가족 구성원은 여러 가지 자원에 근거하여 가정 내에서 권력을 행사하게 된다.

다음으로, 권력 과정은 가족 내에서 권력이 행사되는 방식을 뜻한다. 예를 들어, 가정에서 어떤 일을 결정할 때 가족 구성원은 누구나 그 결정에 영향을 미치려고 한다. 이때 각자 자신의 권력을 행사하여 최종 결정에 도달하는 과정이 권력 과정이다. 이러한 권력 과정은 주장, 토의, 논쟁, 설득, 강요, 협박 등 다양한 방식으로 나타날 수 있다. 또한 가족 구성원 간에 의견이 비슷한 사람들은 서로 힘을 합쳐 보다 강력한 주장을 하는 등 일부 구성원 간에 연대가 이루어지기도 한다. 이러한 권력 과정은 가족 내 권력 구조에 의해서도 영향을 받게 된다. 구성원이 모두 균등한 권력을 지닌 가족은 토론과 협의를 통해 민주적인 권력 행사가 이루어지는 반면, 가족 권력이 일부 구성원에게 집중되어 있는 경우에는 보다 일방적이고 강요적인 권력 과정이 일어나게 된다. 이러한 권력 행사 방식은 가정의 분위기와 가족관계에 아주 많은 영향을 미친다.

마지막으로, 권력 결과는 구성원 각자의 의견이 최종적인 의사결정 내용에 반영된 정도를 뜻한다. 중요한 의사결정에서 어떤 구성원의 의견이 많이 반영되었다면 그 사람의 가족권력이 행사되어 원하는 권력 결과를 낳은 것이다. 그 밖에 가족의 권력결과는 여러 가지 측면에서 평가될 수 있다. 예를 들면, "가족 내에서 어떤 문제에 대해 논의와 의사결정이 필요하다는 제안을 누가 하는가?" "이러한 논의나 의사결정 과정을 누가 주재하여 진행하는가?" "가족 구성원 간에 합의된 의견이 도출되지 않을 때 누가 최종적인 결정을 하는가?" 와 같은 물음을 통해서 권력 결과와 아울러 가족권력을 살펴볼 수 있다.

2. 가족생활 주기

가족관계는 세월이 흘러감에 따라 변한다. 결혼으로 새로운 가정을 구성한 부부는 자녀를 낳고 자녀가 성장함에 따라 다양한 가족 내의 변화를 겪게 된다. 가족이 삶을 영위해 가다 보면 예상하지 못한 여러 가지 사건들이 발생하게 된다. 그중 대부분의 가족이 일반적으로 겪게 되는 변화 과정이 있는데, 이를 가족 생활 주기(family life cycle)라고 한다. 가족생활 주기에 따라 가족관계의 모든 하위체계, 즉 부부–자녀 관계, 부모자녀 관계, 형제 · 자매 관계는 변화를 겪게 된다. 가족생활 주기는 학자에 따라 다양하게 구분되는데, 여기서는 듀발(Duvall, 1971)의 주장에 따라 8단계로 나누어 살펴보기로 한다.

1) 신혼기

이 시기는 결혼을 하고 자녀를 출산하기까지 부부가 둘만의 자유로운 시간을 만끽하는 기간을 말한다. 부부간의 친밀감이 최고도에 달하며, 애정 교환이 가장 활발하게 일어난다. 그러나 동시에 서로 다른 환경에서 살던 남남이 같은 공간에 거주하게 되면서 당연하게 겪게 되는 불편함과 갈등이 있고, 여기에 부부역할을 수행하는 능력이 미숙하여 많은 실수와 어려움을 겪게 된다. 이 시기에는 서로에게 적응하고 원활한 부부관계를 확립하는 것이 중요하다. 아울러 결혼과 더불어 새롭게 형성된 시집과 처가 식구, 배우자의 친구들과의 인간관계에 자연스럽게 적응하는 일이 중요한 과제가 된다.

이 시기에 첫 아이를 임신하게 되는데, 부부 모두 부모가 되는 것에 대한 준비가 필요하다. 임신은 사랑의 결실로 자녀를 잉태하는 축복받은 일이지만, 아내는 태아가 점차 성장함에 따라 신체적인 불편함과 심리적인 불안을 느낄 수 있다. 입덧으로 식욕의 변화를 겪고, 몸무게의 증가로 거동이 힘들어지고, 또한 가사 및 직장생활의 어려움, 자신의 신체상(body image)의 변화에 대한 당혹감, 출산에 대한 두려움과 불안 등 심리적으로 매우 힘든 시기이기도 하다. 이처럼 임신한 아내가 임산부로서 심리적으로 매우 불안정해질 수 있는 시기일 수 있으므로 남편은 아내의 고통을 잘 이해하고 아내에게 호의적인 관심을 기울이는 것이 필요하다.

2) 출산 및 유아 자녀 양육기

이 시기는 첫 아이를 출산하고 나서 30개월까지의 기간을 말한다. 자녀의 탄생은 부부관계에서 가장 기쁘고 의미 있는 시간이다. 부부는 자녀를 양육해야 하는 부모로서의 새로운 역할에 적응해야 한다. 하루하루 변해 가는 자녀의 모습을 지켜보는 일만큼 즐거운 일이 없지만, 자녀를 키우는 일은 매우 힘든 과정이다. 젖을 먹이고 대소변을 치우고 자녀와 소통하고 달래고 재우는 일은 많은 인내를 필요로 한다. 자녀는 점차 성장하면서 부산해지고, 이때 여러 가지 위험으로부터 자녀를 보호하는 것도 여간 힘든 일이 아니다. 이 시기의 부모는 유아 자녀가 신체적 · 심리적으로 건강하게 성장하도록 노력해야 한다. 또한 자녀의 탄생으로 2명에서 3명의 식구로 삼각관계를 이루게 되는데, 부부는 자녀와 함께 서로에게 만족스러운 가정을 만들어 나가는 것이 중요하다.

3) 학령 전기 자녀 양육기

이 시기는 첫 자녀가 만 2~3세에서 초등학교에 입학하기 전까지의 기간을 말한다. 이 시기의 아동은 언어 능력을 비롯한 지적 기능과 운동 기능이 급격하게 발달한다. 따라서 여러 가지 요구가 많아지고 행동량이 증가하며, 또래관계가 활발해진다. 이 시기에 부모는 자녀의 성장을 촉진하고 자신의 욕구나 기대가 아닌 자녀가 지닌 욕구와 흥미, 재능을 제대로 파악하여 이에 맞게 양육하는 것이 필요하다. 이 시기에 둘째를 임신하거나 출산하게 되면 자녀 양육을 위해 더 많은 시간과 에너지, 노력을 투여해야 한다.

그러므로 이 시기는 자녀 양육에 지치고 자신들의 개인적인 시간을 갖는 것이 어렵기 때문에, 에너지 고갈과 사생활 감소에 적응하는 것이 필요하다. 특히 직장에서도 승진 등으로 많은 역할 수행의 요구를 받게 되는 등 남편과 아내가 모두 힘든 시기일 수 있으므로 서로에 대한 기대 수준을 낮추고 힘들더라도 조금 더 대화하고 타협하면서 서로의 고충을 이해하려는 노력이 필요하다. 변화해 가는 역할 수행 상황에서 남편도 자녀 양육에 적극적으로 관심을 기울이고 참여하여 부부간에 협동적인 노력을 기울이는 것이 중요하다.

4) 학령기 자녀 양육기

이 시기는 첫째 자녀가 초등학교에 입학하여 졸업하기까지의 기간을 말한다. 부모는 자녀 교육에 관심을 기울여 자녀가 학업에 흥미를 느끼고 성취를 이룰 수 있도록 지원하고 격려하는 일이 중요하다. 또한 학부모로서 학교 공동체에 참여하게 된다. 우리나라와 같이 교육열이 높은 나라에서는 이 시기부터 부모가 자녀 교육에 깊은 관심을 갖게 되며, 자녀에 대한 심리적 자원과 더불어 교육비의 부담을 지게 된다.

5) 청소년기 자녀 양육기

이 시기는 첫째 자녀가 중·고등학교에 재학하는 청소년기의 기간을 말한다. 자녀는 청소년기에 접어들면서 서서히 부모로부터 심리적으로 독립하게 된다. 청소년기에 자녀는 친구들과의 관계에 관심이 많아지면서 부모와 심리적으로 거리를 두려 하고 자기주장이 강해지며 부모의 말에 저항하는 행동을 나타내는 등 부모와 자녀 간의 갈등이 증폭될 수 있다. 부모는 이러한 갈등을 지혜롭게 해결하면서 자녀에 대한 지원과 더불어 자녀의 심리적 독립이 자연스럽게 이루어질 수 있도록 돕는 노력이 필요하다. 우리나라의 경우, 자녀는 대학진학을 위한 커다란 학업 부담을 지게 되면서 심리적으로 불안정하고 압박감이 심하고, 부모 역시 교육비 부담을 포함하여 자녀 교육에 가장 높은 관심을 지니게 되는 시기다.

6) 자녀 독립기

이 시기는 자녀가 대학에 입학하고 이후 결혼을 하여 부모의 슬하를 떠나게 되는 기간으로서 '진수기'라고도 한다. 대학에 진학한 자녀는 부모로부터의 심리적 독립을 강화해 나가고 졸업 후 직장을 갖게 되면서 경제적 독립을 이루어 간다. 부모는 자녀에 대한 관여도가 감소하게 되고, 가족 간의 응집력도 약화된다. 자녀는 이성교제를 통하여 결혼 대상을 탐색하게 되며, 결혼을 하여 독립적인 가정을 형성하게 된다. 부모는 자녀가 결혼을 하고 독립적인 가정을 형성하는 일에 지지적인 역할을 하는 것이 중요하다. 그러나 이 시기에 자녀의 결혼 상대에 대해 부모가 합리적이지 않은 반대 의견을 갖게 되면, 부모-자녀 간에 갈등이 생겨날 수도 있다.

7) 중년기

이 시기는 마지막 자녀가 결혼하여 가정을 떠남으로써 가정에 부부만 남게 되는 기간을 말한다. 자녀가 모두 독립하여 떠남으로써 부부관계는 새로운 변화를 겪게 된다. 자녀 양육에서 완전히 자유로워지면서 부부 간의 상호 의존성이 증가한다. 자녀를 자신의 품에서 떠나보내고 나서 빈 둥지를 지켜야 하는 부모는 심리

적 공허감을 느끼게 되는데, 이를 빈 둥지증후군(empty nest syndrome)이라고 한다. 특히 직업을 갖지 않고 자녀의 양육에만 전념해 온 어머니의 경우, 이 증후군을 더 심하게 경험할 수 있다.

아울러 이 시기에는 자녀의 배우자인 며느리나 사위와 원만한 관계를 형성하고 자녀의 결혼생활이 행복하도록 지원하는 일이 중요하다. 또한 손자 · 손녀의 탄생으로 할아버지, 할머니의 역할이 생겨나게 된다. 손자 · 손녀의 재롱을 보는 큰 기쁨을 지니는 시기이기도 하지만, 자녀가 맞벌이를 할 경우 손자 · 손녀의 양육에 개입하게 되거나 이에 따른 갈등을 겪기도 한다.

8) 노년기

이 시기는 직장에서 퇴직을 하고 인생을 마무리하는 기간을 말한다. 이 시기에는 퇴직 생활에 적응해야 할 뿐만 아니라 신체적으로 노쇠해지고 사회적 역할이 감소하는 노년기의 삶에 적응하는 것이 필요하다. 여유 있는 노년기를 맞기 위해서는 일찍부터 노년기를 위한 체계적인 준비가 중요하다. 노년기의 부부는 서로에 대한 의존도가 증가한다. 부부 중 한 명이 먼저 사망하게 되면 남은 사람은 홀로 여생을 보내야 하므로 배우자의 사별과 혼자 사는 것에 대한 적응 또한 중요한 과제가 된다.

지금까지 살펴보았듯이, 가족생활 주기에 따라 가족관계는 변화해 간다. 가족생활 주기에 따른 부부의 결혼 만족도를 조사한 요르겐센(Jorgensen, 1986)에 따르면, 결혼 기간과 만족도의 관계는 U자 형태를 나타낸다. 즉, 결혼 초에는 만족도가 높지만 결혼생활이 지속되면서 만족도가 하강한다. 자녀가 성장하여 떠나가는 50대 전후에 결혼 만족도가 최저의 수준에 도달하며, 노년기를 앞두고 부부관계는 다시 서서히 향상되는 경향을 보인다.

가족생활 주기에 따라 대부분의 가족이 공통적으로 경험하는 각 단계의 사건들은 가족관계에 긍정적인 영향을 미치기도 하지만 부정적인 영향을 미칠 수도 있다. 그뿐만 아니라 가족마다 독특하게 경험하는 예상하지 못한 여러 가지 사건들이 발생하고, 이에 따라 가족관계는 변화를 겪게 된다. 예를 들면, 가족 구성원의 질병이나 사망, 가장의 실직이나 사회적 지위의 급격한 변화, 자녀의 청소년기 비행이나 심리적 문제, 음주나 폭력 문제, 외도, 도박 또는 주식 실패에 따른 경제적 파탄 등과 같은 사건은 가족 구성원 간에 심한 갈등을 유발하고 가족관계에도 심각한 영향을 미치게 된다. 어떤 가정이나 이처럼 예상치 못한 사건들을 경험할 수 있다. 이러한 상황에서 겪게 되는 가족의 문제와 위기를 지혜롭게 잘 해결해 나가는 가족의 문제 해결 능력의 정도에 따라 가정의 안정과 행복이 좌우된다.

3. 가족체계의 제반 개념

1940년 체계 이론이 대두되면서 개인 중심이 아닌 개인이 성장하고 자라나는 가족을 하나의 체계로 보는 관점이 대두되기 시작했다. 가족체계 이론은 생물학자인 버탈랜피(Bertalanffy, 1968)의 일반체계 이론(general systems theory)을 바탕으로 이루어졌다. 그에 따르면, 살아 있는 유기체들은 어떤 한 시간과 공간 속에서 조직적으로 상호작용하는 요소들로 구성되어 있으므로 유기체들을 이해하는 데 있어 각 요소들보다 그들의 상호작용과 전체 기능을 중시해야 한다(Hoffman, 1981). 가족은 하나의 전체이면서 또한 부분으로 나누어지는 구조를 가지고 있다. 그러나 가족의 구조는 구성원 개개인의 물리적인 구성을 뜻하는 것이 아니라 가족 상호작용의 유형에 나타난 사람과 삶 간의 질적인 상태를 추상화한 것이다. 개인의 삶에서 가정이 중요한 만큼, 가족과의 인간관계는 중요하다. 가족관계는 여러 구성원 간의 복잡하고 미묘한 역동성을 지니고 있어서 화목하고 원만한 가족관계를 형성하는 것이 쉽지 않다.

1) 가족의 구조

가족에 대한 구조적 접근은 1974년 미누친(Minuchin)이 개발하였는데, 이는 가족 구성원 간의 관계를 변화시키고 재구성하는 것에 목적을 두고 있다. 미누친은 자녀가 역기능적으로 행동을 할 때 자녀는 단지 가족 내 갈등을 대변하는 증상을 나타내는 것뿐이고, 실제로는 가족체계에 장애가 있다고 보았다. 즉, 문제가 일어난 상황의 관점에서 그 개인이 드러낸 증상을 이해하고자 하였다.

가족 구조의 파악은 미누친의 경계선 개념으로 보면 잘 설명될 수 있다. 가족이 너무 밀착(enmeshment)되어 있는 상태를 혼란된 경계선(diffused boundary)이라고 하는데, 이는 가족이 서로 간에 지나치게 얽혀 있고 간섭이 심한 경우다. 격리(disengagement)된 가족은 경직된 경계선(rigid boundary)인데, 가족이 각자 따로 행동하며 서로에게 무관심한 관계다. 이러한 가족관계는 시간이 지나도 잘 변하지 않는다. 그래서 가족은 끊임없는 갈등을 겪게 되는데, 이런 경우 가족 구조를 더 기능적이고 균형 있게 바꾸는 것이 필요하다.

가족의 구조에는 하위 체계 간에 차별의 정도와 위계가 존재하며, 그 구조는 공존하는 여러 개의 하위 체계로 구성된다. 다양한 하위 체계는 각기 다른 기능을 가지고 있다. 각 체계는 성, 세대, 공통 관심사(common interest) 그리고 기능에 기초를 두고 있는데, 대표적인 하위 체계는 부부, 부모, 형제 하위 체계다.

건강한 가족은 시간이 지남에 따라 그들의 상호작용 유형을 발전시키고, 그 유형은 미래의 상호작용에 규칙이 된다. 그리고 이러한 규칙은 가족 내의 조직화를 형성한다. 그러나 미누친에 따르면, 역기능적인 가족은 변화의 요구에 맞춰 나갈 수 없다. 이러한 가족은 지금까지 상호작용 유형의 경직성을 증가시키고, 이전 구조를 유지할 뿐이다. 그러므로 역기능적인 가족에 대한 치료의 목표는 가족의 상호작용 유형과 그들의 구조를 변화시키는 데 있다. 부모와 자녀 간에 유난히 많은 갈등을 겪는 가족이 있다. 사티어(Satir)는 이들은 대부분 낮은 자존감을 지닌 사람들로서 성장 과정 중 자존감 형성에 중요한 자신과 타인을 경계 짓는 심리적 자아경계선이 제대로 형성되지 못한 사람들이라고 보았다.

2) 가족의 정서체계 형성

가족의 정서체계는 가족 구성원이 감정적으로 연결되어 있는 상태를 의미한다. 가족은 강하게 혹은 약하게 서로 연결되어 있다. 가족 구성원 간에 분화가 잘 이루어져 있으면 불안을 극복하여 새로운 목표를 세울 수 있지만, 분화의 상태가 낮을 때에는 구성원들이 갈등과 문제를 견뎌 내는 데 있어 불편한 감정을 참지 못한다. 또한 불편한 감정을 다른 사람들과 함께 해결하려고 든다. 이들은 워낙 불안하기 때문에 외부의 작은 자극에도 다른 사람들과 관계를 맺어 해결하고자 한다. 즉, 감정적으로 하나가 되어 힘을 얻고자 하는 것이다.

올슨, 스프렌클 및 러셀(Olson, Sprenkle, & Russel, 1983)은 가족 구성원이 서로에 대해 갖는 정서적 유대감을 '응집성'이라는 용어로 설명하였으며, 이 가족 응집성은 가족 구성원 간의 친밀감 또는 거리감 · 정서적 지지와 같은 개념으로 가

표 9-1 **가족의 응집성 지표**

변인	과잉 분리	분리	연결	밀착
정서적 유대	극단적인 분리	분리/제한적 연결	연결/약간의 분리	극단적 연결
가족의 경계	외부: 개방적 내부: 폐쇄적 세대 간: 경직	외부: 반개방적 내부: 반개방적 세대 간: 명확	외부: 반개방적 내부: 반개방적 세대 간: 명확	외부: 폐쇄적 내부: 개방적 세대 간: 혼란
연합	부부관계: 지나치게 높은 정서적 분리, 제한적 연합 세대 간 경계: 경직 부모-자녀 관계: 낮은 연합	부부관계: 주로 정서적으로 분리, 약간의 연합 세대 간 경계: 분명 부모-자녀 관계: 약간의 연합	부부관계: 주로 정서적 연합, 약간의 분리 세대 간 경계: 분명 부모-자녀 관계: 높은 연합	부부관계: 강한 연합, 제한적 분리 세대 간 경계: 불분명 부모-자녀 관계: 지나치게 강한 연합
시간	가족과 분리되어 있는 시간이 최대. 함께하는 시간 거의 부재	혼자 있는 시간을 중요시하는 것을 기본으로 함. 때때로 가족과 함께함	가족과 함께 있는 시간을 중요시함. 개인적인 시간 허용	가족과 함께하는 시간 최대. 개인적인 시간 거의 부재
공간	사적 공간: 최다 가족과의 공간: 거의 없음	사적 공간: 많음 가족과의 공간: 적음	사적 공간: 적음 가족과의 공간: 많음	사적 공간: 없음 가족과의 공간: 최다
친구	개인적인 친구와의 활동, 혼자서 즐김	개인적인 친구와의 활동, 드물게 가족과 함께함	개인적인 친구와의 활동, 가족과 함께함	가족 전체의 친구들과 활동하는 것을 선호, 개인적인 친구는 한정적
의사결정	항상 각자 결정	대부분 각자 결정, 가족 문제는 함께 결정	대부분 함께 결정하는 것 선호	항상 모든 가족이 함께 결정
흥미와 오락	주로 개별 활동	자발적 가족 활동, 개별 활동 지지	가족, 개별 활동 모두 관심 보임	대부분 가족과 함께 활동

출처: Olson et al. (1983).

족 구성원 간의 상호작용 과정 및 그 결과를 결정짓는 가족의 일차적 기능이라고 하였다. 가족의 응집성 차원을 진단하고 측정하는 데 이용되는 변인으로는 정서적 유대(emotional bending), 외부 환경과 하위 체계 간의 경계(boundaries), 연합(coalitions)이 이루어지는 정도와 대상, 가족 공동의 시간(time)과 개인 시간 허용 정도, 가족 공동의 공간(space)과 개인 공간 허용 정도, 가족 공동의 친구(friends)와 개인의 사적 친구의 인정, 의사결정(decision making) 유형, 가족 전체와 개인 활동의 보장 정도를 알기 위한 흥미(interest)와 오락(recreation)이라는 여덟 가지 변인을 제시하였다. 이러한 여덟 가지 하위 영역들로 측정되는 가족 응집성은 그 정도에 따라 가장 높은 수준에서 가장 낮은 수준의 순서로 과잉 분리, 분리, 연결 및 밀착의 4등급으로 구분이 된다.

올슨, 스프렌클 및 러셀(1983)은 너무 밀착되거나 과잉 분리되지 않은 적절한 응집성을 보이는 가족은 가족에 대한 소속감이나 애착의 정도가 개인의 자율성과 균형을 이루면서 기능적인 가족체계를 유지하고 개인의 발전에도 최적의 상태를 만들어 주는 것으로 보았다. 응집성은 체계가 분리와 연결 간에 얼마나 균형을 이루는가에 초점을 맞추고, 분리와 연결 정도에 따라 응집이 지나치게 낮은 과잉 분리, 적당하게 낮은 분리, 적당히 높게 응집된 연결, 응집이 지나치게 높은 밀착으로 구분된다. 따라서 가족은 분리와 연결이 균형을 이루는 가족 응집성을 보일 때 효과적으로 기능하며, 네 가지 수준의 가족 중에서도 응집성이 적당히 낮은 분리 가족과 적당히 높은 연결 가족이 가장 효율적으로 기능한다. 이에 비해 응집성이 지나치게 낮은 과잉 분리 가족과 지나치게 높은 응집을 보이는 밀착 가족은 역기능 가족이다. 그러나 최근의 연구(Olson, Sprenkle, & Russel, 1991)에서는 밀착이라는 용어 대신 '매우 연결'된 집단으로 명명하였으며, 가족 간에 심리적으로 많이 연결될수록 가족기능을 적절히 한다고 주장하였다.

3) 역기능적 의사소통

사티어는 의사소통을 정보를 주고받는 과정이라고 하였고, 언어적 · 비언어적 의사소통 과정을 중요시하였다. 또한 모든 의사소통 기술과 유형은 어려서부터 부모와 가족의 훈련 과정을 통해 학습된 것으로 새로운 학습과 필요에 따라 변화할 수 있다고 보았는데, 역기능 가족 구성원에게서 나타나는 의사소통 유형은 언어적 메시지와 비언어적 메시지가 일치하지 않는 이중 메시지를 전달한다고 하였다. 역기능적 의사소통 유형은 회유형(placate type), 비난형(blame type), 초이성형(super-reasonable type) 그리고 산만형(irrelerant type)의 네 가지 유형으로 구분한다(송정애, 2006 재인용).

(1) 회유형

우리가 생존에 위협을 느낄 때 반응하는 유형 중 하나다. 회유형의 사람은 표면적으로는 아주 약하고 의존적이며 무조건 순종하는 경향이 있다. 다른 사람과 상호작용하는 상황을 존중하지만 자신의 진정한 감정은 존중하지 않으며, 자기보호를 위해 자신의 욕구를 숨긴다. 이들은 자신을 부인하며, 자신은 별로 중요하지 않다는 메시지를 다른 사람에게 보낸다. 이런 반응이 계속될 경우 자아존중감이 더 낮아지게 되고, 자신을 무시하게 된다

(2) 비난형

비난형은 회유형과 정반대 유형이다. 비난형의 사람은 자기주장이 강하고 독선적 · 명령적 · 지시적이다. 다른 사람을 무시하고 오로지 자신만을 생각하는 경향이 있다. 자신을 방어하기 위해 다른 사람을 괴롭히고 비난하며, 자신과 상황에만 가치를 둔다. 이 때문에 적의를 가지고 잔소리하는 난폭한 폭군으로 묘사된다. 그러나 내면에는 외로움과 긴장감, 실패자라는 패배감을 가지고 있기 때문에, 이들의 거친 비난은 오히려 도움을 요청하는 호소다. 이들의 특징은 호흡이 빠르고, 이탈행동, 편집증, 만성적 근육 통증, 높은 혈압, 높은 톤의 목소리, 다른 사람을 무시하는 것 등이다.

(3) 초이성형

초이성형의 사람은 객관성과 논리성의 소유자이며, 신과 다른 사람을 과소평가하고 상황만을 중시한다. 자신과 다른 사람의 감정을 거부하며, 어떤 개인 감정도 내보이지 않고, 매우 정확하고, 이성적이고, 냉정하고, 차분하고, 침착하고, 항상 객관적이며, 합리적인 의사소통 유형을 선택한다. 권위적이고, 논리적이고,

항상 옳아야 하며, 융통성이 없고, 자존심이 강하고, 책임감이 지나치고, 상처받기 쉽고, 감정 표현을 안 하며, 외로움과 고립감을 느끼고, 느낌과 감정에 초점을 두지 않고 상황에 초점을 맞춘다. 또한 느낌을 실제적인 상황 표현으로 바꾸고자 노력하고 자신과 다른 사람을 무시한다.

(4) 산만형

산만형은 초이성형의 정반대 유형이다. 산만형의 사람은 버릇없는 많은 행동으로 혼란스럽고, 끊임없이 움직이며, 토론 주제로부터 다른 사람의 관심을 분산시키려 한다. 생각이나 주제를 자주 바꾸고 특정 주제에 집중을 못하고, 자신과 다른 사람, 상황 모두를 중요하게 생각하지 않는다. 난처할 때는 농담이나 딴전을 피우며 횡설수설하거나, 행동이 분주하고 눈을 깜박이거나, 다리를 흔들거나, 머리카락을 만지는 등 산만하다.

사티어(1967)는 이러한 역기능적 의사소통을 전 가족 구성원과 함께 작업하여 일치형(congruent type)으로 의사소통의 패턴을 변화시켜 주고자 하였다. 이렇게 되면 자신과 타인, 상황 모두를 존중하고 신뢰하게 된다. 일치형 의사소통은 개인의 특성을 존중하고, 자신의 내적 · 외적 자원을 사용하며, 개방적인 대화를 한다. 또한 자신과 타인을 사랑하고, 변화에 대해 융통적이며, 일치된 말과 일치된 정서를 사용하고, 자신과 다른 사람의 상황을 중요시한다. 사티어가 말하는 건강한 가족은 가족 간의 대화가 솔직하고 직접적인데, 가족 규칙에 융통성이 있고 문제를 건설적으로 해결하고자 하며, 가족 구성원이 서로를 양육하고 관심 · 온정 · 부드러움을 경험한다. 또한 감정 이입적이고, 서로 신뢰하며 솔직하고, 개별성을 인정하고 다른 사람의 견해를 존중한다.

4) 가족역동

가족은 소수의 혈연적 구성원으로 이루어진 작은 사회다. 따라서 가족 안에서는 다양한 사회적 현상이 독특한 형태로 나타난다. 가족은 부부관계, 부모-자녀 관계, 형제 · 자매 관계가 복합적으로 얽혀 서로 영향을 주고받는 역동적 체계다. 가족 구성원은 각기 자신에게 분담된 가족역할을 수행하면서 자신의 욕구와 기대를 가족 안에서 충족하고자 한다. 자신의 욕구와 기대를 의사소통 경로를 통해 다른 구성원에게 전달한다. 때로 자신의 욕구가 좌절되거나 다른 구성원과의 갈등이 발생할 경우, 자신이 지닌 가족권력을 행사하여 자신의 의사를 관철하려고 노력한다. 이러한 과정에서 타협이 이루어지기도 하고, 보다 강한 권력을 가진 구성원의 의사가 강요되기도 하고, 때로는 갈등이 심화되어 가족이 분열되기도 한다.

이러한 가족관계는 가족을 구성하는 개인의 성격과 특성에 따라서 매우 다양한 모습으로 나타난다. 가족 구성원은 각기 독특한 성격과 개성을 지닌다. 이처럼 다른 개성을 지닌 가족 구성원이 같은 집에서 먹고 자고 생활하면서 매우 복잡하고 역동적인 인간관계를 나타내게 된다. 특히 가족권력이 강한 가족 구성원의 성격적 특징은 가족관계에 강한 영향을 미친다. 그러나 가족은 모든 구성원이 서로 밀접하게 연결되어 역동적으로 움직이는 유기적인 조직이다. 따라서 한 가족 구성원의 특성은 다른 가족 구성원과 가족 전체에 영향을 미치게 된다. 이러한 영향은 그 가족 구성원의 가족역할, 가족권력 및 의사소통 방식에 따라 달라진다. 마찬가지로, 한 가족 구성원의 변화는 다른 가족 구성원과 가족 전체에 영향을 미치게 되며, 그 영향의 결과는 다시 가족 구성원 전체에 전달되는 연쇄적인 변화 과정을 유발하게 된다. 이처럼 가족 구성원 간의 다양한 상호작용에 의해 가족 내에서 일어나는 역동적인 변화를 가족역동(family dynamics)이라고 한다. 가족관계를 정밀하게 이해하기 위해서는 가족 구성원 개인의 특성과 더불어 여러 가지 가족 요인을 함께 고려하여 가족역동을 파악하는 것이 중요하다.

가족역동을 아버지, 어머니, 아들과 딸로 구성된 4인 가족의 예를 통해 살펴보자.

> 냉정하고 독선적인 성격을 지닌 아버지는 직장일로 매우 바쁘다. 불안정하고 의존적인 성격의 어머니는 남편의 무관심과 냉정함으로 정서적 욕구가 좌절되어 남편에게 불만을 표출하고, 독선적인 남편은 이러한 불만을 받아들이지 않아 부부 갈등이 지속된다. 어머니는 남편에게 채워지지 않는 정서적 욕구를 충족하고 남편에게 대항하기 위하여 자녀들에게 과도한 애정을 쏟는다. 특히 똑똑하고 공부 잘하는 아들에게 과도하게 집착하면서 수시로 아버지에 대한 불만을 이야기

한다. 이러한 과정에서 아들은 아버지에게 분노를 느끼게 되고, 어머니에게는 연민을 느끼면서 어머니를 정서적으로 지지하게 된다. 어머니의 사랑이 아들에게로 향하면, 상대적으로 사랑의 박탈감을 느끼는 딸은 어머니에게 불만을 느끼게 된다. 딸은 아버지에게서 사랑을 받고자 하지만, 아버지는 직장 일로 바빠 가정에 있을 시간이 제한되어 딸의 욕구는 좌절된다. 딸은 부모에 대한 불만과 분노, 오빠에 대한 시기심과 열등감, 분노를 지니면서 친구 관계에서 사랑을 추구하게 된다. 청소년기에 접어든 딸은 성적에 집착하는 부모에 대한 반항감으로 공부를 안 하고 친구들과 어울려 노는 데 집중한다. 특히 집단 응집력이 강한 문제아들과 어울리면서 함께 비행행동을 하게 되고, 이 문제로 부모가 학교로 불려가게 된다. 부모는 딸의 행동을 질책하게 되고, 그럴수록 딸은 부모에 대한 불만과 분노가 더해진다. 어머니는 딸에 대한 실망으로 아들에 대한 집착이 더욱 강해진다. 아버지는 자신에게 저항적인 아들과 비행행동을 하는 딸에게 실망을 하고 아내의 자녀 양육 상태를 비난하면서 가정으로부터 멀어진다. 아들은 여동생의 문제로 힘들어하고, 아버지의 공격을 받는 어머니를 더 두둔하며, 여동생을 무시한다. 가족 내에서 외톨이가 된 딸은 불만이 가중되면서 가출을 하게 된다. 딸의 가출로 가족은 위기에 처하고, 딸의 가출 문제를 해결하기 위해 아버지와 어머니가 대화를 시작하고 딸을 찾아 나서는 등 공동의 노력을 취한다. 이 과정에서 부부관계가 다소 개선되고, 부모의 협동적인 모습을 보면서 아들도 아버지에 대한 적개심이 다소 완화된다. 딸이 가출하게 된 이유를 상담교사와 함께 의논하면서 부모는 자신의 부부관계와 자녀에 대한 자신들의 태도를 반성하게 된다. 특히 딸에 대한 미안함으로 딸에게 관심과 사랑을 주려고 노력한다. 가출로 고생을 하다가 집에 돌아온 딸은 부모가 보여 주는 뜻밖의 관심과 사랑에 가족의 소중함을 느끼게 된다.

이 예는 청소년 비행을 유발하는 전형적인 가족역동을 보여 준다. 부부 갈등은 자녀 문제로 발전하고, 자녀 문제는 부부관계에 영향을 미친다. 이 예는 가족관계를 이해하기 위해서 가족 구성원 전체가 상호작용하는 가족역동을 이해하는 것이 중요함을 보여 주고 있다. 가족치료자는 가족 구성원 개인이 나타내는 대부분의 심리적 문제를 가족 구성원 전체의 갈등과 밀접하게 연관된 것으로 본다.

즉, 개인이 건강하려면 가족이 건강해야 하고, 가족이 건강하려면 개인이 건강해야 한다.

5) 기능적 가족체계

가족체계 속에서 주고받는 상호작용은 가족기능의 개념과 관련되는데, 가족 구성원 개개인이 서로 맺어 나가는 역동적인 관계에 따라 가족은 살아 있을 수도 있고, 겉으로는 살아 있는 것처럼 보이지만 제대로 기능하지 못해 존재의 의미가 퇴색되기도 한다. 한 가족을 평가할 때는 그 가족이 건강하고 기능적인지 아니면 역기능적인지라는 개념을 사용하는데, 이는 그 가족 구성원 사이에서 나타나는 역동을 보면 알 수 있다. 가족을 하나의 사회적 단위 체계로 볼 때, 그 체계 내부에는 여러 다양한 하위 체계들이 존재하고 각각의 하위 체계들이 일정한 위계를 이루어 최종적으로 하나의 전체로 유지된다(최병일, 1987). 가족체계가 다른 체계들과 구별되는 중요한 특징 중 하나는 가족 내 하위 체계들 간에 연계적인 상호작용을 통하여 정서적 유대를 형성하며, 그에 따라 체계의 안정성이 유지되는 것이다(Foley, 1974). 또 다른 특징은 가족체계는 하나의 개방 체계로서 가족 외부와 계속적으로 투입을 주고받는 과정을 반복한다는 점인데, 이는 가족의 안정 상태를 유지하기 위해 필요한 과정이다(Feiring & Lewis, 1978).

즉, 기능적인 가족이란 가족 내 하위 체계들이 상호작용을 통하여 정서적 유대를 형성하며 그에 따라 체제의 안정이 유지되고, 또한 가족 외부와도 지속적으로 상호작용하면서 변화에 개방적이고 이에 적응해 나가면서 가족 전체가 성장을 경험해 나가는 상태라 할 수 있다. 이처럼 가족체계는 그것을 구성하고 있는 하위 체계들 및 외부 체계들과의 상호작용을 중심으로 유지되고 발전되는 것이기에 항상 역동적일 수밖에 없다.

기능적인 가족체계의 특징은 다음과 같다.

① 표현되는 다섯 가지의 자유

- 과거나 미래의 일 혹은 해야만 하는 일이 아니라 당장의 일을 보고 듣는(감지하는) 자유

- 당위적인 생각이 아니라 있는 그대로 생각하는 자유
- 억지가 아니라 느껴지는 그대로 느끼는 자유
- 앞으로 바라는 일이 아니라 현재 바라는 것을 이루려고 하고(소망하고) 선택하는 자유
- 경직된 자세나 안정된 척하는 연기나 가면에서 벗어나 자아 실현상을 그리는 자유

② 친화력을 드러내는 과정

③ 타협된 차이

④ 분명하고 일관성 있는 의사소통

⑤ 신용

⑥ 개별성

⑦ 개방적이고 유연함

⑧ 충족된 욕구

⑨ 설명 가능성

⑩ 개방적이고 유연한 법칙

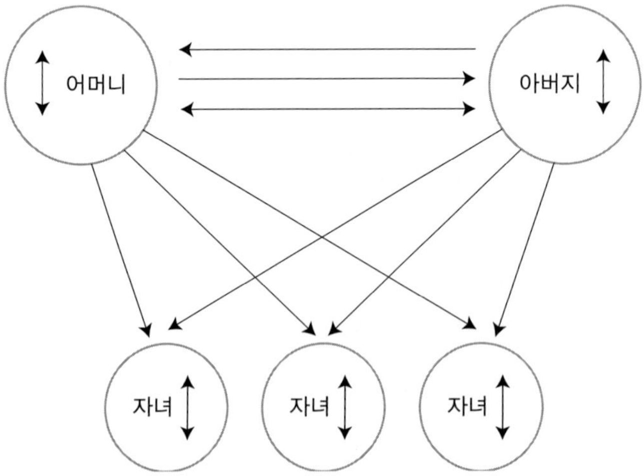

그림 9-2 **기능적인 가족체계의 주요한 구성 요소**

출처: Bradshaw (2000).

기능적 가족체계의 특징

1. 전체는 부분의 합보다 크다.
2. 체계는 역동적이다. 피드백과 스트레스에 적응하며 끊임없이 개방과 성장을 추구한다.
3. 규칙은 명백하고 협상이 가능하다.
4. 상호 존중-균형-함께하기-개별화
5. 상호 관계와 개인 내면의 불안이 낮으면 개별화의 힘이 자동으로 나타난다.

표 9-2 **기능적 가족과 역기능적 가족의 특성**

기능적 가족	역기능적 가족
하위 체계의 경계선이 명확하지만, 이것은 가족의 요구에 따라 변할 수 있다.	하위 체계의 경계선이 경직되거나 혼란되어 있으며, 가족의 요구에도 변화하지 않는다.
가족 규칙은 명확하며 공평하게 이루어진다. 또한 규칙은 가족 상황에 따라 변할 수 있다.	가족 규칙이 명확하지 않으며 경직되어 있다. 또한 가족의 행동이나 방법에 규칙을 적용하지 않는다.
가족 구성원은 자신들의 역할을 명확히 이해한다.	역할은 경직되거나 명확하지 않아서 가족 구성원은 자신에게 요구되는 기대가 무엇인지 잘 알지 못한다.
각 개인의 자율성을 존중하면서도 전체로서의 가족이 유지된다.	개인의 자율성은 가족 전체를 위해 희생되거나, 반대로 가족이 통합되지 못해 지나친 자율성이 요구된다.
의사소통은 자유롭고 명확하며 직접적이다.	의사소통은 애매하고 간접적이고 권위적이다.

6) 역기능적 가족체계

인간이 양육되고 자라는 과정은 우리의 인격 형성, 즉 정서 발달과 태도, 생존 방식과 행동양식에 많은 영향을 미친다. 그리고 양육자의 가치관과 신념, 행동양식이 한 개인의 자아 개념과 인격 형성을 좌우하는 핵심 요인이므로 부모-자녀 관계는 자녀의 일생에 아주 중요한 영향을 미친다. 성장 과정 중 부모나 양육자는 자녀의 내면세계에 사랑과 존경 혹은 정신적 · 정서적 분노, 적개심, 죄의식의 씨를 심어 준다. 많은 사회적 변화 속에서 오히려 가족 구성원의 자존감이 낮은 경우가 많다. 사회적 부적응을 보이는 사람들의 경우 가족체계가 역기능적이라는 것이 많이 드러나고 있기 때문에 사회적 적응의 높고 낮음이 가족체계로 잘 설명될 수 있다.

역기능적 가족은 다음과 같은 삶의 스트레스와 위기 상황에서 성장하고 변화해 가기보다는 이러한 상황을 위협으로 받아들이면서 역기능적인 가족이 된다.

- 현재의 삶에서 오는 스트레스, 긴장, 좌절, 불안, 예측할 수 없는 혹은 예측할 수 있는 위기 상황에서 제대로 적응하지 못할 때
- 발달 과정에 따르는 위기를 잘 해결하지 못할 때
- 갑작스러운 상황이 벌어져 순조로운 발달 과정에 지장을 초래할 때

이와 같은 상황이 발생할 때 가족 내에서는 다음과 측면에서 문제가 대두된다.

(1) 자기분화

자기분화란 정서적 체계와 지적 체계를 분리할 수 있는 능력과 이 두 가지 체계를 선택하여 유지하는 능력을 말한다. 정서적 기능과 지적 기능이 분화되지 않고 심하게 융합된 상태에 있는 사람은 무의식적으로 정서적 반응에 영향을 받기 쉽고, 낮은 수준의 스트레스에도 역기능적인 반응을 하는 경향이 있다. 이들은 감정과 사고를 구분하는 것이 어렵기 때문에 다른 사람과의 분화에 어려움이 있고, 가족을 지배하는 감정에 쉽게 융합한다. 분화가 잘 되어 있으면 문제 상황에서 불안을 극복해 가면서 새로운 목표를 세울 수 있으나, 분화가 낮은 사람은 이를 견뎌 내는 데 있어서 불편한 감정을 못 참으며 다른 사람과 함께 해결하려고 한다. 이들은 워낙 불안 수준이 높아 외부의 작은 자극에도 다른 사람과 관계를 맺어 해결하고자 한다. 즉, 감정적으로 하나가 되어 힘을 얻고자 하는 것이다.

보통 결혼을 할 때 자신의 분화 정도와 유사한 배우자와 결혼하는 경향성이 있다. 원가족과 정서적으로 단절된 사람의 경우 배우자를 만나 융합 관계를 형성하게 되면 불안이 증가하게 되고, 결과적으로 역기능적인 가족관계를 반복하게 됨으로써 다음과 같은 결과가 나타나게 된다.

- 각자 배우자에게 바라는 인정을 얻지 못하기 때문에 사이가 멀어진다.
- 어느 한쪽 배우자에게 신체적 혹은 심리적 역기능이 나타난다.

- 부부는 문제가 무엇이든지 항상 싸운다.
- 자신의 문제를 한 명 혹은 여러 자녀들에게 삼각관계를 이루며 투사한다.

(2) 삼각관계

보웬(Bowen, 1971)은 두 사람의 관계에서 발생하는 스트레스는 상충된 욕구가 있을 때 균형을 유지하려고 시도하는 데에서 발생한다고 보았고, 가족구조 안에서 두 사람 간의 스트레스를 해결하는 방법은 가족의 다른 구성원을 두 사람의 상호작용 체계로 끌어들여 삼각관계를 형성하는 것이라 보았다(송정애, 2006 재인용). 삼각관계가 일어나는 주요 요인은 자기분화 수준과 경험하는 긴장 정도에 있다. 즉, 자기분화 수준이 낮고 긴장이 심할수록 이러한 현상이 두드러진다. 가족 내에서 일어나는 일반적인 삼각관계의 예는 갈등이 많은 부부가 자신들의 문제로 반목하는 대신 자녀를 끌어들여 그에게 초점을 맞추면서 긴장을 완화하는 것이다. 긴장이 심화되면 이 삼각관계는 부모 중 한 명과 자녀 사이에 강한 애착관계가 형성되게 한다. 만약 삼각관계에 휘말린 자녀가 상처받기 쉬운 성향을 가졌다면 이 아이는 여러 가지 문제 증상을 보이게 된다. 부모가 자녀에게 화를 많이 내면 자녀는 주눅 들거나 억울함을 느끼게 되고 부모에 대한 분노를 느끼게 된다. 억압된 분노는 다른 사람이 조금만 건드리면 부모와 똑같은 또는 부모에게는 하지 못한 감정반사 행동을 하면서 인간관계를 맺게 되는 것이다. 융합 관계에서는 한 사람이 화를 내면 다른 한 사람은 관계 단절의 두려움과 불안을 느낀다.

두려움은 상대방의 행동에 과민한 반응을 하게 만든다. 상대방이 위축될 경우 상대방에게 죄책감을 심어 주거나 혹은 더 많이 화를 내서 상대방을 제압하고자 한다. 융합 정도가 높을수록 더 의존적이고 더 강한 감정반사 행동을 하게 된다. 일반적으로 사람은 관계를 일대일 상호작용으로만 생각하는 경향이 있으나, 상담자들은 관계가 세 가지 방향에서 일어난다고 본다. 가족 내에서 존재하는 삼각관계를 그려 보면 가족 내 역동관계를 보다 잘 이해할 수 있다. 두 사람으로 이루어진 체계는 본질적으로 불안정하며, 두 사람 사이에 불안과 갈등이 있으면 그 관계는 오래 지속될 수 없다고 본다. 그러기 때문에 곧 제3의 인물이 들어가 삼각관계를 이루거나 두 사람 중에 한 사람이 누군가를 끌어들여 삼각관계를 형성한다고 본다. 이러한 과정은 물리학의 법칙처럼 인간관계에서 자동적으로 일어난다. 그러므로 가족관계에서 삼각관계를 점검하는 것은 가족체계를 이해하는 데 무엇보다 중요하다.

일반적으로 다음과 같은 네 가지 유형의 삼각관계를 만들 수 있다. 첫째, 모두 직선으로 이루어진 유형으로 세 사람 모두 서로에게 견고하게 결속되어 있고, 대부분의 경우 서로에게 편안하며 가장 만족스러운 유형으로 변화가 적다. 둘째, 모두 파동선으로 이루어진 유형으로 서로 전혀 어울리지 못하고 결속하지 못한 세 사람의 관계를 말한다. 이는 거의 균형을 잃고 서로 흩어져 소멸될 수밖에 없는 관계다. 셋째, 한 개의 직선과 두 개의 파동선으로 이루어져 있는 유형으로 두 사람이 서로 제휴를 맺고 다른 한 사람과는 부딪히는 관계를 말한다. 이것 역시 균형 잡힌 관계라고 볼 수 있다. 만족스럽지는 못한 관계이지만, 장기간 지속될 수 있는 관계 유형으로 때때로 제휴한 두 사람의 관계는 제3의 인물을 동시에 혐오하면서 힘을 얻는다. 넷째, 두 개의 직선과 하나의 파동선으로 이루어진 유형으로 한 사람이 서로 짝을 이루고 있지 못하는 두 사람을 모두 붙들고 있는 관계를 말한다. 한 사람이 다른 두 사람과 좋은 관계를 유지하고 있고 두 사람은 서로 싫어하는 관계인데 본질적으로 균형을 잃은 상태다.

일반적으로 상담에서 가족의 가계도를 완성한 후에 삼각관계를 그리는데, 이것은 가족체계의 삼각관계를 통하여 세 가지 방향 관계가 어떻게 서로 작용하는지 보다 쉽게 이해할 수 있는 기회를 가질 수 있도록 하는 데 유용하다. 우리는 가족의 삼각관계를 통하여 삼각관계가 무엇을 말하고 있는가? 그것을 통하여 가족 내에서 앞으로 어떠한 갈등을 가지게 될 것인가? 또는 한 세대에서 다음 세대로 전수되는 유형을 찾아낼 수 있을 것인가? 무엇보다 중요한 것은 자신이 속한 가족의 역동성이 스스로에 끼친 영향에 대하여 좀 더 명확하게 아는 것이다.

(3) 가족투사 과정

가족투사 과정은 비분화된 아버지-어머니-자녀의 삼각관계에서 한 자녀 이상에게 장애가 나타나는 과정을 설명하는 것이다. 가족투사 과정에서 주요한 대상은 자녀를 낳고 주로 양육하는 어머니다. 보웬(1971)은 자녀가 정서적 투사 대상이 되는 과정은 어머니가 자녀를 감정적으로 거부하는 정도와 관련이 있다고 보았다. 부부간에 불안감이 높으면 갈등과 긴장이 커지게 된다. 이들은 자녀로부터 안정감과 확신을 얻는 것을 통하여 긴장을 해소하려고 한다. 이때 자녀는 어머니에게 불안하게 반응하고, 어머니는 이것을 자녀의 문제로 잘못 인식한다. 불안한 자녀에 대한 부모의 반응은 동정, 걱정 및 과잉보호로 나타나고, 이는 자녀의 현실적인 욕구보다 어머니의 불안이 주된 원인이다. 가족투사 과정에 선택된 자녀는 어머니가 긴장된 상태에서 태어난 자녀로서 장남 혹은 장녀, 외동딸 혹은 외아들, 어머니에게 정서적으로 특별한 자녀, 아버지에게 특별한 정서적 감정을 가지고 있다고 어머니가 생각하는 자녀, 결함이 있는 자녀 등이다. 그 가족의 가족사를 보면 왜, 어떻게 해서 그 자녀에게 초점화되었는지를 알 수 있다.

(4) 정서적 단절

모든 인간은 부모와 해결되지 않은 애착문제가 있다. 이러한 문제에 대하여 도망을 가거나, 분리하거나, 철회하거나, 원가족의 중요성을 부인하는 방법으로 해결하려 할 때 정서적 단절이 생기게 된다. 신체적으로 가까이 있지만 정서적으로 단절되어 서로 영향을 끼치지 않거나, 신체적으로 멀리 떨어져 있어 자주 만나지 못하거나 피하는 정서적 단절이 있다. 정서적 단절은 불안이 높은 경우에 발생하며 단절이 해결되면 분화 수준이 높아진다. 부모가 조부모와 정서적으로 단절한 경우 자녀와의 관계에서도 단절이 발생할 가능성이 높다.

4. 가족의 병리와 그에 대한 인식

1) 역기능적 가족과 자녀의 행동양식

부부관계의 긴장 유형에는 감정의 유리, 부부 충돌, 배우자 부적응, 자녀 손상이 있다. 감정의 유리는 부부간에 감정 반응을 회피하는 상태다. 이 경우 부부관계에서의 집합성을 충족하기 위해 다른 대상과 밀착 관계를 이루기 쉽다. 밀착과 불안을 해결하는 방법으로 부부 충돌을 일으키기도 하는데, 부부 충돌은 장기화될 경우 혼인 상태가 깨지거나 유리된 상태로 변화할 수 있다. 배우자의 부적응은 밀착 관계를 존속시키기 위해 약한 위치에 있는 한쪽 배우자가 희생되는 것이다. 예를 들면, 남편이 독재적일 경우 남편이 너무 강하여 아내가 자연스럽게 자기불만을 표현하거나 합리적인 요구를 하지 못하고 갈등을 겪으면서 이것이 다양한 신체적 질병으로 드러나는 경우이거나, 아내가 아주 유능하게 사회적 활동을 하고 지낼 때 이에 열등감을 느낀 남편이 더 무능해지면서 알코올 중독 상태에 처하는 경우다. 자녀 손상은 한쪽 부모와 특정 자녀가 지나친 밀착 관계를 형성하고 이런 상태에서 자녀의 개별적 정체성 발달이 저지되면서 그 자녀가 가족의 정신병리의 투사 대상이 되는 상태다.

2) 정서적인 질병을 초래하는 지배적인 유형

가족치료학자인 보웬(1971)은 정서적인 질병을 초래하는 지배적인 유형을 다음과 같은 내용으로 파악했다.

- 부모와의 사이에서 해소할 수 없는 갈등의 요인을 간직한 두 사람이 결혼한다.
- 결혼으로 관계가 친밀해질수록 이런 갈등은 더더욱 강화된다. 그것은 배우자를 통해서 자신의 완성을 추구하려고 하기 때문이다.
- 부부가 정서적인 결별, 즉 '정서적으로 뚜렷하게 거리를 둠'으로써 이런 문제를 해결하려고 한다. 흔히 두 사람은 서로 불화를 초래하지 않기로 약속하고 서로 친밀한 척하면서 지낸다. 밖에서 다른 사람이 볼 때는 그들의 결혼생활은 좋아 보인다. 행복의 겉모양만 있는 것이다. 하지만 이런 표면 아래를 들여다보면 갈등과 고통, 고독이 자리잡고 있다.
- 의식적이든, 무의식적이든 두 사람은 그들 사이에 자녀가 있으면 완전해질 것으로 믿기 시작한다. 어린 자녀는 관계의 핵심이 된다. 이때 어린 자녀는 구도 속에 갇히게 되며, 사실상 가족을 떠난다는 것이 불가능하게 된다. 이런 어린 자녀는 종종 정서적으로 불안정하게 되고, 치료를 받아야 할 환자로서의 증상을 나타내게 된다. 그렇게 판명된 환자는 사실상 정서적인 문제를 안고 있는 결혼의 한 증후에 불과할 뿐이다. 그리고 환자의 정서적인 질병은 그가 한 부분을 차지 않고 있는 가족의 정서적인 체계와 관련시킬 때라야만

이해할 수 있다. 정서적인 것은 가족 전체에게 전염된다. '아픈' 것으로 분류된 사람은 질병을 앓고 있는 전체 가족의 정서적 체계 자체의 한 증후를 가지고 있는 사람일 따름이다.

3) 유 대

유대와 관련된 내용은 다음과 같다.

- 모든 가족치료의 한 부분은 개인이 자기 감정을 알게 되는 방식이다. 가족은 개인으로서의 자신이 가지고 표현하는 감정을 지배한다. 부모가 그 모델이다. 이 원초적인 가족의 사연은 '사람들의 정서적인 언어 유산의 원천'을 상징한다. 우리 모두는 가족의 사연 속에서 생을 시작한다.
- 유대 관계의 역할은 특히 치료 과정에서 중요하다. 어린 자녀는 한쪽 부모 혹은 양쪽 부모와 유대 관계를 맺는다. 이런 유대 관계는 강력한 신뢰감을 형성한다. 신뢰감은 다른 사람이 되어 가는 과정의 또 다른 이름이다. 신뢰감을 느낄 때, 우리는 다른 사람들 세계의 모델 속으로 들어가는 것이다. 우리는 타인의 현실 지도를 그리는 것이다.
- 역기능 체계에서 이런 유대감은 엄격해지고 위험한 결과를 초래한다. 육체적 · 성적 · 정서적 · 지적 · 윤리적으로 학대당하는 자녀는 그런 학대 속에서 '상처 입은 유대감'을 형성하게 될 것이다. 자녀는 그것을 정상적인 것으로 경험할 것이며, 학대하는 부모와 자신을 동일시하기도 한다. 그렇게 되면, 자녀는 부모의 감정과 신념을 수행하게 된다.

4) 병리에 대한 인식

정신역동적 접근을 하는 상담자들은 어린 시절의 외상적 경험과 부모와의 갈등 등에서 문제의 원인을 탐색하여 내담자의 부적응 문제나 갈등의 요인을 해결하려고 시도하였다. 그러나 1950년대에 기존의 전통적 방법으로 별 효과가 없던 정신분열증 환자의 치료에 가족을 동반하는 치료들이 도입되기 시작하였다

(Goldenberg & Goldenberg, 2000). 1950년대 이후 가족치료 운동이 전개 · 전파되면서 상담학계에 하나의 커다란 가족치료의 전환이 이루어졌다. 그 의미는 갈등과 혼란 중에 있는 개인이 아니라 갈등과 혼란을 겪고 있는 가정이 치료를 필요로 한다는 것이다. 가족치료 분야에서는 부적응 행동이 개인의 내면보다는 역기능적인 가족체계나 관계 때문에 발생한다고 본다. 즉, 환자로 지목된 개인은 가족체계에 문제가 있음을 드러내는 지목된 한 사람일 뿐이라는 것이다.

어린 시절에 형성된 부모-자녀 간 애착의 강도와 질이 성인기까지 유지되는가? 여기에 대한 대답은 매우 긍정적이다. 많은 연구에서 인생 초기에 형성된 부모-자녀 관계의 질이 성인기까지 지속된다고 밝히고 있다. 그리고 이러한 연속성은 서로에 대한 기대, 친밀감과 상호성, 문화적인 규범, 과거의 경험에서 비롯된다고 보고 있다. 심지어 어떤 학자들은 어린 시절에 형성된 부모-자녀의 애착의 질이나 상호작용 양식은 바꾸기가 어려울 뿐 아니라, 세대를 통해 전승된다고 주장하기도 한다. 예를 들면, 유아기의 애착 유형이 성인기의 정서적 특징과 관련이 있는데, 어린 시절 회피 애착을 형성한 사람은 적개심을 억압하는 경향이 있다고 한다. 그래서 어린 시절 부모와의 관계가 원만하지 않았던 사람은 자녀와의 관계도 원만하지 않다는 것이다.

이처럼 어린 시절의 애착의 질이나 형태가 일생을 통해 지속된다면, 초기에 잘못 형성된 부모-자녀 관계를 변화시킬 가능성이 전혀 없는 것인가? 꼭 그렇지만은 않은 것 같다. 인생 초기에 형성된 역기능적 애착관계를 변화시키는 과정에는 자녀의 인지적 성숙과 부모의 정서조절 능력이 크게 작용한다. 즉, 자녀는 성인기 동안 사고가 성숙하고 정서가 더욱 복잡해지면서 인지-정서의 통합 능력이 발달한다. 이에 따라 인생 초기의 불안정 애착에 대한 통찰력이 생기면서 부모에 대한 생각이나 태도가 바뀔 수 있다. 또한 부모 역시 나이가 들수록 각성 수준이 낮아지고 정서조절 능력이 발달함에 따라 자식과의 갈등을 해결하는 기술이 발달할 뿐 아니라 연령 규준에 해당하는 행동을 보일 수 있다. 이에 따라 부모-자녀 간 상호작용의 빈도, 정서적 유대감, 서로에 대한 만족감이 증가할 수 있다.

그러면 성인기 동안 부모-자녀 간 애착은 어떤 형태로 유지되는가? 대체로 어린 시절에는 부모-자녀 간 애착이 가까이 있으려는 행동과 정서적 안정감으로 나타난다. 즉, 모성애(母性愛)와 유아의 감수성과 같은 심리적 맥락을 통해서 부모-자녀 간 유대의 질을 알 수 있다. 그러나 성인기에는 부모-자녀 간 애착의 질이 보다 상징적이다. 즉, 서로 가까이 있지 않아도 애착 대상을 정신적으로 표상하여 심리적 유대감이나 안전함을 느낀다. 그리고 자녀는 부모를 자기 인격의 일부분으로 간주함으로써 더욱 친밀감을 느낀다.

노년에는 왜 형제 · 자매가 소중해지는가? 형제 · 자매 간의 정서적 가까움은 17~30세까지 감소하다가 그후 40세까지 증가한다고 한다. 그러나 형제 · 자매 간의 우애는 중년기 이후 나이가 들수록 더욱 소중해지며, 노년에는 그 관계가 더욱 긍정적으로 발전한다. 특히 여성은 '빈 둥지 시기'가 되면 형제 · 자매에 대한 긍정적 · 부정적 정서가 더욱 뚜렷해진다고 한다. 아마도 성인 초기에는 자녀 양육이나 바쁜 직장생활로 형제 · 자매 간의 상호작용이나 정서적 개입이 약화될 수 있을 것이다. 그러나 자녀가 출가하고 직업 세계에서 물러나면 이제 관심이 형제 · 자매에게 기울어질 수 있다(Bedford, 1995).

이처럼 나이가 들수록 형제 · 자매 관계가 소중해지고 그 질이 향상되는 것은 개인의 인지-정서적 발달 수준과 밀접한 관련이 있다. 즉, 나이가 들면 자신의 감정을 억제하고 타인의 감정을 이해하고 수용하는 정서 조절 능력이 발달하기 때문에 형제간의 갈등을 줄이고 우애를 다질 수 있다. 그러나 무엇보다 형제 · 자매 관계가 좋아지는 것은 자녀가 독립해 나간 후 서로의 유대를 새롭게 하려는 노력에서 비롯될 수 있다. 예를 들면, 형제간의 유대는 인생의 전환기적 사건들(자녀 출가, 은퇴, 이혼, 사별)을 경험하면서 더욱 강해지고 깊어진다. 형제 · 자매가 이러한 사건들을 치르면서 정서적 유대와 지원을 아끼지 않을 때는 마치 함께 개입할 수 있는 가족의 하위 체계를 열어 놓는 효과가 있다(Connidis & Davies, 1992).

대체로 노년에 형제와 친하게 지내는 사람은 정서 감정이 평화스러운 데 비해, 형제와 소원한 노인은 마치 가족의 가치체계가 실패한 것처럼 불안정하다. 또한 형제간의 유대를 재확립한 사람은 중요한 것을 성취했다는 느낌을 갖는다. 때론 부모 모시기, 유산 상속 문제가 복잡하게 얽히면 형제관계에 갈등이 생길 수 있다. 그러나 형제간에는 가끔 경쟁이나 불화가 있었을지라도 어린 시절에 형성된 정서적 친밀감과 애정이 남아 있기 때문에 그 관계가 유지되며, 또 다시 회복할 수 있는 기능이 있다. 특히 노년에는 여자 형제가 남자 형제에게 정서적 지지의 원천이 되는 경우가 있다(정옥분 역, 1994).

5. 건강한 가족의 특징

건강한 가족은 가족 구성원 모두가 골고루 만족하는 가족관계를 이루어 가는 가족이라고 할 수 있다. 이처럼 건강한 가족의 일반적인 특징을 살펴보면 다음과 같다.

첫째, 가족 구성원은 가족의 행복과 안녕에 깊은 관심을 가지며 이를 무엇보다도 중요시한다. 많은 일을 처리해야 하는 바쁜 사회생활 속에서도 가족의 행복을 우선시하여 이를 중심으로 자신의 생활을 조정한다. 아울러 가족 구성원은 서로의 행복과 안녕을 위해 깊이 관여한다.

둘째, 가족 구성원은 서로에 대한 정서적 지지를 아끼지 않는다. 가족 구성원 간에 긍정적인 감정을 지니며 심리적으로 격려하고 지원한다. 상대방의 장점을 부각하고 존중하는 노력을 기울인다.

셋째, 가족 구성원 간에 효과적인 의사소통이 이루어진다. 가족 구성원이 함께 대화를 나누는 시간이 많으며, 상대방의 견해에 관심을 보이고 적극적으로 경청하며 존중한다. 또한 갈등에 대해서는 개방적이고 솔직하게 논의함으로써 갈등을 효과적으로 처리한다.

넷째, 가족 구성원끼리 함께 많은 활동을 공유한다. 가정의 안팎에서 함께 지내는 시간이 많으며, 가족과 함께 있는 것을 즐긴다. 가족 구성원은 많은 생활 영역에서 가족이 함께 지낼 수 있도록 자신의 생활을 조정한다. 온 가족이 운동, 산책, 여행, 종교 활동 등에 함께 참여하면서 가족 간의 유대감을 공고히 한다.

다섯째, 효율적인 문제 해결 능력을 지니고 있어 가족이 당면하는 여러 가지 문제나 위기를 잘 해결해 나간다. 이런 문제나 위기에 대처할 때, 가족 간에 갈등을 유발하기보다는 온 가족이 결속하여 서로 협동적으로 대처해 나간다.

여섯째, 가족 구성원은 자신의 가족역할을 잘 수행한다. 가족 구성원 각자가 담당해야 할 역할이 잘 분담되어 있으며 이러한 역할을 효율적으로 수행한다. 아울러 가족 구성원이 지켜야 할 행동 규범이 명료하게 정해져 있으며, 이의 준수를 통해 가족 내에 불필요한 갈등을 최소화한다.

토론거리

1. 결혼한 부부가 본가 혹은 배우자 가족과 원만한 관계를 유지해 나가기 위해서는 어떠한 노력이 필요한지 생각해 보고, 부모와 결혼한 자녀가 독립적인 관계로 경계 설정이 되어야 함을 방해하는 우리나라 가족의 특성을 찾아보자.

2. 가족 간의 역기능적 의사소통 유형을 살펴보고, 좋은 의사소통으로 바꾸는 연습을 해 보자.

3. 자신은 어떠한 유형의 가족을 꿈꾸고 있으며, 행복한 가족을 어떻게 꾸릴 것인지 계획해 보자.

요약

가정은 한 인간이 생명을 다하는 순간까지 가장 긴밀한 관계를 맺게 되는 관계의 장이 되는데, 가족 구성원 모두에게 스스로 안전하고 보호받을 수 있다는 안정감을 느낄 수 있는 든든하고 따뜻한 울타리가 되어야 한다. 결혼으로 새로운 가정을 구성한 부부는 자녀를 낳고 자녀가 성장함에 따라 다양한 가족 내의 변화를 겪게 된다. 또한 가족 내 권력이나 가족생활주기에 따라 가족관계가 긍정적으로 형성되기도 하고 부정적인 영향을 미칠 수도 있다. 부정적일 경우 가족관계는 갈등을 겪게 되고, 부부문제뿐만 아니라 자녀에게도 많은 심리적 고통과 향후 병리적 행동이 발생될 수 있는 씨앗을 안겨 주기도 한다. 이 장에서는 건강한 가족의 특징에 대해서 살펴보았고, 가족 구성원 각자가 이러한 역할을 효율적으로 수행하는 상태에 대해 알아보았다.

10장

가족치료와 사례

학습 목표

1. 미누친의 구조적 가족치료에 대하여 이해한다.

2. 보웬의 다세대 가족치료에 대하여 이해한다.

3. 각 접근별 가족치료의 사례를 살펴본다.

미누친(Minuchin)은 1960년대 말부터 구조적 가족치료(structural family therapy) 이론을 발달시켰다. 그는 다양한 실무 경험과 연구 활동을 토대로 역기능 가족의 특징을 정리하여 안정된 가족구조를 만들면 가족 내 문제가 치료된다는 사실을 발견하였다. 미누친의 이러한 임상적 성공은 구조적 가족치료의 이론을 형성하였고, 가족치료에 대한 새로운 경향을 만들었다.

보웬(Bowen)은 1940년대 후반부터 가족에 대한 전문적인 관심을 가졌고, 1950년대 후반부터 다세대 가족치료(multigenerational family therapy) 이론을 발달시켰다. 그는 정신분열증 환자와 가족 간의 상호작용을 연구하면서 문제의 핵심에는 일종의 병리적 형태인 불안애착이 있다는 것을 발견하였고, 이후 덜 심각한 장애를 가진 가족에서도 동일한 기제가 작용하고 있다는 사실을 발견하였다. 즉, 정상적인 가족과 병리적인 가족이 따로 있는 것이 아니라 모든 가족이 정서적 융합과 분화라는 연속선상의 한 지점에 놓여 있다고 보았다. 그의 이론적 공헌 및 치료적 노력은 가족치료를 배우는 전 세대에 영향을 미쳤다.

이 장에서는 미누친과 보웬의 가족치료 이론에 대해서 살펴보고, 이와 관련된 사례들을 제시한다.

1. 미누친의 구조적 가족치료

1) 이론적 틀

인지행동적 접근 방법은 벡(Beck)의 인지치료와 엘리스(Ellis)의 합리적 정서행

살바도르 미누친

동 치료를 중심으로 발전하였다. 벡의 과학적 연구 이후 많은 이론가들에 의하여 여러 가지 형태의 인지행동 치료가 시작되었다. 특히 엘리스의 독특한 임상적 경험이 이루어지면서 인지행동 치료는 구조화되고 단기적이며 현재 지향적인 치료법으로 자리 잡게 되었다. 이 치료 목표는 현재 내담자가 가지고 있는 문제를 해결하고 역기능적인 사고와 행동을 수정하는 데 있다. 이 치료의 특징은 목표 지향적이고 문제 중심적이다. '지금-여기'를 강조하며 내담자의 사고와 행동을 변화시키기 위하여 다양한 기법을 사용하였다. 인지행동 치료는 구조화된 치료다.

이와 같은 인지행동적 접근법에 가장 많은 영향을 받은 가족치료는 미누친의 구조적 가족치료라고 볼 수 있다(김유숙, 2002). 미누친은 1960년대 말부터 필라델피아 아동상담소에서 본격적인 임상 활동을 개시하여 구조적 가족치료 이론을 발달시켰다. 구조적 가족치료는 개인을 사회적 존재로 파악하여 개인을 둘러싼 구조에 관심을 가졌다. 가족의 구조가 변하면 동시에 가족 구성원의 지위도 변하여 각 개인의 경험도 변할 수밖에 없다고 보았다. 그 좋은 예로 미누친은 『이상한 나라의 앨리스』라는 동화에 대해 이야기하였는데, 앨리스는 때로는 자신이 거인이 되기도 하고 난쟁이가 되기도 했지만 사실 앨리스가 변한 것이 아니라 앨리스를 둘러싼 환경의 변화가 앨리스의 변화를 초래했던 것이라고 하였다. 즉, 환경의 변화가 한 개인의 지각을 변화시킬 만큼 지대한 영향을 미친다는 것을 강조하는 것이다.

1970년에는 체계론적 관점을 근거로 하는 구조적 가족치료의 영향이 매우 컸다. 구조적 가족치료에서는 가족의 구조를 이해하기 위하여 가족 구성원 간의 인간관계의 규칙, 역할, 연합, 하위 체계, 경계, 전체성 등과 같은 개념 등을 이해하는 것이 중요하다. 이때 가족구조란 결정론적인 개념이기는 하지만 그것이 행동을 규정하거나 합법화하지는 않는다. 같은 행동이 반복될 때 가족은 지속적인 유형을 수립한다. 이렇게 반복되는 유형들은 가족 구성원들이 언제, 어떻게, 누구와 관계할 것인가를 결정한다.

예를 들면, 어머니가 딸에게 장난감을 치우라고 말할 때 그 딸은 아버지가 자신에게 고함을 지를 때까지 어머니의 말을 거절하며 늑장을 부리는 상호작용의 유형이 시작된다. 이 패턴이 반복되면 아버지는 유능한 자녀 훈련자로, 어머니는 유능하지 못한 훈련자로 하나의 구조를 만들어 낸다. 반대로 훈련자로서 아버지가 방관자(outsider)의 위치에 있을 때 그 어머니는 자신의 딸에게 더 애정이 있는 것처럼 보이게 된다. 이처럼 가족구조는 업무 처리를 지배하는 일련의 은밀한 규칙(covert rule)과 연관되어 있다(송정아, 최규련, 2009).

구조적 가족치료의 특징은 치료의 중요한 목적으로 이러한 구조적 변화에 초점을 두는 것이며, 치료자는 가족이 재구조화하여 가는 과정에 적극적인 자세로 개입한다. 즉, 경계선을 바꾸거나 하위 체계를 재정비하기 위하여 치료자는 가족 각각의 행동과 경험을 바꾼다. 이렇게 가족의 구조가 변하면 동시에 가족 구성원의 지위도 변하고, 결국 각 개인의 경험도 변한다고 생각하였다.

2) 주요 개념 및 원리

(1) 구조

가족구조(family structure)란 "가족 구성원이 상호작용하는 방식을 조직화하는 하나의 보이지 않는 기능적 요구"(Minuchin, 1988, p. 79)다. 가족의 구조를 이해하기 위해서는 그들의 상호작용 자체를 넘어 상호작용이 일어나는 조직적인 틀을 보아야만 한다. 그리고 가족의 어느 한 부분에서 일어나는 상호작용이 전체 체계의 조직에 의해 영향을 받는다는 것을 기억해야 한다. 가족 구성원끼리 상호작용하는 방법, 반복되고 예측 가능한 행동 등을 조직화한다면, 가족은 나름의 고유한 구조를 가지고 있다고 생각할 수 있다. 그러나 구조란 추상적인 개념이므로 가족 구성원 간에 존재하는 인간관계 규칙을 이해하지 않으면 안 된다(김유숙, 2002). 가족의 상호 교류가 반복적으로 이루어질 때 이것은 지속적인 행동의 패턴을 형성하는 기대를 낳게 되고, 가족구조는 가족 내 규칙을 형성하는 기대에 의해 강화된다. 예를 들면, "가족은 서로를 충분히 보살펴 주어야 한다."와 같은 규칙은 주어진 상황이나 누가 연관되어 있는지에 따라 다양한 방법으로 표현될 것이다. 만약 어린 영아가 울고 있다면 어머니는 그의 기저귀를 갈아 주거나 우유 등을 먹일 것이다. 자녀가 놀다가 다리를 다쳤다면 어머니는 바로 병원에 데리고 가서 치료를 받게 할 것이다. 남편이 아주 낡은 외투를 걸치고 다닌다면 아내는 새 외투를 사다 줄 것이다. 부모가 싸움을 한다면 자녀가 개입할 것이다. 이러한 일련의 순서는 모두 동일한 구조의 유형으로 이것들은 구조화되어 있다. 이러한 상호작용 중 어느 하나를 변화시키는 것이 근본적인 가족구조의 변화를 가져오지는 않을 것이다. 그러나 근본적인 구조를 바꾸는 것은 모든 가족의 상호교류에 파급 효과를 가져올 것이다(Nichols, 2006). 행동양식을 규정하는 가족 구조에는 두 가지 제한 요인이 있다. 하나는 보편적인 요인으로서 대부분의 가족에 적용되는 일반적인 규범 체계이고, 또 다른 하나는 특수한 제한 요인으로서 특정한 가족이 특정한 상호 교류 유형을 발전시킴으로써 가족 구성원의 행동을 규제하는 것이다.

(2) 경계선

경계선(boundary)은 눈에 잘 보이지 않지만 가족 구성원 개인과 하위 체계의 안팎을 구분하는 선이며, 가족 구성원 사이에 허용되는 접촉의 양과 종류를 결정한다(Becvar & Becvar, 2003). 즉, 경계선은 "누가 어떻게 참여하는가를 규정하는 규칙"(Minuchin, 1988)이다. 가족체계가 정상적으로 기능하기 위해서는 그것을 구성하는 하위 체계들이 각자의 기능을 잘 수행할 수 있도록 보호되어야 하는데, 이 역할을 하는 것이 경계선이다. 따라서 가족의 기능이 원활히 수행되려면 체계 간의 경계선이 무엇보다 명확해야 하며, 가족 내의 경계의 명확성은 가족의 기능을 평가하는 척도가 된다.

경계선은 정체성 확립과 관련이 있다. 인간은 본질적으로 자율적이고 독립적이고자 하는 욕구를 가지고 있는 한편, 타인과 친밀한 관계를 맺고 어딘가에 소속되고자 하는 욕구를 동시에 갖는다. 개인의 정체성은 분리와 개별화에 대한 욕구와 친밀감과 소속감에 대한 욕구에 영향을 받는데, 이 두 욕구의 적절한 균형과 조화가 건강한 정체성 확립의 기초가 된다.

저녁식사 시간에 전화를 금지하는 규칙은 외부의 방해로부터 가족을 보호하는 하나의 경계를 세우는 것이다. 또 어린 자녀가 저녁식사 시간에 부모의 대화에 자유롭게 끼도록 허락하는 것은 부모와 자녀를 분리한 경계가 약하다는 것을

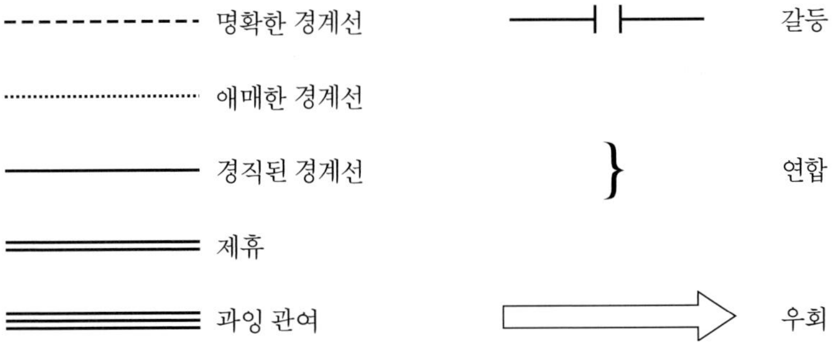

그림 10-1 **가족관계의 여러 가지 상징적 기호들**

출처: Minuchin (1988).

의미한다. 경계에 의해 충분히 보호되지 않는 하위 체계들은 하위 체계가 이루어야 할 상호 인격적인 발달을 제한한다(송정아, 최규련, 2009).

상호 경계는 하위 체계 간의 상호 역동성이 명확한지, 밀착되어 있는지, 분리되어 있는지에 따라 ① 명확한 경계선(clear boundary), ② 애매한 경계선(diffused boundary), 그리고 ③ 경직된 경계선(rigid boundary)으로 나타난다.

명확한 경계선을 가진 가족은 가장 안정적이고, 기능적이고, 융통성이 있으며 각자의 사생활과 자율성을 존중한다. 즉, 발달적 변화에 잘 적응할 수 있는 힘을 가진 가족이다. 그러나 자녀가 중심이 되는 대부분의 가정에서는 경계선이 자주 무너지곤 한다. 애매한 경계선을 가진 가족의 구성원은 모든 문제에 관해서 지나치게 얽혀서 필요 이상으로 관여하게 되어 강한 소속감은 있지만 자율성에 방해를 받는다. 그리고 문제 상황에 직면하였을 때 스스로 이를 탐색하고 해결할 기회가 부족하여 문제해결 능력이 잘 발달되기 어렵게 된다. 반면, 경직된 경계선을 가진 가족은 유리된 가족 형태를 초래한다. 긍정적으로 보면 독립성과 자율성을 가지게 하지만, 지나치게 엄격하고 하위 체계들 간 접촉을 거의 허용하지 않기 때문에 가족 간에 따뜻한 사랑과 돌봄을 충분하게 경험하지 못하게 한다.

(3) 하위 체계

하위 체계는 가족체계의 기본적 구조 단위다. 가족은 다양한 기능을 수행하기 위하여 함께 결속하는 구성원들의 하위 체계로 구성되어 있다. 모든 개인은 하나의 하위 체계이며, 둘 또는 그 이상의 집단은 세대, 성 또는 공통된 관심에 의해

결정된 또 다른 하위 체계를 구성한다. 어머니와 막내, 어머니와 아들은 다른 사람이 배제된 단단히 결속된 체계를 형성하는 경향이 있다.

가족체계는 부부, 부모-자녀, 형제 등의 여러 종류의 하위 체계로 분화되어 있어서 가족 구성원은 각각 여러 하위 체계에 속하게 된다. 예를 들어, 한 여성은 아내, 어머니, 며느리, 딸 그리고 조카가 될 수 있다. 이런 각각의 모든 역할들은 그녀로 하여금 각기 다르게 행동하고 다양한 상호 인격적인 선택을 수행하도록 요구한다. 만약 그녀가 성숙하고 융통성이 있다면 상호작용하고 있는 다른 하위 체계들과 조화를 맞추기 위해 자신의 행동을 바꿀 것이다. 예를 들면, 잔소리하는 것은 어머니 역할에서는 정당화될 수 있지만 아내 또는 딸의 역할에서는 문제점을 초래한다. 가족체계에는 다음과 같은 하위 체계들이 있다.

① 부부 하위 체계

성이 다른 두 성인이 가족을 형성하기 위해 결합할 때 형성된다. 부부 하위 체계(spouse subsystem)는 가족이 기능하는 데 필수적이며, 특정한 과업이나 기능을 갖는다. 부부는 서로 다른 분야에서 상대방의 기능을 지지하는 유형을 발달시켜야 한다. 그뿐만 아니라 서로 자신이 포기한다는 느낌 없이 양보할 수 있는 상보적 유형을 발달시켜야 한다. 남편과 아내는 모두 소속감을 얻기 위하여 독자성의 일부를 포기해야 한다.

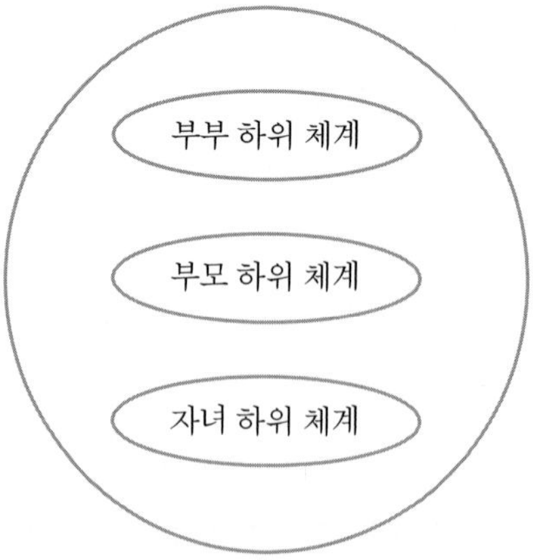

그림 10-2 **가족체계의 위계질서**

대칭적 관계(symmetrical relationship)에서 부부가 독립된 권리를 주장하게 되면 상호 의존성을 수용하는 것이 어렵게 된다. 즉, 상호작용의 과정에서 부부가 서로 자신의 자라 온 과정에서 얻은 경험에 밀착되어 있으면 타협이나 협상이 어려워질 뿐만 아니라 부부 하위 체계의 기능수행도 어려워진다. 반면, 부부가 상대방이 가진 장점이나 잠재력 향상에 중점을 두고 지원하게 되면 부부 하위 체계의 기능을 성공적으로 발전시킬 수 있다.

또한 부부 하위 체계는 다른 하위 체계의 간섭을 방지할 수 있도록 경계선을 만들어야 한다. 부부간의 경계선이 너무 경직되어 있으면 다른 하위 체계들이 고립되어 스트레스를 받고, 반면 부부간 경계선이 너무 느슨하게 되어 있으면 다른 하위 체계들이 부부 기능을 간섭하여 가족 내의 질서가 산만해진다. 그러므로 치료자는 부부 하위 체계의 경계선을 보호하고 강화하여 가족체계의 역기능을 막아야 한다. 그것은 부부 하위 체계는 가족체계 중에서 가장 중심적인 역할을 하기 때문이다.

2 부모 하위 체계

자녀 출생과 함께 가족구조는 변형된다. 부모-자녀 간의 하위 체계 상호작용 유형은 잘 수행되어야 하며, 변화하는 환경에 맞도록 수정되어야 한다. 분명한 경계는 자녀가 부모와 상호작용하는 것을 가능하게 하며 부부 하위 체계로부터는 배제된다.

부모 하위 체계(parental subsystem)에서 가부장적 모델의 특징이었던 부모의 확고한 권위는 현대 사회에서 약화되었고, 융통성 있고 합리적인 권위의 개념으로 바뀌게 되었다. 중요한 것은 부모와 자녀가 함께 지내며 친밀감을 형성하면서도 부부 경계선이 방해를 받지 않도록 하는 것이다.

그러나 자녀의 크고 작은 요구에 의해 이 부부 경계 유지가 종종 방해받을 때가 있다. 부부를 위한 사적인 생활을 유지하는 것은 부모가 지도자의 위치를 행사하는 계층적 위계 구조를 세우는 분명한 경계다. 그러나 이러한 위계 구조는 자녀 중심의 생활에서 쉽게 붕괴된다. 이렇게 되면 자녀와 부모의 밀착이 강하게 형성된다. 우리 사회에서 아들과 어머니의 관계도 이런 강한 밀착의 한 형태라고 볼 수 있다.

③ 형제 하위 체계

형제 하위 체계(sibling subsystem)는 자녀가 그들 또래 집단과의 관계를 배울 수 있는 사회화의 장이다. 형제간에 주고받는 상호작용을 통한 협상과 협동, 희생과 고립은 자녀가 경쟁하는 방법, 자신을 보호하는 방법을 알게 한다.

형제 하위 체계는 가족 외부 세계와 끊임없이 상호작용한다. 이때 가족체계 또는 형제 체계가 너무 경직되어 있거나 밀착되어 있으면 자녀가 다른 사회체계로 들어가는 데 어려움을 갖게 된다. 외동 아이인 경우에 형제 체계가 아닌 부모 체계에 적응하는 방법을 일찍 배우게 되므로 조숙한 발달을 하게 되는 반면, 자율성이나 또래 집단에서의 협동이나 경쟁력을 발전시키는 데 어려움이 있다(송정아, 최규련, 2009).

(4) 권력

각 가족 구성원이 상호작용을 통하여 다른 가족 구성원에게 미치는 영향력이다. 가족 안에서 권력(power)은 절대적 권한을 의미하는 것이 아니라 가족이 처하게 되는 상황에 따라서 달라질 수 있다(최선화, 정영주, 2010).

(5) 제휴

가족은 부부, 부모 및 형제 하위 체계 등 세 가지 하위 체계로 구성되어 있으며, 이 하위 체계 속에는 많은 연합이 일어난다. 하위 체계 구성원 간의 관계는 연합의 개념이며 경계선 안에서의 상호작용이다. 제휴(alignment)는 가족의 상호작용 과정으로 가족체계의 한 개인이 다른 협력 관계 또는 상반된 관계를 가지는 것이다. 제휴는 가족 구성원이 서로 연결되는 방법 혹은 가족 활동을 수행하는 데 있어서 서로 반대하는 방법으로 정의되며(Goldenberg & Goldenberg, 2000), 동맹과 연합이 있다. 연합은 두 사람이 제3자에 대항하기 위하여 제휴하는 경우다. 가족 구성원 간의 연합이 안정적이라면 역기능적이 될 수 있다. 안정된 연합이란 가족 내 한 가족 구성원을 밀어내기 위해 두 사람이 밀착된 관계를 지속적으로 형성하는 현상을 말한다. 이와 달리, 동맹은 두 사람이 제3자와는 다른 공동의 목적을 위해 제휴하는 것으로 반드시 제3자와 적대 관계에 있지는 않다(김유숙, 2002).

3) 가족치료의 목표 및 기법

(1) 치료 목표

구조적 가족치료자는 역기능적 가족의 구조에 의해 가족의 문제가 유지된다고 믿는다. 그러므로 치료는 가족구조를 변화시켜서 그 가족이 문제를 해결할 수 있도록 돕는 것, 즉 가족구조의 변화를 가져오는 것이라고 볼 수 있다. 가족치료자는 가족 구성원이 그들의 가족구조를 변화시킬 수 있도록 돕기 위하여 가족체계에 합류한다(송정아, 최규련, 2009).

가족구조를 변화시킬 수 있는 방법으로는 하위 체계의 경계선을 재구성하고, 위계질서 강화와 가족 규칙을 현실화할 수 있도록 수정하는 작업이 필요하다.

(2) 치료 기법

- 합류와 적응의 단계: 가족의 분위기를 파악하고 가족의 의사소통이나 행동에 대한 이해와 수용이 필요하다.
- 상호작용 작업의 단계: 치료면담 중 가족의 역기능적 교류를 실연(enactment)한다. 치료 과정 중에서 구조적 가족치료의 초점이 되는 자료는 실연이다. 실연은 치료자가 가족이 가진 독특한 문제를 어떻게 처리하고 있는가를 보이도록 유도하고자 할 때 사용한다. 보통 치료자가 일부 하위 체계에게 특정한 문제를 토론하도록 제안함으로써 시작되며, 다음과 같은 작업이 요구된다. ① 치료자는 문제를 정의하고 인식한다. 예를 들면, 어머니가 딸에게 친구처럼 말할 때 나이 어린 아들이 자리를 떠나는 것을 관찰하였다면, 어머니와 딸과의 관계는 밀착관계일 것이며 아들과의 관계는 유리된 관계일 것이라고 정의할 수 있다. ② 치료자는 재연을 지시한다. ③ 가장 중요한 것으로 치료자는 가족에게 그 재연을 수정하여 지도해야 한다. 이때 치료자는 가족을 위한 새로운 선택을 창조해야 하며, 그들이 본 것을 문제로 분류하여 단순히 비난하는 실수를 범해서는 안 된다.
- 진단으로 가족구조 변형에 초점을 두는 단계: 가족이 표현하는 문제와 그들이 보여 주는 역동성으로 가족구조를 진단한다.
- 상호작용과 수정의 단계: 가족의 역기능적 상호작용 패턴을 강조하여 수정

한다. 강력한 개입과 대처가 요구된다.

- 경계 설정 단계: 지나치게 경직되거나 산만한 가족 경계를 명료한 경계로 재조정하여 각 하위 체계를 공고히 한다.
- 가산 인식(adding cognitive) 구조 단계: 가족 구성원이 현실을 인지하는 방식을 변경하도록 언어와 개념을 사용하는 단계로 나눌 수 있다.

(3) 치료 이론과 평가

구조적 가족치료 이론은 구조 개념이 단순하고 포괄적이며 실용적이기 때문에 가족치료 분야에서 가장 널리 사용되는 이론 중 하나다. 핵심은 "모든 가족은 하나의 구조를 가진다."는 것이며, 전체적인 구조를 포괄적 시각으로 이해하지 못하고 단지 하나의 하위 체계에만 개입하면 가족의 지속적이고 전체적인 변화는 거의 이루어지지 않는다는 것이다. 구조적 가족치료는 이론과 치료의 기술에 기초하며, 핵가족 내에서 어떠한 일들이 일어나고 있는가를 이해하는 데 가장 광범위하게 지속적으로 사용될 접근 방법이 될 것이다.

4) 구조적 가족치료에서 본 우리나라 가족에 대한 이해

1960년대부터 본격적으로 시작된 산업화로 다방면에서 많은 변화가 일어났는데, 가족 역시 외형상의 변화와 함께 가치관상의 변화를 겪어 오고 있다. 조선 중기 이후에 확립된 전통적인 가족 가치관은 혈연을 토대로 한 부계 가족 중심 가치관이었으나, 산업화와 함께 자유, 평등에 입각한 민주주의적 가치관으로 바뀐 것이다. 우리나라의 현대 사회는 개인주의, 부부 중심 가족 간의 민주적 관계, 여성의 지위 향상 등의 방향으로 변함으로써 핵가족화되어 가고 있다. 그러나 이러한 새로운 가치관은 과거의 가치관을 완전히 청산한 후 이루어진 것이 아니라 기존의 가치관 위에 외형상으로만 덧씌운 형태로 이루어졌기 때문에 오늘날의 우리 가족은 서구의 가족과는 근본적으로 다르다고 볼 수 있다(이영숙, 박경란, 전귀연, 1999). 이렇게 볼 때 우리나라의 가족 문제는 전통적인 가치관과 서구적인 가치관의 혼재로 발생하는 경우가 많아 두 가치관과 의식의 대립으로 가정에서 심각한 문제가 발생하고 있다. 사회 변화 과정을 거치면서 가족은 가족의 외적인 모습, 즉 가족 구조적 측면과 가족생활 주기상에서는 서구의 가족을 닮아 가는 양상을 보이고 있지만, 가족 내적인 모습, 즉 가족의식, 가족관계 및 가족기능적인 측면에서는 전통적인 모습을 상당히 많이 유지하고 있다. 여전히 우리의 가족은 가부장제도하의 상하관계의 가족구조와 엄한 규범의 전통적 가족 유형에서 나타나는 경직된 가족구조와 규칙을 가지고 있다. 그뿐만 아니라 평등과 민주 개념의 핵가족 유형으로 전환되는 과정에서 가족의 하위 체계 내에서 나타나는 모호한 경계와 밀착된 경계 등의 문제들로 가족기능이 역기능적으로 변해 가고 있다(송정아, 최규련, 2009). 특히 청소년기 자녀를 둔 가족은 우리의 전통적인 가족의 특성을 가족 안에 그대로 가지고 있기에 청소년과 부모 사이에 많은 긴장과 갈등이 일어나고 있다.

청소년기는 자녀가 부모로부터 독립하고자 하고 자아정체감을 스스로 찾아가는 시기다. 그러나 부모는 변화해 가는 자녀 세대에게 자신들의 가치관과 생활 방식을 고수하면서 자녀들을 대하기 때문에 많은 부분에서 갈등이 초래될 수밖에 없다. 그러므로 부모와 자녀 모두에게 기존의 생활 방식으로부터의 변화와 새로운 상황에서의 재적응이 요구된다. 이것은 구조적 가족치료의 입장에서 볼 때 잘못된 가족의 문제를 새롭게 수정하는 데 꼭 필요한 부분이다.

미누친은 가족 구조를 이해하기 위해서는 가족 구성원과의 인간관계 규칙을 이해하는 것이 필수적이라 하였다. 그는 가족 구성원의 인간관계를 규정하는 규칙을 세 가지 개념, 즉 경계선, 제휴 및 권력으로 설명하였고, 이것이 가족구조의 특성을 이룬다고 하였다. 앞서 언급하였듯이, 대개 가족구조의 경계선은 혼돈된 경계선, 명확한 경계선 그리고 경직된 경계선으로 분류한다. 이러한 세 가지 경계선은 대부분의 가족에 복합적으로 존재하며, 유리된 가족과 지나치게 얽혀 있는 가족의 특성이 한 가족에서 많이 나타난다. 예를 들면, 부모-자녀 관계에서 모자관계가 심하게 얽혀 혼돈된 관계를 가지면, 당연히 부자관계는 유리될 수밖에 없다.

특히 우리나라의 고부갈등은 모자관계에서의 혼돈된 경계선에서 비롯되었다고 볼 수 있다. 이러한 혼돈된 경계선의 가족관계, 특히 어머니와 아들이 혼돈된 관계에 놓이게 될 때 아들은 개별화를 이루지 못하게 되면서 자연히 어머니와의 연합하에 공생적 관계 속에 성장하게 되며, 따라서 자율성과 문제 해결 능력의 결핍을 보이게 된다. 그러나 그런 아들이 배우자가 생겨 이러한 수십 년의 공생적 관계에 변화와 도전이 요구되면, 어머니는 아들을 며느리에게 빼앗겼다는 상실감에 빠져 며느리와 갈등 관계에 놓이게 된다. 구조적 가족치료에서는 이러한 고부 갈등의 양상을 각 하위 체계 간의 분명하지 못한 경계의 결과라고 해석하고 있다. 부부, 부모 그리고 형제 하위 체계라는 각각의 하위 체계마다 서로의 독립적 권리를 유지하는 동시에 차이점 등에 대해 상호 적응하는 것이 중요함에도 불구하고, 전통적인 우리나라 가족 구조의 특성상 부부 하위 체계가 부모, 특히 어머니와 아들과의 밀착된 경계로 인해 부부 하위 체계와 자녀 하위 체계 간의 혼돈된 경계선을 가지게 되는 것이다. 부부 하위 체계는 다른 하위 체계의 필요와 욕구에 의한 방해로부터 보호되는 경계선을 이루어야 하며, 부부간의 서로에 대한 정서적 지지를 확보해야 한다. 자녀(특히 아들)가 부부관계를 해치지 않고 부모(특히 어머니)와 관계를 맺도록 하는 경계선의 확립이 중요하다. 즉, 부부간의 친밀감을 높여 부부 하위 체계를 강화하는 것이 미래의 고부 갈등을 최소화할 수 있는 지름길이라고 본다.

우리나라 가족이 가지고 있는 가족구조를 크게 세 가지로 구분하여 살펴보면 다음과 같다.

(1) 삼인군 가족구조 형성

삼인군 가족구조란 삼각관계의 개념과 비슷한 것으로 역기능적 가족의 산물인데, 부모-자녀의 삼인군을 둘러싼 경계가 지나치게 경직된 유형의 구조를 말한다. 삼인군 유형은 크게 세 가지로 분류할 수 있다. 첫째, '삼각관계'로 부모 각자가 자녀를 사이에 두고 적대관계를 이루는 것이다. 둘째, '우회'로 부부 하위 체계의 문제를 자녀의 문제를 다루는 것으로 우회하거나 감추려 하는 것이며, 이는 자녀의 일탈행위를 강화한다. 셋째, '연합'으로 부모 중 한쪽이 자녀와 연합하여 다른 편의 부모에게 대항하는 것이다.

미누친은 이러한 경직된 삼인군 유형이 모두 행동상에 문제가 있는 가족에게서 나타나며, 정신적 증상을 가진 자녀가 있는 가족에게 나타나는 전형적인 상호교류 유형이라고 하였다.

일반적으로 우리나라의 가족구조는 부부관계에 긴장이 발생했을 때 부부관계에 자녀를 개입시키거나, 부자 관계에 긴장이 생길 때 어머니를 개입시키는 등 삼인군 또는 삼각관계가 빈번히 나타나는 역기능적인 가족구조라고 할 수 있다. 고부 관계 역시 우리 가족구조에서 발생할 수 있는 삼각관계 유형 중 하나라고 볼 수 있다. 예를 들면 다음과 같다. 일반적으로 남편과의 정서적 유대감이 약한 아내는 자신의 정서적 애착을 자녀들 중에서도 특히 아들에게로 집중하며, 자녀 양육에 많은 시간과 감정을 쏟는다. 그래서 아들과 어머니는 정서적으로 상당히 밀착된다. 반대로 아들과 아버지는 경직된 상태를 유지한다. 그러나 이런 상태가 계속되다가 아들이 결혼하면 문제가 생긴다. 어머니가 자신의 애착의 대상인 아들을 며느리에게 빼앗기게 되면, 그 상실감으로 고부간의 관계가 악화될 수 있다(최재석, 1982). 그리하여 이것은 또 다른 삼인군 구조를 형성하게 되는 것이다.

이처럼 부부 하위 체계에 문제가 있을 때 부모가 자녀에게 관심을 쏟음으로써 긴장을 완화하고 가족을 유지하게 되면 자녀가 청소년기가 되었을 때 청소년 문제가 발생되기도 한다. 이것은 부모, 특히 어머니와 자녀가 밀착되고 아버지와는 지나치게 경직된 경계를 보이는 경직된 삼인군 형태를 만들 때 나타난다. 청소년 자녀는 부모 사이에 낀 채 갈등과 혼란 속에서 지내다가 청소년기에 내적 · 외적으로 많은 문제를 드러내게 된다.

지금까지 살펴보았듯이, 전통적인 가족구조 내에는 삼각관계가 흔히 존재하므로, 미누친의 경직된 삼인군 개념은 우리 사회의 가족치료에 유용하게 적용될 수 있는 이론으로 여겨진다.

(2) 밀착된 가족구조 형성

밀착된 가족구조를 이해하기 위해서는 가족구조 안에서 가장 중심이 되는 부부관계를 먼저 살펴보아야 한다. 왜냐하면 우리나라의 경우 대부분 부부관계가 제대로 정립되어 있지 않아 부부 및 부모 하위 체계에 문제가 생기고, 결국 이것이 잘못된 가족구조를 형성하게 만들었기 때문이다. 특히 밀착된 가족구조는 가족문제와 관련하여 상호 간에 지나치게 얽혀 있는 상태로서 산업화의 발달과도 관련이 있다고 볼 수 있다. 현대 우리 사회는 부부 중심의 적은 수의 가족으로 변함으로써 확대가족적 가족주의를 폐쇄성이 강한 핵가족적 가족주의로 바뀌게 하여 가족의 배타성만이 더욱 강화되는 결과를 초래하였다(가족환경연구회,

1988).

부부관계를 보면 부자 관계를 우선시했던 전통적 가치관에서 부부관계를 동일한 비중으로 생각하거나 더 중요한 관계로 여기는 쪽으로 바뀌고 있으며, 수직적 부부관계가 수평적 부부관계로 변화하고 있다. 남편이 집안을 대표하거나 가장의 지위를 갖는 것에는 아직 큰 변화가 없지만, 가장 중심의 권위주의적 부부관계는 크게 변화하고 있다. 또한 남편은 가족의 부양 책임자로, 아내는 가사 담당자로 이분하여 생각하는 전통적 부부 역할에 대한 태도도 상황에 따라 협력하는 경향으로 바뀌어 가고 있다. 그러나 서구의 부부관계가 대체로 평등하고 민주적인 부부관계로 이루어지는 반면, 아직까지도 우리의 부부관계는 전통적인 가치관과 민주적인 가치관이 혼재하고 있어 이에 따른 문제가 자주 발생하고 있다. 우리 사회는 연령층이 높을수록 전통적인 역할 기능적 부부관계를 유지하고 있고, 젊은 세대일수록 동반자적 부부관계를 추구하고 있다(심상권, 1994).

우리 사회가 가치관의 변화, 여성의 사회 참여 확대 등으로 수평적 위계질서가 자리잡기 시작했다고는 하지만, 아직도 전통적 사고가 많이 남아 있다. 부부관계가 핵가족 형태를 띠며 서구화되는 듯하지만, 여전히 부부관계는 부모-자녀 관계 및 혈연 관계 중심에 밀려 있다. 즉, 서구의 부부는 다른 하위 체계에 큰 영향을 받지 않고 부부만의 독립적인 생활이 이루어지고 대화가 비교적 많이 이루어지는 반면에, 우리 사회의 부부는 여전히 자녀 문제 등 부부 문제와 직접적인 관계가 없는 문제에 너무 깊이 관여하고, 대화 역시 그러한 부분들에 초점이 맞추어져 있는 것이다. 이는 결국 부모의 과잉보호와 지나친 기대에 따른 문제를 유발하였다. 핵가족은 대가족에 비해 자녀 수가 적음으로써 부모의 관심과 보호가 지나쳐 정서 교육을 결여한 채 자녀에게 무리하게 요구만 함으로써 자녀에게 심리적 부적응 현상들을 나타나게 하는 등 부정적인 영향을 끼치고 있다.

특히 부모 하위 체계 속에서 볼 때, 우리 사회는 외적 구조에서는 남편이 아내보다 우위에 있으나 자녀 양육 및 사회화의 차원에서는 아버지가 물리적으로 가정에 부재함으로써 모권이 강화되고 부권은 약화되는 현상을 초래하였다. 따라서 자녀 양육이라는 내적 구조에서는 어머니가 아버지보다 우위에 있는 구조적 이중성을 형성하게 만들었다. 그리하여 부모와 자녀 사이에 세대 간 경계 및 하위 체계의 경계는 존재하지만 어머니-자녀 관계가 밀접한 경향을 보이게 되었다(김유숙, 2000). 결국 이러한 잘못된 가족구조는 부부관계보다 부모-자녀 관계를 더욱 중요하게 만들어 부부 하위 체계와 부모 하위 체계 사이의 경계선을 애매하게 만들었다. 또한 부부 사이, 부모와 자녀 사이의 하위 체계와 경계선을 균형 있게 잡아 주지 못하고 어느 한쪽에 치우치게 만들어 역기능적인 밀착된 가족구조를 형성하게 만들었다.

(3) 경직된 가족구조 형성

경직된 가족구조란 가족 하위 체계 간의 경계가 너무 엄격하여 부모는 부모대로 자녀는 자녀대로 서로 간에 타협 및 협상할 여지가 거의 없는 가족구조를 말한다. 이런 가족은 극도의 위기나 심각한 스트레스의 경우에만 겨우 상호 지지가 가능하다. 또한 배우자 · 부모 · 자녀는 각각 자신의 일과 과제에만 너무 깊이 몰두하고 있기 때문에 상대방을 지지하고 관심을 나눌 겨를이 거의 없다. 그리하여 가족 구성원은 자신이 원하는 정서적 · 경제적 · 육체적 지지와 욕구, 희망하는 상호작용을 가족 외의 다른 체계에서 찾게 된다.

우리 사회의 가족구조의 또 다른 특징으로 이러한 경직된 가족구조를 들 수 있다. 이는 전통적인 가부장 제도의 영향을 받았다. 우리 사회의 부부관계는 제도적으로 상하 관계이며 지배와 복종의 관계이고, 이런 상황에서 대화의 기술 또한 발달하지 못한 것이 일반적인 경향이라고 할 수 있다. 그러므로 부부가 대등한 입장에서 솔직한 감정, 생각 및 의견을 표현하고 자기주장을 분명히 하는 서구의 문화는 우리 문화에서는 일치할 수 없는 차이점이라고 할 수 있다(송성자, 1995).

이렇게 볼 때 우리의 부부관계는 구조적 가족치료에서 말하는 부부 하위 체계의 개념과는 많이 다르다. 구조적 가족치료에서 말하는 부부 하위 체계는 가족의 기능에 효과적인 것으로 독특한 과업을 수행하기 위해 상호 보완과 조정을 필요로 한다. 그러나 전통적인 문화에서는 남편 우위의 상하 관계로 부부 하위 체계가 형성되기 때문에 상호 보완적인 역할 수행보다는 각자의 역할에 충실한 체제라고 볼 수 있다.

그러나 구조적 가족치료의 기존 틀이 된 서구형의 가족구조는 횡적 인간관계를 기초로 한 것이므로 부모 하위 체계 내에서 아버지와 어머니의 위치가 동등하다. 형제 하위 체계 역시 그 속에 있는 구성원은 어느 정도 동등한 횡적 관계를 가진다. 따라서 종적 인간관계를 축으로 형성된 우리의 전통적인 가족구조와는 다르다고 볼 수 있다. 우리 사회의 가족구조는 부모 하위 체계, 형제 하위 체계 내에서 각각의 횡적 구성원이 일정한 종적 관계를 구성하고 있기 때문이다(김유숙, 2000).

구조적 가족치료의 입장에서 볼 때 전통적인 가부장적 가족구조는 가족구조 체계를 경직된 구조로 만들었다. 부부관계와 부모-자식 관계, 형제관계까지도 종적 구조를 가진 엄격한 경계선이 설정되어 경직된 가족구조를 형성하게 된 것이다.

결론적으로 구조적 가족치료 이론의 입장에서 볼 때, 경직된 가족구조의 변화는 주로 부모 하위 체계와 부부 하위 체계가 변함으로써 발생한다고 볼 수 있다. 우리 사회의 가족은 세대 간의 갈등과 부부 하위 체계의 문제 그리고 부모 하위 체계의 문제 등 다양한 형태의 문제를 안고 있기에 이 문제를 극복하지 못하면 가족 구성원이 일탈되어 나가거나, 부부의 이혼 또는 청소년 문제 등의 어려움을 겪게 된다. 따라서 이로 인해 발생하는 가족의 문제를 효과적으로 치료하기 위해서는 과거 가부장 중심적인 대가족 제도의 가치관을 고수하고 있는 우리 사회의 가족구조를 충분히 이해해야 할 것으로 보인다.

2. 보웬의 다세대 가족치료

1) 이론적 틀

가족치료의 선구자들 중 많은 사람이 정신분석 훈련을 받았는데, 개혁에 대한 뜨거운 열정 때문에 많은 이들이 정신분석적인 오래된 틀을 버리고 체계론적 역동이라는 새로운 세계로 뛰어들었다. 보웬도 정신분석의 개념이 지나치게 주관적이고 개인적이라 가족을 설명하는 언어로는 한계가 있다고 느껴 다세대 가족치료 이론을 발달시켰는데, 다른 치료자들과는 달리 정신분석적 뿌리를 완전히 버리지는 않고 자신의 작업을 확연히 정신분석적인 영향권 안에 두려고 했다(Nichols, 2010).

보웬은 1949년 메닝거 클리닉(Menninger Clinic)에서 정신과 의사로 일할 때부터 환자 가족과 많은 접촉을 하면서 가족에 대한 전문적인 관심을 가졌다. 1954년에 연방정신건강센터(National Institute of Mental Health)로 옮긴 후에는 정신분열증 환자와 함께 가족도 입원시켜 이들의 상호작용을 관찰하는 프로젝트에 참여하였고, 이 과정에서 환자들의 문제의 핵심에는 불안에 의해 유발된 일종의 병리적 형태의 밀착인 불안애착이 있다는 것을 발견하였다. 이 프로젝트를 끝낸 뒤 보웬은 1959년에 조지타운 대학교로 옮긴 후 31년간 연구를 계속하여 자신의 가족치료 이론을 발달시켰다. 그의 이론은 가장 체계적이고 영향력이 있는 가족치료 이론으로 정립되었으며, 가족치료의 역사에 한 획을 긋는 업적이 되었다.

머레이 보웬

보웬은 진화론과 생물학에 관심이 많았으며, 그의 가족치료 이론은 자연체계 이론에 기반을 두었다. 즉, 가족이 자연적으로 발생한 체계라는 점에서 인간과 가족은 '자연의 법칙'에 따라 동기화한 것이라고 가정하였다. 진화에 의해 호모 사피엔스의 정서체계가 다른 유기체보다 더 복잡해졌다고 할지라도, 근본적인 특성은 자연계의 다른 모든 생명체를 규제하는 과정과 다르지 않다는 것이다(Kerr & Bowen, 1988). 또한 모든 가족은 덜 심각한 임상 문제부터 매우 심각한 임상 문제에 이르기까지 일련의 정서 과정의 연속선상에 존재할 뿐이므로 기능적 가족과 역기능적 가족을 범주화하는 것은 별 의미가 없다고 보았다. 이러한 맥락에서 보웬은 정신 질환(mental illness)이라는 용어 대신 정서 질환(emotional illness)이라는 용어로 대체 사용하면서 정서 과정이 강해질수록 가족 구성원은 서로 의존성이 높아지며 정서적 반응성이 높아진다고 주장하였다.

보웬의 가족이론은 여덟 가지의 상호 연관된 개념으로 구성되어 있다. 그중 여섯 가지 개념(자기분화, 삼각관계, 핵가족의 정서체계, 가족투사 과정, 다세대적 전수 과정, 형제 위치)은 핵가족과 확대가족에서 일어나는 정서적 과정에 대한 것이며, 나머지 두 가지(정서적 단절, 사회적 정서 과정)는 가족과 사회에서 세대를 통해 일어나는 정서 과정에 관한 것이다(Papero, 1983). 보웬의 개념의 중심에는 우리의 삶에 만성 불안이 항상 존재한다는 가정이 깔려 있다. 만성 불안은 가족 상황이나 문화에 따라 다르게 나타날 수 있지만, 자연계의 필연적 부분인 생물학적 현상이다. 개인의 자율성이 허용되지 않고 연합에 대한 압력이 강한 상황에서는 만성 불안이 증가하게 된다. 보웬은 만성 불안의 감소는 오직 분화를 통해서만 가능하다고 보았다. 분화란 개인이 가족이나 타인의 의견을 따르기보다 자신만의 방식에 따라 기능하는 것을 배우는 과정이고, 타인과 친밀감을 형성하는 동시에 자율성을 보장할 수 있는 다양한 능력이다.

2) 주요 개념 및 원리

(1) 자기분화

자기분화는 보웬의 가족이론의 핵심 개념으로, 정신내적인 동시에 대인관계적인 개념이다. 자기분화란 어떻게 보면 자아 강도에 비유할 수 있는 개념이며 내적 · 외적인 정서적 압력에 자동으로 반응하지 않고 생각할 수 있는 능력을 말한다(Kerr & Bowen, 1988). 또한 불안에 직면하더라도 유연하고 현명하게 행동할 수 있는 능력이라고 할 수 있다.

분화가 잘된 사람은 사고와 감정이 균형을 이루기 때문에 정서와 자발성을 가지고 있으면서 동시에 정서적 충동에 저항할 수 있는 자제력을 가지고 있다. 이와 대조적으로, 분화가 덜된 사람은 정서적인 충동에 따라 반응하기 쉽기 때문에 그들의 삶은 주변 사람이나 사건에 충동적으로 반응하기 쉽다. 이들은 자율성을 유지하기가 어렵고 불안을 느끼는 상황에서는 특히 더하다(Nichols, 2006). 사고와 감정 사이에 융화가 많이 되어 있는 개인일수록 잘 기능하지 못하고, 낮은 수준의 불안에서조차 역기능적이 되기 쉽다.

보웬은 정신분석학에서 유래한 미분화 가족 자아군(undifferentiated family ego mass)이라는 개념을 제시하였는데, 이는 온 가족이 감정적으로 한 덩어리가 되어 정서적으로 고착되어 있는 상태를 말한다. 예를 들어, 어머니와 자녀의 의존성에 대한 상징적 관계(모자 공생)가 이 개념의 대표적인 예라고 할 수 있다. 이러한 가족은 '과잉 친밀(over-closeness)' 때문에 상대에 대한 정서적 반응성이 높고 상대방을 불편하게 만듦으로써 결과적으로 상호 거부를 초래한다. 자신과 다른 관점을 가진 사람을 비난하는 행위, 관계 체계에서 등을 돌려 정서적 연결을 끊는 행위, 스트레스 상황에서 기능이 현저히 저하되는 상태 등은 모두 분화 능력이 떨어지기 때문이다.

보웬은 개인의 분화 수준을 평가하기 위해 심리도구로서가 아닌 이론적인 의미에서 자기분화 척도를 제안하였다. 그는 분화의 정도가 높을수록 타인과의 정서적 융합이 적고, 자아감이 확실하고 분명한 신념을 갖는다고 말하였다.

- 76~100점(높은 분화): 명확한 가치와 신념을 가지며, 목표 지향적이다. 융통성이 있고 안정적이며 자율적이다. 갈등과 스트레스에 대해 인내심이 있으며, 강한 자아감을 갖는다.
- 51~75점(중간 범위 분화): 분명한 신념과 가치를 가지고 있음에도 타인의 선택에 대해 지나치게 우려하는 경향이 있다. 의사결정을 내려야 할 때 의미 있는 타인(예: 부모)의 인정을 받을 수 있는지 의식하는 편이다. 그러나 스트레스 상황에서도 기능을 잘 잃지 않으며 역기능적이 되어도 금방 회복한다.
- 50점 이하(낮은 분화): 남을 기쁘게 하려고 노력한다. 다른 사람을 시지하고 타인의 지지를 구한다. 의존적이며, 자율적 능력이 부족하다. 안정에 대한 기본적 욕구가 있으며, 갈등을 회피한다. 독립적으로 결정에 이르거나 문제를 해결하는 능력이 별로 없다. 스트레스 상황에서 쉽게 역기능적이 된다.

(2) 삼각관계

보웬 이론의 또 다른 핵심 개념인 삼각관계는 가족 내 불안과 긴장을 해소하기 위해 만들어지는 3인 체계의 정서적 역동을 의미하는 것으로, 삼각관계에 가장 주된 영향을 미치는 것은 불안이다(Kerr & Bowen, 1998). 만일 2인 관계가 평온하면 오랫동안 안정적인 상태를 유지할 수 있지만, 2인 관계가 불안정해지면 불안이 증가하여 긴장을 해소하는 방법으로 의미 있는 가족 구성원 중 한 사람을 개입시켜 삼각관계를 형성하는 것이다.

보웬은 삼각관계를 가장 작은 안정적 관계체계라고 하였다. 예를 들면, 부부가 그들 관계의 증가된 긴장을 줄이기 위해 특정 자녀와 강한 애착관계를 맺어 삼각관계를 만들면 부부간의 긴장이 감소될 수 있다. 그러나 삼각관계에서의 불안이 감소하게 되면 또 다시 '2인+1인' 체계가 되어 두 사람은 친밀해지고 한 사람은 방관자가 될 수 있다. 혹은 불안이 다른 사람에게 퍼지게 되어 더 큰 문제가 발생되기도 한다. 그러므로 모든 삼각관계가 항상 긴장을 감소시키는 것은 아니다. 일반적으로 가족의 융합 정도가 높을수록, 즉 가족 구성원의 분화의 정도가 낮을수록 삼각관계를 만들려는 노력이 더 강렬하다.

삼각관계는 가족을 넘어 직장과 사회 등으로 확산될 수 있고, 사람뿐만 아니라 텔레비전이나 애완용 동물 등이 개입되어 형성될 수도 있다.

(3) 핵가족의 정서 체계

보웬(1978)은 사람들이 무의식적으로 자신과 비슷한 수준의 분화 상대를 배우자로 선택한다고 하였다. 핵가족의 정서적 분위기는 부모의 분화 수준에 의해 결정된다. 핵가족 정서 체계는 다세대적 개념으로, 개인이 원가족으로부터 학습된 방식으로 타인과 관계를 맺게 되며 결혼 선택을 통해 가족의 정서적인 장이 다세대에 걸쳐 반복됨을 의미한다. 따라서 현재의 문제를 해소하는 방법은 개인의 원가족과의 상호작용을 변화시키는 것뿐이다.

부부의 분화 수준이 높을수록 정서적 융합은 적으며, 부부관계 내에서 신뢰와 성실, 상호 존중 등의 요인에 의해 분화가 더욱 강화된다. 반면 분화 수준이 낮은 남녀가 결혼하여 가족을 이루면 상대에 대한 감정적 의존 욕구가 크고, 상대가 이를 만족시켜 주지 못할 때 불만과 두려움이 고조된다. 일반적으로 핵가족 융합의 결과로서 세 가지 유형의 증상, 즉 배우자의 신체적 · 정서적 역기능, 만성적 결혼 갈등, 자녀의 역기능이 생길 수 있다. 스트레스가 없는 상황에서는 핵가족 정서 체계는 크게 두드러지지 않는다. 그러나 핵가족 융합이 심한 경우 가족의 내부 또는 외부 스트레스 상황은 가족의 불안을 급격히 상승시켜 서로에 대한 정서적 반응을 격렬하게 만들고 임상적 역기능을 발생시킨다(정문자, 정혜정, 이선혜, 전영주, 2012).

(4) 가족투사 과정

가족투사 과정은 부모 문제가 자녀에게 투사되는 기본 과정을 설명하는 개념이다. 어머니의 정서적 민감성은 배우자보다 자녀에게 더 크게 작용하는데, 가족 안에서 어머니의 정서적 관여 수준은 자녀에 따라 다르고, 특정 자녀에게 더 크게 작용하는 것이 특징이다. 부모의 미숙함에 많이 노출되는 자녀일수록 다른 자녀보다 융합의 정도가 높고 가족 내 정서적 스트레스에 더 취약하며, 결과적으로 다른 형제에 비해 이성보다 감정의 의해 지배되는 삶을 살기 쉽다. 미성숙한 부모는 가족체계나 부부체계를 안정시키기 위해 무의식적으로 자녀 중 가장 유아적이고 취약한 자녀를 투사 대상으로 선택한다. 보웬은 이것을 '가족투사 과정'이라고 명명하고, 어머니 · 아버지 · 자녀의 삼각관계 안에서 투사 과정이 작동한다고 하였다. 가족투사 과정의 강도는 부모의 미숙함과 가족이 겪는 스트레스와 불안의 정도에 의해 결정된다.

(5) 다세대적 전수 과정

가족투사 과정은 여러 세대에 거쳐 작용한다. 보웬은 정신분열증을 비롯한 개인과 핵가족의 여러 가지 적응력 손상은 다세대 전수 과정의 결과로 발생한다고 보았다. 그는 사람들이 자신과 유사한 분화 수준을 가진 배우자와 결혼한다고 주장했다. 두 가족에서 가장 분화 수준이 낮은 두 사람이 결혼했다고 가정해 보자. 보웬이 예측한 대로라면, 이들은 투사의 결과로서 부부보다 더 낮은 수준의 자녀를 갖게 될 것이며, 이런 과정이 여러 세대 반복된다면 각 세대에서 점진적으로 불안과 융합에 취약한 개인이 양산된다(정문자 외, 2012).

(6) 형제 위치

보웬은 가정 내에서의 출생 순위에 따라 성격적 특징이 발달된다고 생각했다. 예를 들면, 형은 책임감을 가지고 열심히 일을 하거나 역경을 이겨내는 지도자가 되는 경향이 있는 반면, 동생은 다른 사람이 자신을 지켜볼 때 최선을 다하는 경향이 있다. 가장 최상의 형제 위치는 없다. 각각의 위치는 각각 장단점이 있다. 그리고 가정 내 형제 · 자매의 위치가 반드시 출생 순위와 일치하지는 않는다. 그것은 단지 어떤 특징이 특정 위치에서 보다 더 공통적으로 나타날 뿐이다. 예를 들면, 막내와 같은 역할을 하는 장녀도 있고, 장자의 역할을 하는 차남도 있을 수 있다.

보웬은 배우자의 상호작용 역시 그들의 원가족에서의 형제 위치와 관련이 있다고 보았다. 맏이와 막내는 훌륭한 팀이 될 수 있다. 예를 들면, 막내와 결혼한

장남이나 장녀는 결혼관계에서 좀 더 책임감 있고 의사결정의 권한을 갖는 경향이 있을 것이고, 그 부부는 서로의 관계를 보완해 줄 것이다. 반면, 장남과 장녀의 결혼은 둘 다 책임감 있는 자리에 익숙한 나머지 갈등을 겪을 수 있다.

(7) 정서적 단절

정서적 단절은 세대 간의 미분화와 불안에 대처하는 방법을 말하는데, 부모-자녀 간의 융합이 심할수록 빈번하게 발생한다. 어떤 이들은 불안을 줄이기 위한 방법으로 부모의 집에서 먼 지역으로 이사를 가거나 부모와 말을 하지 않거나 부모와 연락을 취하지 않는 등의 행위를 함으로써 거리를 두려고 한다. 또 다른 이들은 매우 피상적이고 간결한 대화만을 유지하면서 지내기도 하는데, 이 역시 단절의 표현이 될 수 있다.

(8) 사회적 정서 과정

보웬은 개인과 가족에 대한 정서 과정 개념을 사회적 정서 과정으로 확장하였다. 그에 따르면, 사회도 가족과 마찬가지로 연합성과 개별성의 반대적 힘의 균형에 영향을 받는데, 사회가 전쟁이나 인구 증가, 성차별과 같은 만성적 스트레스 상황에 처할수록 사회의 불안은 커지고, 그 결과로 결속에 대한 압력이 강해지며 분화 수준이 감소한다. 분화 수준이 감소한 역기능적 삼각관계가 계속적으로 서로 맞물려 사회 전체로 확장된다(정문자 외, 2012).

3) 가족치료의 목표 및 기법

(1) 치료 목표

보웬 학파에서는 사람을 변화시키려고 하지 않고, 문제 해결에도 관심을 두지 않는다. 치료란 자기 자신과 관계에 대해 학습할 기회를 제공하여 문제에 대한 책임을 깨닫게 하는 것으로 본다. 그렇다고 해서 치료자가 뒤로 물러나 앉아 가족 스스로 자기네 문제를 골라내도록 내버려 두는 것도 아니다. 오히려 보웬의 다세대 가족치료는 적극적인 탐색 과정으로서 치료자는 가장 포괄적인 이론을 토대로 하여 가족 구성원이 서로 비난하지 않고 가족 문제의 발생에 각자 차지하고 있는 역할을 찾도록 돕는다.

다세대 가족치료의 핵심은 여러 세대를 통해 반복되고 있는 가족 과정과 구조를 파악하여 원가족에게서 자기분화를 높여 가족체계를 변화시키는 것이나. 다세대의 정서 체계에 퍼져 있는 만성 불안 유형에서 벗어나기 위해서는 가족 구성원의 불안을 경감시키고 자기분화를 촉진하여 삼각관계에서 벗어나도록 해야 하며, 이것이 다세대 가족치료의 목표다.

(2) 치료 기법

보웬 학파는 기법보다 가족체계가 어떻게 작용하는지 이해하는 것을 훨씬 중요하게 생각한다. 다세대 가족치료자는 가계도나 과정 질문 등을 통해 가족 과정을 파악하는 데 중점을 둔다.

① 가계도

보웬은 다세대적 정서 체계가 현재의 핵가족과 개인의 기능에 중요한 영향을 미친다고 보았기 때문에, 치료적 기법으로 최소한 3세대에 걸친 도표를 통해 문제를 폭넓게 진단하는 그래프적 방법을 사용했다. 가계도는 첫 면접에서 내담자와 함께 작성하고, 여러 회기에 걸쳐 수정 · 보완된다. 가계도의 주요 기능은 평가 단계에서 자료를 조직화하고, 치료 과정 중에 관계 과정과 주요 삼각관계를

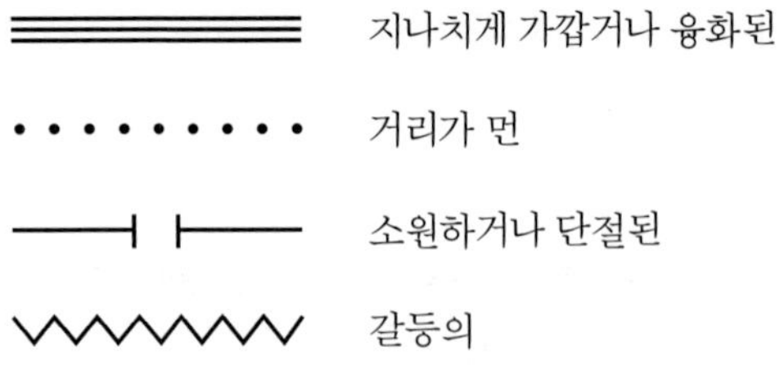

그림 10-3 **관계 역동을 나타내는 가계도 상징**

추적하는 데 있다.

2 치료적 삼각관계

두 성인과 치료자로 이루어진 삼각관계 체계에서 작업하는 것이다. 두 사람의 긴장을 감소시키기 위해 치료자를 자동적으로 삼각화 과정에 끌어들이려고 할 때 치료자가 정서적으로 말려들지 않는다면 치료적 삼각관계 안에서 가족체계는 다시 평정을 찾아 문제를 해결할 방법을 찾게 된다.

3 코칭

코칭은 내담자에게 정서적으로 관련되기 쉬운 치료 방법에 대한 대안으로 발달되었다. 코치한다고 해서 내담자에게 어떻게 하라고 요구하는 것을 의미하지 않는다. 코치하는 것은 내담자가 자기 가족의 정서적 과정과 그 속에서의 자신의 역할을 이해하는 데 도움을 주기 위해 조언 및 질문을 하는 것이다. 전문적인 코치는 중립적이고 객관적인 조언을 통해 개인의 분화를 돕게 된다.

4 과정 질문

과정 질문은 내담자로 하여금 불안을 감소시키고 불안을 유발하는 스트레스 상황에 어떻게 반응하고 있는지 깨닫게 하는 데 사용되어 내담자가 더욱 분명하게 사고하도록 돕는다. 이러한 명료성은 문제를 해결할 여러 대안을 발견하게 해준다.

과정 질문의 예

- 시어머니와의 관계가 기대대로 되지 않았을 때 당신은 무엇을 느꼈는가?
- 그래서 당신은 그 문제를 해결하기 위해 어떻게 대처하였는가?
- 남편에게 알렸을 때 남편의 반응은 어떠했는가?
- 그러한 반응을 보고 당신은 무엇을 느꼈는가?
- 그럴 때 당신은 남편에게 어떻게 반응했는가?
- 당신의 그 반응에 대한 남편의 반응은 무엇이었는가?
- 남편은 당신에게 비난을 받으면 항상 그렇게 반응하는가?
- 두 사람의 부부관계 방식에 대하여 어떤 생각이 드는가?
- 남편의 외도 사실을 알았을 때 어떤 느낌이었는가?
- 그럴 때 당신은 어떤 생각이 드는가?
- 남편과의 관계가 불안해졌을 때 당신은 어떻게 대응하였는가?
- 당신의 그러한 감정투사가 계속되었을 때 남편의 반응은 어떠했는가?
- 남편이 그렇게 반응하면 당신은 그것을 어떻게 받아들이고 반응했는가?
- 그렇게 한 결과 부부관계는 어떻게 변하였는가?

5 '나의 입장' 기법

나의 입장(I-position) 기법은 상대방의 행동을 비난하거나 지적하기보다 자신의 감정에 초점을 맞추어 표현하는 방법이다. 예를 들면, "당신은 게으르기 짝이 없어."라는 반응보다 "당신이 나를 좀 도와주었으면 좋겠어."라는 표현이 적절하다. 이 기법은 정서적 충동에 따라 반응하려는 경향을 막는 방법으로 치료 과정에서 치료자도 내담자에게 이와 같은 입장을 취한다.

(3) 치료 이론과 평가

다세대 가족치료 이론이 이토록 유용하게 된 것은 우리가 다른 사람과 어떻게 관계를 맺는가에 영향을 미치는 정서적 세력을 기술해 주고 있기 때문이다. 우리가 서로를 이해하는 데 대한 가장 치명적인 장애 중 하나는 정서적 충동에 따라 반응하려는 경향이다. 모든 인간관계에서 다 그렇듯이, 이러한 경향은 양방적인 성격을 띠고 있다. 한 사람이 정서적 충동에 따라 행동을 하게 되면 상대방은 무엇을 말하려고 하는지 경청하기보다는 똑같이 충동적으로 반응한다. 보웬이론은 이러한 반응성을 기술하고, 그 기원을 자기분화의 결여에서 찾고, 정서적 충동에 대한 자기통제로 나아가는 방법을 설명한다. 이것은 가정 내에서 관계를 폭넓게 발달시키고, 자기 신념에 방어적 태도를 취하지 않고 경청하는 법을 학습함으로써 가능한 것이다(Goldenberg & Goldenberg, 2000).

보웬은 우리가 개인으로서 어떻게 기능하고 있는지, 우리가 가족과 어떻게 지내고 있는지, 또한 이러한 것들이 서로 어떻게 연관되어 있는지를 이해하는 데 큰 공헌을 했다. 보웬은 이러한 이해가 가족치료의 그 어떤 방법이나 기법보다 훨씬 더 중요하다고 보았다.

다세대 가족치료 이론은 확대가족을 중요하게 고려하며 가족치료의 과정에 모든 가족 구성원이 참석하지 않고 부부체계만 또는 한 명과의 치료 과정만을 통해서도 가족의 변화를 도모한다는 점에서 가족치료라는 개념에 익숙하지 않은 우리의 가족문화에 적용하기 용이하다.

4) 다세대 가족치료에서 본 우리나라 가족에 대한 이해

산업화에 따라 우리 사회에서도 가족관계에 많은 변화가 일어나 핵가족 및 비전통적 가족의 비율은 지속적으로 증가하고 있다. 그러나 규범적인 가족구조는 아직도 대가족적이며 부계적인 특징을 갖고 있다. 예를 들어, 부모-자녀 관계가 부부관계보다 더 중요한 위치를 차지하고 있으며, 남녀 사이의 위계나 윗사람과 아랫사람과의 위계적 관계에 대한 규범도 아직 강하다.

최근 증가하고 있는 개인적 삶에 대한 관심 및 높은 수준의 자아실현의 욕구 등이 우리에게도 개인의 행복이 집단의 조화보다 점점 더 중요하게 되어 가고 있다는 것을 나타낸다. 하지만 우리는 아직도 자아의 기본 단위를 개인이 아닌 가족으로 생각하는 경향이 있다. 그리고 결혼을 한 개인과 개인의 결합으로 바라보기보다는 가족과 가족의 연합으로 사돈 및 인척 관계 등에 대하여 강조한다. 그뿐만 아니라 자녀가 결혼한 후에도 강한 유대적 관계를 유지하고 서로의 가족생활 주기에 상당한 영향을 미치고 있다.

즉, 우리 사회의 부부들은 몸은 원가족으로부터 떨어져 나왔지만 정신적으로는 완전히 원가족으로부터 분리되지 못하고 있다. 그 이유는 먼저, 결혼한 부부들이 한 번도 독립적으로 생각하고 생활해 보지 않고 항상 가족 중심으로 생활해서 정신이 여전히 그 원가족 속에 매여 있기 때문이다. 다음으로, 우리의 가족문화 자체가 결혼한 부부를 완전히 독립적인 존재로 인정하지 않기 때문이다. 결혼한 후에 시가와 따로 살긴 하지만 여전히 시집의 영향을 받고 시집 중심으로 살아가기 때문이다. 우리 사회의 가족이 겪고 있는 문제들, 부부 이혼, 자녀 문제, 고부 갈등은 바로 결혼한 부부가 원가족과 분리되지 못해서 오는 경우가 많다.

이러한 점에서 우리 가족은 구조적으로는 핵가족으로 있지만 정서적으로는 확대가족적 특징을 갖고 있다. 보웬의 다세대 가족치료 이론은 다른 가족치료 이론보다 가족을 다세대적 현상으로 보고 확대가족과의 관계 분석을 통하여 현재 가족의 문제를 파악하려고 했다는 점에서 우리의 가족 개념에 보다 근접하고 있다. 다세대 전수라는 용어 자체는 우리 문화에 있어서 새로운 것일 수 있으나, 개념상으로 볼 때 종종 가족과 가문을 동일시하는 우리 문화의 관점과 잘 맞아 떨어진다(신혜섭, 2002). 또한 다세대 가족치료 이론에서 사용하는 다양한 개념들, 즉 삼각관계, 출생순위 등은 우리 문화에서 전통적으로 관찰되어 온 가족 문제들, 예컨대 아버지가 소외되는 친밀한 모자 관계, 아들을 사이에 둔 고부 갈등, 장자의 권리와 의무를 둘러싼 형제간 갈등 등 이미 널리 인식되어 온 다양한 문제들을 설명하는 데 있어서 그 자체로도 유용하다(이선혜, 1998).

보웬식의 코칭이라는 비위협적인 치료 태도는 우리 사회의 가족에 잘 수용될 수 있다. 치료적 개입은 치료적 동맹을 수립하는 것에서 비롯되므로, 가족과 라포를 형성하는 것이 변화 과정으로 들어가는 첫 단계다. 보웬식 치료자의 온건한 방식과 비침입적인(nonintrusive) 역할은 가족 구성원과 타인(비가족) 사이의 경계선이 강한 가족에 있어서 특히 잘 수용될 수 있기 때문에 유용하다. 특히 우리 사회의 가족은 상담 중 갈등이 발생하는 것을 불편하게 느끼는 경향이 있어 코칭 접근을 편안하게 느낄 수 있다.

3. 가족치료 사례

구조적 가족치료 이론을 중심으로[1)]

E가족은 내담자의 남편과 시어머니와의 융합이 심한 가족이다. 내담자의 가정살림에 시어머니의 간섭이 지나치게 심하며, 내담자 남편의 사소한 행동에도 강한 분노를 보이는 시어머니와 고부 갈등이 깊은 상담사례다.

가족구성

내담자의 남편은 외아들로서 교장인 아버지와 전업주부인 어머니, 할머니 그리고 두 명의 여동생이 있다. 시어머니는 딸이 다섯인 집의 첫째로 부모가 일찍 돌아가셔서 가장 역할을 하다가 내담자의 시아버지를 만나 결혼하였다.

제시된 문제

시어머니는 내담자가 지금의 남편과 연애를 하던 때부터 내담자를 못마땅하게 생각하였고, 결혼한 이후에는 아들 부부를 자신이 살고 있는 아파트 아래층에 살도록 요구하고 내담자의 살림에 지나친 간섭을 하였다. 특히 며느리와 단 둘이 있을 때는 모욕을 주는 말과 행동을 자주하였다. 이로 인해 내담자와 남편의 사이가 좋지 않게 되었고, 내담자의 남편이 어머니의 부당함을 지적하자 이 시어머니가 쇼크로 쓰러졌다. 그 후로 며느리와 시어머니의 관계는 더욱 악화되었다.

가족평가

자신의 시어머니(내담자의 시할머니)와 고부 갈등이 심했던 내담자의 시어머니는 아들(내담자의 남편)과 융합이 강한 상태로 아들과 강한 삼각관계를 맺고 있으며, 남편과의 친밀감 부족 등 부부 하위 체계와 부모 하위 체계의 경계 유지가 어려

---

1) Wedding & Corsini (2001)에서 발췌함

운 상태다. 이로 인하여 고부 갈등을 일으키는 전형적인 예라고 볼 수 있다. 또 다른 이유로는, 효라는 도리를 강조하는 교육을 받고 자란 내담자는 자기분화 수준이 낮고 불안 정도가 높은 상태로 건강한 의사소통 방식을 습득하지 못하고 내적으로 분을 삭히면서 시어머니를 대하고 있기 때문에 시어머니와 해결되지 못한 문제로 남편과의 관계를 악화시키는 악순환을 반복하고 있다.

가족치료의 적용

① 내담자의 호소 내용을 수용적이고 공감적인 태도로 경청한다.

결혼을 함으로써 생긴 고부 갈등의 문제를 안고 찾아오는 내담자의 호소 내용은 매우 감정적이거나 분노가 쌓여 있는 경우가 많다. 그래서 내담자는 자신이 겪는 어려움을 장황하게 이야기한다. 이런 경우 상담자가 인내심을 가지고 적절한 공감과 함께 내담자의 호소 내용을 들어주면 내담자는 이해받고 있다고 느끼게 되며, 상담에서 가장 중요한 요소 중 하나라고 볼 수 있는 상담자와의 신뢰관계가 형성될 수 있다.

② 내담자와 함께 가계도를 그려 나간다.

내담자인 며느리는 상담자와 함께 자신의 가계도뿐만 아니라 남편을 포함하고 있는 시댁의 가계도를 그려 나간다. 필요하다면, 시어머니의 원가족의 가계도 또한 포함할 수 있다. 이렇게 가계도를 분석해 나가면서 가족 내에 삼각관계나 다세대 전달과정, 정서적 단절, 형제 순위 등을 탐색하여 고부 갈등을 일으키는 원인과 관련된 가족체계 속의 상호작용 패턴을 인지할 수 있도록 돕는다. 이때 상담자의 역할은 내담자의 인지수준을 높이는 것이다. 이 과정을 통해 내담자는 시어머니와 아들, 즉 남편 사이에 삼각관계나 융합의 정도뿐 아니라 그렇게 될 수밖에 없었던 가족 배경 등을 알게 됨으로써 시어머니를 이성적으로 이해할 수 있는 계기를 가질 수 있다.

③ 내담자로 하여금 시어머니와의 문제를 상담자 앞에서 실연하게 한다.

내담자가 문제를 언어로 설명하게 되면 내담자가 인식한 것을 내담자의 해석을 근거로 표현하게 되는데, 구조적 가족치료의 독특한 기법인 실연(enactment)을 통해서 고부 관계뿐 아니라 가족의 실생활이 그대로 드러날 수 있는 가능성이 있으므로 상담자가 가족구조를 이해하는 데 도움이 될 수 있다. 이때 가족 구성원, 특히 시어머니가 상담 현장에 같이 참석할 수 없는 한계가 있을 경우, 실연을 통해 역기능적인 교류를 둘러싼 고부간의 상호작용을 알기 위하여 치료자가 시어머니 역할을 할 수 있다. 비록 고부간의 직접적인 실연에 비해 그 한계가 있겠지만, 내담자가 고부 갈등을 언어로만 표현하는 것보다는 가족체계라는 맥락 속에서 관찰하여 문제 중심의 사고에서 벗어나도록 도울 수 있다. 다음 단계로 실연화 과정 속에서 상담자가 주목한 부분, 즉 고부간의 역기능적인 교류 부분에 대하여 지금까지 내담자가 사용한 방법과는 다른 교류를 실연화한다.

④ 진단을 내린다.

상담자는 내담자의 호소 내용과 가계도를 통한 가족 내의 삼각관계나 정서 체계, 하위 체계의 경계선이나 연합의 개념, 고부간의 역기능적인 교류 등을 ①, ②의 과정을 통해 고부 갈등의 원인을 진단한다. 그러나 상담자의 일방적인 진단이 아니라 내담자가 진단 내용을 정확히 이해하고 동의할 수 있도록 한다.

⑤ 치료 목표 설정과 그에 따른 구체적 과제를 제시한다.

고부 갈등을 일으키는 주요 원인인 삼각관계와 낮은 자기분화 수준에 대한 이해, 그리고 그에 따른 가족체계 속의 상호작용 유형을 인지하는 과정을 통해 가족체계 내에서 자신의 역할을 인식하여 시어머니와의 갈등 상황 속에서도 감정적 반사행동보다는 지적인 반응행동을 할 수 있도록 한다.

그에 따른 구체적 과제로는 시어머니와의 갈등 상황에서 표면적인 효라는 부분으로 무조건 참는다거나, 감정적인 반응이 아닌, 명확한 의사소통하기다. 명확한 의사소통을 위한 지침은 다음과 같다.

첫째, 나-입장으로 말하라. 시어머니가 무엇을 '하는가' 대신에 내담자 자신이 무엇을 '느꼈는가'를 말함으로써 자기 입장을 취하는 것은 정서적 반응의 악순환을 끊는 가장 직접적인 방법이다. 예를 들어, "어머니께서 아이를 버릇없게 만드신다."라는 말과 "저는 어머님이 아이에 대해 더 엄격해야 한다고 생각한다."는 말은 큰 차이가 있다(송정아, 최규련, 2009).

둘째, 과거의 일을 들추지 마라. 명확한 의사소통은 당면한 문제에만 초점을 맞추는 것이다. 과거를 돌아보는 것은 때로 유용하고 문제를 긴 안목으로 보게 해 준다.

그러나 지난 일을 들추는 것은 상대방의 잘못에 대해 근거를 찾기 위한 경우가 흔하다. 화가 났을 때 이미 지난 일을 들먹이지 않도록 한다.

셋째, 짐작하여 듣고 말하지 마라. 시어머니와의 갈등이 있으면 시어머니의 행동이나 언어 표현을 부정적으로 듣게 되고 반응하게 된다. 시어머니의 행동이나 표현이 이해가 되지 않을 때는 짐작하지 말고 명확히 하라.

넷째, 분명하게 말하라. 은연중에 암시하거나 시어머니가 스스로 이해해 줄 것이라고 기대하지 말고 본 것과 생각한 것, 느끼는 것과 원하는 것을 분명하게 말한다(김영애, 2009).

⑥ 부부 하위 체계를 강화한다.

시부모의 부부 하위 체계와 내담자 부부의 하위 체계를 강화한다. 시부모의 부부체계가 노년기를 맞으며 평등하고 서로 위로하는 지지자로서의 역할을 할 수 있도록 돕고, 동시에 내담자 부부의 하위 체계를 강화함으로써 시어머니와 아들(내담자의 남편) 사이의 혼돈된 경계선을 명료화한다. 구체적 과제로는 며느리인 내담자가 젊은 시절 자녀들을 키우며 자신의 시부모를 모시고 살아온 시어머니의 헌신과 수고를 인정하고 그에 대한 감사를 표현하는 것을 시작으로 가족 전체로 확대하여 결과적으로 시아버지와 시어머니와의 친밀감을 높일 수 있도록 한다. 시부모의 건강한 부부 하위 체계가 형성될 때 시어머니가 맺고 있는 내담자의 남편과의 삼각관계에서 빨리 벗어날 수 있을 것이다.

구체적 과제는 다음과 같다.

첫째, 같은 여성으로서의 공감대를 형성한다. 고부관계는 아들 또는 남편을 중심으로 한 경쟁의 관계가 아니라 동시에 동시대를 살아가는 공감할 것 많은 여성임을 인식하도록 돕는다. 특히 내담자는 시어머니가 과거에 겪었던, 그리고 현재에도 겪고 있는 아내, 어머니, 며느리로서의 어려움, 즉 같은 여성으로서의 어려움을 이해하고 인정하면서 시어머니와의 공감대를 형성하는 것이 고부 갈등에 대한 새로운 해결 방안이 될 수 있을 것이다.

둘째, 시어머니의 장점을 강화한다. 구체적 과제로는 시어머니의 장점에 대해 직접 표현하고 고마운 점을 느끼게 될 때마다 감사의 말을 직접 전하는 훈련을 한다.

셋째, 시어머니로 하여금 가족 중심의 삶에서 시어머니 자신을 위한 삶으로 방향을 전환할 수 있도록 돕는다. 구체적 과제로는 긍정적인 친분 관계의 확장이나 가족 때문에 하지 못했던 시어머니 자신만의 취미 생활이나 배움의 기회를 가지도록 돕는다. 이렇게 하면 시어머니는 아들이나 며느리에 대한 기대가 감소될 수 있고, 고부 갈등 상황이 오더라도 긍정적으로 바라볼 수 있는 여유가 생겨서 이성적으로 극복할 수 있을 것이다.

넷째, 시어머니를 있는 그대로 수용한다. 내담자가 원하는 방향대로 시어머니가 모두 변할 수 없기 때문에 원하지 않더라도 시어머니를 있는 그대로 수용해야 할 때가 많음을 인정한다. 수용이란 자신이 원하는 것을 포기하는 것이 아니라 성숙하고 적절하고 이성적인 방법으로 상황에 대처하는 능력을 말하는 것이다. 구체적 과제로는 현재 당면한 현실을 받아들이고, 상대방을 변화시키고자 하는 욕망에서 자유로워지면서 내적 평정을 유지하는 것이다(김영애, 2009).

토론거리

1. 우리나라 가족은 서구의 가족과는 어떻게 다른지 분석한 후 함께 토론하여 보자.
2. 우리 가족의 가계도를 그려 보고 가족의 하위 체계 및 가족구조가 어떻게 형성되어 있는지 살펴보자.
3. '나의 입장' 기법을 사용하여 상대방에게 자신의 입장을 효과적으로 전달하는 연습을 해 보자.

요약

미누친은 가족들 사이에는 보이지 않는 질서와 구조가 있다고 보았고, 정상적인 가족은 이 기능이 별 어려움 없이 유지되면서 지내지만 어떠한 문제가 생겼을 때에도 변화 없이 이를 계속 유지하려고 한다면 관계에 어려움이 발생된다고 보았다. 반면, 보웬을 포함한 다세대주의자들은 현재의 가족문제는 원가족의 미해결된 문제를 반영하는 것이라고 믿었는데, 이는 문제가 전 세대에서 유발되었다는 것이 아니라 그 가계에 특정 문제들이 정리되지 않아 지속적 유형으로 유지되어 세대를 통해 전수된다고 하였다. 미누친의 구조적 가족치료와 보웬의 다세대 가족치료 이론을 통해 가족의 구조 및 체계에 대한 이론들을 살펴보고 구조적 가족치료의 사례를 알아보았다.

11장

가정폭력

학습 목표

1. 가정폭력의 특성에 대하여 알아본다.

2. 가정폭력과 관련된 이론들에 대하여 알아본다.

3. 가정폭력의 현황과 향후 보완 방향에 대하여 알아본다.

4. 가정폭력 가해자와 피해자의 심리적 특성에 대하여 알아본다.

5. 가정폭력과 관련된 제반 문제들에 대하여 알아본다.

G씨는 결혼한 지 14년이 되던 해 남편의 폭력을 견디다 못해 집에서 도망 나와 병원에 입원해 있는 상태다. 원래는 집을 나와 오빠네로 갔으나 남편의 협박으로 불안을 느낀 G씨는 혹시 남편이 오빠네 식구와 자신을 해칠지 모른다는 두려움으로 불안과 불면증이 심해져 밥을 거의 먹지 못하였다. G씨는 남편을 직장 상사로 만났고, 자신을 자상하게 돌봐 주고 듬직하여 사귄 지 1년 만에 결혼하였다. 남편은 1남 3녀의 막내였고, 시아버지는 간암으로 남편이 군 복무 중일 때 돌아가셨으며, 결혼을 했을 때는 시어머니와 같이 살아야 하는 상황이었다. 어머니는 매우 유순하고 얌전하셨으며, G씨를 좋아하고 잘해 주는 등 매우 우호적이었다. 결혼 후 얼마 되지 않아 연애 시절 보지 못했던 남편의 거친 성격이 처음 드러났는데, 조금만 자신에게 거슬리는 일이 있으면 바로 거친 욕설을 하고 주변의 물건들을 던지는 행동을 하였다. 이후 거의 매일 친구나 회사 동료들과 어울려 술을 마시고 늦게 들어오기 시작했고, 술을 먹고 오는 날이면 사소한 비난에도 눈빛이 변하고 폭력을 취하였다. 남편이 이러한 행동을 하고 나면, 시어머니는 다친 G씨에게 약을 발라 주고 너무 미안해하며 시아버지와 유사한 남편의 행동에 자신을 자책하였다. 임신을 했을 때에도 남편은 배를 차는 등의 폭력을 취하였고, 첫아들을 낳은 후에도 계속된 폭력과 폭언으로 심한 불안과 우울 상태에 시달렸다. 그러나 그때마다 자학하면서 "아이는 내가 키울 테니 도망가 좋은 사람을 만나 살라."고 하는 시어머니에게 연민을 느끼고 의지하였다. 이와 함께 "네가 나가 봤자 한 시간이면 나한테 잡힌다."거나 "너희 식구는 물론 아들과 너도 죽여 버리겠다."는 남편의 폭언으로 도망은 생각조차 못하였다. 초등학생인 아들도 거칠게 컸고, 불안정하고 부주의한 행동과 욕설로 자주 담임교사에게 연락을 받고 있다. 남편과 유사한 모습을 보이는 아들에 대한 실망과 체념을 갖게

되었고, 이러한 상황에서 심하게 맞아 생명의 위협을 느낀 G씨는 도망을 나와 무작정 버스를 탔고 어딘지 모르는 곳에서 오빠에게 연락을 하였다. 입원 상태에서 이혼 소송을 한 G씨는 현재 남아 있는 맞은 흔적 등 제반 서류를 갖춰 법원에 제출하였고, 이 과정에서 다시 심한 충격에 싸여 의욕을 잃게 되었다. 자신의 상황을 잘 증명해 줄 것으로 기대했던 믿었던 시어머니가 서류에 "아들은 며느리를 때리지 않았고 며느리가 문제가 많아 자식을 버리고 나갔다."라고 증언한 내용이 적혀 있었다.

가정폭력은 가족 구성원 사이에서 일어나는 신체적인 폭력뿐만 아니라 정신적인 폭력으로 이는 개인 간의 사소한 문제가 아니라 피해자의 생명을 위협할 정도로 심각한 사회적 범죄 행위다. 폭력으로 가족 전체가 부정적인 충격을 경험하게 되는데, 직접적인 학대 여부와 상관없이 가정폭력은 그 가정의 자녀에게도 심각한 피해를 입힌다. 이 장에서는 가정폭력에 대한 이해, 가정폭력과 관련된 이론, 가정폭력 피해자의 심리적 특성, 그리고 가정폭력 피해자의 내적 · 외적 강화 유도에 대해서 알아본다.

1. 가정폭력에 대한 이해

1) 가정폭력의 개념 정의

가정폭력(family violence)의 일반적 정의는 '가족 구성원 중의 한 명이 다른 구성원에 대하여 계획적이고 반복적이고 의도적으로 물리적이거나 정신적인 학대나 폭력적인 행위를 하는 것'이라고 할 수 있다. 가정폭력을 신체적 폭력에 국한하여 생각하는 경우가 많지만, 신체 학대뿐만 아니라 성폭력, 정서적 학대, 태만과 의무 불이행 등의 유기가 모두 포함된다. 「가정폭력범죄처벌 등에 관한 특례법」에 따르면, 가정폭력이라 함은 가족 구성원 사이의 신체적 · 정신적 · 경제적 피해를 수반하는 행위를 말하며, 가족 구성원 사이의 모든 폭력을 포괄한다. 즉, 남편의 아내에 대한 폭력, 자녀의 부모에 대한 폭력, 형제간의 폭력, 아내의 남편

에 대한 폭력 등 가족 간의 모든 폭력을 망라한다. 섁터와 갠리(Schecter & Ganley, 1995)는 “가정폭력은 청소년이나 성인이 그들의 애인 혹은 배우자에게 경제적 위협뿐 아니라 신체적 · 성적 · 심리적 공격을 포함한 폭행과 위협행동 중 한 가지 형태를 가하는 것이다.”라고 정의했다(이화여자대학교사회사업연구회 역, 2001).

폭력의 개념 정립에 있어서 폭력(violence)과 학대(abuse)를 명확히 구분하기는 어려운데, 일반적으로 학대를 폭력의 하위 범주에 포함하는 관점과 학대를 비신체적 폭력과 신체적 폭력을 포함하는 상위 개념으로 보는 관점 등 두 가지 흐름이 있다. 학대란 신체적 폭행뿐 아니라 경제적으로나 신체적으로 방임하는 것, 즉 밥을 안 준다거나 외출 시 혼자만 남겨 두고 나가는 사회적 고립, 구속, 경제적 박탈, 언어적 폭언 및 경멸과 같이 신체적 폭력과 언어적 · 정신적 폭력 등 폭력의 범주보다 좀 더 많은 것을 포함한다.

2) 가정폭력의 유형

가정폭력의 유형 또한 피해자와 가해자, 연령, 특수한 관계 등에 따라 매우 상이한 유형의 폭력이 행해질 수 있기 때문에 다양하게 나타난다. 하인즈와 말리-모리슨(Hines & Malley-Morrison, 2005)은 가정폭력의 유형을 아동학대(child abuse), 배우자학대(spouse abuse), 노인학대(elder abuse)로 분류하였다. 그리고 가정폭력은 폭력 행위의 행태에 따라 신체적 폭력(physical violence), 정서적 폭력(emotional violence), 성적 폭력(sexual violence)으로 구분되며, 피해자는 하나의 폭력 유형만을 경험할 수도 있고, 모든 폭력 유형을 동시에 경험할 수도 있다고 하였다(Wallace, 2005).

폭력의 유형을 구체적으로 살펴보면 다음과 같다. 첫째, 신체적 폭력은 신체적 위협을 포함한 모든 폭력적인 행동을 말한다. 둘째, 정서적 폭력은 부당하고 심한 말로써 상대방의 감정을 상하게 만드는 것이며, 많은 언어적 폭력을 포함한다. 셋째, 성적 폭력은 상대방의 동의 없이 하는 모든 성적인 행동과 요구, 무례한 성적 접촉을 말한다(김은희, 1994).

폭력의 종류에 대해서도 학자마다 다르게 분류하고 있는데, 가정폭력에는 남편이 아내에게 또는 아내가 남편에게 폭력을 행사하는 부부폭력, 부모가 자녀에게 폭력을 행사하는 자녀폭력, 자녀가 부모에게 폭력을 행사하는 부모폭력, 형제간에 폭력을 행사하는 형제폭력 등으로 분류되기도 한다(조미숙, 1999). 부부폭력은 아내학대(wife abuse), 가정폭력(domestic violence 또는 family violence), 아내구타(wife battering), 배우자학대(spouse abuse), 부부폭력(marital violence) 등의 용어로 혼재되어 사용되고 있다. 이렇듯 다양한 용어가 생겨난 것은 보는 관점에 따라 부부간의 폭력이 다르게 이해될 수 있기 때문이다. 대부분 부부폭력이 가해자가 주로 남성이라는 이유로 아내구타, 아내학대라는 용어를 많이 사용한다. 그러나 부부폭력에 있어서 여성은 항상 수동적으로 피해만 입는 것이 아니고 폭력을 방어하거나 싸움을 먼저 시작하거나 전략적으로 폭력을 사용할 수도 있다(Gelles, 1997).

자녀폭력은 가정에서 부모가 자녀에게 행하는 고의적인 행동으로서 그에 따른 손상의 결과가 정신적으로나 신체적으로 드러나는 것을 말하는 협의의 개념을 사용한다. 자녀폭력의 유형 중 신체적 폭력은 부모가 자신의 권위에 복종을 강요하기 위하여 자녀에게 의도적 · 고의적인 공격으로 때리거나 폭력을 사용하여 가해하는 등 신체적 손상과 고통을 주는 것을 의미한다. 또한 신체적 폭력과 체벌은 정확하게 구분하기 어렵다. 훈육으로 시작한 체벌은 자녀와 부모의 상호작용에 따라 폭력으로 변화될 수 있기 때문이다. 그러나 부모가 의도한 효과를 위한 훈육이 그것을 수용하는 자녀의 관점에서 부모의 의도 이상의 영향을 미친다면, 이를 신체적 폭력이라고 볼 수 있다.

부모의 자녀에 대한 언어적 폭력은 자녀에게 심리적으로 상해를 줄 수 있는 부모의 의사소통으로 원망적 · 위협적 · 거부적 · 적대적 언어를 통한 언어적 폭력뿐만 아니라 비언어적 폭력도 포함한다(Gelles, 1997).

표 11-1 **피해자 연령**

(단위: 명, %)

연도	계	연령			
		19세 미만	19~60세 미만	60세 이상	미상
2006년	104,431	2,921	89,856	3,840	7,814
	100%	2.8	86.0	3.7	7.5
2007년	97,982	3,751	81,825	4,462	7,944
	100%	3.8	83.5	4.6	8.1
2008년	100,410	3,505	83,716	5,061	8,128
	100%	3.5	83.4	5.0	8.1

출처: 여성가족부 (2012).

표 11-2 **가해자 유형**

(단위: 명, %)

연도	계	배우자	과거 배우자	직계 존속	직계 비속	계부모	동거하는 친족	기타
2006년	111,216	96,338	3,417	5,435	2,168	833	1,016	2,009
	100%	86.6	3.1	4.9	1.9	0.8	0.9	1.8
2007년	106,755	86,326	3,930	7,163	1,713	885	2,308	4,421
	100%	80.9	3.7	6.7	1.6	0.8	2.2	4.1
2008년	99,899	82,838	2,901	5,740	1,912	942	1,547	4,019
	100%	82.9	2.9	5.8	1.9	0.9	1.6	4.0

출처: 여성가족부 (2012).

3) 가정폭력의 특성

가정폭력은 가정 안에서 일어나고 문제가 외부로 노출이 되지 않는다는 특성 때문에 적절한 개입, 치료 및 예방의 시기를 상실하기 쉽다. 최근 인식이 많이 변화하고는 있으나, 폭력의 피해자는 가정폭력에 대한 사회적 통념과 스스로의 자책감, 주변의 시선에 대한 수치심 등으로 외부에 도움을 요청하는 것을 피하게 되고, 사회적으로도 남의 가정사에 개입하는 것으로 여겨 관심을 갖지 않으려고 하므로 가정폭력의 피해자는 반복적이고 지속적으로 폭력에 희생된다. 가정폭력에 노출되는 아동도 문제가 되는데, 부모의 폭력을 목격한 아동이 직접적인 아동학대를 경험할 가능성이 높다. 정혜숙(2009)은 아내학대와 아동학대의 중복 발생이 현대 사회의 보편적 사회문제 현상이라고 하였다. 자녀는 실제로 부모 사이의 폭력 행동을 관찰할 수도 있고, 폭력적인 행동의 어떤 형태를 엿볼 수도 있다. 또는 신체적 상처와 같은 폭력의 결과를 목격할 수도 있다. 이러한 경험은 성장 후 삶의 과정에서 또 다른 학대자나 피해자로 살아갈 가능성을 높게 한다.

2. 가정폭력 관련 이론

가정폭력 경험이 자녀에게 미치게 되는 영향을 설명하는 이론 및 가설은 매우 다양하다. 그중 반복적인 실증연구를 통하여 설득력이 입증되었거나 관련 연구에서 비중 있게 다루어지고 있는 중요 이론으로는 사회학습 이론, 가족체계 이론, 외상 이론, 레질리언스 이론 등이 있다. 이 이론들은 서로 다른 학문적 근거에서 출발하였으나, 상호 배타적이라기보다는 상호 보완적 성향이 강하다. 즉, 이 이론들은 유사한 개념을 공유하기도 하고, 가정폭력이 자녀의 적응상에 미치는 영향을 다양한 측면에서 보다 체계적으로 설명하고 있다.

이 네 가지 이론을 간단히 살펴보면 다음과 같다.

1) 사회학습 이론

사회학습 이론(social learning theory)은 가정폭력 노출이 아동에게 미치는 여러 영향 중 특히 아동의 공격적 특성을 직접적으로 설명하는 이론적 근거다(Hines & Malley-Morrison, 2005). 폭력을 학습된 행위로 보는 것으로 폭력을 보고 자란 사람은 언젠가 폭력을 행사한다는 것이다. 반두라(Bandura, 1973)는 관찰 학습과 모델링의 개념을 통하여 공격성이 직접적인 경험에 의해서만 획득되는 것이 아니라 관찰과 모델링을 통하여도 획득된다고 하였다. 즉, 아동이 공격적인 모델을 관찰 학습함으로써 공격성에 대해 무감각해지거나, 혹은 강화 효과를 일으켜 공격성을 촉진할 수 있다고 보았다(Bandura, 1983).

사회학습 이론에서 볼 때, 인간의 행동은 관찰 학습을 통해 모델의 영향으로 습득된다. 따라서 가정폭력 행위는 아동이 그들의 부모나 중요한 타자의 행동을 관찰하고 내면화하여 자신의 행동으로 학습한 결과다(Kurst-Swanger & Petcosky,

2003).

사회학습 이론은 아동이 부모의 양육 태도, 훈육 방법, 갈등을 해결하는 방법 등을 학습 · 모방 · 강화해 나가는 과정을 설명해 준다. 즉, 아동은 모델링과 모방을 통하여 반사적이며 무의식적으로 부모의 행동 유형뿐만 아니라 그들의 일상적인 태도와 정서적 반응까지도 쉽게 습득하게 된다는 것이다. 이 관점에서 학대받은 자녀가 폭력을 학습하여 학대하는 부모가 되거나 폭력에 순응하는 사람이 될 가능성이 높은 것으로 제시되었다(문혁준, 2000).

사회학습 이론은 가정폭력의 세대 간 전이(intergenerational transmission) 과정을 잘 설명해 주는데, 원가족 내에서 폭력을 경험했거나 목격했던 사람들은 부모역할의 모델링 효과에 의해 폭력이 상대방을 통제하고 원하는 것을 얻기 위한 적절하고 수용적인 방법이라고 학습한다. 폭력의 세대 간 전이는 '폭력이 폭력을 낳는다.' 또는 '폭력의 대물림'으로 요약될 수 있는데, 이는 성장기에 원가족에서 가정폭력을 목격하거나 직접 피해를 입는 등의 폭력 노출 경험이 성장 후의 폭력 행위와 연관이 있다는 것을 의미한다(Holt & Gillespie, 2008).

그러나 사회학습 이론은 폭력가정에서 어릴 때부터 부모의 폭력을 직접 보면서 자라거나 부모에게 학대를 당한 남성이라도 모두가 폭력을 행사하는 것은 아니며, 성(gender)으로 구분되어 남성은 폭력을 가하고 여성은 폭력의 피해자가 되는 현상에 대한 기제를 밝히지는 못하고 있다. 따라서 폭력이 학습되었다는 이론을 일반화하기에는 한계가 있다(Kurst-Swanger & Petcosky, 2003).

한편 몇몇의 연구자들은 다른 측면에서 폭력의 세대 간 전이 이론을 비판하면서 이 이론의 부정적 측면을 제시하였다(Gelles, 1997). 이들은 학대받은 아동이 학대 가해자가 된다는 신화가 의미가 있는 사실이기도 하지만, 이러한 믿음은 몇 가지 측면에서 부정적인 결과를 초래한다고 하였다. 첫째, 어린 시절에 학대를 경험한 사람은 자신이 폭력적이 될 것이라고 생각하여 결혼하거나 자녀를 갖는 것을 피하게 될 수 있다. 둘째, 아동학대를 조사하거나 치료해야 할 책임이 있는 사람이 아동에게서 상처를 발견했을 때 부모가 상처의 원인을 제공했다고 가정하게 될 위험으로, 폭력이 폭력을 초래한다는 믿음은 잘못된 진단과 낙인을 가져올 수 있다고 하였다.

사회학습 이론으로부터 도출된 인지행동 모형은 구타 행동을 지지하는 신념이 어떻게 내면화되는지를 강조한다. 폭력 행동은 몇 가지 방식으로 학습될 수 있는데, 우선 폭력적인 가정에서 성장한 사람은 폭력을 관찰하거나 경험함으로써 권력과 통제의 형태로 폭력을 학습할 수 있다고 본다. 또한 이 모형은 폭력을 사회적 기술 부족, 분노 조절의 결함의 결과로 본다. 반두라와 몇몇 학자들의 연구는 분노 그 자체보다는 부정적으로 학습된 분노의 표현이 폭력 행동에 결정적인 역할을 한다고 주장하였다. 즉, 인간은 자신이 원가족 속에서 경험한 자극 상태를 능동적으로 지각·해석·저장하고, 때로는 변경까지 한다고 보았다. 그리하여 역기능적으로 학습된 사고나 행동을 자신의 의지로 학습하지 않거나 긍정적이고 창의적인 방법으로 재학습할 수 있다는 것이다(Kurst-Swanger & Petcosky, 2003).

2) 가족체계 이론

사회학습 이론이 가정폭력 노출이 아동에게 미치는 영향을 직접적이고 단선적으로 나타내는 반면, 가족체계 이론(family system theory)은 가정폭력과 같은 부부체계의 역기능이 가족 내의 또 다른 하위 체계인 자녀에게 직간접적 영향을 미치는 상호적 과정을 설명한다.

에머리(Emery & Boden, 1989)는 가족체계 이론에 근거하여 가족갈등에 대한 아동의 반응을 단계별로 살펴보았다. 먼저, 부부간의 갈등은 자녀에게 심한 스트레스를 가져오는 부정적 사건으로 작용한다. 이에 자녀는 슬픔이나 공포를 느끼거나 가출을 하는 등의 정서적·행동적 반응을 보이는데, 이러한 반응은 흔히 부적응적인 것으로 평가된다. 그러나 가족체계 이론에 근거하면 자녀의 반응은 기능적인 측면을 내포하는데, 부부 갈등을 감소시키거나 부모의 관심을 자녀의 요구로 바꿔 놓을 수 있기 때문이다. 결국 아동의 부정적 행동은 아동 자신과 가족 전체에게 제공하는 이러한 기능에 의해 지속된다는 것이다.

이러한 관점에서 가족체계론자들은 가족폭력이 발생하는 가정에서 아동의 적응에 가장 중요한 영향을 미치는 매개 변인을 부모-자녀 관계, 특히 주 양육자인 어머니와 자녀의 관계와 양육의 질이라고 보았다. 다양한 연구들이 부부간의 갈등과 폭력은 부모가 자녀를 적절히 양육하고 훈련시키는 것을 어렵게 하고, 가족들 간에 강요적인 상호작용 패턴을 발달시킨다고 하였다(김재엽, 2007).

더 나아가, 폭력을 당하는 어머니는 그 피해로 인하여 자녀의 정서적 요구에 적절히 반응하지 못함으로써 어머니와 자녀 간의 정서적 유대가 불안정해지고, 모자간 애착의 질이 저하될 가능성이 있다고 하였다. 가정폭력 피해여성이 심각한 스트레스와 우울에 시달린다는 것은 잘 알려진 사실인데, 어머니의 스트레스와 우울은 자녀 양육에 부정적인 영향을 미친다(김재엽, 2007). 폭력을 당하는 아버지를 보고 자란 경우도 문제가 큰데, 특히 아들의 경우 건강한 남성성 정립에 문제가 생길 수 있고 성장 후 자신들의 가족관계도 역기능적으로 만들 수 있는 배우자를 만나게 될 우려가 있다.

3) 외상 이론

외상 이론(trauma theory)은 가정폭력에의 노출이 아동의 정신건강에 미치는 부정적인 영향을 설명한다. 사회학습 이론이 아동이 가정 내에서 일어나는 폭력에 지속적으로 노출되는 과정에서 공격적이거나 수동적인 행동을 학습하게 된다고 하는 반면, 외상 이론에서는 가정폭력 노출 아동이 복잡한 외상적 스트레스를 가지게 되어 특정한 장애보다는 외상 후 스트레스 장애(Post-traumatic Stress Disorder: PTSD)와 같은 복합적 증상을 가지게 된다고 본다.

DSM-IV에 따르면, PTSD는 일종의 불안장애로서 심각한 심리적 외상이나 스트레스를 경험한 후에 나타나는 극심한 공포와 무기력 증상을 의미한다. PTSD를 보이는 아동이 흔히 나타내는 증상으로는 지나친 놀람, 해리(dissociation), 외상적 회상이나 놀이, 일반적 스트레스에 대한 취약성 등을 들 수 있다. 여러 학자들은 가정폭력에 노출된 아동도 이와 같은 증상들을 나타내는 경우가 많으며, 따라서 이들의 부적응 문제를 일종의 PTSD로 진단할 수 있다고 하였다(Milner et al., 2010).

4) 레질리언스 이론

레질리언스 이론(resilience theory)은 가정폭력을 경험한 청소년 모두가 심리사회적 부적응과 문제행동을 나타낸다는 문제 중심적 관점을 뛰어넘어 이들 중에서도 자신의 어려운 환경을 극복하면서 희망을 가지고 유능성을 회복하는 탄력적인 청소년이 있다는 것을 설명한다.

레질리언스란 중대한 역경의 맥락 내에서 긍정적 적응을 포함하는 역동적 과정으로, "중대한 위험이나 심한 역경에 대한 노출, 그리고 발달 과정에서 겪는 주요 위험(assaults)에도 불구하고 성취하는 긍정적 적응"(양옥경 외 역, 2002)이라고 정의할 수 있다. 즉, 역경을 통해 더 강해지고 더 많은 자원을 보유할 수 있는 능력이자, 위기나 도전에 반응하여 이를 감당하고 스스로를 바로 세우며 성장하는 적극적 과정이라는 개념을 가지고 있다. 여기에서 역경이란 학대나 폭력의 경험, 경제적 어려움, 인종적 차별, 가족의 정신질환, 부모의 이혼 등을 그 예로 들 수 있다(양옥경 외 역, 2002).

레질리언스는 보호적으로 작용하는 다양한 환경과의 상호작용을 통해서 발달하고, 이는 고정된 특성이 아니라 시간의 흐름에 따라 변화하며, 개인과 환경의 보호요인들에 의해 향상된다. 또한 레질리언스는 적극적 대처와 스트레스의 완화를 반복적으로 경험하면서 형성되고 강화되며, 이것은 고정된 속성이 아니기 때문에 새로운 대처 기술을 개발하고 정교화하는 성공적인 경험을 통해서 더 강화되기도 하고, 역경이나 발달적 실패가 축적되는 경우에는 손상될 수도 있다고 하였다(이상준, 2005).

레질리언스에 관한 연구들은 고위험 상황을 가정하면서 이러한 위험을 보상하는 보호요인의 역할에 초점을 둔다. 보호요인이란 부적응적 결과를 낳기 쉬운 어떤 위험 상황으로부터 개인의 반응을 수정하고 개선하는 요인으로서, 심각한 위험에도 불구하고 적응적인 기능을 유지하는 탄력성의 개념에서 그 뿌리를 찾을 수 있다. 가정폭력을 경험한 청소년과 같이 고위험과 취약성을 가지고 있는 인구

집단의 기능에 대해 이해할 때 이들이 내적 · 외적 스트레스에 대처할 수 있도록 해 주는 환경적 · 사회문화적 보호요인들을 고려할 필요가 있다(이상준, 2005).

지금까지 살펴본 이론들을 통해서 성장기에 가정폭력을 경험한 아동에 대한 이해를 정리해 보면 다음과 같다. 첫째, 사회학습 이론에서 보면, 성장기에 가정폭력을 경험한 사람은 배우자를 학대하거나 폭력에 순응하는 사람이 될 가능성이 높다. 이러한 폭력의 대물림 과정은 폭력의 세대 간 전이 이론을 통하여 더욱 구체화된다. 둘째, 사회학습 이론으로부터 도출된 인지행동 이론에서 보면, 원가족으로부터의 폭력 경험에 대하여 인간은 수동적으로만 반응하는 것이 아니라 능동적으로 지각하고 해석하여 창의적인 방법으로 재학습할 수 있다. 셋째, 가족체계 이론에서 보면, 가정폭력을 경험한 자녀의 적응에 중요한 영향을 미치는 요인으로 부모의 지지와 양육의 질이 중요하다. 넷째, 외상 이론에서 보면, 성장기의 가정폭력 경험은 개인에게 PTSD와 같은 증상을 가지게 한다. 다섯째, 레질리언스 이론에서 보면, 성장기에 가정폭력을 경험한 사람 모두가 심리적 부적응과 문제행동을 나타내는 것이 아니라, 성장기의 외상 경험을 극복하면서 유능성을 회복하는 적응 유연적인 사람이 있다. 따라서 성장기 가정폭력 경험에 대하여 적응 유연적으로 대처할 수 있도록 해 주는 환경적 · 사회문화적 보호요인들을 살펴보아야 한다.

3. 가정폭력의 현황과 대처 현실, 향후 보안 방향

2007년 전국 가정폭력 실태조사 결과에 따르면, 가정폭력 피해자는 폭력으로 인하여 사회생활 및 대인관계에서 부정적인 충격을 경험하고 있으며, 응답자의 절반 이상이 사람을 만나기 싫어하거나 기피하게 되었다. 심한 경우 혼자서는 어떤 곳에도 못 가는 등의 행동장애가 발생하였다는 경우도 응답자의 13.9%였다. 피해자의 성장기 특성으로 응답자의 50.3%가 가족 간 폭력을 목격하면서 성장했다고 응답했다. 또한 가정폭력을 직접 당하면서 성장한 경우가 응답자 중 37.1%로 적지 않은 것으로 나타났다. 이 중 가해자는 아버지가 58.9%로 가장 많았고

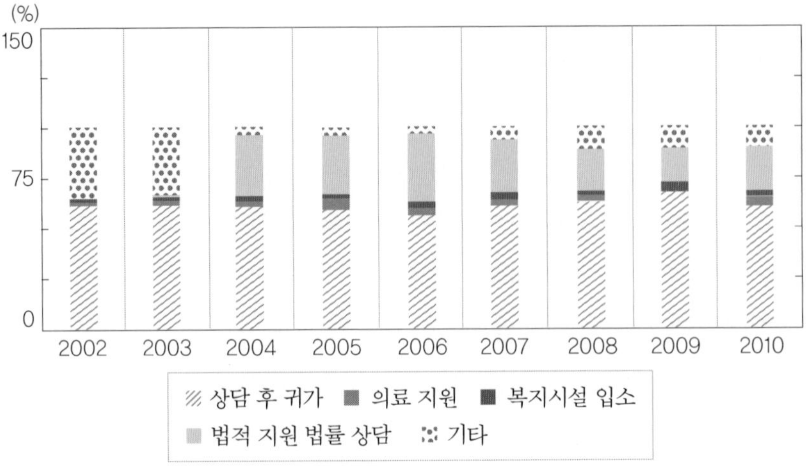

그림 11-1 **가정폭력상담소 상담 결과**

출처: 여성가족부 (2012).

어머니 28.6%, 형제자매 22.7%로 나타났다(여성가족부, 2008).

가정폭력 피해자 지원 내용을 보면, 2004년까지 112,790건에서 2006년 167,362건, 2007년 167,623건, 2008년 158,781건, 2009년 140,016건, 2010년은 155,844건으로 보고되고 있다. 가정폭력상담소의 상담 조치 결과는 피해자에 대해 '상담 후 귀가 조치'가 상당 부분을 차지하고 있는데, 이는 상담소의 대부분이 여성단체 등 NGO에서 운영하고 있어 수사 등 적극적인 사법 조치가 어렵고 가족이라는 특수성을 고려한 것에서 기인한다. 무료법률구조지원이 2003년부터 집계됨에 따라 2002년, 2003년도 기타 항목의 상당 부분을 법률 지원이 차지하였으나, 2004년도부터는 지원 항목이 ① 심리적 · 정서적 지원, ② 수사, 법적 지원(수사 의뢰, 수사 동행, 법률 상담, 소송 지원), ③ 의료 지원(치료 동행, 치료비 지원, 의료기관 연계), ④ 시설 입소 연계 그리고 기타 항목으로 세분화되어 기타 항목 비율이 대폭 감소하였다. 기타 항목 내용은 단순 상담, 가정폭력 피해확인서 발급, 자녀 지원, 유관기관 연계, 기타 정보 제공 등이 포함되어 있다. 가정폭력상담소의 상담 조치 결과를 통하여 연도별 피해자 및 가해자에 대한 조치 및 지원 사항에 대한 추이를 파악하여 피해자 보호 · 지원과 가해자 교정, 치유에 대한 다양한 정책적 방향을 모색하는 것이 필요한 실정이다. 아동, 장애인, 결혼이민 여성 등 취약 계층별로 피해자 보호 대책 및 재발 방지, 피해자의 인권 보호를 위한 관련 부처와의 협조도 필요하다. 또한 가정폭력 가해자에 대한 임시 조치(경찰) 실효성 확보 방안을 강구해 보거나, 가정폭력 발생 현장에서 즉각적인 가해자 격리 등도 필요하다(여성가족부, 2012).

대개 가정폭력 피해 여성은 자아존중감이 낮고, 가정폭력 피해 아동은 안전에 대한 기본 욕구를 채울 수 없다(이성은, 고은정, 2010). 따라서 직접적인 학대 여부와 상관없이 가정폭력은 누구에게나 심각한 피해를 입히게 된다. 아동이 직접적으로 폭력을 당하는 경우는 직접적인 피해자가 되고, 부부폭력의 피해 아동은 간접적인 피해자가 된다. 가정 내 갈등 및 부부 문제로 인하여 적절한 양육을 받지 못하는 아동은 가족의 붕괴를 경험하고 지속적인 두려움을 가지게 되며, 어머니의 정신병리적인 문제가 발생한다(한국청소년상담원, 2002).

자녀의 안전감(sense of security)에 가장 중요한 요인은 ① 공감해 주거나 민감하게 반응해 주는 능력, ② 자녀와 의미 있는(meaningful) 대화를 나눌 수 있는 능력이다. 양육자의 민감성을 저해하는 결정적인 요인은 양육자가 자신의 정서적 고통과 약점에 방어기제를 사용하는 것이다. 즉, 성찰 능력이 뛰어난 부모는 자신이 어려운 환경에서 자랐을지라도 자녀에게 안정애착을 심어 줄 수 있다. 아동의 성찰 능력은 부모와의 질적인 상호작용을 통해 발달한다. 어려운 상황을 잘 극복하는 레질리언스는 심리적 면역 체계라고 할 수 있는 성찰 능력과 관련이 있다(이민희, 2005).

그러나 가정폭력 피해 여성이 많은 경우 자녀에게 정상적으로 정서반응을 하지 못하고 안전한 심리적 환경을 제공하지 못함으로써 아동에게 정신병리가 발생할 수 있고, 이러한 유형은 부분적으로 평생을 유지하면서 다음 세대에 대물림하는 경향이 있다.

폭력에 노출된 가족치료적 개입은 아동이 어릴수록 효과적일 것으로 보인다. 루터와 소누가(Rutter & Sonuga-Barke, 2010)는 가정폭력 경험 아동 중 한쪽 부모와의 지지적인 관계가 폭력을 경험한 아동의 적응 문제를 완화한다고 하며, 특히 어머니와의 관계가 큰 영향을 미친다고 하였다. 따라서 가정폭력 피해 여성에게 동기부여와 자신감을 회복시켜 삶의 활기를 불어넣으면서 자녀와의 상호작용을 촉진해야 한다. 또한 모자의 정서적 안정과 회복을 통하여 전인적인 발달을 촉진하도록 도와주어 아동이 이차적인 정서, 행동 문제를 예방, 세대 간 폭력이 전이 되지 않도록 유도해야 할 것이다.

한편으로 청소년 자녀는 부모나 형제의 지지보다는 오히려 친구, 교사의 지지가 부적응 행동을 더 감소시킨다는 연구 결과도 보고되고 있다(박근혜, 1999).

4. 가정폭력 가해자와 피해자의 특성

가정폭력은 가해자에 의해 한 가정의 질서가 파괴되고, 존중받아야 할 인간의 권리가 무참하게 짓밟히며, 희생자에게 신체적 · 정신적으로 고통을 안겨 주는 폭력 행위다. 한 가족 안에서 폭력은 가족 구성원 간의 평등이 무시되고 힘이 강한 자가 약한 자를 지배하는 소유 관계로 되어 버려 건강한 가정의 모습을 가질 수 없게 된다. 가정폭력의 희생자는 대부분 아내와 자녀다. 아내 구타는 일반적인 폭력과는 다르게 의례 있을 수 있는 가정 안의 일이며, 문제 삼는 것을 부도덕한 일로 여기거나 금기처럼 덮어 버리고는 매 맞는 아내에게 책임을 묻고, 가해자는 대개 사회적으로 법적으로 관대한 대우를 받는 것이 사회통념이었다. 또한 가부장적인 가족제도에서 남편과 아내가 주종 관계를 이루며 남편에게 경제적으로 예속되어 있는 점, 과거로부터 매를 맞고 살아 온 타당성으로 매를 맞는 것을 당연한 것으로 받아들이고 스스로 맞을 만하니까 맞는다는 인식, 실제로 매 맞는 아내가 법과 사회에 호소를 해도 그 심각성을 인정해 주지 않고 오히려 매 맞는 아내에게 잘못이 있는 것으로 인식, 구타 문제에 개입하기를 꺼리고 개인 문제로 돌리며 당사자끼리 해결하도록 미루어 버리는 태도 등이 아내 구타의 심각성에 비해 실제로는 사회문제가 되지 못하는 이유로 밝혀지고 있다(김광자, 김광일, 1985). 그러나 최근에는 경제위기와 함께 불어닥친 구조조정, 조기 퇴출 등으로 남편이 가정 내 경제적 주도권을 상실하면서 '매 맞는 남편'이 크게 늘어나고 있다. 남성이 설 자리를 잃어 가고, 한편으로는 사회가 다양화되고 전문화되는 과정에서 여성의 위치가 높아지고 노동의 영역이 확대됨에 따라 남성이 상대적으로 위축되고 있다. 가정폭력 사건은 피해자가 아내인 경우가 대부분이지만, 이제는 남편이 피해자가 되는 경우도 드물지 않게 볼 수 있다. 이미 '아내가 가정폭력의 가해자가 될 수 없다.'는 고정관념은 많이 깨지고 있다. '여자가 무슨 힘이 있어서 남자를 때리겠는가.' 또는 '남자가 여자한테 맞아 봐야 얼마나 아프겠는가.'라는 막연한 생각은 이제 잘못된 선입견이 되고 있다. 그러나 아직까지 '매 맞는 남편?' '아무리 그래도 남자가 여자보다 힘이 센데.'라는 사회적인 의식 때문에 누구에게도 하소연하지 못한 채 한숨 짓는 남성이 우리 주변에 적지 않다. 또한 '설마 여자가 남자를 때렸겠느냐.'는 고정관념 때문에 남편이 폭력의 피해자로 인정되지 않는 것이 현실이다. 이러한 잘못된 상식이 당연시되고 있으며, 그런 편견이 가정폭력을 당하는 남편으로 하여금 고민을 털어놓고 이야기할 수 없도록 만들고 있고, 폭력을 당하는 남편은 아내에게 힘에 밀려서가 아니라 내재된 열등감 등의 병리현상이나 내성적인 성격 탓에 이혼 등 가정파괴를 막기 위해 맞고 사는 경우가 많다. 아내로부터 학대를 받았다는 이유로 경찰에 신고된 건수는 해를 거듭할수록 증가하고 있는 추세이지만, 이는 경찰에 신고된 건수일 뿐이며, 실제로 가정폭력 피해 기관에 피해를 호소하는 남성의 상담 건수는 한 해 1,000여 건을 훨씬 넘는 것으로 조사되었다. 또한 상담 건수 중 30%는 육체적인 폭력을 당한 경우이고, 70%는 심한 욕설이나 멸시 등 정신적 폭력을 당한 경우다. 정신적 피해 사례 중에는 실직이나 경제적 무능력 때문에 심한 욕설과 함께 집을 나갈 것을 강요당하는 경우가 가장 많았으며, 이 밖에도 식사를 주지 않는 경우, 아내와 자녀가 남편을 소외시키는 경우, 다른 남편과의 경제적 능력을 비교하면서 조소하는 경우, 일방적으로 잠자리를 거부하며 각방 사용을 강요당하는 경우 등이 있다(한국가족복지학회, 2004).

대부분 '매 맞는 아내' '매 맞는 남편'은 사실을 참고 숨기는 것으로 문제가 해결될 것으로 믿으며 주변 시선이 부담스러워 문제가 커지더라도 적절한 조치를 취하는 데 주저하게 된다. 그러나 폭력적인 가정은 그 가족으로 하여금 폭력과 폭력 방법을 학습하게 할 뿐 아니라 폭력의 사용을 문제해결에 당연한 것으로 받아들이도록 가르치는 등 가정이 폭력을 학습시키는 훈련장의 역할을 하고 있다. 가정이 구타의 학습장이 되어도 구타에 대한 근본적인 대책이 미흡한 상태이므로 희생자인 가족 구성원은 법과 사회에 호소를 할 용기가 꺾이고 호소 후에는 더욱 심한 구타가 예상되므로 두려움을 갖는다.

1) 가해자의 특성

먼저, 남편이 가해자인 경우 남편의 교육 수준, 연령, 직업과는 특정한 관계를 갖고 있지는 않다. 오히려 성격, 자라 온 환경, 부모 관계, 습관 등이 폭력과 관계가 있음을 지적하고 있다. 어려서부터 폭력가정이나 붕괴된 가정에서 성장해 온 남편이 50~80%나 되며, 아버지가 폭력적이고 어머니가 수동적인 가정 분위기에서 자라 온 사람에게서 가해자가 많이 나타난다. 아버지로부터 어머니가 구타당하며 지내 온 경우가 50%, 어머니로부터 아버지가 구타당하며 지내 온 경우가 20%, 어머니로부터 구타당하며 자라 온 남편이 40%, 아버지로부터 구타당하며 자라 온 남편이 42%나 된다. 어린 시절부터 부모에게 구타를 당하며 자라 온 남편은 구타자가 되거나 폭력에 무기력한 사람이 된다는 폭력의 악순환적 학습이 다음 시대로 폭력을 전달한다(Gayford, 1975). 워커(Walker, 1979)는 때리는 남편은 자존심이 낮아 사소한 일에 감정 폭발을 잘하고, 전통적으로 가부장적인 남성우월의식에 빠져 있으며, 이중성격을 갖는다고 하였다. 또한 자신의 행동에 대한 지나친 방어로 남을 비난하는 편집증적 반응과 병적인 질투로 가득 차 있고, 공격적인 성행위를 즐기며, 자신의 폭력 행위가 심각한 결과를 가져온다는 점을 전혀 생각하지 않는다고 지적하였다. 다음으로, 아내가 가해자인 경우에는 보통 질투심이 많다. 여성과는 동등성을 받아들이지 못하고, 공격적인 기질을 갖고 있어 잔인하고 가학적이다. 이는 의심이 많아 사랑을 주지도 받지도 못하고, 의존적이며 피동적인 상태로 성적인 확신을 갖지 못하고 있는 점에서 비롯된다고 보았다(Faulk, 1977).

김광자와 김광일(1985)은 가해자를 두 유형으로 구분하였다. 첫째 유형은 정신병의 증상으로 구타하는 사람, 즉 정신분열증, 조울증, 뇌 증후군, 뇌 매독에 의한 진행성 마비인 경우 가해자의 인격 자체보다 병적인 피해망상, 질투망상, 관계망상, 환청 등의 증상 때문에 구타를 하며, 이는 정신병의 치료로 해결될 수 있다고 보았다. 둘째 유형은 정신병이 없이 인격장애로 구타하는 사람, 즉 미성숙하고 편집적이고 반사회적이며 폭발적인 인격 때문에 아내에 대한 의심과 감시가 심하고, 사사건건 트집 잡아 시비를 걸고, 난폭한 행동을 하면서도 불안이나 죄책감 없이 폭행을 하는 것이 전형적인 가해자다. 이들은 사회적인 치료가 필요하다. 또한 가해자의 50~90%가 폭음자이거나 알코올 중독자이며, 도박을 즐기고 있는 것으로 조사되었다(Rounsaville, 1978). 음주가 폭력의 원인으로 지목을 받기도 하지만, 실제로는 폭력을 행사하기 위한 구실로 마시는 경우가 많다. 음주 상태에서의 폭행은 책임을 회피하게 해 주며, 결국 계속적으로 폭행을 하다 보니 알코올 중독자가 되어 버리고 만다. 이들은 좌절과 분노를 견디는 힘이 약하고, 음주의 영향으로 통제력을 더욱 상실하여 구타를 반복하게 된다.

가해자의 심리적인 특성은 정신병리, 병적 질투, 미성숙한 인격장애, 성도착증, 공격적 성격, 약물이나 술 중독, 정신질환이 구타에 영향을 주고 있으며, 부권 중심의 가정과 문화에서 자란 남편의 권위의식, 사회경제적 수준, 불안정한 결혼 상태 등이 구타를 하는 요인이 되고 있다(Scott, 1974). 권위적인 남편이 지위나 능력에 열등감을 갖거나 의처증이나 피해망상이 심할 때, 직장에서 당한 기분 나쁜 일로 화풀이하고 싶을 때 외형적으로 적당한 구실을 찾아서 구타하므로 아내는 진정한 이유도 모르고 맞는 경우가 많다. 듀스버리(Dewsbery, 1995)의 연구에 따르면, 남편의 70%에서 인격장애라 진단되었고, 그 인격장애의 특징으로 편집성향과 반사회성향이 두드러졌으며, 인격장애 이외에도 편집증이 11%나 된 것까지 감안하면 가해자의 성격 특징은 반사회성향, 편집성향, 그리고 그 두 가지가 혼합된 것이다. 또한 남편이 외도를 하고, 술을 먹고, 노름하는 것들을 지적할 때 이해를 못한다고 트집을 잡아서 구타를 하기도 한다(신은혜, 1984). 스넬 등(Snell et al., 1964)은 여자의 자학증을 구타당하는 동기로 지적하며, 아내는 남편

에게 거칠게 취급받기를 좋아하고 신체적인 고통을 통해 지배받기를 즐거워하므로 잔소리나 바가지를 긁어 구타를 유발한다고 하였다. 이 외에도 매 맞는 아내는 얼굴이 못 생겼다, 몸이 뚱뚱하다, 친정이 가난하다, 아들을 못 낳는다, 말대꾸를 한다, 살림을 못한다는 등의 이유로 구타를 당한다고 호소하고 있다(서명선, 1985). 그러나 김광자와 김광일(1985)이 지적했듯이, 소수에 달하는 정신병자 남편을 제외하고는 구타의 이유들은 모두 구타를 하기 위한 트집에 불과하다는 사실을 기억해야 한다.

2) 피해자의 특성

피해자들의 특성으로는 자라 온 성장 과정, 부모와의 관계, 성격, 결혼 과정이 구타에 미치는 영향이 크다. 구타당하는 피해자의 성장 배경은 정상적이고 건강한 가정에서 자라 온 경우보다 대부분 부모가 일찍 이혼하거나 별거하는 등 결손가정, 붕괴된 가정에서 자란 경우가 많다. 이들의 약 20%는 부모로부터 구타를 당하며 자라 왔고, 아버지로부터 성적 유혹과 학대를 받아 왔다(김광자, 김광일, 1985). 매 맞는 아내의 어머니도 약 50%는 구타당하는 아내였다. 또한 폭력가정에서의 생활에 대한 반항과 두려움으로 일찍 가출하기도 하며, 폭력가정에서 빨리 탈출하고 싶은 충동에 경솔하게 결혼하기도 한다(Hilberman, 1980). 매 맞는 아내의 결혼 과정이나 형태는 부모가 반대하는 결혼, 결혼 전 임신에 의한 원치 않는 결혼, 남편에게 강간당한 후 학비 조달, 생활비를 원조받은 은혜에 대한 보답으로서의 결혼, 결혼 전 동거 등 전통적이고 정상적이 아닌 경우가 많았다(김광자, 김광일, 1985). 어려서부터 폭력가정에서 자란 여성은

폭력에 적응하기 위하여 복종적이고 비굴해지면서 무기력해진다. 결단력이 상실된 우유부단한 상태로 절망과 체념 속에서 살아가는 폭력에 의한 노예 상태가 되는 것이다. 또한 자존심이 결여되면서 수동적인 태도를 갖는다. 자신은 어떠한 일도 할 수 없다고 믿으며, 자신의 행동을 변화시켜야만 남편의 때리는 행동이 교정될 수 있다고 믿는다. 또한 이러한 수동적인 태도는 자기파괴적인 행동으로 나타나며, 죄책감으로 고통을 받으며 살아가게 된다. 더욱이 만성적으로 침묵을 지키고 사는 아내는 치료를 받을 기회가 없고, 주체성을 갖기 어렵다. 구타당하는 아내에게서 심한 외상 후 스트레스 반응이 일어나기도 한다. 구타에 대한 공포, 당혹, 남편에 대한 분노, 적개심, 불안, 초조, 우울과 더불어 자신에 대한 자학, 무력감을 나타내며, 정신적 · 신체적 장애도 일으킨다(Walker, 1978).

지금까지 살펴보았듯이, 중요한 것은 가해자 및 피해자의 심리적 상황이 구타당하고 사는 이유, 혹은 남편을 자극하는 원인이 되는 것이 아니라, 그것은 반복되는 구타의 결과로 야기된 '폭력에 의한 노예'의 상태라는 사실을 기억해야 한다.

3) 폭력 행사 후 가해자의 행동 특성

폭력을 행사한 후 가해자의 행동은 다음의 세 가지로 구분된다.

첫째, 폭력 후 정중히 사과하는 경우다. 폭력을 행사할 당시 야수적이고 난폭한 행동을 서슴지 않던 행동이 폭력 후에는 순한 어린 양처럼 아내에게 사과하고 빌며 화해하고 폭력 전보다 더 잘해 주는 이중 성격이 있다.

둘째, 폭력 후 변명을 하고 도망을 가는 경우다. 술을 먹고 와서 실컷 폭력을 행사하고는 술이 깬 후에는 취중에 판단이 흐려졌기 때문이라고 기억이 잘 나지 않는다고 변명하거나 폭력 후 모른 척하거나 대수롭지 않게 생각하며 슬쩍 집을 나가 버린다.

셋째, 폭력 후 행동이 더욱 난폭해지는 경우다. 폭력 후 더욱 거칠어져서 아내를 협박하고 쫓아내고 감금하거나 아내 대신 자녀를 무조건 때린다. 폭력을 당한 후 두려움과 통증으로 꼼짝 못하는 아내에게 난폭하게 성관계를 강요하기도 한다.

5. 가정폭력에서 드러나는 문제와 대책

1) 반복적으로 폭력을 벗어나지 못하는 이유

남편에게 일방적으로 당하면서 사는 아내들 중에는 '내가 맞을 만하니까 맞는 것이다.' 라는 자기비하적인 생각을 갖고 있는 이들이 있다. 나아가, 객관적으로 뭐 하나 좋은 점이 없는 남편에 대해서도 '그래도 고생하면서 돈을 벌어 가족을 부양하지 않느냐.' '스트레스가 얼마나 심하면 나를 때리겠는가?' 라고 미화하기도 한다. 이런 병적인 인간관계를 심리학에서는 가학(Sadism)－피학(Masochism)적 관계라고 한다. 모든 병적인 인간관계가 그렇듯이 가학－피학적 관계 또한 상호 의존적이다. 즉, 가학적 역할을 하는 사람은 피학적 역할을 하는 사람에게, 그리고 피학적 역할을 하는 사람은 가학적 역할을 하는 사람에게 의존한다. 따라서 어느 일방이 그것을 원치 않는 한 가학－피학적 관계는 성립되지 않는다. 적어도 부부관계나 연인관계에서 당하며 사는 사람이 일방적인 동정의 대상이 되고, 독재를 하며 사는 사람이 일방적인 비난의 대상이 될 수 없는 것이 이런 이유 때문이다.

병적인 가학－피학적 관계는 장기간에 걸쳐 형성된다. 예를 들면, 처음에 남편이 우연히 폭력을 행사하게 되고 아내는 그것이 잘못된 것임을 명백하게 알고 있다. 그러나 아내가 남편의 독재적 행위를 관대하게 용서하거나 묵인하기 시작하면 남편은 점점 더 심한 행동을 하게 되고 아내는 그런 행동에 익숙해지면서 둘 사이의 관계는 점점 가학－피학적 관계로 고착되어 간다. 만일 당하는 사람이 가해자에게 맞서 싸울 수 있거나 그 관계를 끊을 수 있다면 병적인 관계는 형성되지 않는다. 그러나 피학대자가 가해자에게 맞설 용기와 힘이 없고 그로부터 도망칠 수도 없다면 피학대자의 심리는 다음과 같이 병적으로 변화한다.

첫째, 당하는 사람은 자기비하적인 심리를 갖게 된다. 독재자에게 당하며 사는 사람은 상대방에게 일방적으로 당하면서 살아야만 하는 자신의 처지를 비관하고 독재자에게 대항하지 못하는 무기력한 자신을 혐오한다. 또한 독재자에 대한 공포 때문에 자신의 정당한 증오와 분노를 그 독재자에게 표출하지 못한다. 이로

부터 출구를 잃은 원한과 분노 감정은 자기 자신을 향하게 되어 당하며 사는 사람은 자기혐오, 자기비하적인 사고와 감정을 갖게 된다. 매 맞는 아내, 학대받는 아동의 '나한테 문제가 있어서 당하는 것이다.'라는 자기비하적인 인지 왜곡은 바로 이런 과정을 통해 형성된 것이라 할 수 있다. 이는 가해자의 특성을 지닌 직장상사나 상급자와 같은 외적인 대상에 의해 유발된 우울증에도 공통적으로 나타나는 심리 현상이다.

둘째, 고통스러운 현실을 합리화하기 위해 가해자를 미화한다. 사람은 누구나 스스로 부정적인 감정을 지니고 있다는 것을 인정하는 것을 싫어하기에 되도록 그것을 피하려고 한다. 부정적인 감정을 인식하여 해결하려면 그것을 야기하는 원인을 철저히 규명함으로써 그것과 맞서 싸워야 한다. 그러나 심리적으로 건강하지 못한 사람은 두려움으로 심적 고통을 직면하지 못하기 때문에 프로이트가 말했던 '방어기제'를 사용해 이를 회피하려고 한다. 비참하게 당하면서 살아가는 이들이 흔하게 사용하는 방어기제는 바로 가해자에 대한 '합리화'다. 가해자로부터 도망칠 수도 없고 그와 싸울 수도 없는 막다른 상황에 몰리면 사람은 극단적인 스트레스를 받게 되고 그것을 완화하기 위해 무슨 짓이라도 하려고 한다. 이때 흔하게 사용하는 방어기제가 바로 합리화, 즉 '가해자에 대한 미화'인 것이다. 인질이 범인에게 동조하고 감화되는 비이성적인 심리현상인 스톡홀름 신드롬(Stockholm Syndrome)도 같은 맥락에서 이해할 수 있다. 즉, 당하면서 사는 삶은 심한 정서적 혼란과 고통을 야기하기 때문에 사람은 그것을 방어하기 위해 합리화라는 방어기제를 동원해 가해자 혹은 독재자를 미화한다는 것이다. 이는 마치 20년간 남편에게 주먹으로 맞고 살던 아내가 겨우 집에서 도망쳐 재혼을 했더니, 새 남편은 오히려 몽둥이를 들고 때리는 상황에 비유할 수 있다. 이럴 경우 20년간 병들어 온 아내의 심리는 그 상처가 한층 더 악화될 것이다. 그녀는 '아! 몽둥이로 맞는 지금보다는 주먹으로 맞던 그때가 차라리 더 좋았어.' 라고 생각하게 될지도 모른다. 무려 20년이나 가학적인 사람에게 당하면서 살게 되면 '나는 맞아도 싼 인간이야.' 라는 자기비하적인 심리를 가질 위험성이 크다.

2) 가정폭력에 대한 잘못된 생각

첫째, '부부싸움은 칼로 물 베기다'. 이러한 속담도 있듯이 흔히 가정폭력도 칼로 물 베기라고 생각하거나, 가정 내 문제이기 때문에 남이 이렇다 저렇다 할 성질의 것이 아니라는 태도를 취하기 쉽다. 그러나 가정폭력은 단순한 부부싸움이 아니다. 가정폭력은 피해자에게 치명적인 신체적 손상과 정신적 황폐화를 야기한다는 점에서 부부싸움이나 사랑의 매와는 본질적으로 다르다.

둘째, '맞을 짓을 했으니까 맞는다'. 아내가 남편을 자극했으니까, 부모가 얼마나 못났으면 자식이 저럴까 등의 생각이 이에 해당한다. 그러나 한국여성의 전화 상담에 따르면, 아내를 때리는 남편은 사사건건 트집을 잡아 폭력을 일삼는 경우가 많다. 설혹 아내에게 결점이 있다고 하더라도 그것이 매맞을 이유가 될 수는 없다. 매 맞을 짓이란 없다.

셋째, '가정폭력은 흔히 있을 수 있는 일이다'. 이것은 아내를 자신의 소유물로 생각하는 가부장 사회의 산물이다. '못된 아내는 때려서라도 길들여야 한다.' '남편이 화가 나면 손찌검 정도는 해도 괜찮다.' 와 같은 잘못된 사회통념 때문에 아내 구타가 용납되고 정당화되어 만연하는 것이다. 그러나 가정폭력은 한 가정을 폭력의 도가니로 만들고, 피해자는 그 속에서 불안과 공포에 떨며 폭력의 노예가 되어 간다. 설혹 어떤 문제가 생겼을 때 가벼운 손찌검일지라도 아내나 자녀에게 폭력을 사용하는 것은 올바른 가족관계가 아니다.

넷째, '가정폭력자는 알코올 중독자다'. 그렇지 않다. 가정폭력자 중에 알코올 중독자가 있기는 하지만 극히 적은 숫자다. 아내폭력의 50% 정도가 술 취한 상태에서 이루어지기는 하지만, 술 때문에 폭력을 썼다는 것은 핑계에 지나지 않는다. 또한 가정폭력자는 가정 이외의 사회나 직장에서는 원만한 생활을 하고 있을 경우도 많기 때문에 오히려 많은 경우 피해자가 잘못했기 때문이라는 오해를 받기도 한다.

다섯째, '가정폭력은 가난한 집안에서 많다'. 그렇지 않다. 일반적으로 학력과 사회계층이 높을수록 가정을 화목하게 이끌어 갈 수 있는 여건과 능력을 소유하므로 가정폭력이 적을 것으로 생각되지만, 의사, 변호사 등 전문직 종사자, 성직자부터 직종, 교육 수준에 상관없이 가정폭력이 발생하고 있다. 1994년에 발생한 사건으로 자신의 자녀에게 엄청난 정신적 · 신체적 폭력을 행사하여 결국 죽음에 이르게까지 한 치과의사의 경우가 그 예라고 볼 수 있다.

여섯째, '맞고 사는 아내에게 문제가 있다'. 폭력을 당하는 아내는 반복된 폭력에 의해 헤어나지 못할 정도로 무기력해지고 폭력에 대한 극심한 공포 속에서 나날을 보내게 된다. 그럼에도 그들이 폭력 상황을 벗어나지 못하는 가장 큰 이유는 자녀의 문제, 경제적 독립의 불가능, 맞을 짓을 했기 때문이라고 보는 사회적 편견 때문이다. 따라서 아내에 대한 폭력은 개개인의 잘잘못의 문제가 아니라 사회적 문제로 인식해야 한다.

3) 피해자가 취해야 할 대책들

첫째, 피해자 자신과 자녀의 안전이 가장 중요하다. 일단 피하는 것이 좋다. 두려움은 또 다른 폭력을 부를 수 있다. 당당한 자세와 태도를 갖는다. 자신에게 잘못이 있더라도 그 잘못과 폭력은 전혀 별개의 문제임을 명심한다. 현재의 상황보다 10년, 20년 후의 자신과 자녀를 생각하고 행동한다. 또한 초기에 단호하게 냉정한 태도로 대화를 나누고 재발 방지 약속을 받는다. 둘째, 구타에 대한 증거를 확보한다. 사진, 진단서를 준비하고, 상습적일 때는 변호사의 자문을 받아 이혼을 고려해 보며, 고소를 포함한 강경한 태도를 보인다. 여성단체, 상담소, 쉼터, 경찰서 등을 이용한다. 셋째, 피해자 자신이 경제적 독립을 위해 노력한다.

4) 가해자와 헤어진 경우 피해자 대처 요령

첫째, 열쇠를 바꾼다. 현관문은 철이나 금속으로 된 재질로 바꾸고 보안장치나 화재예방 감지 장치를 설치하며, 집 밖에는 밝은 조명을 설치한다. 둘째, 특정인을 정하여 가해자와의 관계가 끝났음을 알리고, 만약 가해자가 피해자나 자녀의 주위에 나타나면 경찰에 신고해 줄 것을 부탁한다. 셋째, 자녀를 돌봐주는 사람들(유치원, 학원, 학교)에게 가해자가 자녀를 데리고 가는 일을 막도록 한다. 넷째, 직장 동료 중 적어도 한 사람에게는 자신이 처한 상태를 말하여 가해자가 전화를 걸어 오면 바꾸어 주지 않도록 한다. 다섯째, 가해자와 함께 갔던 은행, 가게 등을 미리 생각하여 그곳을 피하도록 한다. 여섯째, 법적 보호를 받을 수 있는 사람을 생각해 두고 법적 절차에 필요한 서류를 한 부는 자신이, 다른 한 부는 복사하여 주위의 친구에게 맡겨 놓는다. 일곱째, 만약 외로워서 아무리 나쁜 관계라도 다시 돌아가고 싶다면 미리 도움을 구할 사람이나 상담소, 보호소를 생각해 두고 준비한다.

6. 가정폭력 피해자의 내적 · 외적 강화 유도

1) 역량강화와 자기효능감

역량강화(empowerment)의 사전적 의미는 "권위나 파워를 주는 것, 능력을 주는 것, 할 수 있게 하는 것, 그리고 허락하는 것"(김정미, 2004)이다. 이렇듯 역량강화의 사전적 의미는 권한 부여, 능력 개발, 가능성 부여, 허락 등으로 규정되어 있으나, 개념에 대한 정의는 다양하다. 이는 역량이 개인적 · 대인 관계적 · 환경적 수준에서 발생하기 때문이다. 자신의 문제에 영향을 미치고 이를 해결하는 능력과 관련한 감정과 경험을 중시하는 대인관계적인 수준, 자조 노력을 촉진하거나 방해하는 사회적 제도와 관련한 환경적 수준 등 다양한 차원에 걸쳐 이루어지기 때문이다.

가정폭력 피해 여성에게 지금까지 사용된 치료 전략에 비해 역량강화 전략이 구체적인 위기 개입과 자신의 상황을 통제할 수 있는 자기 효용을 높여 줄 수 있으며, 자신이 처한 상황의 심각성과 위협성에 대하여 보다 현실적이고 적극적으로 대처할 수 있다는 가능성을 인식시키는 데 효과가 있다는 임상적인 연구 보고들이 있다(박미은, 1996). 역량강화 전략이란 피해 여성에게 가정폭력에 대한 명확한 대처 방법을 제시하고, 이를 극복해 나가는 긍정적 마인드를 가질 수 있도록 교육하는 것과 동시에 자신의 삶에 대한 주인의식을 갖게 하도록 도움을 주는 전략을 말한다. 즉, 가정폭력은 인권침해이므로 강점 기반의 역량강화 전략을 사용하는 것이 적합하다고 볼 수 있다(이원숙, 박미선, 2010).

또한 자기효능감은 자신의 일상에서 자신감을 갖고 실패를 두려워하지 않으며 자신이 잘해 낼 수 있다는 유능감을 의미한다. 반두라(Bandura, 1973)는 자기효능감이 낮으면 높은 불안을 경험하며, 자기효능감은 지연 및 우울과 관계가 있다고 하였다. 또한 벡(Beck)은 낮은 자아효능감을 지닌 사람에게는 실망감과 낙담, 만성적인 자기 비하가 나타난다고 했다. 이와 같은 맥락에서 자기효능감은 역량강화와 함께 자신감 회복 측면과 관련이 있을 것으로 보인다(양병한, 2005).

따라서 자기 가치에 대한 신념이 역량강화 과정에 영향을 미치므로 가정폭력 피해 여성의 역량강화를 위해서는 자신에 대한 이해와 자기효능감의 상승이 필요하고, 자기 역량이 되어 있지 못한 상황을 이해하도록 하며 동일 집단의 집합적 경험을 통해 가족체계를 변화할 수 있는 동기를 부여하는 것이 필요하다.

2) 자아존중감

로젠버그(Rosenberg, 1965)는 자아존중감을 "어떤 내적 기준이나 기대와 비교하여 자신의 능력을 판단하는 자아 개념의 일부로서 자아에 대한 긍정적 · 부정적 태도"로 정의하였다.

자아존중감이 높다고 스스로 평가하는 사람은 자신에 대한 평가가 정확하고 잘못을 객관적으로 판단할 줄 알며 적응력이 뛰어나다. 또한 성공에 대한 확신을 가지므로 자신감이 넘치고 자발성이 높아 원만한 사회생활을 영위함과 동시에 진취적이고 활력이 있는 삶을 전개한다. 반면, 자아존중감이 낮다고 스스로 평가하는 사람은 자기 자신을 쓸모없고 무가치하며 약하다고 생각하여 스스로를 학대하고 열등감을 가지게 된다.

자아존중감은 자기에 대한 확신이나 긍정적인 기대를 가지게 됨으로써 생활사건에서 겪는 어려움과 스트레스를 고난과 역경으로 생각하기보다는 변화를 위한 기회로 생각하게 하고, 현실을 극복해 가는 능력이 길러지게 되면서 삶에 대한 기대와 성취 수준이 발전하고 잠재력을 개발해 나가게 하는 역할을 하는 중요성을 지닌다(김은희, 1994).

가정폭력과 아동의 자아존중감의 관계를 보면, 부부폭력을 목격한 청소년의 적응 유연적인 집단과 부적응 집단 간에 잠재된 결정적인 차이는 자아존중감이며, 한 가지 영역에서라도 높은 자아존중감을 가진 청소년은 스스로 가정폭력을 유연하게 피하고, 자신의 세계에 초점을 맞추어 가는 경향이 있다. 또한 가정폭력 아동의 자아존중감과 공격행동의 관계에 있어서 남아와 여아 모두에게 자아존중감이 증가할수록 가정폭력 아동이 공격성 면에서 적응 집단에 속할 가능성이 증가한다는 연구 결과를 볼 때, 가정폭력 아동의 공격성 감소에 자아존중감이 영향을 줄 것으로 생각된다(조미숙, 1999).

가정폭력 자녀에게 학대 상황에 의해 소외되거나 고립되지 않도록 타인과의 관계에 대한 욕구가 있음을 인식시켜 줄 필요가 있으며, 자기주장 및 표현의 연습과 타인과의 효과적인 대화법을 통한 관계의 개선이 필요하다. 정서적 지지를 토대로 하는 가족을 포함한 사회 지지 체계의 적극적인 개입을 유도할 경우 자아존중감 향상에 큰 효과가 있다고 본다.

3) 가족기능

가족기능이 인간의 정신건강과 행복 추구에 핵심적인 영향을 미친다는 전제하에 건강하게 기능하는 가족과 역기능적인 가족에 대한 관심이 고조되고 있다. 여기서는 가족기능을 가족체계 이론으로 설명하고자 하는데, 가족체계 이론은 가족 구성원의 일대일 특정 관계에 초점을 두기보다는 가족 전체의 서로에 대한 영향을 주고받는 역동성에 초점을 두고 있다.

올슨(Olson, 1983)은 가족기능을 설명하기 위해 가족의 응집성은 가족 간 정서적 유대감이며, 적응성은 상황에 대한 가족체계의 변화라고 정의하였다. 이 두 개념은 하나의 기능적 단위로 작동하는 가족 과정을 종합적으로 조망한 개념이다. 또한 올슨은 의사소통을 통해 가족이 정서적인 결속과 변화에 대한 적응 능력을 발전시킨다고 하였다. 즉, 의사소통은 가족의 응집성 및 적응성 수준을 변화시키고 유지시킬 뿐만 아니라 응집성과 적응성의 상호작용과 그 유형을 형성하는 중요한 역할을 한다(Olson, 1983).

토론거리

1. 현재 가정폭력과 관련된 기관이나 모임을 찾아보고, 그들이 제시하는 가정폭력을 당한 후의 삶이나 가해자 및 피해자를 돕기 위한 프로그램 등을 찾아보자.
2. 대중매체 속에서 가정폭력이 어떻게 그려지고 있는지를 분석한 후 토론하여 보자.
3. 우리 문화에서 가정폭력이 있을 때 가족지원센터, 쉼터와 같은 공적 지원 체계를 활용하는 데 걸림돌이 되는 것은 무엇인지 생각해 보자. 또한 자신이 그러한 가정폭력에 처했을 시 부부상담과 같은 서비스의 도움을 구하겠는가?

요약

가정폭력은 가족 구성원 사이에서 일어나는 신체적인 폭력뿐만 아니라 정신적인 폭력이다. 이는 개인 간의 사소한 문제가 아니라 피해자의 생명을 위협할 정도로 심각한 사회적 범죄 행위다. 폭력으로 가족 전체가 부정적인 충격을 경험하게 되는데, 직접적인 학대 여부와 상관없이 가정폭력은 그 가정의 자녀에게도 심각한 피해를 입힌다. 이 장에서는 가정폭력의 정의, 가정폭력과 관련된 이론을 살펴보았으며, 가정폭력 피해자의 심리적 특성, 가정폭력 피해자의 내적 · 외적 강화 유도에 대하여 알아보았다.

12장

아동학대

학습 목표

1. 아동학대의 정의와 유형에 대하여 알아본다.

2. 아동학대의 실태에 대하여 알아본다.

3. 아동학대 가해자와 피해자의 특성에 대하여 알아본다.

4. 아동학대의 접근 방법에 대하여 알아본다.

5. 아동학대의 예방과 치료 방법에 대하여 알아본다.

A씨는 아이를 낳기 위해 많은 노력을 하다가 결국 입양기관에서 아이를 데려오기로 했다. 복잡한 절차로 오랜 시간이 지난 뒤 생후 7개월 된 남자아이를 입양했는데, 아이의 부모는 20대 여성으로 남자친구와의 동거 관계에서 임신을 하였다. 두 사람은 컴퓨터에 빠져 있고 알코올 문제가 동반된 상태로 아이를 제대로 돌보지 못하게 되자 기관으로 보냈다. 입양 당시 아이는 체중 미달과 함께 귓불에 담뱃불에 데인 듯한 상처가 여러 군데 나 있었다.

G양은 초등학교 2학년 여자아이로 최근 시작된 잦은 소변 지림과 학교에 가지 않으려는 문제로 상담실을 방문하였다. 학업 성취에 대한 기대가 큰 부모의 장녀인 G양은 학령 전부터 영어 유치원을 비롯해 공부와 관련된 스트레스를 많이 받아 왔다. 1학년 때에는 그런대로 부모의 기대에 맞게 생활하였으나, 2학년이 되어 첫 번째 본 받아쓰기 시험에서 2개를 틀렸다. 그날 G양은 이성을 잃고 흥분한 어머니에게 엄청나게 맞았고, 그날부터 어머니는 G양에게 받아쓰기 시험을 준비시키면서 하나라도 틀리면 잠을 재우지 않고 틀린 단어를 반복해 쓰게 하였고 다시 시험을 보는 행동들을 반복하였다. 그러던 중 G양이 소변을 지리는 행동을 하기 시작했다.

1. 아동학대의 정의와 유형

1) 아동학대의 정의

아동학대는 한 가지 현상을 두고 고려해야 할 여러 가지 사항이 얽혀 있기 때문에 학자나 시대, 사회나 문화에 따라 그 기준과 범위가 다양하므로 한마디로 정의를 내리기는 어렵다.

아동학대에 대한 개념은 1962년 '피학대증후군(Battered Child Syndrome)'이라는 용어를 빌어 미국에서 최초로 사용되었다. 이때는 학대의 범위와 수준이 주로 신체적 학대에 국한되었으나, 점차 정서적 학대, 성학대 그리고 방임까지 포함되어 범위가 넓어지기 시작했다(여진주, 2009).

일반적으로 아동학대의 정의는 범위에 따라 협의와 광의의 개념으로 구분된다. 협의의 정의란 아동학대를 주로 신체적 학대에 한정하여 설명하는 개념으로 신체적 상처를 기준으로 한다. 이러한 개념은 의학적 검증이 용이해 판정 기준이 모호하지 않다는 점에서 유용하다. 하지만 이는 학대를 상처의 유무라는 결과에만 근거하여 판단하고 있기 때문에, 우연에 의한 상처와 가해자의 의도적인 행위에 의한 상처를 동일한 범주에 포함하고 있으며, 상처를 남기지 않는 학대는 발견되지 않는 한계가 있다. 광의의 정의란 신체적 학대뿐 아니라 성학대, 정서적 학대, 방임까지를 포함한다. 길(Gil, 1979)은 아동학대를 "아동의 평등한 권리와 자유를 박탈하거나 아동의 적절한 발달을 저해하는 행위나 방임으로 개인, 제도, 사회의 행위나 태만"으로 광범위하게 정의하고 있다. 즉, 가해자로 가정뿐만 아니라 전체 사회나 제도를 포함하고 있으며, 아동의 적절한 발달을 저해하는 적극적 행위와 소극적 방임 등 모든 행위를 포함하고 있다. 최근에는 아동학대의 개념이 구타나 언어적 폭력 등 적극적 형태의 학대뿐 아니라, 보호자의 부적절한 태도에 의한 방임과 유기 등의 소극적인 형태를 포함하는 광의의 개념으로 확대되는 추세다(여진주, 2009).

우리나라에서는 국가적 차원의 아동학대에 대한 개입을 강화하고자 2000년 「아동복지법」의 개정과 함께 아동학대에 관한 조항을 신설하였다. 「아동복지법」 제3조는 "보호자를 포함한 성인이 아동의 건강 또는 복지를 해치거나 정상적인 발달을 저해할 수 있는 신체적 · 정신적 · 성적 폭력이나 가혹행위를 하는 것과 아동의 보호자가 아동을 유기하거나 방임하는 것이라는 정의를 내리고 있다. 아동의 신체에 손상을 주는 행위, 아동에게 성적 수치심을 주는 성희롱 · 성폭행 등의 학대 행위, 아동의 정신건강 및 발달에 해를 끼치는 정서적 학대 행위, 자신의 보호 · 감독을 받는 아동을 유기하거나 의식주를 포함한 기본적 보호 · 감독을 받는 아동을 유기하거나 의식주를 포함한 기본적 보호 · 양육 및 치료를 소홀히 하는 방임 행위, 아동을 타인에게 매매하는 행위, 아동에게 음행을 시키거나 음행을 매개하는 행위, 장애를 가진 아동을 공중에 관람시키는 행위, 아동에게 구걸을 시키거나 아동을 이용하여 구걸하는 행위, 공중의 오락 또는 흥행을 목적으로 아동의 건강 또는 안전에 유해한 곡예를 시키는 행위, 정당한 권한을 가진 알선 기관에 속하지 않은 자가 아동의 양육을 알선하고 금품을 취득하는 행위, 아동을 위하여 증여 또는 급여된 물품을 그 목적 외의 용도에 사용하는 행위 등이 포함된다. 따라서 우리나라에서 내리는 아동학대에 대한 정의는 적극적인 형태와 소극적인 형태를 모두 포함하는 광의의 개념에 가깝다고 볼 수 있다.

2) 아동학대의 유형

우리나라의 「아동복지법」은 아동학대를 신체적 학대, 정서적 학대, 성적 학대, 방임 및 유기로 유형을 나누고 있다. 중앙아동보호전문기관에서 규정하고 있는 내용을 중심으로 각 유형에 대해 살펴보면 다음과 같다.

(1) 신체적 학대

일반적으로 신체적 학대는 부모 또는 보호자가 우연한 사고가 아닌 다른 방법으로 아동에게 신체적인 상해를 입혔을 경우를 말한다. 신체적 손상이란 구타나 폭력에 의한 멍이나 화상, 찢김, 골절, 장기 파열, 기능의 손상 등이다. 또한 충격, 관통, 열, 화학 물질이나 약물과 같은 다른 방법에 의해서 발생된 손상까지도 모두 포함한다(안동현, 2000).

일반적인 신체적 학대 사례의 경우 의사들은 병원에 온 아동에게서 담뱃불로

지진 화상, 끓는 물에 덴 화상, 골절 흔적, 복부 외상, 안구 손상 등의 고의적인 학대 사례들을 흔히 발견하게 된다고 한다(아산사회복지사업재단, 1997). 그리고 우리나라의 경우 부모의 80%가 훈육을 목적으로 체벌을 사용한다고 밝혀지고 있는데, 이러한 체벌의 결과로 체벌받은 아동의 10%가 타박상, 장골 골절, 장 파열, 심지어 두개골 파열 등으로 의사의 치료를 요하는 상처를 입고 있으며, 그중 상당수가 사망하는 것으로 의사들은 말하고 있다(문영희, 2004). 이와 같이 체벌에 의한 신체적 학대는 상당히 심각하다.

(2) 정서적 학대

정서적 학대는 부모 또는 아동을 돌보는 사람이 아동에 대해 극히 부정적인 태도를 가지고 언어적 · 정서적으로 공격하거나 공격의 위협을 가하는 등 아동의 심리 · 정서에 폭력을 가하는 것이다. 즉, 아동에게 모욕적인 행동, 거부적으로 대하는 언어적 · 비언어적인 학대로 아동의 자아존중감과 정서에 손상을 주는 것을 말한다. 예를 들면, 아동의 인격 · 존재 · 감정 · 기분을 심하게 무시 또는 모욕하는 행위, 어두운 곳에 가두는 등의 위협 또는 처벌로 아동을 무서움에 떨게 하는 행위, 아동을 아동으로 인정하지 않고 사랑이나 애정을 주지 않는 것, 아동의 정상적인 취약점을 가지고 겁을 주거나 놀리는 행위, 아동에게 명백하게 가해진 잔혹하고 학대적인 부당한 대우 등으로 설명될 수 있다. 정서적 학대는 다른 학대와는 달리 정의 내리기가 매우 힘들다. 이는 하나로 구분되는 상황이 아니라 오히려 심리적으로 해가 되는 행동인 거부, 고립화, 공포, 무시, 타락화로 설명된다(장화정, 1998).

이와 같이 정서적 학대는 명백한 증거가 없다는 점에서 파악하기 쉽지 않고, 신체적 학대처럼 징후가 눈에 드러나지도 않고 그 결과 또한 심각하게 나타나지 않아 그냥 지나칠 수 있다는 점에서 더욱 유의해야 한다. 정서적 학대는 신체적 이상이나 사망의 결과를 유발하지 않는다 하여도, 정서적 · 정신적 측면에서 영향을 미쳐 장기적으로 오히려 어떤 유형의 학대보다도 대인관계나 사회 적응장애 등 아동의 정상적 발달에 치명적인 결과를 초래할 수 있다(보건복지부 중앙아동학대예방센터, 2008).

(3) 성적 학대

성적 학대(sexual abuse)는 성인의 성적 만족을 위해 18세 미만의 아동의 신체에 접촉하는 행위로 아동과 성인 사이의 부적절한 성적인 행동 등을 모두 포함한다. 성기나 신체적 접촉을 포함한 강간, 성적 행위, 성기 노출, 자위 행위, 성적 유희 등 성인의 성적 충족을 목적으로 아동에게 가해진 신체적 접촉이나 상호작용을 말한다(보건복지부, 2002). 가족 내 성적 학대는 가족 및 친척 · 인척 사이에서 발생하는 형태를 말하며, 가족 외부의 성적 학대는 아동과 안면이 있는 사람 혹은 낯선 사람에 의해서 발생하는 형태를 말한다.

일반적으로 강간은 두려움이나 강압적인 힘으로 성적 행위를 하는 것을 의미한다. 구체적인 성적 학대 행위는 성인이 아동에게 자신의 성기나 신체에 접촉하게 하거나 아동의 성기를 만지는 행위, 아동 앞에서 옷을 벗으며 자신의 성기를 만지는 행위, 아동의 옷을 강제로 벗기거나 키스를 하는 행위, 포르노 비디오를 아동에게 보여 주거나 포르노를 판매하는 행위, 아동 매춘이나 매매를 하는 행위 등이다(이현희, 2003). 사피라(Saphira, 1987)는 아동의 성적 학대를 "아동에게 동의 없이 성적 행위를 가하는 것"으로 몸의 일부를 성적으로 만지는 것, 성기 노출, 음란 비디오 보여 주기, 나체가 되기를 강요하는 것, 어른의 만족을 위한 자위 행위 등이 포함된다고 지적하면서 성적 학대의 유형을 제시하였다. 넬슨(Nelson, 1987)은 "아동이 신뢰나 권위의 상징으로 인지된 부모, 친척, 가족, 친구, 교사 등 성인에 의해 성적 괴롭힘을 당하는 것"이라고 하여 가해자를 아동과의 관계에서 가족, 친척 등 아는 사람의 경우와 모르는 사람의 경우로 나누었다.

(4) 방임

아동에 대한 방임은 가장 흔한 아동학대의 유형이다. 방임(neglect)은 보호자가 고의적 · 반복적으로 아동에 대해 양육 및 보호를 소홀히 함으로써 아동의 건강이나 복지를 해치거나 혹은 정상적인 발달을 저해하는 모든 행위를 말한다(안동현, 2002). 방임으로 인하여 아동이 위험한 환경에 처하거나 충분한 영양을 공급받지 못해 발육 부진이 나타나는 경우가 많으며, 나이 어린 아동에게는 치명적인 결과(장애)를 가져오거나 사망에까지 이르게 한다.

방임을 유형별로 살펴보면 다음과 같다. 첫째, 물리적 방임은 아동에게 의식주를 제공하지 않거나 아동을 장시간 위험하고 불결한 주거 환경에 그대로 방치하는 것을 의미한다. 둘째, 교육적 방임은 학교에 무단결석하여도 고의적으로 방치하거나 취학 연령이 되었음에도 불구하고 학교에 보내지 않는 행위, 숙제 및 준비물을 챙겨 주지 않는 행위를 의미한다. 셋째, 의료적 방임은 예방접종을 제때에 하지 않거나 필요한 의료적 처치를 소홀히 하는 것을 의미한다. 넷째, 정서적 방임은 아동과 대화를 하지 않거나 안아 주지 않는 등 아동이 필요로 하는 애정 표현과 적절한 정서적 지지를 제공하지 않는 것, 신체적 접촉을 피하는 것, 아동과의 약속에 무관심한 것 등 정서적 결핍을 주는 행위를 의미한다(보건복지부, 2002).

한인영(2000)은 방임은 학대에 비해 더 빈번하게 나타나는 것으로 태만의 문제이며, 신체적 학대가 사건적이며 시간 제한적인 데 비해 방임은 만성적이며 지속적이라고 하였다. 또한 학대가 아동에게 하지 않아야 하는 어떤 행동을 하는 것이라면 방임은 부모나 보호자가 아동에게 해 주어야 할 어떤 것을 해 주지 않는 것으로 정의하면서 방임의 심각성에 대해 강조하였다.

(5) 그 외의 학대

가장 최근에 포함된 범위로 신체적 · 심리적 잠재력을 발휘하지 못하도록 막는 모든 행위를 말한다. 또한 유기, 위협, 약물 중독 등도 이에 포함된다.

2. 아동학대 실태조사

아동학대가 그 어느 때보다 오늘날 심각한 문제로 대두되고 있음에도 불구하고 정확한 실태조사 자료는 매우 빈약하다. 먼저 미국의 국립아동학대센터(2003)의 조사에 따르면, 아동학대는 한 해 87만 2,000명이 신고되었고, 그중 1,490명이 사망하였다. 또한 성적 학대에 대한 고리와 레슬리(Gorey & Leslie, 1997)의 조사를 보면, 9~16%가 소년이고 주로 모르는 성인 남성에 의해 학대를 당하며, 소녀는 20~23%로 가족이나 면식범에 의해 학대를 당한다고 보고되었다. 가해자는 주로 아버지가 많으며, 심한 학대의 경우는 어머니가 많았다. [그림 12-1]은 국제아동학대 및 방임 자료 시스템(NCANDS)에서 조사한 아동학대와 방임의 실

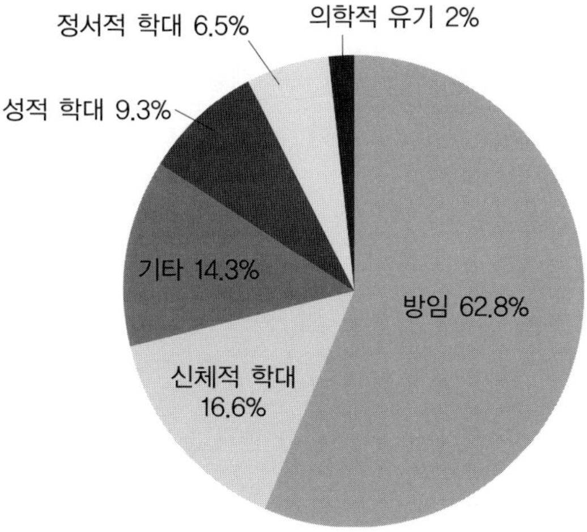

그림 12-1 **아동학대 실태**
출처: NCANDS (2003).

태를 보여 주고 있는데, 미국 아동 1,000명당 12.1명이 학대받은 것으로 추정된다(남아 47.3%, 여아 50.7%). 그리고 매년 1,000명 이상의 아동이 학대와 방임 때문에 사망하였다. 모든 학대에서 가장 취약한 연령층은 만 1세 미만으로 40.9%에 해당하고, 학대 아동의 3/4은 3세 미만이다(NCANDS, 2005). 이 수치는 보고된 사례에 기초하지만, 대부분의 학대가 관계 당국의 관심을 받지 못하므로 실제 숫자는 이보다 훨씬 높을 것이다.

[그림 12-1]에서 제시된 자료에 따르면, 10명 중 적어도 1명은 아동기 동안 폭력을 경험하게 된다. 이것은 관련 전문가들이 평균적으로 1년에 2~3명의 학대받는 아동을 만난다는 것을 의미한다. 사실 현재 미국 내 50개 주 모두에서 의사, 교사 그리고 다른 아동 전문가들이 아동학대로 의심되는 사례를 보고하는 법을 규정할 정도로 아동학대 문제가 일반화되어 있다. 더 나아가서 대부분의 주에서는 보고를 하지 않아 발생하는 아동의 외상에 대해 교사가 법적인 책임을 지게 되어 있다.

우리나라의 초등학생을 대상으로 조사한 연구에서 8.2%가 심한 구타를 경험하였으며, 307명의 가출아동을 대상으로 조사한 연구에서는 90%가 학대를 받았다. 피해자 평균 연령은 6.6세(심한 경우는 4.9세, 경한 경우는 7.3세)이고, 어릴수록 심한 손상을 입고 있는 것으로 조사되었다. 또한 가해자는 아버지가 41.2%, 어머니 26.8%, 계부모 11%인 것으로 나타났다. 학대 유형에 따른 건수를 살펴보면, 2010년도 한 해 동안 정서적 학대가 35.1%로 가장 많았고, 방임(34.0%), 신체적 학대(25.8%), 성적 학대(4.7%), 유기(0.4%)의 순으로 나타나고 있다(중앙아동보호전문기관, 2011). 2010년 전체 사례의 94.4%가 정서적 학대 혹은 방임, 신체적 학대에 치중되어 발생하는 것을 알 수 있다.

보건복지부(2010)는 학대 피해 아동을 발견하여 보호 · 지원한 건수가 2000년 이후로 꾸준히 증가하는 추세이며, 2009년도는 전년도에 비해 1.9% 증가하였다고 보고하였다. 2000년 이후로 아동학대 건수 증가는 IMF 외환 위기 이후 경제침체로 인한 가정 해체, 가족기능의 약화가 주요 원인이었고, 2004년 이후 아동학대 건수의 증가는 아동보호전문기관의 확충 등 신고 창구의 확대에 따른 신고의 접근 용이와 국민의 신고의식 제고에서 비롯된 신고량의 증가가 주요 원인이라고 하였다.

실제 아동학대 발생 건수는 경기 회복과 함께 저소득 고위험군 가정에 대한 정부의 투자 확대로 가정기능이 안정화되어 다소 줄어들 것으로 예상된다. 그러나 학대 피해 아동 발견 보호 건수는 아동학대 신고 및 예방을 위한 교육 홍보 강화와 아동보호 전문기관의 지속적인 확충 등 정부의 적극적인 아동보호정책 추진으로 보다 많은 아동이 학대 초기 단계에 발견되어 보호될 것으로 전망되고 있

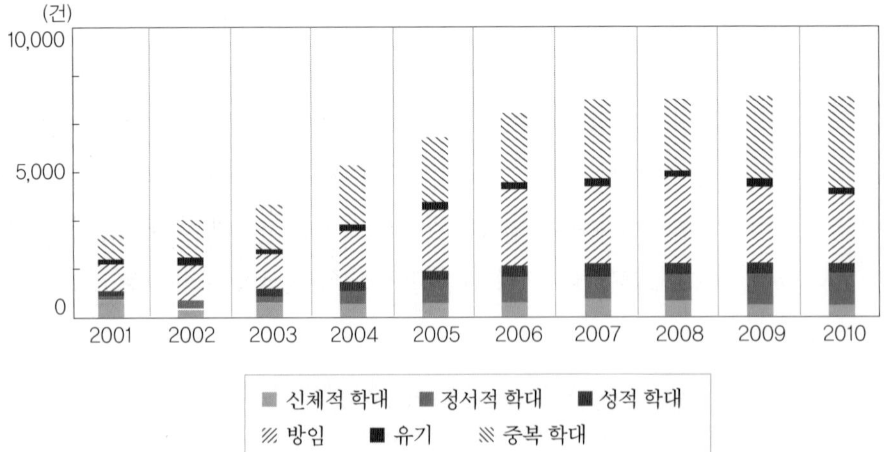

그림 12-2 **아동학대의 유형별 사례**

출처: 보건복지부 (2010).

다. 학대 피해 아동의 조기 발견 및 예방 대책으로 아동학대 신고의무자에 대한 교육 및 홍보를 강화하고, 아동보호 전문기관 확충을 위해 법이 개정되었고, 2009년 7월부터 시행되고 있다.

3. 아동학대 가해자와 피해자의 특성

1) 가해자의 특성

누가 아동을 때리고, 밀치고, 목을 조르고, 방임하고, 굶기고, 성폭행하는가? 이러한 끔찍한 행위를 자행하는 가해자는 정신병 상태의 사람일까? 그렇지 않다는 증거가 대부분이며, 오히려 어떤 이유로든 아동에게 굴욕감을 주거나 신체적으로 상해를 입히는 가해자는 보통 사람인 것으로 나타났다. 아동학대는 모든 연령, 성, 인종, 사회계층, 가족구조, 사회경제 집단에 존재한다. 가해자와 피해자, 학대자와 비학대자를 확실하게 구별하는 특성은 사실 없다. 특정 조건이 학대와 더 관련될 수 있지만 그 자체만으로는 학대가 일어나는 정확한 지표가 되지 못한다. 오히려 여러 요인들이 합쳐져서 학대를 결정한다.

(1) 신체적 가해자

신체적 학대는 친부모에 의해 이루어지는 경향이 높다. 자기 자녀를 신체적으로 학대하는 부모가 다 정신이상자는 아니다. 실제로 심각한 정신장애를 가진 사람은 이 중 10%에 불과하다(Berger & Thompson, 2005). 나머지는 폭력이나 유기로 상처를 주면서도 자녀를 사랑한다고 주장하는 부모들이다.

학대 부모는 아동이 특정 연령에 할 수 있는 것에 대해 종종 비현실적인 기대를 가진다. 예를 들어, 아기를 달래도 계속해서 운다고 하여, 또는 두 살짜리 아이가 바지에 오줌을 싼다고 하여 화를 내는 부모가 있다. 이들은 아기가 일부러 자신을 힘들게 하기 위해 비협조적이거나 못되게 군다고 잘못된 해석을 한다. 이와 같은 경우 아동이 넘어져서 무릎을 다치는 것도 부모를 화나게 하기 위해 의도적으로 그랬다고 생각한다. 신체적으로 자녀를 학대하는 부모는 신체적 처벌에 대해 '매를 아끼면 아이를 망친다.'라는 믿음을 가지고 있는 경향이 있다. 이들은 자녀의 사소한 잘못에도 자신이 매를 들지 않으면 자녀를 통제하지 못할까 봐 두려워한다. 또한 이들은 스트레스를 잘 견디지 못하고, 삶의 지혜가 부족하고, 부모가 된 것을 부담스럽고 불행하게 여기기 때문에, 효율적인 부모가 되기 위해 자녀를 신체적으로 학대한다. 이러한 부모는 대부분 어렸을 때 자주 학대받아 자신의 부모와 좋지 못한 관계를 경험한 경우가 많다(Goleman, 2007).

또한 가족 안팎의 상황적인 요소들이 학대의 발생 가능성에 중요한 영향을 미치는데, 예컨대 학대는 사회경제적으로 힘든 가족에게 가장 흔하게 나타난다. 이혼, 실직, 가족갈등, 좁은 집, 지원 체계의 부족, 지위나 역할의 극적인 변화와 같은 다양한 스트레스는 결국 학대가 일어나는 상황을 만든다(Berk, 2006). 학대 가족은 종종 고립된 가족이라는 사실도 발견되었다(Children's Defense Fund, 2005). 이러한 가족은 양육에 대한 정보나 도와줄 다른 사람이 거의 없고, 자녀나 스스로를 견주어 볼 사회적 비교 대상이 없는 경우가 많다. 이들의 고립은 점점 심해지고, 이것이 문제의 대부분을 야기한다.

학대는 앞에서 설명한 모든 요소들 간의 상호작용에서 비롯된다. 즉, 성인의 성격, 부적절한 양육태도, 비현실적인 기대, 상황적인 특성, 지역사회 내 지원 체계의 부족이 상호작용한 결과로 아동학대가 나타난다. 이는 기질적인 문제나 신체적인 외모와 같은 아동 자신의 특성에 의해서 강화될 수 있다.

(2) 방임하는 부모

아동의 기본적인 신체적 · 정서적 · 교육적 욕구를 만족시키지 못하는 부모는 관계를 형성하거나 일상적인 생활 과제를 수행하기 어려워하는 고립된 사람들이다(Crosson-Tower, 2005). 이들은 안전하고 따뜻한 가정환경을 이루는 데 필요한 기본 기술이 부족하여 자녀의 욕구를 무시한다. 이러한 부모는 자신이 제대로 양육받지 못했을 가능성이 높고, 자신의 인생에서 중요한 성인과 나쁜 관계를 형성했을 수 있다. 많은 경우 이들은 아동과 적절한 관계를 맺는 본보기가 될 만한 모델을 가진 적이 없다.

(3) 성적 학대자

부모와 전문가들은 아동에게 낯선 사람을 멀리하라고 경고해 왔고, 대부분의 경우 아동을 괴롭히는 사람은 전형적으로 '무서운 사람'으로 묘사되었다. 예를 들어, 혼자 있는 아동에게 사탕으로 유혹하는 사람은 비옷을 입고 공원이나 학교 주변을 서성이는 낯선 중년 남성으로 묘사된다. 그러나 실제로 아동 성폭행 사례의 80% 정도는 아동이 범인을 알거나, 더 흔하게는 가족 구성원 중 한 사람이 범인인 경우가 많다. 낯선 사람에 의한 성폭행은 더운 계절에 실외, 자동차나 공공 건물 안에서 단일 사건으로 일어날 가능성이 높다. 반면, 가족 구성원이나 아는 사람에 의한 학대는 아무 때나, 반복적으로 일어난다. 이 경우 강압이나 뇌물은 거의 사용하지 않지만, 아동은 가족 내에서 성인의 지위 때문에 요구에 응하거나 기쁨을 주기 위해 복종한다.

가족 내에서 아버지나 아버지 같은 인물이 딸을 학대하는 것이 가장 흔한 경우다. 이러한 가족은 특히 역기능적인 부부관계에서 영향을 받는다. 학대하는 성인 남성은 남성적이거나 성욕이 과하기보다 자존감이 낮고, 나약하며, 화를 잘 낸다. 대부분의 어머니들은 상황을 파악하고 있지만 문제를 해결할 능력이 없기 때문에 모르는 척한다. 실제로 성적 학대 사실이 알려지면 가족은 오히려 피해아동을 적대시하고 책임을 묻는다. 만약 중재가 이루어지지 않으면 이와 같은 상황은 수년 동안 지속될 수 있다.

(4) 가족역동

가족의 역동성, 즉 가족 내 상호작용이 아동학대를 유발하는 데 중요한 요인으로 작용하고 있다. 첫째, 잘못된 양육방식이다. 고집스러운 아동은 부모의 통제 불능에 의한 분노를 유발하게 되는데, 이때 아동은 부모의 폭발적 공격행동을 보게 되고 이를 경험한 뒤 복종하면서 부모가 힘을 확인하게 된다. 이러한 과정이 강화되면서 아동학대가 유발된다. 둘째, 부부 갈등과 불화다. 부부간에 갈등으로 상호작용이 없고 스트레스가 높을 경우 자녀에 대한 학대 빈도가 높아진다. 셋째, 공격성의 전이다. 보복 위협이 적은 아동이 성인의 화풀이 대상이 되기 쉽다. 넷째, 가정폭력의 맥락이다. 아버지가 처음에는 배우자만 때리다가 점차 자녀에게로 폭력이 옮겨지는 것이데, 이는 아내 구타와 병행하여 나타난다.

이와 같이 아동학대가 일어나는 가정을 보면 가족 구성원 사이에 상호작용이 적고, 또한 부모의 양육태도가 적대적 · 통제적 · 안일적 · 비합리적인 경우가 많다. 그 외 가정의 폐쇄적 · 갈등적 · 전제적 분위기에서 아동학대가 많이 발생한다.

2) 피해자의 특성

신체적 학대 사례의 대부분은 유아기에 시작한다. 이는 이후 세대 간 학대와 관계되지만, 학대받거나 유기되었던 개인이 이후에 반드시 자신의 자녀를 학대하고 유기하는 것은 아니다. 즉, 자녀를 학대하는 이들의 대부분이 어린 시절 학대받은 것은 사실이지만, 아동이 학대받았다고 해서 자동적으로 미래에 학대자가 된다고 할 수는 없다. 학대받거나 유기된 아동에 대한 또 다른 편견은 이들이 범죄, 약물 또는 매춘을 하는 일탈된 성인이 된다거나, 학대와 유기의 영향으로 성공하거나 행복한 삶을 살지 못할 것이라는 것이다(Crosson-Tower, 2005).

그러나 아동은 학대의 악순환에서 벗어날 수 있으며, 특히 학대 상태를 조기에 발견하거나 아동기에 학대하지 않는 성인의 지원을 받는 경우 더욱 그러하다. 그리고 이후에 이들이 배우자와 만족스러운 관계를 맺게 되면 이러한 악순환을 깰 수 있다.

신체적 학대를 받는 아동의 특성은 미숙아인데, 사회적 반응의 결핍, 고집스러운 울음, 외모 때문에 부모로부터 혐오반응을 일으키기 쉬워 학대를 받는 경우가 많다. 또한 주의력결핍 과잉행동 장애를 가진 아동의 경우 주변 물건을 쉽게 깨는 등 행동이 매우 산만하고 사고를 칠 확률이 높아 어머니의 적개심을 유발하여 학대를 당하기 쉽다. 반면, 수동적이고 정서적으로 뒤처진 아동은 태만과 방임과 같은 소극적 학대 대상이 되기 쉽다. 성적 학대 피해자의 10%가 5세 미만이고, 대부분은 9~12세의 초등학생이다(Santrock, 2005). 기본적으로 여아가 학대의 일차적 대상이 되지만, 남아 역시 학대의 피해자일 수 있는데 이들은 성인 여자로부터 학대받을 수 있다. 신체적 학대와는 달리 성적 학대는 종종 가족 내에 한 명 이상의 같은 피해자가 있다. 이러한 성적인 관계는 단순한 만지기에서 시작하여 애무로 발전하며, 그 후 분명한 성적 자극으로 진행된다. 강제적 강간은 거의 일어나지 않으며, 대신 유쾌한 상호작용인 것처럼 전해져 아동이 어떤 일이 일어난 것인지 혼동하게 한다. 가장 피해자가 되기 쉬운 대상은 성적 학대에 대한 정보가 부족하고 그것이 발생했을 때 어떻게 해야 하는지에 대해서 모르는 경우다. 자존감이 낮고 신체적으로 약하고 사회적으로 고립된 아동이 흔히 피해자가 된다.

(1) 학대의 징후

피해자에게 신체적 또는 성적 학대의 분명한 결과는 상처다. 한 예로, 5세 이하 아동이 사망하는 네 번째 원인이 학대다(Children's Defense Fund, 2005). 골절, 상처, 내부 손상, 임신, 성병도 나타난다. 몇 가지 징후를 통해 아동학대를 짐작할 수 있는데, 아동의 겉모습, 행동, 하는 말을 통해 이를 알 수 있으며, 가족 특성도 고려되어야 한다. 예를 들면, '아동이 집에서 매를 많이 맞거나, 부모가 항상 화가 나 있다고 불평하는가?' '아동이 학교에 일찍 등교하고 수업이 끝난 후에도 여러 이유를 들어 가능한 한 늦게까지 학교에 남으려 하는가?' 등이다. 학대 아동은 학대하는 부모가 보이는 행동을 그대로 나타내거나 그림으로 표현하기도 한다. 또는 자기보다 나이 어린 아동을 학대하거나, 공격적인 행동을 보이거나, 자해하거나, 자살과 관련된 생각을 나타낼 수도 있다. 또한 아무런 설명 없이 학교에 자주 결석하기도 한다.

한 가지 징후가 있다고 무조건 학대가 있었다는 것은 아니다. 그러나 하나 또는 그 이상의 징후가 보이면, 추가적인 관심이 필요하다는 경고로 해석해야 한다(Berk, 2006). 〈표 12-1〉은 아동학대와 방임의 징후들을 보여 주고 있다.

표 12-1 **아동학대와 방임의 징후**

구분	신체적 학대와 유기
신체지표	• 타박상(멍) -얼굴, 입술, 입, 등, 몸통, 엉덩이, 허벅지 등의 몸의 한 곳 이상에서의 타박상 -서로 다른 시기에 맞았다는 것을 보여 주는 다른 색깔의 타박상 -한곳에 모여 있는 타박상 • 채찍 자국 -상처, 벤 자국, 찔린 자국 • 화상 -팔, 다리, 목, 얼굴, 몸에 줄 모양의 화상 자국

(계속)

	–형태가 있는 화상 자국(담뱃불, 다리미, 난방기기) –엉덩이나 성기의 화상 –부식제에 의한 화상 • 골절 –각기 치료 단계가 다른 여러 번의 골절 –2세 미만의 아동이 보이는 모든 종류의 골절 • 탈구 • 사람이 문 이빨 자국 • 유기 –항상 지저분하고, 굶주려 있고, 날씨에 맞지 않는 옷차림의 아동 –버려진 아동 –치료받지 않은 의료 문제를 지속적으로 가진 아동
행동지표	• 성인과의 신체적 접촉을 경계한다. • 성인이 접근하거나 움직일 때 움찔한다. • 행동의 극적인 변화를 보인다. • 극단적인 회피나 공격성을 나타낸다. • 부모나 양육자를 두려워한다. • 일찍 등교해서 늦게까지 남는다. • 항상 피곤해하거나 일과 중에 잠을 잔다. • 자주 지각하거나 결석한다. • 술이나 약물을 한다. • 음식을 구걸하거나 훔친다. • 삶을 즐기거나 즐거운 경험을 하는 능력이 부족하다.
언어지표	• 부모나 양육자 때문에 상처가 생겼다고 말한다. • 부상이나 상황에 대해 비일관적으로 설명한다. • 부상이나 상황에 대해 믿기 어려운 설명을 한다. • "선생님하고 살아도 되나요?" "집에 꼭 가야 하나요?" "우리 엄마/아빠는 나를 좋아하지 않아요."와 같은 말을 한다. • 잘 곳이나 먹을 것이 충분하지 않다고 말한다.
가족지표	• 가정 환경이 지저분하다. • 사회적으로 고립되어 있다. • 학교나 반 친구들의 접촉에 심하게 폐쇄적이다. • 정상적인 학교 활동(운동 교육, 사회적 이벤트)에 참여하는 것을 허락하지 않는다. • 아동의 부상이나 건강 상태에 대해 비일관적 · 비논리적으로 설명하거나 또는 아무런 설명도 하지 않는다. • 아동의 부상이나 건강 상태를 숨기려 한다. • 자녀를 사악하고, 끔찍하고, 다루기 힘들다고 말한다. • 부적절한 처벌(음식 주지 않기, 장기간 고립, 구타)을 했다고 말하거나 남들 앞에서 체벌을 한다. • 아동의 품행을 계속적으로 비난한다. • 술이나 약물을 복용한다. • 아동의 건강과 관련된 질문에 방어적으로 반응한다.

(계속)

구분	성적 학대
신체지표	• 임신했다. • 성병에 걸렸다. • 소변에 피가 섞여 나온다. • 성기가 부어올라 있거나 멍들어 있다. • 성기에 고름이나 피가 묻어 있다. • 분명한 신체적 질병이 없는데 자기 몸에 대해 불평한다. • 속옷이 찢어져 있거나 얼룩져 있다. • 직장에 출혈이 있다.
행동지표	• 계속해서 성기 주변을 긁는다. • 의자나 놀이 기구에 앉는 것을 불편해한다(우물쭈물하고, 종종 자세를 바꾸고, 자주 자리에서 일어난다). • 바지가 젖거나 살갗이 쓰린 듯이 다리를 벌리고 걷는다. • 갑자기 식욕을 잃는다. • 갑자기 악몽에 시달린다. • 극단적인 회피나 공격성을 나타낸다. • 성인과의 접촉을 경계한다. • 성인이나 다른 아이들에게 부적절하게 유혹하는 몸짓을 한다. • 갑자기 삶에 대한 관심을 잃는다. • 공상적 행동에 빠진다. • 야뇨증, 손가락 빨기, 심한 울음과 같은 유아기적 퇴행 행동을 보인다. • 삶을 즐기거나 즐거운 경험을 하는 능력이 부족하다. • 무분별한 행동을 한다. • 도망을 다닌다. • 무단결석을 자주 한다. • 다른 아동이나 또래집단이 모르는 성적인 기능에 대한 지식을 나타낸다. • 갑자기 친구들과 놀지 않는다.
언어지표	• 성기 주변의 고통을 호소한다. • 성인이나 나이든 아동과 성적 접촉을 했다고 말한다. • 성인이나 나이든 아동과 지켜야 할 비밀이 있다고 말한다. • 특정 성인이나 아동과 홀로 남겨지는 것을 두려워한다. • "그녀/그는 나를 가지고 장난쳐요." "그녀/그는 나를 만져요." "우리 엄마의 남자친구/아빠/오빠/고모는 아무도 없을 때 나에게 특별한 행동을 해요."라고 말한다.
가족지표	• 엄마와 딸 간의 역할 반전을 보인다. • 지역사회로부터 고립되어 있다. • 학교나 자녀의 친구들과의 접촉에 심하게 폐쇄적이다. • 심한 불일치를 보인다. • 아이가 일상적인 사회적 상호작용에 참여하지 못하게 한다.

(계속)

구분	정서적 학대와 유기
신체지표	• 없음
행동지표	• 놀이를 하지 않는다. • 수동적이고, 순종적이거나 공격적이고 반항적이다. • 거의 미소를 짓지 않는다. • 사회적 기술이 부족하다. • 사회적 반응이 없다. • 눈을 맞추지 않는다. • 지속적으로 관심을 추구하며, 항상 더 많은 것을 원하고 요구하는 것 같다. • 성인과 무분별하게 조숙한 방식으로 관계한다. • 먹기를 거부하거나 음식에 집착한다. • 머리를 흔들거나 손가락을 빠는 경향이 있다.
언어지표	• 잠자는 데 문제가 있다고 말한다. • 계속해서 자신을 부정적인 용어로 표현한다. • 가족 참여 활동에 가족이 참여하는 것을 싫어한다.
가족지표	• 아이에 대해 비현실적인 기대를 가진다. • 가족의 사회적 · 정서적 욕구를 충족시키기 위해 아동에게 의존한다. • 아동 양육에 대한 기본적인 지식과 기술이 부족하다. • 자녀를 부정적인 용어로 묘사한다. • 아이의 욕구보다 자신의 욕구를 만족시키는 데 더 관심이 있는 것처럼 보인다. • 아이를 탓한다.

(2) 학대의 결과

신체적 학대를 경험한 아동은 주의력결핍 과잉행동장애로 집중력의 결함을 가져오는 경우가 많다고 보고되고 있다. 또한 신체적 학대를 받은 아동에 대한 연구에서 공통적으로 나타나는 심각한 부작용이 보고되고 있는데(조미숙, 1999), 사회적 적응의 미숙과 낮은 자아존중감을 들고 있다. 그리고 신체적으로 학대받은 아동은 청소년 이후에 우울, 자살 충동, 알코올 과다 복용, 신체적 폭력, 아내를 학대할 위험이 높고, 또한 흡연, 약물 복용, 무기 휴대, 난잡한 성행위 등과 같은 행동을 할 우려가 높다. 또한 부모로부터 신체적 학대를 받은 아동은 부모와의 애착 형성이 결핍되어 있으며, 이것은 이후 청소년기에서 성인기에 이르기까지 타인과의 인간관계 형성에 부정적인 영향을 주게 된다(김완선, 1996).

정서적 학대를 경험하는 아동은 외현적인 증상을 보이는데, 즉 손가락을 빨거나 손톱을 물어뜯는 습관, 야뇨증 등 행동장애를 보이고, 극도로 공격적이거나 움츠러드는 신경증적 반응을 보일 수 있다. 또한 부적절하게 어른스러운 행동 또는 유아기적 행동을 보이거나 지적 또는 정서적 발달의 지체를 보인다. 자신의 행동에 대해 자기비하적인 이야기를 하거나, 자살을 시도하기도 한다(노혜련, 2002). 부모로부터 정서적 학대를 더 많이 경험한 아동일수록 사회성이 저하되고, 우울 · 불안, 사회적 미성숙, 주의집중, 비행, 공격성 등과 같은 문제행동을 더 많이 하는 것으로 지각되고 있다. 교사 및 부모는 정서적 학대를 지속적으로 경험한 아동일수록 문제행동들이 더 많이 나타난다는 보고를 하였고, 아동 자신은 더 공격적이고 가정에서 자아존중감이 더 손상되고 우울성향을 더 많이 호소하는 것으로 나타났다(보건복지부, 2002). 정서적 학대를 경험한 아동에 대한 연구인 경우 사회성의 문제, 우울, 불안, 자아존중감 저하, 내재화된 분노와 공격성을 표출하는 것으로 나타났다(황은수, 2006). 또한 정서적 학대를 경험한 아동이 신체적 학대를 받은 아동보다 더 다양한 후유증을 겪고 있는 것으로 연구되었다(신해영, 최해림, 2003). 학대당한 아동이 보이는 이러한 문제들은 심리적 압박감과 욕설 등의 정서적인 학대로 인하여 부정적인 자기 개념을 갖게 되고 혼란과 공포, 분노를 내면화함으로써 스스로 자신을 비난하여 생기게 된 결과라고 밝혀졌다(주소영, 2008).

한편 성적 학대를 받은 아동의 경우 자신감의 결여, 적대적인 행위, 지나친 경계심, 충동성, 의기소침, 무반응, 거절, 소심, 둔감, 언어장애 등의 일반적 특성과 함께 발달지연, 학교 부적응, 학습장애 및 집중력 장애, 과잉행동 등의 행동적 특징, 그리고 불안정, 자신감 결여, 의심 등의 성격적 특성이 나타난다(Courtois, 1988). 청소년기로 이행한 후에도 외상성 기억을 반복 회상하고 감정과 주의력 및 기억력의 장애를 느낄 뿐만 아니라 수면장애, 우울증, 급성불안반응, 외상 후 스트레스 장애, 충동조절 장애, 자학적 또는 파괴적 행동, 학교적응장애, 신체화 장애, 전환장애 등의 심리장애를 유발하기도 한다(김상엽, 1999). 특히 아동기의 불행한 성적 학대 경험은 한 개인으로 하여금 인간의 기본적 권리를 유린, 박탈당하게 하고 건강한 생활인, 시민으로서 수행해야 할 삶의 기능에 치명적 문제를 초래할 수 있다.

호프만-플롯킨과 트웬티맨(Hoffman-Plotkin & Twentyman, 1984)은 전혀 학대를 받지 않은 아동을 방임을 경험한 아동이나 신체적 학대를 당한 아동의 두 집단과 비교하였을 때 두 집단의 아동들이 보다 더 위축된 경향이 있다고 주장했다(김경숙, 2009 재인용). 즉, 방임 피해 아동은 자신의 친구들에게 긍정적인 행동을 적게 보이고 상호작용을 적게 시도하며, 놀이에 있어서도 단순한 형태의 놀이에 가담한다고 보고되고 있다. 방임에서 대표적으로 나타나는 신체적인 결과는 영양결핍이다. 이들은 심한 방임은 대체로 영양결핍과 관계가 있고, 그것은 아동발달에 있어 지적 · 심리적 기능의 발달에 매우 중요한 영향을 미친다고 보고하고 있다. 예를 들어, 방임을 경험한 아동은 학교 및 학업 문제, 언어능력 발달의 지체, 사회적 성숙도의 미발달과 같은 문제를 경험한다.

(3) 학대 경험이 발달 및 심리사회 적응에 미치는 영향

학대당한 아동은 정신병리를 발달시키기 쉽고, 또래관계에서 그리고 그 이후에는 배우자와 자녀와의 관계에서 학대적인 행동을 반복하기 쉽다. 아동학대 경험에 의해 야기되는 발달적 혼란은 다음과 같다.

- 정서조절의 문제(예: 좌절에 대한 낮은 인내력, 분노 조절의 문제)
- 애착 문제(예: 회피적, 저항적, 와해된 애착 유형)
- 자기 체계의 결함(부정적 자기개념, 낮은 자아존중감)
- 지지적인 또래관계 형성의 문제(사회적 능력의 발달을 저해하고 또래와의 상호작용에서 신체적 · 언어적으로 공격적인 행동을 조장함)
- 학교 부적응(사회인지 능력의 손상 및 제한된 학업 성취로 인해 이차적으로 학교 부적응 문제를 보임)

또한 성적학대를 당한 아동과 청소년에게서 흔히 발견되는 정신과적 장애는 다음과 같다.

- PTSD(외상후 스트레스 장애)를 포함하는 불안장애
- 우울증과 자살 행위
- 해리 및 전환 증상들
- 성적 행동에서의 문제

• 물질남용
• 경계선 성격장애
• 다중인격장애
• 성기능장애
• 성범죄

이와 같이 학대받은 아동은 일반적으로 불안, 우울, 낮은 자존감에 시달리며, 공격적이고, 대인관계 질이 나쁨 등과 같은 여러 가지 후유증을 갖게 된다. 또한 신체적 학대로 눈에 보이는 타박상과 같은 상처 등을 입는 것은 물론 정서 및 행동적으로 손상을 입게 되며, 학대의 정도가 심할 경우 신경학적 이상이나 언어장애를 보이게 되고, 극단적인 경우 사망에 이르기도 한다. 학대로 인한 이런 영향들은 누적되어 이후 성인기의 적응에도 영향을 미칠 수 있다는 점, 그리고 학대의 경험이 자신의 자녀에게로 대물림될 가능성이 있다는 점에서 문제의 심각성이 더해진다(한혜선, 2008).

학대 및 방임을 경험한 아동은 자기 자신에 대한 가치나 인식의 저하 또는 파괴를 경험하고, 이에 따른 우울 및 불안, 슬픔, 분노 등 내면화된 문제행동(internalizing problem)과 적개심, 분노 등에 기초한 공격적 행동이나 비행 등 외현화된 문제행동(externalizing problem)을 지니게 될 가능성이 크다. 또한 방임된 아동은 타인과의 관계에서 소외되는 것에 익숙해져 타인과의 관계에 큰 기대를 갖지 않고, 쉽게 관계를 끊거나 부주의하고, 공격적인 방법으로 관계를 형성하게 되는 경향이 있다(김광혁, 2009). 내면화된 증상에 대해 장화정(1998)은 학대받은 아동은 스스로의 삶에 대한 통제를 상실한 것에 대한 분노를 억누르기 위해 위축

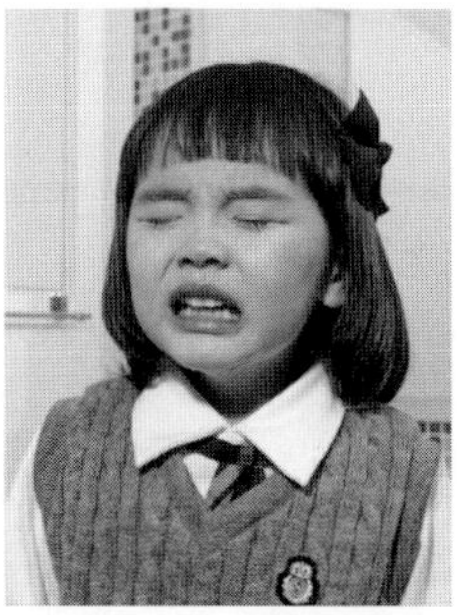

을 이용해 도피하는 것이라고 하였다. 또한 학대 경험 정도가 심각할수록 공격성의 정도가 높은 것으로 나타났다(김세원, 2003). 이주연과 박성연(1996)은 학대를 경험한 아동은 부모의 신체적 학대라는 폭력적인 성향에 자주 노출됨으로써 아동이 이를 의식적 · 무의식적으로 내재화하여 공격적인 면에 그것이 반영되어 나타난다고 하였다.

일반적으로 아동은 부모와의 애착과 상호작용에 기초하여 사회의 구성원으로 성장해 간다. 그러나 양육자로부터의 학대 및 방임은 사회정서 발달의 안전기지로 작용할 수 있는 양육자와의 안정적인 애착 형성을 방해하고 부정적인 자아상과 타아상을 형성하게 한다(조윤주, 2010). 또한 아동은 사회적 환경에서 상호작용하면서 그 사회에서 수용되는 기본적인 욕구를 충족하고 감정을 표현하는 방식을 배우고, 대인관계 기술이나 사회성 등은 이러한 사회화 과정 및 타인과의 상호작용을 통해 발달하게 된다. 그러나 사회적 발달의 기초 기술을 배우게 되는 시기에 경험하는 모든 형태의 학대는 아동의 내면적 영역뿐 아니라 사회생활에 필요한 기본적인 능력 형성에 지대한 영향을 미치게 된다. 학대를 경험한 아동은 그렇지 않은 아동에 비해 더 낮은 또래 지위를 가지며, 친구와 적극적 상호작용이 부족하고, 사회망 또한 협소하고, 비정형적이고 부정적인 경향을 보임으로써 사회적 관계형성에 어려움을 보인다(좌문경, 2008). 또한 학대는 사교성 및 사회참여도에 부정적인 영향을 미치는 것으로 나타났으며(유정, 2006), 대인관계 형성에 중요한 감정이입 능력을 감소시킬 수도 있다고 하였다(최윤라, 1989). 이처럼 아동학대는 아동의 내재화된 또는 외현화된 문제행동을 일으켜 아동의 심리사회 적응과 밀접한 관련이 있다.

4. 아동학대의 접근 방법

1) 정신병리학적 관점

정신병리학적 관점의 특징은 아동학대의 주요 원인을 부모나 주 양육자의 특성에 초점을 두는 것으로, 학대하는 자는 다른 부모나 양육자와 구별되는 심리적 특성 및 성격 구조상의 결함을 가지고 있다고 보고 있다. 그래서 아동학대 가정의 사회경제적 · 인구학적 특성은 학대 행위를 촉진하는 요소에 불과하여 직접적인 요인은 되지 않는다는 이론이다.

정신병리학적 접근은 아동학대의 발생 원인을 부모의 건강하지 않은 정신과 관련하여 설명하면서 아동을 학대하는 부모의 특별한 정서적 · 성격적인 특성에 초점을 맞추고 있다. 그리고 아동학대는 모든 사회계층의 부모에게서 발생된다고 보고 있다. 또한 부적절한 부모의 양육 태도와 밀접히 관련된다고 보고 있다. 즉, 학대하는 부모가 그들의 부모로부터 받았던 경험들인 적대, 거부, 비난, 무시 등은 적대적인 양육 태도로, 처벌이나 복종, 실수의 불용납 등은 통제적인 양육 태도로, 부모 입장의 이해와 위로 등은 안일한 태도로, 그리고 과잉 기대는 부모의 비합리적인 태도로 나타나게 된다고 보는 입장이다(박혜신, 1996). 또한 정신병리학적 측면에서는 아동학대를 유발하는 주요 원인으로 아동의 특성과 학대자의 심리적 특성 및 성격 구조의 결함을 지적한다. 미숙아와 신체장애아인 경우 부모나 대리양육자의 신체적 · 심리적 부담감을 가중시키기 때문에 부모의 학대 행위를 유발한다고 본다. 이와 더불어, 일반적으로 다른 아동보다 잘 울거나 먹지 않고 잠을 자지 않는 등의 유별난 행동을 보이거나 지나친 경계심을 보이며 고집스럽고 소심하며 자신감이 결여되고 적대적 행동을 하는 아동은 부모의 학대 행위를 유발한다고 본다.

2) 발달론적 관점

발달론적 관점의 특징은 아동학대의 주요한 원인을 아동 자신의 특성에 초점을 두고 있으며, 아동학대는 아동의 모든 발달단계에서 일어난다고 본다. 아동은 학대의 원인이 되는 유전학적으로 형성된 신체적 · 행동적 특성을 통해서 자신의 학대를 유발할 수 있다는 것이다(Piction & Boss, 1981). 즉, 아동학대의 원인이 되는 미숙아, 정신지체 아동, 장기질환 아동, 장애아동, 기형아, 미혼모 아동, 입양아, 다자녀 가정의 아동, 원하지 않는 자녀, 부부관계 또는 가정 여건이 좋지 않은 상태에서 태어난 자녀, 아들 낳기를 원하였는데 딸로 태어난 여아, 심각한 수준으로 고집스럽게 울거나 밤에 잠을 자지 않고 보채는 아기 등 유전학적으로 형성된 신체적 · 행동적 특성으로 인하여 학대를 유발할 수 있다는 것이다.

또한 양육자와의 성공적인 애착 형성의 실패는 곧 아동학대로 연결된다고 본다. 학령 전기에는 자신감의 결여, 적대적인 행위, 지나친 경계심, 충동성, 의기소침, 고집, 무반응, 거절, 소심, 둔감, 언어장애 등의 특성이 그 원인이 되며, 청소년기에는 과도한 자기주장과 부모 및 성인에 대한 극단적인 반항적 태도, 도벽, 무단결석 등이 학대의 발생과 밀접한 관련성이 있다고 한다(이소희, 1998).

3) 사회심리학적 관점

사회심리학적 관점의 특징은 가정의 여러 특성 및 이를 둘러싸고 있는 사회의 구조적 · 문화적 측면이 아동학대와 관련되어 있다는 것이다. 사회심리학적 관점은 아동학대의 중요한 원인을 가정환경, 부모의 양육 태도, 경제 수준 그리고 사회문화적 특성에서 찾으려 한다. 즉, 바람직하지 못한 양육 태도, 가족 간 상호작용 미약, 빈곤에 의한 스트레스와 좌절감 초래, 아버지의 실직, 사회적 소외, 아동을 소유물로 인식함과 아울러 신체적 체벌을 용인하는 등의 사회적 분위기로 인하여 아동학대가 발생하는 것에 초점을 두고 있다. 특히 부모의 무직과 실업 등 부모가 당면한 생활상의 어려움이 아동을 향해 표출되는 것으로 보고 있다(신연호, 1993).

사회문화적 특성은 부의 실직, 사회로부터의 가정 소외, 체벌의 용납 그리고 아동을 부모의 소유물로 인식하는 것 등을 말한다. 아버지의 실직에 따른 경제적 결핍, 좌절과 무력감에 의한 정신적 스트레스는 자녀에게 투사되어 폭력을 자극하고 방임과 학대를 초래한다. 특히 방어하지 못하는 아동에게 힘을 과시함으로써 자신의 위치를 재확인하는 과정에서 아동학대가 이루어진다. 또한 단순히 실업자 부모가 집에서 많은 시간을 보내게 됨에 따라 아동과의 접촉 증가가 이루어지게 되고, 그 결과로 학대가 나타날 수 있다. 특권, 금전 및 권력이 거의 없는 가족은 보다 큰 좌절감과 비참한 상황을 겪게 되고, 그에 비례하여 많은 폭력을 초래한다(김광일, 고복자, 1987).

아동학대와 연관성을 띠는 가정환경적 특성으로는 부모의 자녀양육에 관한 지식 부족, 부모의 자녀 양육 거부 및 포기, 부모의 정서적 · 심리적 · 정신적 불안, 자녀 양육의 능력 부족, 부모관계의 갈등 · 별거 · 이혼 등의 결손가정, 부모의 학력이 낮거나 직업 구성이 노동인 가정, 6명 이상으로 가족 수가 많은 가정을 들 수 있다. 이러한 가정 환경적 특성에 놓인 아동이 그렇지 않은 가정의 아동보다 더 많은 학대를 받는 것으로 나타났다(김광일, 고복자, 1987).

5. 아동학대에 대한 예방과 치료

아동학대를 당한 아동에 대해 교사를 비롯한 발견자의 신고를 의무화해야 한다. 미국의 경우, 어린이 학대방지 및 치료법이 제정되어 아동과의 접촉이 가장 쉬운 교사의 학대 신고를 의무화하였다. 또한 응급전화 개설과 위기 개입식 접근도 필요하다. 우리나라는 시립 아동상담소를 개설하여 학대 사례를 접수하는데, 이것만으로는 예방과 해결이 미비하다. 그 밖에 사설기관(기독교재단)으로 생명의 전화, 사랑의 전화가 개설되어 있나. 학대아동에 대한 개입은 심각한 손상을 받은 아동일 경우 부모와 강제로 격리하는 방법도 있으나, 이는 궁극적 해결책은 아니므로 집에 머물면서 치료받는 접근을 권장한다. 그 외 부모-자녀 관계에 대한 교육과 심리치료가 필요하다.

학대하는 부모에 대한 개입으로는 부모에게 상담과 교육 프로그램에 참가하도록 권유한다. 그러나 코헨 등(Cohen, Brown, & Smailes, 2001)의 연구에 따르면, 치료를 받은 28%만이 학대가 감소하였고 1년 내 학대가 재발하였다. 따라서 아동학대는 가족 문제로 처리하지 말고, 범죄 단위로서 국가적인 보호 장치를 제공하는 것이 우선 과제라고 할 수 있겠다.

아동학대를 당한 아동에 대한 개입과 예방 방법은 다음과 같다.

① 아동학대를 보고하는 적절한 절차를 숙지한다.

학대가 되는 내용, 그러한 사건을 담당하는 개인이나 기관, 법적으로 학대를 보고해야 하는 사람, 그러한 보고를 하는 사람에게 제공되는 보호 조항 등 아동학대와 방임과 관련된 법을 읽어 보고, 기관의 보고 형식을 알아야 한다.

[2] 아동학대의 징후를 주시한다.

〈표 12-1〉에 제시한 신체, 행동, 언어 및 가족 지표를 이용한다. 아동에게 주의를 기울이고, 자세히 살피고, 아동이 하는 말에 귀 기울인다. 학대의 징후는 아동이 우연히 하는 말이나 사건에 대한 이야기를 통해 밝혀지기도 한다. 아동의 몸 상태나 행동의 변화에 집중해야 한다. 아동이 계속해서 배고픔을 호소하거나 "거기 아래가 다쳤다."고 하거나, "사촌이 줄로 때렸다."고 할 때 아동의 말을 믿어야 한다. 대부분의 아동은 학대나 희롱에 대해 거짓말을 하지 않는다.

[3] 의심되는 것을 문서화한다.

아동학대나 유기를 의심하게 하는 징후는 기록으로 남기고, 발생한 날짜도 적는다. 하나 이상의 징후가 있다면 각각을 기록한다.

[4] 아동이 학대받은 것에 대해 이야기할 때 다음과 같이 적절하게 반응한다.

- 개방적이고 관대한 자세로 조용히 안심시킨다.
- 다른 아동이 듣지 못하도록 개인적인 장소로 아동을 데리고 간다.
- 아동의 발달 수준에 적합한 언어를 사용하고, 아동이 아직 사용하지 않은 단어는 사용하지 않는다.
- 반영적 경청과 최소한의 반응을 한다.
- 아동을 진지하게 대한다.
- 아동이 죄의식, 부끄러움, 공포, 양가적 감정과 같은 감정을 드러내게 하고, 이러한 감정이 정상적이라는 것을 알게 한다.
- 대상 아동이 혼자가 아니며 도와줄 수 있다는 것을 확신시킨다. 그러나 "괜찮을 거야." "나쁜 일은 생기지 않아."와 같은 잘못된 약속은 하지 않는다.
- 보고를 하기 위해서 필요한 정보만을 얻어야 한다.
- 아동에게 학대는 아동 자신의 잘못 때문이 아니라는 것을 확신시킨다. 문제에 대해서 솔직히 털어놓은 것에 대해서 아동에게 감사한다고 말한다.
- 학대자라고 의심되는 사람을 비난하지 않는다.
- 학대가 다시 발생한다면 아동이 믿을 만한 성인에게 이야기하는 것과 같이 어떻게 안전하게 행동해야 하는지 알려 준다(Austin, 2000).

⑤ 아동학대나 유기로 의심되는 사례는 신속하게 보고한다.

아동학대의 지표에 명시된 징후들이 아동이나 가족에게 보인다면, 이를 보고해야 한다. 상황이 바뀌거나 잘못 판단했을지 모른다는 기대로 지체해서는 안 된다. 무엇을 해야 할지 망설여서는 안 된다. 일단 의심되면, 해야 할 행동은 분명하다.

⑥ 스스로 학대의 피해자라고 밝히는 아동을 안심시킨다.

"이런 이야기를 나한테 하는 것이 힘들었지." 또는 "엄마가 네 이를 부러뜨려서 놀랐겠구나. 나에게 이야기해 주어서 고맙다."와 같이 말한다. 아동이 한 말을 믿고 있다는 것과 그 사건을 보고한다고 해도 아동에게 해롭지 않다는 것을 알려 준다. 혼란스러움, 걱정, 분노 또는 죄책감과 같은 아동의 감정을 수용해 준다. 아동이 자신의 감정에 대해 말하도록 하고, 각 사건에 대해 그들이 원하는 만큼만 설명하도록 한다. 아무리 불편하고 괴로워도 학대 아동을 수용하고 지지해 주어야 한다. 한편, 아동의 능력과 의사를 넘어선 정도로 자세히 설명하도록 강요해서는 안 된다. 일어난 일에 대해 느끼는 안타까움을 전하지만, 동시에 아동의 가족을 비난해서는 안 된다. 학대받은 아이라 할지라도 종종 가족 구성원에게 충성하는 마음을 갖는다. 가족을 방어해야 한다고 느끼면 아동은 교사의 도움을 거절할지 모른다. 많은 아동이 학대 상황에 대해 자신도 책임이 있다는 죄의식을 느낀다. 아동은 '가치가 없어서' '못생겨서' 또는 '나빠서' 어른이 자신을 학대할 수밖에 없었다고 생각할 수 있다. 일어난 일이 아동들의 책임이 아니라고 강조함으로써 이러한 잘못된 인식을 교정해 주어야 한다. 대신, 어른의 행동이 잘못된 것이라고 말한다. 종종 어른들은 화가 나거나 혼란스럽거나 외롭지만, 그렇다고 아동을 때리거나 속이거나 이상한 행위에 순종하게 하는 것은 잘못이라고 설명한다.

⑦ 평상시에도 아동과 신체적인 접촉에 대해 이야기를 나눈다.

영아기부터 아동기 동안 계속해서 신체적 상호작용을 설명하는 감정 단어들을 사용한다. 만지는 것이 자신과 다른 사람에게 어떤 영향을 미치는지 알려 준다. "안아 주면 기분이 좋아." "꼬집는 것은 아파." "엄마가 등을 긁어 줄 때 기분이 좋았지." "누나가 너를 때렸을 때 기분이 좋지 않았지."와 같이 이야기해 준다. 아동이 커 가면서 신체적 접촉과 관련된 단어들을 더 많이 알려 준다. 아동이 이러한 특수한 단어에 익숙하도록 하는 것은 개인의 안전을 가르치는 첫 단계다.

⑧ 아동에게 개인 안전을 가르친다.

아동의 이해와 경험에 맞추어 해로운 접촉을 피하는 방법을 가르친다.

- 아동과 함께 기분 좋은 접촉과 기분 나쁘게 하는 접촉에 대해 이야기한다. 처음에는 기분이 좋지만 결국에는 불쾌하게 하는 것(간지럼, 힘찬 포옹, 애무)과 같이 당황스러운 접촉에 대해 이야기를 나눈다. 누구든 다른 사람에게 나쁜 접촉이나 당황스러운 접촉을 할 권리가 없다는 것을 알려 준다. 자신이 좋아하지 않는 방식으로 누군가가 만지려 할 때, "안 돼."라고 말하고 자리를 피한 후, 믿을 수 있는 사람에게 알리게 한다.
- 누군가가 다른 사람을 속여서 어떤 일을 하게 하는 상황을 가상극으로 꾸며 본다. 사전 훈련 경험이 없는 어린아이의 경우에는 성적 학대와 관계없는 분명한 속임수에 대한 내용으로 시작한다. 속임수의 개념을 이해하기 시작하면, 부적절한 접촉(뇌물 주기, 비밀 지키기, 아첨하기)을 설명하는 상황극을 보여 준다. 다른 사람이 아동을 강제로 만지려 하거나 자신을 만지도록 속이는 것은 괜찮지 않다는 점을 강조한다. 어떤 사람이 자신을 만지거나 이해하지 못하는 행동을 하라고 하면, "싫어요. 저리 가세요."라고 말한 후, 믿을 수 있는 사람에게 알려야 한다고 가르친다.
- 아동이 위험한 상황에 대한 반응 방법을 아는지 알아보기 위해 '만약 ~한다면?'이라는 게임을 실시한다. '길거리에 있는 남자가 강아지 보러 들어오게 한다면' '아저씨가 엄마나 아빠에게 비밀을 지키라고 말한다면' '공원에서 친구들과 싸웠는데 네가 모르는 예쁜 아줌마가 집까지 태워 준다고 한다면'과 같은 가상의 사건을 꾸며 본다. 아동에게 답을 생각해 보도록 하고, 정확한 정보를 제공해 준다. 충분히 논의하기 위해 개방형으로 질문한다.

9 아동학대가 예견되거나 발생했을 때에도 가족에게 조심스럽게 대해야 한다.

학대하는 부모를 도와줄 수 있는 기관을 알고 있어야 한다. 연구에 따르면, 많은 학대하는 부모는 도움을 통해 더 이상 신체 폭력을 행사하지 않을 수 있다. 이는 그들을 도와줄 사람이나 프로그램에 참여하도록 하는 것이 얼마나 중요한지를 보여 준다. 지역사회 내의 지원 프로그램을 많이 알아보아야 한다. 응급전화, 일시적 위탁, 부모집단, 교육 기회, 워크숍과 같은 단기적인 대안을 살펴본다. 또한 지역사회 내 개인상담가나 가족치료사, 정신건강센터, 종교 및 사회복지 서비스뿐 아니라 전국아동학대예방위원회와 같이 전국적으로 잘 알려진 집단을 포함하는 장기적 대안들을 알아 둔다.

토론거리

1. 영화 〈하늘에서 온 엽서〉를 감상한 후 아동학대가 아이에게 미치는 영향에 대해 토론해 보자.
2. 만일 내 주변에 아버지에게 수년간 성학대를 받은 10세 소녀가 있다고 하자. 이러한 사실을 우연히 알게 되었을 경우 나는 어떠한 조치를 취할 것인지 생각해 보자.
3. 우리나라에 아동학대를 신고할 수 있는 기관에 대해서 알아보고, 아동학대와 관련된 어떠한 지원 프로그램들이 운영되고 있는지 알아보자.

요약

아동은 부모와의 상호작용을 통해 기본적인 욕구들을 충족하고, 자신의 욕구나 감정을 표현하는 방법을 배우며, 사회기술을 습득하면서 심리적으로 성장해 나간다. 그러나 양육자에게 보살핌을 받는 경험이 없이 학대나 방임을 당하게 된다면 자아상을 비롯하여 대인관계 · 정서 · 성격적 측면에 이르기까지 부정적인 영향을 받게 될 것이다. 이 장에서는 아동학대의 정의에 대해 살펴보았고, 가해자와 피해자의 특성에 대해 알아보았으며, 여러 이론에 비추어 아동학대의 예방 및 치료 방법에 대해 살펴보았다.

13장

성역할 구도에서 일어나는 제도적 문제들

학 습 목 표

1. 성폭력을 어떻게 분류할 수 있는지 알아본다.

2. 성폭력의 원인을 다양한 관점에서 이해한다.

3. 성폭력의 후유증과 치료 및 대처 방법에 대하여 알아본다.

4. 근친상간의 특징과 문제점을 이해한다.

5. 성매매의 문제점에 대하여 알아본다.

우리나라는 1994년 「성폭력범죄의 처벌 및 피해자보호 등에 관한 법률」(일명 「성폭력 특별법」)이 제정되어 성폭력이 사회적인 범죄임을 알리는 동시에, 성폭력 피해자를 보호하고 지원할 수 있는 법적 토대를 마련하였다. 그럼에도 성폭력 발생 현황은 2001년 10,446건에서 2010년 19,939건으로 계속해서 증가하고 있다(경찰청, 2011). 성폭력 발생이 증가하였다는 것은 성폭력에 대한 사회적 인식이 변화하여 성폭력을 당했을 때 더 이상 감추거나 숨기지 않고 신고한다는 것을 의미하기도 하지만, 성폭력 사건이 실제로 증가하였다는 것을 보여 주는 것이기도 하다. 이 장에서는 성폭력, 근친상간, 성매매 등의 성역할 구도에서 일어나는 제도적 문제들을 다루어 보면서 우리 사회에 뿌리 깊은 성고정관념이 현실에서 어떻게 나타나는지, 그리고 어떤 영향을 끼치고 있는지 살펴보고자 한다.

1. 성폭력

1) 정의와 유형

성폭력(gender violence)의 정의는 상대방이 원하지 않거나 거부하는 성적 행위를 강요하는 것을 일컫는다. 이러한 성적 행위에는 신체적, 언어적 그리고 정신적 폭력까지 광범위하게 적용된다. 또한 계속되는 성적 행위를 함으로써 상대방이 성폭력에 대한 막연한 불안과 공포감을 느끼는 상황을 조성하는 것도 성폭력의 범주에 해당한다. 성폭력은 다양한 방법으로 분류되고 있는데, 성폭력을 규정하는 근거로 다음의 세 가지 기준을 고려해 보아야 한다(윤가현, 2006). 첫째, 가해자가 성적 행동을 하였다면, 피해자의 반항 행동 유무와 상관없이 성폭력으로 규정되어야 한다. 예를 들면, 과거에는 성폭력의 강제성을 입증하기 위해서는 피해자가 적극적으로 반항하였다는 것을 입증하여야만 했다. 반항의 흔적을 입증하지 못하면 성행위에 동의한 것으로 결론이 나는 경우가 많아서 성폭행으로 간주되지 않았다. 하지만 성폭력을 당하는 피해자의 입장에서 그 상황을 다시 그려보면, 당시의 분위기에 심리적으로 위축되어 반항하지 못하였을 수도 있고, 심하게 반항을 하다가 더 위험한 상황으로 몰고 갈 수도 있다고 생각하여 적극적인 반항 행동을 하지 못하였을 가능성도 있다. 그러므로 피해자의 반항 여부를 성폭력 규정의 기준으로 삼는 것은 무리가 있다. 둘째, 만약 사전에 성행위에 동의한 경우라도, 동의할 때의 상황이 피해자가 극도의 심신쇠약 상태이거나 약물에 취해 있는 경우에 이루어졌다면, 즉 정상적인 판단이 불가능한 상태였다면 성폭력으로 규정하여야 한다. 셋째, 피해자가 미성년자일 경우에는 성인 가해자의 성행위는 무조건 성폭력으로 규정되어야 한다. 앞서 언급한 정상적인 판단이 불가능한 경우는 성폭력으로 규정되어야 한다는 전제와 동일하게, 미성년자는 법적 보호가 필요한 아직 성장 과정에 있는 연령이므로 그 어떤 경우에도 미성년자와의 성행위는 성폭력으로 간주되어야 한다. 특히, 연령이 어릴수록 단순 성추행만으로도 피해자가 겪게 될 후유증이 이후 심각하게 나타날 수 있으므로 그 처벌은 강력하게 시행되어야 한다.

성폭력의 유형은 행위 및 대상에 따라 다음과 같이 분류한다. 먼저, 행위에 따른 분류는 강간, 성추행, 성희롱 등으로 분류된다. 강간은 폭행이나 협박을 통해 반항할 수 없도록 한 상태에서 상대에게 동의를 구하지 않고 성행위를 하는 것을 말하여, 이때 가해자의 성기가 피해자의 소음순(피해자가 여성일 경우)까지 닿는 경우도 강간으로 분류된다(「형법」 제297, 305, 306조). 피해자가 저항하거나 주변의 상황으로 인해 강간 행위가 이루어지지 않은 강간 미수 역시 성폭력에 해당한다. 성추행이란 성교는 하지 않고 다른 신체 부위를 접촉하거나 가해자가 자신의 성기를 노출하는 행위를 지칭하며, 성희롱은 상대의 몸을 흘끔흘끔 쳐다보거나 성과 관련한 농담이나 음담패설을 하면서 상대의 동의 없이 신체를 접촉하는 행위를 일컫는다. 또한 외설적인 사진을 직접 보여 주거나 여러 다양한 통신 매체를 이용하여 불쾌한 자극물을 보내는 것도 성희롱에 해당한다.

대상에 따른 분류는 아동 성폭력, 친족 성폭력, 연애 도중에 일어나는 데이트 성폭력, 직장 내 성폭력, 학교 내에서 일어나는 학내 성폭력, 모르는 사람에 의한 성폭력, 그리고 전화나 SNS 등의 통신매체에 의한 성폭력 등으로 나눌 수 있다. 아동 성폭력은 13세 미만의 아동을 대상으로 한 경우로서, 가해자는 평소 아는 사람인 경우가 많다. 아동은 평소 얼굴을 알고 있는 어른에게 경계를 하지 않는다는 것을 이용하여 성폭력을 가하는 것이다. 친족 성폭력의 범위는 현행법상으로는 4촌 이내의 경우에 해당된다. 친족 성폭력의 대부분의 가해자는 남성이 많은데, 아버지, 오빠(사촌오빠), 삼촌 등으로 나타난다. 친족 성폭력은 가족 내 구성원들이 피해자에게 침묵을 강요하거나, 성폭력 상황을 과소평가 또는 은폐하고자 하는 경향이 있다. 이러한 경향은 가족 내 결속을 중요하게 생각하거나 남아선호 의식이 강한 경우 더 심하게 나타난다. 데이트 성폭력은 연인 사이에서 원치 않는 성적 언행, 즉 불쾌한 말이나 상대에 대한 배려 없이 자신의 성적 욕구만을 채우는 행위를 하는 것을 말한다. 대부분의 가해자가 피해자의 거부 의사를 긍정이나 수락으로 잘못 해석하는 데서 비롯된다. 직장 내 성폭력이란 근무 기간(퇴근 후나 휴일도 포함)이나 또는 채용 과정에서 자신의 지위를 이용하여 상대에게 성적 행위를 강요하는 것이다. 피해자는 직장에서 불이익을 당할까 봐 어쩔 수 없이 참는 경우가 많다. 학교에서 교사나 교수와 제자 또는 선후배 사이에서 발생하는 성폭력은 학내 성폭력으로 분류된다. 우리나라 최초의 성희롱 민사 소송사건은 학내에서 발생한 교수와 조교 사이에서 일어난 사건이었다. 모르는 사람에 의한 성폭력은 평소 전혀 모르는 사람에게 당하는 경우인데, 이런 경우에는 가해자에 대한 정보가 전혀 없으므로 이후 가해자를 찾기가 쉽지 않다. 마지막으로, 통신 매체에 의한 성폭력은 현대의 다양한 통신 수단 등을 이용하여 성적인 내용의 글이나 사진 등을 동의하지 않은 상대에게 보내는 것이다. 만약 보낸 사람의 신원을 확보하지 못할 경우, 피해자는 또 다시 같은 일이 반복될까 봐 초조, 불안, 수치심, 공포 등의 증상을 보일 수 있고, 이는 일상생활에 큰 지장을 초래할 수 있다.

이와 같은 성폭력을 사회의 심각한 문제로 인식하는 정도는 시대나 문화에 따라 다르다. 남성 중심 사회에서는 일반적으로 남성이 가해자이고, 여성은 피해자인 것으로 인식되었지만, 최근에는 여성이 남성에게 가하는 성적 행위도 성폭력으로 인정하고 있다. 한 예로, 미국에서는 1997년 이전에는 직장의 여자 상사에게 성폭행을 당해 고소한 사례가 법적으로 인정되지 않았지만, 이후에는 법적 효력을 발휘하고 있다. 우리나라에서 2007년 전체 성폭력 피해자의 10%가 남성이었고, 2010년에는 16%로 늘어났다(여성가족부, 2011). 외국의 경우도 남성의 성폭력 피해율이 미국(2008년) 20%, 영국(2011년) 17%, 스웨덴(2010년) 22%에 달한다. 또한 남성이 여성으로 성 전환 수술을 받은 경우, 일반 남성에게 당한 사례도 성폭력으로 인정하고 있어 성폭력이 단지 여성만이 겪는 피해라고 생각하는 시대는 지났다. 성폭력을 줄이고 예방하기 위해서는 명확한 지식을 가지고 그에 대한 대책을 숙지하는 것과 함께 성폭력과 관련한 우리 사회의 잘못된 성고정관념을 개선하는 것이 필요하다.

우리나라 최초의 성희롱 민사 소송사건

우리나라 최초의 성희롱 판결은 '서울대 우 조교 사건'이라고 불리는 민사 소송 사건이다. 이 사건은 서울대학교 화학과에서 1년 계약직으로 근무하던 우모 씨가 지도교수인 신모 교수의 지속적인 신체 접촉과 성적 발언에 대해 강하게 거부의사를 밝혀서 재임용에서 탈락했다며 신 교수와 대한민국 등을 상대로 5,000만 원의 배상을 요구하면서 시작됐다.

서울 지방법원은 1994년 4월 신 교수의 행동을 '성적 접근 및 언동'이라고 결론을 내리고 우 조교가 주장한 사실 관계를 모두 인정했다. 재판부는 "성적 자유 및 인간의 존엄성이 보장되는 근로조건에서 일할 권리를 침해했다."는 판단 아래 신 교수에게 총 3,000만 원을 배상하라 명령했다. 직장 내 성희롱이라는 개념조차 생소했던 당시 거액 배상 판결은 세간의 이목을 집중시키기에 충분했다. 6년을 끌어 온 이 소송은 네 번의 판결을 거쳐 피고인 신 교수가 500만 원을 물어야 한다는 확정 판결로 매듭지어졌다(한국일보, 2011. 4. 3.).

성희롱은 강간 등의 강력한 물리적 성폭력 행동은 아니지만, 가해자가 피해자에게 성적 수치심과 모멸감을 느끼게 하는 행위를 모두 포함하는 것이다. 1993년 서울대 우 조교 사건은 성희롱이 우리나라에서 본격적인 법적 문제로 다루어지게 된 계기를 만들어 주었으며, 이 사건으로 인해 1999년 「남녀고용평등법」과 「남녀차별금지법」 등이 뒤이어 제정되었다. 이 사건은 그 당시까지 우리 사회에서 아무렇지도 않게 만연했던 성적 농담 등에 대한 잘못된 남성 중심의 성문화에 경종을 울리게 해 주었다는 것에 큰 의미를 둘 수 있다.

일반적인 농담과 희롱을 구별하는 기준

일상생활 가운데 친한 사이에서 재미로 주고받는 일반적인 농담과 도를 넘는 희롱을 구분하는 것이 모호할 때가 많다. 왜냐하면 이러한 구분의 기준은 각 조직의 문화나 그 당시의 분위기 또는 상황 등과 밀접하게 관련되어 있기 때문이다. 이런 경우 일반적인 농담과 성희롱을 구별하는 기준은 우선 가해자와 피해자의 관계를 살펴보았을 때, 가해자가 힘이나 권력을 가지고 있기 때문에 피해자가 가해자의 요구를 거절하였을 경우 부당한 결과가 따를 수 있는 상황이라면 성희롱이라고 할 수 있다. 즉, 관계의 동등성이 없기 때문에 피해자가 자신의 의견을 피력할 수 없어 어쩔 수 없이 가해자의 요구를 받아들여야 하는 경우에는 성희롱의 요건이 성립된다. 또한 상황이나 의도가 상대에게 모욕감이나 불쾌감을 느끼게 하는 적절하지 못한 경우라면 가벼운 농담이라고 할 수 없고, 상대방이 명백히 거절의 의사를 밝혔음에도 계속해서 시도한다면 이 경우도 성희롱이라고 할 수 있다.

2) 원 인

성폭력 가해자들에게서 발견되는 성폭력 행동의 원인으로는 생물학적 원인, 성장 과정에서의 애착 문제, 인지적 왜곡, 정서적 특징, 성격장애 그리고 사회적 분위기 등으로 나누어 볼 수 있다.

첫째, 생물학적 원인으로 성폭력 가해자들에게서 뇌의 이상을 발견하였는데, 특히 전두엽의 앞쪽 부분인 전전두피질(prefrontal cortex)의 기능이 정상적으로 활동하지 못하는 것으로 밝혀졌다. 전전두피질은 상황을 정확히 이해하고 파악한 후, 적절한 판단 및 결정을 하는 고차원적인 인지 기능을 담당한다(안창일 외, 2012). 이 영역이 제대로 기능을 하지 못하면 판단력이 사라질 뿐 아니라 도덕성과 같은 사리분별 능력도 소실되는 것으로 알려져 있다.

둘째, 성폭력 가해자들의 성장 과정을 살펴보면, 아동기에 성적 학대를 포함한 다양한 폭력에 노출된 경험이 많고, 가족 간 불화가 잦은 경우가 많았다(Hall & Barongan, 1997). 이러한 환경에서 자란 사람들은 어린 시절 부모를 포함한 양육자와의 정상적인 애착관계를 형성하지 못하여, 이후 대인관계에서 많은 어려움을 보일 수 있다. 주요한 타인과의 애착관계가 빈약하여 정상적인 사회적 관계가 발달하지 못한다. 성폭력 살인범의 1/3 정도가 타인과의 접촉이 전혀 없이 혼자 살았으며, 60% 이상이 평생 살아오면서 이성과의 친밀한 관계가 단 한 번도 없었다는 사실은 성폭력 가해자들의 대인관계가 심각한 결함이 있음을 보여 준다(이수정, 2008). 마샬(Marshall, 1989)의 이론에 따르면, 성폭력 가해자들은 애착관계 형성 능력의 상실로 인하여 정상적이지 않은 통로(의사 거부 능력이 부족한 아동이나 동의하지 않는 성인을 협박)를 통해 친밀감을 발견하고자 한다. 즉, 그들에게 성폭행은 채워지지 않은 애착과 친밀감에 대한 욕구를 충족하기 위해서 비정상적 상황에서 비정상적 행위로 나타나는 것이다.

셋째, 성폭력 가해자들은 상황에 대한 인지적 왜곡을 하는 경향이 있다. 예를 들면, 피해자가 '싫다'라고 말한 것을 '좋다'는 의미라고 받아들이고, 피해자도 동의하거나 즐긴 것이라고 주장한다. 또한 자신의 행위를 축소하려는 경향이 있어 성폭행 상황에서 폭력이나 위협은 전혀 없었다거나, 피해자가 말하는 만큼의 위협 상황은 아니었다고 진술하는 경우도 많다. 실제로 성범죄자들은 다른 범죄자들과의 비교에서도 심한 인지적 왜곡이 발견되었다(Abel, Becker, & Cunningham-Rathner, 1984). 이들의 인지적 왜곡은 상황을 왜곡하는 것뿐만 아니라 피해자의 감정을 왜곡하기도 한다. Hudson 등(1993)의 연구에 따르면, 부정적인 감정인 분노, 공포 등을 강간범이나 아동 성폭행범은 긍정적 정서로 인지하여 해석한다. 또한 여성이 자기주장을 하는 것을 자신을 적대적으로 대하는 것이라고 판단하였으며, 친절하거나 다정하게 대하는 것을 유혹하는 것이라고 해석하였다(Malamuth & Brown, 1994). 또 다른 인지적 왜곡으로는 사건을 피해자가 유발한 것이라고 책임을 전가하여 자신의 잘못을 깨닫지 못하는 경우도 있다(Kaczor, Ryckman, Thornton, & Kuehnel, 1991). 이를 피해자 촉진성 강간(victim-percipitated rape)이라고 하며, 피해자가 성적인 동기를 유발했기 때문에 발생하였다고 주장하는 가해자의 잘못된 해석을 말한다. 또한, 자기에게 유리하게 상황을 왜곡하는 자기 고양 편파(self-serving bias)와 같은 인지적 왜곡을 하기도 하는데, 이는 자신과 타인 그리고 세상에 대한 자기중심적인 잘못된 해석으로 이어지는 악순환으로 작용한다.

넷째, 성폭력 가해자들은 정서적으로 타인을 억압하여 지배하고자 하는 욕구가 강하고, 자신의 세력이나 지위를 확인하고자 하는 성향이 높다. 성폭력이 일어나는 원인에 대한 일반적인 견해는 성폭력 가해자가 자신의 성적 욕구나 쾌락을 추구하기 위해 다른 사람에게 신체적 폭행을 가하는 것으로 알려져 있지만, 그로스(Groth, 1979)는 성폭력 가해자는 실제로 성적 쾌락을 느끼기 위해서라기보다는 오히려 자신의 분노와 적대감 등을 표출하기 위해서 성폭력을 행사한다고 주장하였다. 그러므로 성폭력이 단순히 가해자가 성적 쾌락만을 추구하기 위해 저지르는 일은 아니라는 것이다. 오히려 성폭력은 공격성과 같은 비이성적 욕구를 통해 쾌감을 느끼는 유사성적(pseudosexual) 범죄로 인식되어야 한다. 또 다른 정서적 특징으로는 성폭력범들이 정서 공감 능력이 결여되었음이 발견되었다(Fernandez, Marshall, Lightbody, & O'Sullivan, 1999; Malamuth & Brown, 1994; Marshall, O'Sullivan, & Fernandez, 1996). 이들은 피해자가 느끼는 두려움이나 위협적 상황이 얼마나 고통스러운지 공감하지 못하여, 그 결과 피해자에 대한 공격적인 가해 행동을 계속해서 하는 것이다.

다섯째, 성폭력 가해자에게 나타나는 성격장애로 반사회적 성격장애, 경계성 성격장애, 해리성 성격장애 그리고 자기애성 성격장애 등을 볼 수 있다. 타인에 대한 감정이입이나 공감 능력이 부족하고, 동시에 자신의 잘못을 뉘우치려 하지 않는 경향 등은 반사회적 성격 장애의 특징으로 볼 수 있다(Malamuth & Brown, 1994). 또한 불안정한 대인관계, 강한 소유욕, 극단적 사고 그리고 높은 의존성을 특징으로 하는 경계성 성격장애의 성향이 강하게 나타난다. 이들에게서 보이는 행동과 의식의 분리 현상인 해리적 성향은 성과 관련된 일탈적 환상으로 나타나고, 비정상적인 사고와 행동에 몰입하는 경향으로 드러난다(Carich, Newbauer, & Stone, 2001). 자기애적 경향은 성-공격적인 행동에 대한 몰입이 자기도취적 성격과 결합하여 자신의 권위나 힘을 성범죄를 통해 표출하려 하는 것에서 발견된다(Baumeister & Tice, 2000). 실제로 자기애성 경향이 높은 사람은 그렇지 않은 사람보다 강간과 관련한 영화를 더 즐기는 것으로 나타났다(Bushman, Bonacci,

Van-Dijk, & Baumeister, 2003). 자기애 성향이 높은 사람은 문제 상황에 대한 책임을 타인에게 돌리는 경향이 크고, 자신의 능력(성적 접근)에 대한 과시가 상대에게 거부당했을 때 적대적 태도와 공격적 의지가 커지면서 강압적인 성적 행위로 표출되어 나타난다(Bushman et al., 2003).

마지막으로, 성역할이나 성 고정관념에 대한 잘못된 사회적 분위기가 성폭력을 발생시키는 원인일 수 있다. 남성 중심 사회에서 공공연하게 벌어지는 남성 폭력의 미화는 남자아이에게 공격적 성향을 갖도록 부추기는 역할을 하고, 은연중에 나타나는 여성에 대한 비하는 잘못된 성고정관념을 학습시킨다. 남성의 잘못된 성고정관념이 성적 관계에서 행동화되면, 자신도 인식하지 못한 채로 성폭력 상황으로 나타나는 것이다. 예를 들면, 성적 상황에서 여성의 거절은 실제로 거절을 의미하는 것이 아니라고 생각하거나 남성의 성 욕구는 참을 수 있는 것이 아니므로 어떤 상황에서 발산해도 되는 것으로 생각하고 있는 남성은 실제 상황에서 성폭력을 일으킬 가능성이 더 클 것이다. 또한 음란물 등을 통해 습득한 잘못된 지식은 모든 여성이 강간당하고 싶어 한다고 생각하거나 여성도 그러한 상황을 즐긴다고 믿는 오류를 범하게 된다.

남성의 잘못된 성고정관념과 더불어 우리 사회에 만연한 여성에 대한 순결 논리는 피해자 스스로 자신이 더럽혀졌다고 생각하여 피해자나 그 가족이 사건 자체를 감추는 것에 급급해 하는 분위기를 조성한다. 이러한 분위기는 결국 피해자를 비난하는 상황을 만들어 내고 있다. 피해자 비난 논리는 성폭력에 대한 상황을 피해자가 유발하였기 때문에 성폭력에 대한 모든 책임을 피해자에게 전가하는 것이다. 예를 들면, 가슴이 파인 옷이나 짧은 치마를 입었기 때문에 성폭력을 당할 여지를 주었다거나 피해자가 저항하였다면 일어나지 않을 수 있는데 피해자가 저항하지 않고 공조했다는 등의 논리로 성폭력 가해자가 빠져나갈 근거를 제공한다. 하지만 실제 상황에서 성폭력 가해자는 무기로 위협하는 경우가 대부분이고, 가해자의 대부분이 계획한 범죄를 저질렀다는 사실은 피해자에게 책임을 전가하는 것이 얼마나 비논리적인가를 말해 주는 것이다. 버트(Burt, 1980)는 일반인과 성폭력범 모두에게 성폭력 장면을 보여 준 후 가해자의 폭력 정도를 평가하는 실험을 하였는데, 그 결과 성역할 고정관념이 강한 사람들이 가해자의 잘못을 축소하여 보고하였다. 그러므로 우리 사회 전반에 퍼져 있는 잘못된 성고정관념이 바뀌지 않는다면 성폭력의 가해자와 피해자는 계속해서 나타날 것이다.

성폭행과 관련한 잘못된 통념들 – 강간통념(rape myth)

통념 1. 성폭력은 나와는 무관하고 나에게는 일어날 수 없다?

어느 특수한 계층이 아니라 때와 장소, 신분, 직업, 나이와 관련 없이 성폭력 피해를 당하고 있다.

통념 2. 성폭력은 젊은 여성에게만 일어난다?

성폭력은 대상자의 연령에 관계없이 발생한다. 통계에 따르면, 성폭력은 생후 6개월 된 어린아이부터 60세 이상 노인 남성에 이르기까지 발생하고 있으며, 성폭력에 대한 신고율이 낮기 때문에 이러한 사실이 드러나지 않을 뿐이다.

통념 3. 대부분의 강간은 낯선 사람에 의해 우발적으로 발생한다?

아는 사람에 의한 강간은 전체의 70% 이상을 차지하며, 우발적이라기보다는 계획된 범죄가 많다. 성폭력은 약 80%가 아는 사람(친척 · 인척, 이웃, 선배, 직장 동료 등)에 의해 저질러지고 있으며, 또한 성폭력 범죄는 우발적이라기보다 계획적인 경우가 많다.

통념 4. 강간은 폭력이 아니라 조금 난폭한 성관계다?

강간은 여성의 뜻과는 관계없이 가해지는 폭력이지 성관계가 아니다. 여성의 정조를 소중히 여기는 우리 사회에서 성폭력을 당한 여성은 이중, 삼중의 고통을 당하고 있다. 그러나 분명한 것은 강간은 가해자와의 성관계가 아니라 가해자에게 성적 폭행을 당한 것이라는 사실이다.

통념 5. 여자가 끝까지 저항하면 강간은 불가능하다?

때리거나 흉기로 위협하기도 하는 상황에서 피해자는 극도의 공포와 수치심으로 저항보다는 무력해지기 쉽다. 극심한 위기 상황에서 끝까지 저항하라는 것은 목숨을 걸고 순결을 지켜야 한다고 강요하는 것이다. 흔들리는 바늘에 실을 꿸 수 없다는 논리는 성폭력에 대한 이해가 전무한 것에서 오는 것이다. 이는 시대착오적 요구이며, 나아가 여성에 대한 인권 유린이다.

통념 6. 강간범은 정신이상자다?

강간범 중에는 비정상적인 사람도 있지만, 대부분은 사회생활을 정상적으로 하는 사람들이다. 이들은 소외감, 열등의식, 분노 등을 힘이 약한 여성과 아동에게 표출하고 있는 잘못된 성 의식을 가지고 있는 사람이다. 성폭력의 가해자는 연령, 교육 정도, 경제 수준, 사회적 지위, 덕망 등과 관계없다. 모든 계층이 망라되어 있으며, 우리 주변에서 성폭력은 언제나 일어날 수 있다.

통념 7. 여성이 스스로 조심하는 것 말고는 성폭력을 방지할 수 있는 뾰족한 방법은 없다?

여성 스스로 조심하는 것은 최소한의 임시방편일 뿐 적극적인 대책이 되지는 못한다. 가해자가 되지 않도록 성교육이 실시되어야 하며, 성폭력을 부추기는 성문화가 바뀌어야 하고, 적극적인 법적 · 제도적 장치가 마련되어야 한다.

통념 8. 이성교제 시에 성폭력이란 있을 수 없다?

이성교제 시에는 다양한 성적 행동이 일어날 수 있다. 그러나 상대방의 동의가 없는 상태에서 성행위가 이루어지는 경우는 분명히 성폭력이다.

통념 9. 남자는 성폭력의 대상이 되지 않는다?

수적 비율상 소수이기는 하지만, 그 실태는 더욱 복잡하다. 남성 피해자도 심각한 정서적 혼란과 고통을 경험한다.

통념 10. 귀엽다고 어루만지는 것, 성기 노출 등의 행동은 실질적인 성폭력이 아니며 아동에게 별로 해롭지 않다?

직접적인 형태든 간접적인 형태든 더 나이가 많은 사람에 의한 성적 접촉은 성폭력이다.

통념 11. 가해자는 술이나 약물에 취한 상태이기 때문에 자신의 행동을 인식하지 못한다?

알코올이나 약물에 취한 상태든 아니든 가해자는 자신의 행동에 책임이 있고, 자신의 범법 행위에 대해 책임을 져야 하며, 약물중독에 대해서는 전문적 치료를 받아야 한다.

통념 12. 성폭력이 행해지는 동안 피해자가 불평 또는 고통을 드러내지 않거나 신체적인 반응(쾌감이나 발기 등)을 보인다면 성폭력이 아니다?

성폭력은 그러한 행동이 신체적으로 좋은 느낌을 주든 그렇지 않든 범법 행위다.

통념 13. 성폭력이 일어나는 것은 아동의 과실도 크다?

성인은 자신의 행동에 책임이 있지만, 성인의 행동에 관해 아동이 책임질 수는 없다.

통념 14. 성폭력 피해를 입은 아동에게는 눈에 띄는 상처가 남을 것이다?
아동에게는 폭력을 사용하지 않고 금품이나 선물, 놀이 등으로 유인하는 경우가 많다. 성추행을 당한 경우 파열이나 치상이 잘 안 나타나며 쉽게 아물어 흔적이 없을 수도 있다.

출처: 교육인적자원부 (2007), pp.251-257에서 발췌함

3) 성폭력 후유증

중학교 1학년인 A양은 학업문제로 부모에게 많은 비난을 받으면서 집에 있는 것이 너무 싫었다. 어느 날 채팅을 통해 알게 된 언니에게 집을 나가고 싶다는 하소연을 하였고, 그 언니는 마침 자기 부모님이 집에 계시지 않으니 며칠은 자신의 집에서 재워 줄 수 있다며 A양을 위로하였다. 이에 학교를 간다고 나간 A양은 학교는 가지 않고 학교 근처에서 그 언니와 만나 여기저기 돌아다니면서 놀았다. 저녁이 되자 그 언니는 A양에게 호프집에 가자고 하였다. A양은 호프집에 가 본 적이 없었고 자신은 미성년자로 들어가지 못한다고 하였으나, 그 언니는 자신에게 또 다른 주민등록증이 있어 괜찮다면서 데리고 들어갔다. 호프집에는 언니의 친구들이 여럿 있었고, 이들의 강요에 의해 맥주를 먹은 뒤 정신을 차려 보니 어느 여관방에 누워 있었다. 여기서 A양은 여러 명의 자퇴한 고교생에게 강간을 당하였고, 이후 1년 이상을 갇혀 성매매를 강요받았다. 성매수를 한 여러 사람에게 자신을 도망갈 수 있게 도와달라고 하였으나 어떤 도움도 받을 수 없었고, 그러던 중 한 사람의 도움으로 어렵게 도망을 칠 수 있었다. 이후 A양은 이들이 협박한 것처럼 자신을 찾아 죽일까 봐 불면증과 극심한 불안 상태로 안절부절못하여 정신과에 입원하였다.

이 예시에서 나타난 것처럼, 성폭력의 후유증은 신체적 상처 외에 심리적 측면에서도 심각하다. 성폭력 피해자가 겪는 가장 전형적인 심리적 증상은 불안과 두려움이다. 성폭력 당시의 공포스러운 경험이 반복적으로 연상되어 사소한 일에도 심하게 놀라고 불안해하기 때문이다. 전문가들은 이러한 과민한 반응은 위험한 상황을 감지하고 대처하는 자율신경계가 제대로 작동하지 못하여, 평소에도

교감신경이 예민하게 활성화되어 있기 때문이라고 설명한다(Van der Kolk, 1989). 이러한 자율신경계 조절 능력의 상실은 성폭력의 후유증으로 발생하는 것이고, 교감신경의 과잉활동 때문에 위험하지 않은 상황에서도 항상 긴장 상태에 있으며, 사소한 일에도 심하게 놀라는 신경과민 상태를 보인다.

또한 피해자는 스스로를 지키지 못했다는 상실감과 자신의 몸이 더러워졌다는 부정적 자아개념으로 자존감이 급격히 떨어지고 우울증상을 경험한다. 수치심이나 자신에 대한 분노 등의 심리적 상태가 계속되면 자살을 시도하거나 자기파괴적 행동을 하기도 한다. 피해자가 겪는 정신장애를 살펴보면, 외상 후 스트레스 장애, 수면장애, 섭식장애, 알코올 및 약물 남용 장애, 성기능 장애 등을 겪게 되고, 심할 경우 환각이나 인지적 왜곡이 나타나기도 한다. 이러한 심각한 정신적 증상들을 겪는 피해자들의 심리적 기제를 들여다보면, 성폭력 당시 자신이 인격체가 아닌 욕구의 대상물로서 물건처럼 함부로 다루어지고, 자신의 감정이나 의견 등이 완전히 무시되는 상황을 경험하게 되어, 스스로의 존재와 가치를 부정하게 되는 것이다. 성폭력의 경험은 자신이 타인으로부터 존중받거나 사랑받을 수 없는 존재라고 느끼게 하여 긍정적인 자아 개념이 완전히 상실되는 것이다.

특히 성폭력 피해자는 성폭력의 원인을 자신의 잘못이라고 생각하는 경우가 많아 자신에게 일어난 상황에 대한 죄책감을 심하게 느낀다(Finkelhor & Browne, 1985). 자신이 그 사건을 사전에 예방할 수 있었음에도 그러지 못하였다는 생각, 또는 성폭행을 당하는 당시에 자신의 신체가 반응한 것이 스스로 그 상황을 즐긴 것이라는 생각 등이 죄책감으로 작용한다. 그러나 그 당시 상황에서 나타난 신체 반응은 피해자의 의지와 무관하게 나타나는 정상적인 신체의 생리 반응이므로 의식적으로 그 행위를 즐겼다거나 함께 동조한 것으로 해석해서는 절대 안 된다. 이러한 일련의 증상들을 계속해서 경험하게 되면 피해자는 사람에 대한 신뢰감을 상실하고, 정서적인 친밀감이나 유대감을 형성하는 데 어려움을 겪게 되어 대인관계가 위축될 뿐 아니라, 결국 사회적으로 고립되는 상황에 놓일 수 있다.

4) 치료와 예방

성폭력을 당한 경우 즉각적으로 신고하여 피해 사실을 바로 알리는 것이 중요하다. 또한 여성은 임신의 가능성이 있으므로, 24시간 이내 임신 예방과 성병 예방을 위한 산부인과 치료를 꼭 받아야 한다. 이때 목욕을 하거나 옷을 갈아입지 말고 증거 채취를 위해서 바로 검사를 받아야 한다. 그리고 성폭력 센터나 정신과의 치료 프로그램을 통해 성폭력으로 인한 후유증을 최소화하도록 해야 한다. 성폭행은 일종의 사고를 당한 것이고, 가해자는 범죄자임을 잊어서는 안 된다. 또한 대처 기술을 습득하고, 사회적 지지체계를 수립하여 예방을 철저히 해 두는 것이 도움이 된다. 기독교 상담센터(www.8275.org), 한국 성폭력 상담소(www.sisters.or.kr), 성폭력 위기(www.rape119.or.kr) 및 한국 여성 상담센터(www.iffeminist.or.kr)를 통해 성폭력에 관한 자세한 도움을 받을 수 있다.

성폭력 가해자가 받게 되는 치료에는 전통적인 행동수정기법, 여성호르몬을 투여하여 성욕이나 성기능을 저하시키는 화학적 거세, 혐오 자극과 성적 흥분을 연합시키는 혐오치료 등이 있다. 하지만 이러한 치료들이 효과적인지에 대해서는 많은 논란이 있다(윤가현, 2006). 서구 사회에서는 치료와 병행하여 강한 법안이 시행되고 있는데, 그중 미국의 여러 주에서 채택하고 있는 미건법(Megan's Law)이 대표적이다. 이는 성범죄자는 자신이 살고 있는 지역을 매년 등록하도록 하고, 주위 이웃에게 자신의 범죄 사실을 알리는 것을 의무화하며, 이사를 가게 되면 이사 간 곳에도 알리도록 하는 것이다. 최근 우리나라에서도 전자 발찌를 착용하는 등의 조치를 취하고 있지만, 그 효과는 미미한 것으로 알려져 있다. 그러므로 보다 효과적이고 강력한 법안을 검토해야 할 것이다.

성폭력을 사전에 예방하기 위해 알아두어야 할 사항은 다음과 같다. 첫째, 평소에 자기주장을 분명히 하는 태도를 갖는 것이 좋다. 실제 성적 강압이 일어날 경우 구체적으로 거절 표시를 하고, 상대방이 오해를 살 만한 행동을 하였을 때에는 분명히 자신의 생각을 표현해야 한다. 둘째, 호신술을 익히거나 자신을 보호할 수 있는 도구(호루라기 등) 등을 지니고 다니는 것이 좋다. 셋째, 잘 알지 못하는 이성과 만나야 하는 경우에는 다른 사람과 함께 만나거나 공공장소에서 만나는 것이 좋다. 만약 상대방과 성적 접촉을 원하지 않는다면 술이나 약물은 피하여야 한다. 넷째, 성폭력 상황에서는 도망치는 것이 가장 좋지만, 도망치는 것이 불가능한 경우에는 울거나 애원하는 것보다 소리 지르기, 물어뜯기 등의 강력한 저항을 시도하는 것이 도움이 된다.

이와 더불어 성폭력에 대한 우리의 잘못된 편견도 수정되어야 한다. 우리 사회는 성폭력 피해자도 어느 정도 책임이 있다고 생각하는 그릇된 태도를 보여 왔다. 일반적으로 성폭력 상황을 규정할 때 그 사건이 일어난 당시의 외적 상황을 면밀히 살펴보려고 하기보다는 사건의 책임을 피해자의 부주의나 개인 특성으로 보려는 경향이 있다. 또한 성폭력 피해자가 입은 피해는 그럴 만한 이유가 있고, 그럴 만한 행동을 했기 때문에 일어난 것이라고 생각하는 사회적 분위기가 아직까지 존재한다. 하지만 성폭력은 이러한 시각으로 바라볼 사안이 절대 아니며, 철저히 피해자의 시선으로 접근하여야 한다. 피해자에게 그 책임을 전가하는 사회적 편견 때문에 피해자는 이중, 삼중의 고통을 겪게 된다.

성폭력은 개인적인 차원에서만 예방을 하고 대책을 세우는 것으로 해결되지 않는다. 우리 사회가 성폭력으로부터 안전하기 위해서는 사회적 차원에서의 대책도 함께 동반되어야 한다. 평등한 성문화를 정착시키기 위해 공익광고의 필요성이 강조되어야 하고, 성교육 예방 프로그램과 재범 방지 프로그램을 국가 차원에서 실시하여야 한다. 또한 성폭력에 대한 사후 지원과 피해자 보호 정책이 절실히 요구된다.

2. 근친상간

30세인 C양은 만성적인 우울증과 직장에서의 업무 부담 및 적응상의 문제로 상담실을 찾아왔다. 알코올 중독자인 아버지에 대한 분노는 고등학생 때부터 표출되기 시작했으나, 최근에는 어머니에게도 화가 나서 견딜 수가 없다. 밥을 먹으라는 말도 듣기 싫고, 어머니의 작은 부탁에도 크게 흥분을 하는 자신을 스스로도 이해할 수가 없었다. 이와 같은 상태로 회사에서도 일에 집중이 안 되고 잦은 실수를 하면서 주변 사람에게 질책을 받고 자신감이 너무 없어 보인다는 말을 들어 왔는데, 최근 더 위축되면서 회사를 그만두고 싶은 마음만 커져 갔다. 동시에 회사를 그만둔 뒤 집에 있는 시간이 많아지는 것도 두려웠다. 상담 중 C양은 어린 시절부터 아버지가 술을 먹고 오면 어머니가 항상 아버지 옆에 자신을 재웠고 아버지는 자신의 몸을 만지는 행동을 하였다고 이야기했다. 아버지가 너무 무서웠던 C양은 공포 상태로 이를 거역하지 못하였고, 어머니도 다 알면서도 표면적으로는 모르는 척하는 것 같다고 하였다. 그래서 아버지가 늦게 오는 날이면 큰 공포감을 느꼈고, 어린 시절의 이런 경험들로 인해 현재 C양은 자신과 결혼은 무관한 것으로 생각하고 있다.

근친상간은 성폭력의 한 유형으로 가족관계에 있는 두 사람 사이에 성적 접촉이 이루어지는 행위를 말한다. 근친상간은 권력을 가진 어른(남매인 경우 힘이 센 쪽)이 아동에게 가하는 성적 학대라는 점에서 가정폭력과 아동학대 그리고 성폭력의 성질을 모두 갖는 범죄 행위라고 볼 수 있다.

근친상간이 일어나는 유형을 보면 가장 많은 경우가 성인 대 자녀다. 부녀간의 발생이 가장 많고, 모자간의 경우도 있으며, 가해자가 조부모, 삼촌, 이모인 경우도 종종 있다. 이 외에도 남매간에 일어나는 근친상간도 자주 보고된다. 피가 섞이지 않은 계부모와의 사이에서 발생한 근친상간의 경우에도 가족으로 함께 오랜 기간 지내게 된다면 친부모와의 근친상간과 동등한 정도의 정신적인 후유증을 가져올 수 있다. 부녀간 근친상간의 경우, 아버지는 자신의 아내와 적대적이고 부정적인 관계를 맺고 있으며, 아버지의 권위와 정서적 밀착을 이용하여 강압적으로 이루어지는 경우가 대부분이다. 특히 아내를 폭행하거나 가정폭력이 있는 경우에는 근친상간을 일으킬 확률이 더 높다. 이러한 사실을 어머니가 알게 된 경우, 어머니의 특성에 따라 사건의 해결 방향은 다르게 진행된다. 만약 어머니가 강할 경우에는 어머니가 근친상간을 용서하지 않고, 딸의 편에 서서 이 사건을 해결하려고 애쓰는 경향을 보인다. 하지만 부녀간 근친상간이 발생하는 대부분의 경우는 어머니가 경제적 · 정서적으로 남편에게 의존하거나 큰딸이 어머니 노릇을 대신하는 것을 볼 수 있는데, 이때는 앞서 제시한 예시에서 나타난 것처럼 어머니가 이런 상황을 알아도 묵인하고 모른 척하며 지낸다. 모자간 근친상간을 살펴보면, 어머니와 아들의 애착관계가 비정상적으로 병적인 수준에서 발생한다. 이는 잘못 형성된 애착관계로 인해 분리와 분화가 제대로 이루어지지 않아 정상적인 욕구를 구별하지 못하는 데서 비롯된 것으로 볼 수 있다. 특히 아버지가 없는 환경에서 어머니가 아들에게 정신적 · 심리적으로 과도한 의존을 하는 경우가 많다.

근친상간을 겪은 자녀는 심각한 후유증이 동반된다. 항상 의지하고 존경해야 하는 대상으로부터 배반을 당했다는 생각으로 자존감이 급격히 저하되고, 스스로 죄의식에 사로잡혀 자학을 하거나 약물중독, 난잡한 성행동, 우울증 및 자살을 시도하는 증상까지 나타나게 된다. 이러한 반복된 행동은 인간관계의 위축과 사회생활의 고립으로 이어질 수 있고, 더불어 가해자에 대한 증오심이 가해자의 성별 전체로 확산되어 남성 또는 여성 전체에 대한 불신이 뿌리 깊게 생길 수 있다. 근친상간을 하는 사람 또한 어린 시절 자신의 근친에게 성적 피해를 당한 경험이 많고, 부모가 난폭하여 정상적인 아동기를 보내지 못한 경우가 많다.

근친상간이 일어났다는 사실이 밝혀졌을 때는 가장 먼저 피해자와 가해자를 분리하여 생활하도록 하는 것이 시급하다. 그리고 피해자인 자녀는 이러한 상황이 자신의 책임이 절대 아님을 인식할 수 있는 심리치료를 받아야 한다. 또한 남매간의 근친상간을 예방하기 위해서는 초등학교를 들어갈 무렵부터는 각방을 쓰도록 부모가 신경을 쓰는 것이 좋다.

성범죄와 관련한 심리학 영역

성범죄와 관련한 심리학 영역은 범죄심리, 법정심리, 임상 및 상담 심리, 이상/발달/성격 심리, 사회심리 그리고 재활심리 등이 있다. 범죄심리학(Criminal Psychology)은 사법 판단의 대상이 되는 성범죄의 인간행동을 연구하고, 법정심리학(Forensic Psychology)에서는 형사 및 민사 분야를 포함한 사법 시스템 전반에 걸친 심리학의 전문적인 실무 적용과 관련한 일을 한다. 임상 및 상담 심리학(Clinical and Counseling Psychology) 분야는 가해자와 피해자의 심리 진단 및 평가 그리고 상담과 치료 영역을 담당하고, 이상/발달/성격 심리학(Abnormal/Developmental/Personality Psychology)에서는 이상 성행동, 성격장애, 발달과정에서의 문제 등을 다룬다. 사회심리학(Social Psychology)은 성범죄의 사회적 맥락을 연구하고, 재활심리학(Rehabilitation Psychology)에서는 가해자의 수감 및 수감 후 사회 복귀 및 적응 등을 돕는 일을 한다.

3. 성매매

성매매(性賣買)란 성을 사고파는 행위를 말한다. 다른 용어로 윤락 또는 매춘이 동일한 뜻으로 사용되고 있다. 성매매의 역사는 고대 종교의식에서부터 찾아볼 수 있다. 이 시기의 사람들은 부족의 번영과 한 해의 농사를 성공적으로 마치기 위해 신에게 제사를 지내는 의식들을 거행하였는데, 이때 제물로 여성을 바치는 경우가 많았다. 이후 그리스 · 로마 시대에는 오늘날과 유사한 형태로 돈을 벌기 위해 몸을 파는 직업이 생겨나기 시작하였고, 사람들이 많이 모이는 곳을 중심으로 성행하였다. 특히 여행하는 남성이 머물러 가는 장소에서 거래가 많이 이루어졌다.

우리나라에도 고려와 조선 시대에 기생 제도라는 합법적인 성매매 제도가 있었고, 기생은 관청에 소속되어 관리를 받는 형식으로 이루어졌다. 일제 강점기에는 공창제라는 이름으로 성매매가 합법화되었고, 해방 이후에는 미군 부대를 중심으로 하는 사창이 허용되었다. 우리나라에서 성매매가 법적으로 금지된 것은 2004년「성매매 특별법」이후였다. 이 특별법의 목적은 성매매 알선 행위를 금지하고 성매매로 인한 피해자를 보호하기 위한 것이다. 그럼에도 성매매는 오늘날에도 남성 문화 또는 접대 문화라는 명목으로 여전히 성행하고 있다. 최근에는 콜걸, 호스티스, 안마사 등이라는 예전 방식에서 벗어나 인터넷을 중심으로 음성적이고 다양한 형태로 발달함에 따라 누구나 쉽게 접할 수 있게 되었다. 더 큰 문제는 이러한 음성적 형태는 실태 파악이나 단속이 어렵다는 것이다. 특히나 청소년을 대상으로 한 원조교제는 또 다른 많은 문제점들을 양산하고 있어 심각한 사회문제로 대두되고 있다.

성매매의 문제점으로 인권유린, 물질만능주의 및 성차별 등을 들 수 있다. 먼저, 인권유린의 입장에서 살펴보면, 인간의 성을 사고파는 것 자체가 인간의 가치를 하락시키는 것이므로 성매매는 인권을 침해하는 행위라고 볼 수 있다. 성매매 과정에서 일어나는 매도자가 매수자를 대하는 태도는 사람을 대한다기보다는 돈을 주고 물건을 사는 것 같은 태도를 취하기 때문에 이 과정에서 인간은 물건 이상의 가치를 가질 수 없다. 둘째, 성매매는 돈과 사람의 성을 교환하는 것이므로, 돈이면 사람의 성까지도 살 수 있다는 물질만능주의의 모습을 그대로 보여주고 있다. 더불어 돈을 쉽게 벌기 위한 방법으로 성을 파는 것이 나쁘지 않다는 태도까지 가지게 된다. 이러한 잘못된 가치판단은 청소년에게 원조교제 등을 통해 쉽게 돈을 벌 수 있다는 생각을 심어 줄 수 있기 때문에 더욱 위험하다. 셋째, 성매매는 대표적인 성차별적 행위다. 2003년 한국 여성의 전화 연합이 전국 10개 지역의 남성(822명)과 여성(939명)을 대상으로 조사한 결과에 따르면, 성평등 의식이 높을수록 성구매 행위를 하지 않는다고 보고하였다(정진경, 양계민, 2003). 남성의 성평등 의식이 높은 집단에서는 단 6%만이 성구매 경험이 있는 반면, 성평등 의식이 낮은 집단의 남성들은 51.6%가 성구매 경험이 있다고 응답하였다. 이러한 결과는 여성을 동등한 인격체로 여기는 올바른 성관념을 가지고 있는 사람은 성매매를 하지 않는다는 것을 시사한다.

앞서 잠시 언급하였듯이, 성매매의 가장 큰 위험성은 청소년을 상대로 한 성매매(원조교제)를 들 수 있다. 성인 남성이 미성년자인 소녀에 대하여 성적으로 집착하고 동경하는 현상을 롤리타 증후군이라고도 하는데, 이 용어는 러시아 태생의 미국 소설가 나보코프의 소설 제목인 『롤리타』(1955년)에서 유래한 것이다. 하지만 이러한 행위는 명확히 정신장애 범주에 해당하는 성도착증의 소아기호증과 연관이 있다(APA, 2013). 소아기호증이란 13세 이하의 소아와 성행위를 하거나 이들을 성적 흥분의 대상으로 이용할 때 해당된다. 소아기호증을 가진 개인은 다른 성인과는 정상적인 성생활을 할 수 없고, 아동에게서만 성적 만족을 느끼는 사람이다. 심리적인 특징은 내적으로는 공격성을 가득 안고 있지만 겉으로는 상냥하고 친절한 양상을 보이기도 한다. 이들은 아동에게 성관계가 있었음을 폭로하지 못하게 위협하고, 심지어 아동의 부모와 아는 사이일 경우도 많다. 우리나라는 청소년이 성매매를 하겠다는 의사를 명확히 한 경우에도 성매매 의사가 없는 청소년에게 성매매를 권유한 것과 같은 형량으로 처벌된다.

성매매 합법화 찬성 vs. 반대

영어판 시사토론 사이트인 프로콘(ProCon.org)이 발표한 세계 100개국의 성매매 정책에 따르면, 2009년 현재 성매매는 세계의 100개국 중 50개국(50%)에서 합법, 39개국(39%)에서 불법 그리고 11개국에서 제한적 합법으로 나타났다. 합법화한 나라는 브라질, 멕시코, 오스트리아, 프랑스, 그리스, 덴마크, 이탈리아, 영국, 이란, 이라크, 중국, 필리핀 등이고, 우리나라는 불법이며, 미국이나 스웨덴은 부분적으로 합법화하고 있다.

성매매를 반대하는 사람들은 인간의 성을 사고파는 것은 인권을 해치는 것이기 때문이라고 주장하며, 인간의 기본 욕구를 위해 성을 매매하는 것이 인정된다면 장기 또한 사고파는 것이 인정되어야 한다고 반박한다(한겨레21, 2011. 3. 14.). 또한 성매매가 여성을 욕구 해소를 위한 도구로 인간의 가치를 하락시켜 여성의 인권이 유린되고, 성매매는 남성 중심 사회에서 남성 외도의 정당화, 여성의 정절 강요, 잘못된 성고정관념을 갖게 하는 역할을 한다고 주장한다(박종주, 2011).

성매매 합법화를 찬성하는 이들은 성욕은 인간의 기본 욕구이기 때문에 성매매를 완전히 없앨 수는 없다고 반박한다. 어차피 음성적으로 계속해서 존재할 수밖에 없다면 오히려 합법화하여 성매매 종사자들의 성병 등의 건강을 파악할 수 있고, 성매수자의 착취를 줄일 수 있다고 주장한다.

요약

오늘날 남성과 여성의 성차별이 많이 완화되었다고는 하지만, 여전히 우리 사회에는 차별적인 성역할 구도에서 일어나는 제도적 문제들이 존재한다. 성폭력, 근친상간, 성매매 등은 단순히 여성과 남성의 심리적인 차별을 넘어서 사회제도의 측면에서 대응 방안을 찾지 않으면 제대로 된 해결점을 찾을 수 없는 영역들이다. 이 장에서는 성폭력, 근친상간 및 성매매에 대한 기본적인 지식과 더불어 피해자가 겪는 심리적 타격, 그리고 이러한 문제점을 해결하기 위해 우리 사회가 어떠한 노력을 해야 하는지를 논의하였다.

14장

여성과 일(직업)

학습 목표

1. 여성의 사회적 지위가 얼마나 향상되었는지 사회통계적 수치를 통해 알아본다.

2. 여성의 사회 진출에 가장 큰 걸림돌이 되는 것은 무엇인지 알아본다.

3. 여성의 사회 진출이 발전적인 방향으로 나아가기 위해 여성 자신, 남성 그리고 우리 사회에 어떤 변화가 필요한지 생각해 본다.

국제연합개발계획(United Nations Development Program: UNDP)에서 매년 발표하는 성불평등지수(Gender Inequality Index)[1)]에 따르면, 우리나라의 성불평등 순위는 2010년 138개국 중 20위였고, 다음 해인 2011년은 146개국 중 11위로 점차적으로 향상된 결과를 보여 주었다(여성가족부, 통계청, 2013). 이러한 결과는 사람들의 의식이 조금씩 바뀌고 있음을 의미하기도 하고, 법적 · 제도적 장치가 꾸준히 마련되어 온 부분도 한몫을 하였다. 그럼에도 아직까지 우리 사회는 성불평등이 엄연히 존재하고 있다. 이 장에서는 먼저 우리나라 여성의 사회적 지위와 관련하여 실제 현황을 살펴보고, 일과 가족 간의 상호작용과 관련된 이론을 토대로 현재 우리 사회에서 나타나는 문제점을 해결할 수 있는 대안이 있는지 알아보고자 한다. 또한 일하는 여성이 가장 해결하기 힘든 부분인 가사와 육아 문제를 집중적으로 살펴보고, 마지막으로 사회의 변화와 함께 여성 자신이 어떤 가치관을 가져야 할 것인지, 스스로 변화시켜야 할 부분은 없는지에 대하여 논의하고자 한다.

1) 성불평등지수란 UNDP가 2010년부터 도입한 지수로 모성사망률(여성의 임신, 분만 및 관련 합병증으로 인하여 출생 10만 명당 사망하는 여성의 수), 청소년출산율(15~19세 여성인구 1,000명당 출산 수)을 비롯하여 여성의원비율, 중등 이상 교육받은 인구(25세 이상 인구 중에서 중등 교육 이상의 교육을 받은 인구 비율) 및 경제활동 참가율 등의 다양한 영역을 바탕으로 점수를 산출한다. 순위가 높을수록 성불평등이 낮다는 것을 뜻한다.

1. 여성의 사회 진출

오늘날 여성의 지위 향상에 영향을 미친 요인들을 살펴보면 생애 주기의 변화, 과학 기술의 발달 그리고 경제활동의 참여 등을 들 수 있다. 생애 주기 변화의 원인으로는 결혼 연령이 늦어지고, 자녀 수가 감소하였으며, 결혼 후에도 여성이 자신의 능력을 발휘할 수 있는 직업을 계속해서 가지게 된 것에서 찾을 수 있다. 과학 기술의 발달 또한 여성의 지위 향상에 영향을 주었는데, 편리한 가전 기구들은 집안일에 쏟아야 하는 노동력을 줄여 주었고, 여기서 생겨난 시간적 여유는 여성이 자신을 위해 자기계발을 할 수 있는 심리적 여유를 가져다 주었다. 이러한 변화는 여성의 경제활동 참여율의 지속적인 증가로 이어졌고, 가정 내에서 또는 사회에서 여성의 경제력 상승은 여성의 지위 향상에 더 힘을 실어 주었다고 볼 수 있다.

현재 우리나라 여성의 사회경제적 지위를 평가하기 위해서는 여성의 생활 및 의식수준을 알 수 있는 객관적인 수치를 통해 그 변화를 살펴보는 것이 도움이 된다. 이를 통해 우리 사회 여성의 지위를 가늠해 보고, 적절한 여성 관련 정책을 재정 · 보완할 부분들을 찾을 수 있을 것이다. 다음은 통계청(2013a)이 발표한 '2013 통계로 보는 여성의 삶' 보고서를 참고로 한 내용이다.

1) 사회적 지위의 현황

남성과 여성의 대학 진학률을 살펴보면 2009년을 기준으로 여성과 남성의 상대적 우위가 달라졌음을 볼 수 있다([그림 14-1] 참조). 2008년까지 남학생의 대학 진학률이 여학생보다 더 높았으나 2009년에는 여학생이 82.4%, 남학생 81.6%로 여학생의 비율이 0.8% 더 높은 것을 볼 수 있다. 이러한 격차는 2012년에는 5.7%로 더 커지고 있는 경향을 보였다(여학생 74.3%, 남학생 68.6%).

다음으로 공무원 및 법조인의 남녀 비율은 2011년 현재 여성 공무원의 비율이 전체 41.8%로 꾸준히 증가하고 있는 추세다. 법조인의 경우, 2011년 기준 여성의 비율이 16.7%로 집계되어 2000년의 3.1%와 비교하여 11년만에 13.6%가 증가하

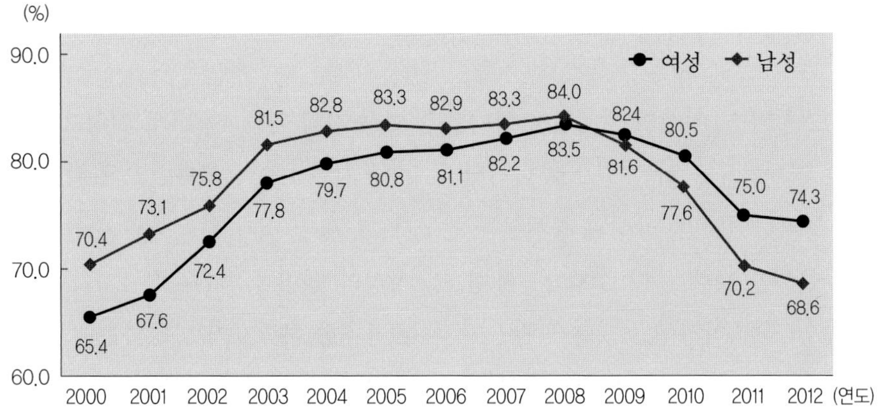

그림 14-1 **남성과 여성의 대학 진학률**

출처: 통계청 (2013a).

였다. 그러나 직급별로 살펴보면, 4급은 8.4%, 3급은 4.0%, 2급 이상의 고위 공무원은 3.2%로 높은 직급으로 올라갈수록 여성의 비율은 낮은 수준을 나타내었다.

여성의 정치 참여에 대한 부분은 여성이 실질적인 정책이나 실행 과정에서 미칠 수 있는 영향력을 반영할 수 있으므로 중요한 지표라고 할 수 있는데, 2012년 기준 18대 여성 국회의원은 15.7%로 5.9%를 기록했던 2000년에 비하여 상당히 증가한 것을 볼 수 있다. 지방의회의원의 경우에도 2010년 기준으로 5명 중 1명은 여성이다.

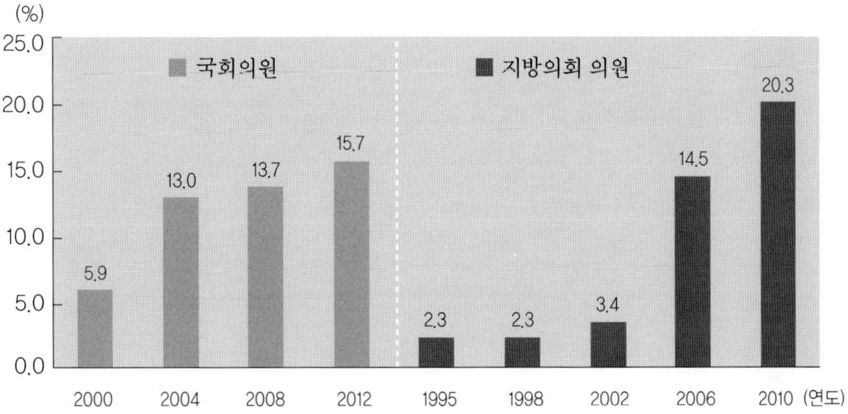

그림 14-2 **여성의 국회의원 비율**

출처: 통계청 (2013a).

2) 경제적 지위의 현황

2012년 기준, 여성의 경제활동 참가율은 여성 전체 기준 49.9%로 여성 2명 중 1명은 경제활동을 하는 것으로 나타났다. 25년 전인 1985년의 41.9%에 비해 수치가 증가하였지만, 남성의 경제활동 인구가 73.3%인 것과 비교하면 여전히 격차가 있음을 보여 준다([그림 14-3] 참조). 여성의 연령별 참가율은 25~29세에 71.6%인 것에 비하여 35~39세에서 55.5%로 급격한 하락세가 나타나는데, 이는 출산과 육아로 인한 이직 및 휴직이 원인이다. 이후 50~54세의 경제활동 참가율이 2000년에 비하여 7.2% 증가한 62.5%로 나타남으로써 중년기에 해당하는 경제활동 인구의 직업 문제에 대한 구체적인 논의가 필요함을 보여 주고 있다.

임금 및 근로시간과 관련하여, 여성의 임금 근로자 비중은 74.0%로 점차 증가하고는 있으나 임금 근로자 중 임시 또는 일용직의 비율이 남성에 비해 높은 것으로 나타났다. 남성의 근로시간에 비해 여성의 근로시간은 0.95배 낮은 것에 비하여 임금 수준은 남성의 68%에 그치고 있다([그림 14-4] 참조). 이러한 차이는 여성의 직업군이 일반 사무직이나 단순 서비스직에 많은 반면, 관리직이나 전문직 영역에는 낮은 비율로 활동하고 있음을 보여 준다. 그러므로 성별에 따른 고용에 있어 질적인 차이가 아직도 현저하다는 것을 시사한다. 국민소득이 2만 달러 이상을 달성한 다른 국가들을 살펴보면, 성별 임금 격차가 줄어들었고, 고학력 여

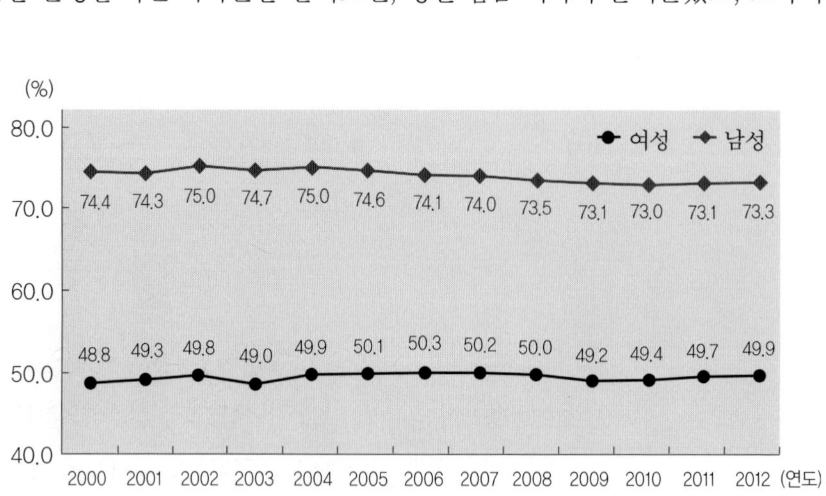

그림 14-3 **성별 경제활동 인구**

출처: 통계청 (2013a).

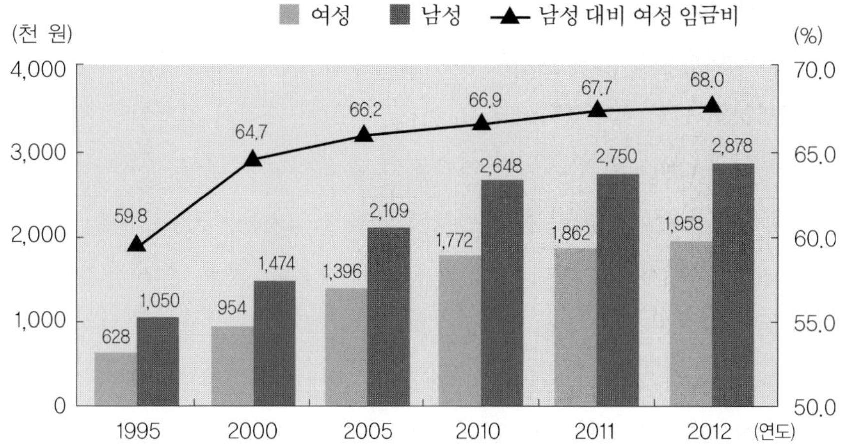

그림 14-4 **성별 임금격차**

출처: 통계청 (2013a).

성의 고용률은 증가하였으며, 여성의 출산과 육아 등으로 인한 경력 단절 현상이 완화되고 있다. 이와 비교하여 볼 때, 우리나라의 여성 인력의 현황은 많은 개선이 필요하므로 여성 인력 활용에 대해 다각적인 방법을 고려해 보아야 한다(인정숙, 2005).

2. 일(직업)과 가정의 균형

현재의 사회 및 경제 구조는 남성이든 여성이든 자신의 일(직업)을 갖는 것이 보편화되는 방향으로 나아가고 있다. 특히 오늘날 여성에게 일이 갖는 의미는 단순히 경제적인 측면에서의 활동을 넘어서 자기 성장의 의미도 내포하고 있다. 하지만 아직까지 남아 있는 성역할의 편견 때문에 여성이 가사와 직장 사이의 균형을 맞추는 것은 쉽지 않다. 여성이 겪는 편견은 사회로부터의 압력뿐만 아니라 스스로 가지고 있는 편견도 클 것이다. 전통적으로 여성에게 부과되었던 집안일을 완전히 포기한 채 사회생활에만 전념하는 것도 바람직하지 않고, 반대로 자신의 능력을 접어 둔 채 가정만 돌보는 삶 또한 바람직하지 않다는 생각들이 점점 늘어 가고 있다. 하지만 현실은 이 두 영역의 조화로운 삶을 살아가는 데 많은 어려움이 있는 것이 사실이다.

여성의 사회활동과 직장생활이 점점 늘어나면서, 가족관계와 가정생활의 재편성이 서서히 일어나고 있다(박종서, 2013). 남성이 가정의 경제적인 부분을 책임지는 부양자(male-bread winner) 역할을 주로 하였던 시대에서 서서히 남성과 여성 모두, 즉 남편과 아내가 함께 가정 경제를 책임지는 이인 소득자 모델(dual earner model)로 변화하고 있다(Gornick, Meyers, & Ross, 1998). 이러한 변화를 겪으면서 외국의 선진국들은 일과 가정생활이 양립할 수 있는 여러 가지 선택적 대안, 예컨대 다양한 고용 형태 및 탄력적 근로시간제가 가능하도록 정책적 전환을 함께 이루어 왔다. 이와 대조적으로, 우리나라의 경우에는 육아와 가사의 책임이 여전히 여성의 주 업무로 여겨지고 있고, 이에 따른 일과 가정의 균형을 맞추는 것은 많은 여성에게 쉬운 일이 아니다(김태현, 2010).

1) 일-가정 상호작용 이론

일-가정 상호작용(work-family interaction)이란 직장에서의 일이 가정생활에 영향을 미치거나, 또는 가정에서 발생하는 가족 간의 일이 직장생활에 영향을 미치는 것을 뜻한다(원숙연, 2012; Pleck, 1995). 다시 말하면, 일-가정 상호작용 이론에서는 개인 생활의 양대 축을 이루는 '일'이라는 영역과 '가정'이라는 영역이 완전히 분리될 수 없으므로 한쪽에서 일어나는 여러 사건들은 다른 영역으로 영향을 미친다고 보고 있다. 일-가정 상호작용은 일-가정 갈등과 일-가정 촉진의 두 가지 하위이론으로 나누어 볼 수 있다.

(1) 일-가정 갈등 이론

일-가정 상호작용 이론 중 일-가정 갈등(Work-Family Conflict: WFC) 이론에 따르면, 개인이 사용 가능한 시간, 에너지, 몰입도 등은 한정되어 있는데, 두 영역 중 한 영역에서 과도한 양을 요구한다면 자연적으로 다른 영역에서 사용할 수 있는 개인의 자원은 줄어들 수밖에 없다는 것이다(Edwards & Rothbard, 2000). 일-가정 갈등에서 일어나는 대표적인 두 가지는 시간 갈등(time-based conflict)과 긴장 갈등(strain-based conflict)이다. 시간 갈등은 정해진 일정 시간을 어느 한 영역에 과도하게 투자한다면, 다른 영역에서 보낼 수 있는 시간은 자연적으로 줄어들어 갈등이 발생한다는 것이다. 예를 들어, 노동시간이 OECD 3위에 해당할 만큼 직장에서 보내는 시간이 많은 우리나라의 경우에는 두 영역에 배분되는 시간이 압도적으로 직장에 집중되어 있다(통계청, 2013b). 이 경우에는 일-가정 사이에 시간 갈등이 생길 수 밖에 없다. 긴장 갈등의 경우에는 개인이 하루에 사용할 수 있는 에너지가 한정되어 있으므로 직장 또는 가정 어느 한 곳에 집중하게 되면, 다른 영역에서 요구하는 활동을 할 수가 없다는 것이다. 즉, 직장 또는 가정에서 과도한 육체적 · 정신적 피로와 불안 등이 발생하면 다른 영역에서 정상적인 업무나 일을 할 수 없음을 의미한다(원숙연, 2012; Edwards & Rothbard, 2000; Greenhaus & Beutell, 1985). 일-가정 갈등은 결국 개인의 한정된 자원과 관련한 제로-섬(zero-sum)의 관계를 설명하고 있다.

일-가정 갈등이 여성에게만 일어나는 것은 아니다. 남성도 일-가정 갈등을 경험한다(Allard, Haas, & Hwang, 2011). 하지만 여성이 남성에 비해 갈등의 수준이 훨씬 높은 것이 사실이다(가영희, 2006; Shockley & Singla, 2011). 관련 연구 결과들은 남성의 경우 일-가정 갈등에서 직장의 업무에 더 많은 비중을 두고, 여성의 경우에는 가정의 업무에 치중하는 경향을 보이는데, 그 결과 가정의 부정적인 사건의 여파가 직장으로까지 이어지는 영향력은 여성에게 더 큰 것으로 나타났다(가영희, 2006). 여성이 가사나 양육에 더 치중하는 이유는 여성 자신의 정체성이나 가치관의 기준을 가정으로 정해 놓았기 때문이다(김현동, 양인숙, 2013). 이와 같은 상황에서 두 영역 간의 갈등이나 어려움이 발생한다면 더 중요하게 생각하는 쪽을 선택하는 것이 가치관의 혼란을 줄일 수 있을 것이다. 남성의 경우 일-가정 갈등 상황에서 가정보다는 직장을 선택하는 경우가 많은 이유는 남성은 직장생활을 통한 경제활동이 자신의 주된 정체성의 원천이라고 믿기 때문이다.

일-가정의 갈등 상황이 증가하면 스트레스와 우울의 증가 및 삶의 전반적인 만족감이 감소된다(이주희, 이은희, 2000; 주애란, 2011; Frone, Russell, & Copper, 1992). 특히 일-가정 갈등 상황에 대한 부정적인 영향은 여성의 경우 더 많이 경험하게 되는데, 이는 직장 업무와 가사에 의한 이중 부담 및 책임이 남성에 비해 더 크기 때문인 것으로 짐작된다.

(2) 일-가정 촉진 이론

직장생활과 가사를 병행해야만 하는 모든 사람이 한 영역에만 집중하는 사람보다 일의 성과나 효율성이 떨어지는 것인가? 이러한 질문에 대한 대답은 일-가정 상호작용에서 일어나는 현상 중 갈등 상황만이 아닌 긍정적인 결과를 가져오는 연구들로부터 찾을 수 있다(원숙연, 2012; Barnett & Hyde, 2001; Friedman & Greenhaus, 2000; Greenhaus & Powell, 2006; Perry-Jekins, Repetti, & Crouter, 2000).

이 연구들은 일-가정 갈등(WFC) 이론과 다른 방향으로 설명하는 일-가정 촉진(Work Family Enhancement: WFE) 이론을 지지한다. 일-가정 촉진은 앞서 말한 개인의 자원을 제로-섬의 관점에서 보지 않고 인간 능력의 누적 효과(additive effect)와 완충 효과(buffering effect)의 관점을 지지하고 있다. 누적 효과란 개인이 경험하는 다양성, 즉 직장에서의 긍정적 경험과 가정에서의 긍정적 경험을 동시에 하는 경우에는 한 영역에서만 누릴 수 있는 긍정적 경험보다 훨씬 다양하고 많은 경험을 할 수 있기 때문에 삶의 만족도 및 안녕감이 높아진다는 것이다. 완충 효과는 부정적 경험이 다른 한 영역에 의해 완화될 수 있다는 관점이다. 직장에서 느꼈던 부정적 경험이 가족과의 시간을 통해 치유될 수 있고, 또한 가족 간에 있었던 불화 및 스트레스가 직장에서의 긍정적 경험들로 약해질 수 있다는 것이다.

그러므로 일-가정의 양립이 여성(혹은 남성)에게 고통과 어려움만을 동반하는 부정적인 것이거나, 남성과 여성 중 어느 한쪽이 일방적으로 포기해야 하는 것은 아니므로 부부 양쪽과 각 가정에 맞는 다양한 대안들을 찾아서 현명하게 대처하는 지혜가 필요하다.

(3) 일-가정 상호작용의 영향 요인

일-가정 상호작용에 영향을 주는 요인으로는 개인, 가족, 조직 및 정책 등의 측면에서 살펴볼 수 있다. 첫째, 개인 요인으로는 연령과 소득을 들 수 있다. 연령의 경우, 여성의 나이가 젊을수록 일-가정 갈등은 증가되는 것으로 나타나는데, 아마도 어린 자녀로 인한 육아의 부담과 직장에서 상사의 눈치를 많이 봐야 하는 낮은 지위일 가능성이 높기 때문으로 짐작된다(송다영, 장수정, 김은지, 2010; 원숙연, 박지원, 2009). 소득의 경우, 소득 수준이 높을수록 갈등 상황이 줄어드는 것으로 나타난다(Grzywacz & Marks, 2000). 소득이 높다면 육아 및 가사 등에 들어가는 개인의 자원을 대체할 다른 통로인 도우미 등을 활용할 수 있으므로, 개인의 시간과 에너지가 줄어들 수 있기 때문이다. 둘째, 가족 요인으로는 자녀 수가 많을수록 갈등이 높아지고, 남편의 태도, 즉 남편이 아내의 사회 생활을 지지하는 정도와 실제적으로 가사에 얼마나 참여하느냐에 따라 갈등이 낮아지는 것으로 나타났다(Greenhaus & Beutell, 1985; Grzywacz & Marks, 2000). 셋째, 조직 요인으로는 정년 보장, 임금 수준, 복지 혜택 등이 잘 보장되는 안정적인 고용 형태와 근로조건이 영향을 미쳤고, 그 외에도 유연한 근무 시간, 직장의 분위기 등도 일-가정 상호작용에 영향을 주는 것으로 나타났다(김영순, 2010; 송다영, 장수정, 김은지, 2010; 황정미, 김순영, 2006; Wardsworth & Owens, 2007). 마지막으로, 정책 요인으로는 남성을 위한 출산휴가, 육아휴직 등은 일-가정 상호작용에 긍정적인 결과를 가져왔고, 보육비 및 보육시설 지원 또한 긍정적인 영향을 끼치는 것으로 나타났다(원숙연, 2012; Bruning & Plantenga, 1999).

2) 가사노동과 육아문제

2008년 노동부에서 조사한 남녀고용평등 의식조사에서 여성 취업의 장애 요인 중 1위가 육아 부담(60.6%)이었고, 2009년 한국 여성정책 연구원의 설문 조사에서도 여성이 직업을 갖는 데 가장 큰 걸림돌이라고 응답한 항목이 육아를 비롯한 자녀교육(여성 70.1%, 남성 65.4%)이었다. 육아문제 다음으로 부담스럽다고 응답한 것은 가사노동(여성 40.2%, 남성 35.8%)이었다. 가사와 육아는 여성 및 맞벌이 부부에게 큰 숙제임과 동시에 그만큼 중요하고 절실한 문제다. 우리나라 경제활동의 주된 연령대인 30~40대 대부분이 겪고 있는 가사와 육아의 문제에 대한 해결책이나 대안점을 찾지 못한다면, 앞으로의 출산율 그리고 결혼을 하겠다는 비율은 지속적으로 감소될 수밖에 없을 것이다. 현재, 가사와 육아의 분담에 대한 아내와 남편의 생각이 어떠한지를 구체적으로 살펴봄으로써, 앞으로의 긍정적인 변화 방향을 모색해 보는 것은 의미가 있을 것이다.

한국보건사회연구원(김승권 외, 2012)에서 2012년을 기준으로 발표한 자료에 따르면, 남편과 부인의 가사 및 양육 활동의 분담 비율은 여전히 여성의 가사활

표 14-1 **기혼가구(15~64세)의 부부간 양육과 가사 활동 분담 방법**

(단위: %, 명)

구분		전적으로 부인	주로 부인 남편 도움	반씩 나누어 함	주로 남편 부인 도움	전적으로 남편	계(수)
전체		21.8	65.8	10.6	1.7	0.2	100.0(8,309)
기혼남성		12.4	62.6	18.8	5.2	1.0	100.0(1,260)
연령	15~29세	11.9	41.7	39.2	2.4	4.8	100.0(23)
	30~39세	7.6	62.2	24.6	4.2	1.4	100.0(216)
	40~49세	7.1	68.0	19.1	5.5	0.3	100.0(369)
	50~59세	17.5	61.6	13.7	6.8	0.4	100.0(471)
	60세 이상	16.1	57.3	22.1	1.6	2.9	100.0(180)
기혼여성		23.4	66.3	9.2	1.0	0.0	100.0(7,049)
연령	15~29세	10.3	69.4	19.4	0.9	–	100.0(386)
	30~39세	16.1	71.3	11.3	1.4	–	100.0(2,191)
	40~49세	24.2	67.8	7.1	0.8	0.1	100.0(2,503)
	50~59세	33.2	58.4	7.7	0.7	–	100.0(1,807)
	60세 이상	34.5	57.6	4.2	3.7	–	100.0(162)

주: 분석 대상은 기혼가구 중 유배우자로 한정함
출처: 한국보건사회연구원 (2012).

동이 월등히 높은 것으로 나타났다(〈표 14-1〉 참조). 주로 부인이 가사와 육아를 담당한다고 답한 비율은 21.8%이고, 주로 부인이 담당하고 남편은 도와주는 역할을 하고 있다는 비율이 65.8%로 여성이 가사와 육아를 약 88% 이상 주도적으로 부담하고 있음을 알 수 있다. 한 가지 주목할 점은 남성과 여성의 집안일 부담에 대한 응답 비율에서 차이가 나타난다는 것이다. 집안일을 주로 남편이 담당하고 있다는 질문에 대해 남성의 응답은 5.2%인 반면 여성, 즉 아내들의 응답은 1.0%에 지나지 않는다. 또한 아내가 전적으로 집안일을 한다고 응답한 비율도 여성은 23.4%인 반면 남성은 12.4%로 나타나 서로가 자신의 집안일에 대한 역할을 과대평가하고, 상대방의 분담 비율을 과소평가하고 있는 경향을 보인다. 즉, 남성은 스스로 집안일을 많이 하고 있다고 여기고 있고, 여성은 그와 반대로 남편이 집안일을 거의 하지 않거나 도와주는 수준으로만 생각하고 있다.

가사활동의 내용을 살펴보면, 음식 준비, 청소 및 빨래는 여성이 더 많이 하고 있으며, 시장 보기의 경우에 반반씩 나누어 한다는 응답(22.4%)이 가장 높게 나

표 14-2 **기혼가구(15~64세)의 부부간 가사 활동 분담 방법**

(단위: %, 명)

구분		전적으로 부인	주로 부인 남편 도움	반씩 나누어 함	주로 남편 부인 도움	전적으로 남편	계(수)
음식준비	전체	58.7	32.5	7.6	1.1	0.2	100.0(8,314)
	기혼남성	41.1	40.1	14.5	3.5	0.9	100.0(1,261)
	기혼여성	61.8	31.2	6.3	0.6	0.1	100.0(7,053)
설거지	전체	44.1	42.9	10.6	2.0	0.3	100.0(8,314)
	기혼남성	26.7	48.3	17.9	6.0	1.1	100.0(1,261)
	기혼여성	47.2	42.0	9.3	1.3	0.2	100.0(7,053)
세탁	전체	48.3	37.9	11.3	2.1	0.3	100.0(8,314)
	기혼남성	29.7	42.9	20.6	5.7	1.1	100.0(1,261)
	기혼여성	51.6	37.0	9.7	1.5	0.2	100.0(7,053)
시장 보기	전체	30.0	45.2	22.4	2.0	0.3	100.0(8,314)
	기혼남성	19.3	47.6	26.8	5.1	1.3	100.0(1,261)
	기혼여성	31.9	44.8	21.7	1.5	0.2	100.0(7,053)
집안 청소	전체	28.7	49.6	17.8	3.2	0.6	100.0(8,314)
	기혼남성	15.0	51.6	24.7	7.8	1.0	100.0(1,261)
	기혼여성	31.2	49.3	16.6	2.4	0.6	100.0(7,053)

주: 분석 대상은 기혼가구 중 유배우자로 한정함

출처: 한국보건사회연구원 (2012).

타났다(〈표 14-2〉 참조). 자녀 양육의 경우에도 학교 공부 및 시설의 등하교의 80%는 전적으로 부인 또는 주로 부인이 담당한다고 응답하였다. 이상의 통계 결과들은 여전히 우리 사회에서 남성이 부담하는 가사와 자녀 양육의 비중이 상당히 낮다는 것을 보여 주고 있다.

우리 사회는 어릴 때부터 여성에게는 다른 사람을 돌보거나 보살피는 일들에 집중하게 하면서도 남성에게는 그러한 활동에 대해 직접적으로 가르치지 않고 있다. 그 결과, 자녀를 양육하는 것은 모성본능이라는 개념에 한정지어 자녀 양육이 모두 여성의 몫이고 남성인 아버지는 생계 부양을 위한 역할만 하는 것으로 모든 책임을 다한다고 생각하는 경향이 아직도 남아 있다. 하지만 최근 젊은 층을 중심으로 자녀 양육에서 남성, 즉 아버지의 역할에 대한 중요성과 기대가 커지면서, 양육이 전적으로 여성의 몫으로 생각되어 오던 인식이 조금씩 바뀌고 있다. 실제로 자녀의 발달 과정에서 어머니뿐만 아니라 아버지와의 의사소통과 애착관계가 중요한 역할을 한다. 그럼에도 아직까지 우리 사회는 여성의 정체감이 어머니가 되는 것이라고 규정하고 있으며, 뿌리 깊은 모성에 대한 믿음은 자녀 양육 과정의 대부분의 책임을 어머니에게 돌리고 있다.

일하는 여성의 경우에 육아문제는 자신의 직업 유지와 언제나 갈등 관계에 놓이게 된다. 뉴스에서 자주 접할 수 있는 유아원에서 일어나는 불미스러운 일이나, 육아도우미와 관련한 보도들은 일하는 여성이 안심하고 다른 사람에게 자녀를 맡길 수 없다는 불안한 마음을 갖게 한다. 여성은 가정에서의 어머니라는 역할과 사회에서의 직장인이라는 역할 사이에서 갈등하게 되고, 결국 여성이 일을 그만두고 자녀를 양육하는 경우도 다수다. 지속적으로 낮아지고 있는 출산율의 여러 이유 중에는 아이를 낳아도 키워 줄 사람이 없다는 현실도 한몫하고 있음은 명확한 사실이다. 양육문제와 관련한 또 다른 어려움은 자녀의 양육을 맡겨야 하는 그들의 부모 세대와 갈등을 겪는 경우다. 현재 우리 사회에서는 대부분 영유아가 있는 맞벌이 부부의 육아문제의 해결책으로 그들의 부모들이 부담하는 경우가 많기 때문이다.

직장과 가정의 균형을 맞추기 위해서는 개인의 노력만으로는 사실상 불가능하다. 변화하는 사회 구조에 따른 유연한 대처는 사회 전체가 함께 고민하고 노력해야 할 문제다. 외국 기업의 경우는 재택근무나 근무 시간을 융통성 있게 운영하여 편의를 제공하고 있으며, 1년 이상의 장기간 무급 또는 유급 휴가제를 채택하기도 한다. 또한 일하는 여성의 경우 시간제 근무를 허용하고 있고, 독일은 '부모 수당'을 지급하기도 한다. 여성의 사회 진출은 앞으로 점점 그 비율이 높아질 것이므로 육아문제를 해결하지 못하면 다른 사회적인 문제, 예컨대 청소년 비행이나 가정불화 등으로 확산될 가능성이 매우 높다. 그러므로 육아문제는 개인이 해결할 수 있는 범위를 넘어서는 사회와 국가 차원의 지원이 필요한 일임을 인식하여야 한다.

자녀 양육과 모성애에 관한 초도로우의 정신역동적 견해

정신역동 이론자인 초도로우(Chodorow)는 여성의 모성애에 대해 기존의 이론들에 동의하지 않는 새로운 관점을 제시하였다. 그녀는 남성과 여성의 자기 개념이 다르게 형성되었음을 주장하였다. 자기 개념의 차이는 자녀 양육과 밀접하게 관련이 있으며, 이러한 자기 개념은 현재의 사회 구조와 가족 형태에 의해서 형성된다는 것이다. 남성과 여성의 차이는 아버지는 바깥일을 하고 어머니는 자녀를 돌보는 가정일을 하는 가족 형태에서 비롯된다. 초도로우는 주 양육자가 어머니인 경우, 자녀를 양육함에 있어 성별에 따라 다른 행동을 보인다고 보았다. 어머니와 동성인 딸에게는 자신의 일차적인 애정관계를 투사함으로써 딸이 자신과 분리된 개체가 아닌 어머니의 자아와 동일선상에 있는 연장선으로 애정을 쏟는 방식으로 양육한다. 이러한 어머니의 애정관계를 경험한 딸은 부모로부터 분리되어 자신의 자기 개념을 발달시키는 과정에서 타인과 완전히 분리된 자기 개념이 아닌 타인과의 관계나 감정 이입을 우선한 자기 개념을 발달시킨다. 타인의 욕구나 정서에 대한 감정 이입이 여성이 남성보다 더 발달하는 것은 어머니로부터 받는 양육태도에 있다. 이와 반대로 아들의 경우, 어머니의 양육 패턴은 무의식적으로 딸에게 하는 것과 다르게 나타나는데, 이는 어머니가 딸에게서 느끼는 유사성의 감정을 아들에게서는 느끼지 않기 때문이다. 그러므로 주 양육자인 어머니가 아들에게는 '나'와 다르다는 느낌을 강하게 줄 가능성이 크다. 그러므로 아들은 자라면서 자기개념을 '엄마와 다른 것'이라고 발달시키게 되고, 이러한 자기 개념은 남성성의 개념을 형성하는 데도 동일하게 작용한다. 만약, 남성성이 무엇인지 학습하고 모방할 수 있는 아버지를 볼 수 있는 시간이 줄어들면 줄어들수록 아들에게 남성성은 그저 매일 보는 어머니인 '여성성과 반대인 것'으로 발달시키게 된다. 이런 환경에서 자란 남성은 여성성이라고 생각되는 감정 이입, 감정 표현 및 정서적 친밀감은 발달과정에서 형성된 자기 개념을 손상하는(또는 자기 개념에 위배되는) 것으로 인식하게 된다. 초도로우는 이러한 방식으로 모성애가 다음 세대로 전승되었을 가능성을 제안하였다. 자녀가 올바른 성역할 개념과 왜곡되지 않은 자기 개념을 확립하기 위해서는 부모가 함께 자녀를 양육하는 것이 가장 이상적이라고 초도로우는 주장한다.

출처: Burr (1998: 황정은 역 (2002), 『사회적 성별과 사회심리학』)

3. 여성의 가치관 재정립과 인식 변화

우리 사회의 강한 가족주의 가치관에서는 남성은 가정의 경제적인 측면을 책임지는 대외적인 업무를, 여성은 가사를 책임지는 대내적인 업무를 하는 것을 당연하게 생각해 왔다. 시대적인 변화와 여성의 지위 상승에 따라 기존의 상하 서열이나 남성 중심의 가족주의 가치관 또한 많이 약화된 것이 사실이지만, 뿌리 깊게 박혀 있는 사람들의 생각이나 사회적인 관념은 현재 증가하는 여성의 사회활동 상황을 따라가지 못하고 있는 실정이다(최석만 외, 2006). 우리나라 여성 스스로도 아직까지 가족 중심의 가족주의 가치관을 완전히 탈피하였다고는 할 수 없다. 스펙터 등(Spector et al., 2004)의 연구를 살펴보면, 동아시아 지역의 기혼 여성은 스스로 자녀 양육이 자신의 주된 일이라고 생각하고 있었다. 이러한 현상은 동일 문화권에 속한 우리나라 여성에게서도 같은 방식으로 나타났다(최석만 외, 2006). 자녀 양육이나 가계 보존 등의 가정을 지키고, 집안일을 주 업무라고 생각하는 가치관에 익숙한 여성으로서는 자신의 직장생활이나 사회생활에 의한 가정 내의 갈등을 남성보다 더 크게 고민하고, 그 일차적인 책임 또한 더 크게 느낄 수밖에 없다. 파우얼과 그린하우스(Powell & Greenhaus, 2010)는 개인이 직장과 가정 중 자신의 삶의 주축을 어디에 두느냐에 따라 개인의 심리 상태에 미치는 영향력도 다르게 나타난다고 하였다. 예를 들면, 가사노동을 여성의 역할로 생각하는 유교적 가치관이 강한 여성의 경우에는 직장보다는 가정에서의 자신의 역할에 더 가치를 두게 된다. 만약, 이런 여성에게 직장생활에서 발생하는 일이 가정에 부정적인 영향을 끼치게 된다면 직장을 그만둘 가능성이 커지게 되고, 반대로 가정에서의 긍정적인 경험이 많아지면 더불어 직장생활도 탄력을 받게 된다(김현동, 김명희, 2011).

지금까지 여성의 시각에서 여성이 받는 부당한 차별에 대하여 다양한 영역에서 살펴보았다. 현재는 개선된 인식이나 제도 등을 통하여 여성이 받는 차별이 완화되고는 있으나, 아직도 많은 부분에서 불평등한 대우를 받는 것이 사실이다. 그럼에도 여성이 지금까지의 구조 속에서 오히려 혜택을 받은 부분은 없는지, 그리고 남성에게 불리한 우리 사회의 성고정관념은 없는지도 생각해 보아야 한다.

왜냐하면 역차별을 받는 남성의 입장과 시각도 함께 살펴보아야만 남성과 여성 모두를 위한 우리 사회의 진정한 성평등을 논할 수 있기 때문이다.

우리 사회에는 여성에게 부여된 암묵적인 특혜가 있다. 자신이 여성임을 강조하면서 힘들고 험한 일은 남자 동료가 하는 것을 당연하게 생각하기도 하고, 가정의 경제적인 1차 책임은 여전히 남편인 남성이 해결해야 한다는 생각도 강하게 가지고 있다. 그러다 보니 결혼할 때 많은 여성이 남성의 경제적인 면을 가장 중요하게 생각하고 있으며, 반대로 남성이 여성의 경제적인 측면을 알아본다면 남자답지 못하다는 시각으로 바라보는 경향도 있다. 이는 연인 사이에서도 나타나는데, 데이트 비용은 남자가 부담하는 것이 당연하다는 여성이 아직도 많은 것이 사실이다. 결혼 비용 역시 살 집은 남자가 책임져야 한다고 생각을 하는 경우가 많기 때문에 남자가 여자보다 높은 경제적 부담을 느끼고 있다.

그렇다면 여성은 자신이 지금까지 누려 왔던, 남성으로부터 받는 경제적 측면에서의 혜택과 보호는 유지한 채, 그동안 부당하게 부여받은 가사, 육아, 사회적 차별에서의 평등을 주장하는 것에 대하여 생각해 본 적이 있는가? 여성이 당당하게 자신의 성적 차별을 개선하기 위해서는 우리나라의 남성이 경험하는 경제적인 부담감 또한 '남성'이기 때문에 당연시되는 부당한 것임을 분명히 인식하고 개선하려는 노력을 해야 한다. 다시 말하면, 여성은 남성의 성차별적 인식의 개선을 강하게 요구해야 함과 동시에 여성 스스로도 자신에게 주어졌던 혜택 중 남성에게 불리한 것은 없었는지 고려해 보아야 한다. 남성이 겪는 고충에 대해서 여성이 합리적으로 귀를 기울이지 않는다면 진정한 양성평등은 이루어지지 않을 것이다.

요약

여성의 사회적 위치는 예전에 비해 많이 향상되었다. 남편이 경제적 활동을 하고 여성은 집안일을 돌보는 가족 형태에서 여성의 경제적 활동으로 인해 서서히 부부가 공동으로 경제권을 가지게 되는 모습으로 변화하고 있다. 이 장에서는 그러한 변화가 얼마나 어떻게 일어나고 있는지를 통계적 수치를 통해 살펴보았고, 아직도 남아 있는 여성이 겪는 차별적 불이익을 어떻게 해결해 나갈 것인지 다양한 각도에서 알아보았다. 또한 제도적인 문제와 더불어 여성 스스로의 가치관은 어떻게 정립하는 것이 바람직한지도 논의하였다.

15장

변화하는 성역할: 대처와 전망

학습 목표

1. 심리학계에서 일어난 성차의 조명을 정리한다.

2. 성역할의 재정립을 논의한다.

1. 성차에 대한 심리학적 견해들

1960년대 미국을 휩쓴 인권운동은 여성을 차별받고 있는 약자로서 규정하고 여성도 인권보호 대상의 일원으로서 보호받아야 한다는 요지의 여성해방운동에 불을 붙였다. 이에 발맞추어 심리학에서도 1970년대 성차를 학문적으로 접근하려는 운동이 활발하게 진행되었다. 이른바 여성심리학의 탄생이다. 여성심리학의 업적은 크게 두 가지로 요약할 수 있다. 하나는 벰(Bem, 1975)의 성역할에 대한 현대적 정립이고, 다른 하나는 성차에 대한 경험적 연구의 축적이다.

우선 성역할에 대한 벰의 이론은 변화하는 시대적 요구에 걸맞추어 개념 정립에 기여했다고 볼 수 있다. 여성성과 남성성에 대한 종래의 입장은 한 차원 안에서 반대 극을 대표하는 단일 차원 구조로 개념화되었다. 그러나 이러한 단일 구조는 '전부 아니면 전무'로서 성별적 특징을 평가함으로써 여성과 남성을 이분화하는 데 기여할 뿐만 아니라, 이 인위적인 범주화가 성차별로 이어질 수 있고 또 그래 왔던 것이 사실이다. 그런데 벰은 양성성 가설을 제안하여 이 고전적 접근에서 인식을 전환하는 계기를 만들어 주었다. 여성성과 남성성이 독립적 구조로 존재한다는 논리는 성차를 개인간 차이로 바꾸도록 촉구하였다. 여기에 변화하는 성역할의 대안적 개념으로 벰이 제안한 양성성 개념(androgyny)은 성역할이 차이가 있는 범주가 아니라 공동 목표나 공동 특성으로서 인식되도록 길을 마련해 주었다.

성차에 대한 활발한 연구는 이러한 운동을 경험적으로 지지해 주었다. 생물학적이고 유전적인 차이인 것처럼 인식되었던 성차의 환상을 깨는 발견들이 줄줄이 발표되었다. 심리학 내에서 남녀 간 숙명적일 듯한 차이를 무효화한 연구들이 대세를 이었다(Maccoby et al., 1974; Kaplan et al., 1980; Carter, 2000). 더 나아가 생물학적 차이조차도 기타 다른 역사적으로 계승된 학습적, 사회문화적 공변량의 개입 가능성이 거론된 재해석이 시도되었다(Green, Pope, 1999). 이 점은 제1, 2장에서 충분히 논의하였다.

한편 최근 들어 일종의 반동 현상으로서 성차를 다시금 재조명하고 강조하는 이론과 연구들이 대두되고 있다. 이론적으로 진화심리학이 이에 해당하고, 경험적 연구로서는 뇌과학과 유전연구의 어떤 업적들이 그러하다. 이 책의 제4, 5장에서 다루었듯이, 진화심리학은 진화적으로 자연 선택된 인간본성이라는 관점에서 성차를 다루고 있다. 이 분야의 대표 연구자인 부스(Buss, 1988, 1991, 1993)는 성차 코드를 진화적 숙명성으로 해석하는 질서 있는 논리를 계속 제시하고 있다. 그리하여 성차의 무선화 운동을 주도해 온 여성심리학과 각을 세우고 있고, 이들의 상반된 입장들이 계속 회자되고 있다.

또한 유전학, 뇌과학 연구를 통해 생물학적 성차를 못 박는 견해도 주목할 만하다. 이 첨단 학문에서 발견된 사실을 토대로 주장하는 바는 단독 남성 유전자(Y 염색체)에 유전자 코드가 내장되어 있어서 이 코드에 따라 남성 뇌는 차별화된 뇌 구조를 갖는다고 한 것이다. 그리하여 대뇌반구와 뇌량 등에서 여성 뇌와 비교해 해부학적 차이가 있고, 몇몇 뇌 영역에서 질량과 부피의 크기에 성차가 생기는데, 이는 진화상 남성 뇌가 앞서는 증거라고 주장하기도 한다(Tavris, 2004).

분명 발전하는 과학기술을 통해 예전에 할 수 없었던 생물학적 증거를 밝혀내는 고무적 측면이 있으나, 이러한 부분적 자료들이 남성의 생물학적 우월성으로 해석되는 시도는 경계해야 된다. 차이가 있다는 발견이 쟁점이 아니라 차이의 결과에 의미를 두는 현상은 논쟁을 일으키기에 충분하다. 이 차이를 갖고 우열을 가리는 태도는 실질적으로 학문적 성과를 갖고 성차를 둘러싼 대결 구도를 시사하는 것이라 하겠다.

이러한 변화들을 가만히 조망해 보면, 어떤 흐름들이 있는 듯하다. 앞서 기술했듯이, 남녀의 역할에 대해 여성해방운동이 제1의 전환기라면 조금 지나서 여성운동의 부작용과 민폐가 거론되고 있는 시점이 다른 전환점의 조심스러운 시작일 수 있다. 벌써 진화심리학과 생물학적 발견들을 통해 반전을 시도하고 있지 않은가. 다가올 팽팽한 대립이 제2의 전환기라면 심리학에서 대안을 제시해야 할 때라고 본다. 그런 의미에서 이제 심리학이 여성에게 일방적인 심리학을 탈피하여 양성에게 평등한 심리학으로 접근하는 통합적 패러다임으로 나가야 한다고 본다.

2. 성역할의 변화

1) 성역할의 편파적 영향

고정된 성역할은 사회문화적으로 다음과 같은 영향력을 미쳐 왔다. 인류의 역사에서 남성과 여성의 본성, 능력, 성격, 행동 등 광범위한 영역에 걸쳐 차이들을 확대 재생산한 결과, 첫째, 생물학적 성의 특징과 불일치한 성고정관념을 만들었고, 둘째, 사회구조적 불평등을 제도화하였다. 따라서 성역할의 분화로 인해 생긴 위계 구조 속에서 오랫동안 남성은 상대적으로(혹은 절대적으로) 우위를 점하여 기득권을 누려 왔으나, 여성은 반대로 약자의 입장에 처하고 여기서 발생된 불이익을 수용해 왔는데, 이제 그 구조가 흔들리고 있다.

고정된 성역할의 심리적인 영향력은 다음과 같다. 이러한 역할 기대의 내사화 결과, 남성은 심리적으로 남성우위적 · 지배적 · 자기중심적 특성으로 요약되는 성 전형화된 심리가 보편화되었고, 여성은 수동적 · 의존적 · 피학적 특성으로 요약되는 여성적 성 전형화 심리가 형성되었다고 기술된다. 남성적 과시(masculine protest)와 관련된 일반적인 특성과 여기서 파생된 문제는 앞서 충분히 논의하였다. 반면 여기서 파생된 여성 일반의 문제로는 뿌리 깊은 피해의식과 공격의 내사화 유형 때문에 생긴 우울증의 일반화를 지적할 수 있겠다. 실제로, 여성의 우울증 유병률은 여러 문화권에서 여성이 훨씬 높다는 사실은 사회문화적 요인과 깊게 관련되어 있음을 시사하는 예라 할 수 있다.

2) 변화하는 성역할

안정되고 지속적인 성분화 패턴의 붕괴는 자본주의 체계가 일찍 발생한 서구에서 시발되었고, 그 후 후발 주자로 경제적 발전을 이룬 아시아 국가로 확산되었다고 할 수 있다. 불과 몇 십 년 전만 해도 금남의 벽을 허문 여성의 새로운 도전 소식이 바다 건너 이 땅에 들려오던 시절이 있었는데, 이젠 우리 사회에서도 하루 자고 일어나면 입법이 바뀌고 기존 것이 폐기되는 급변화를 겪고 있다. 그도 그럴 것이 미국보다 일찍 여성 대통령이 탄생되었으니 후발 주자로서의 입지가 역전되고 있는 듯한 인상이다.

사회문화적으로 그러한 변화가 미치는 영향을 요약하면 다음과 같다. 첫째, 사회구조적 불이익을 개선하고자 시도하는 빠른 법적 변화가 일어나고 있다. 둘째, 성차의 비타당성의 홍보 결과, 금남, 금녀의 벽을 허무는 일과 행위가 다반사로 행해지고 있다. 이제 여성만 할 수 있다거나 남성만 가능한 일들 간에 제약이 약화되고 있다(적어도 외견상으로는). 남성 호주제는 일찍이 폐지되었고, 자녀는 부모의 재산을 남녀 구별 없이 똑같이 상속받게 되었다. 그동안의 규칙이었던 금녀의 금기를 깨고 육군사관학교에서는 일찍이 여학생의 입학을 허용해야 했다. 게다가 졸업식 때 전체 수석의 자리를 여학생이 휩쓰는 바람에 남생도의 체면은 말이 아니라는 소식도 심심치 않게 들려온다. 군대도 전투 능력이 없다는 이유로 여군의 참모급 승진을 거부해 왔다가 이제 그녀들에게도 동등한 기회를 보장해 주어야 할 압력을 받고 있다. 그러다 보니 군 의무제에 대한 잡음도 일어나고 있다. 벌써 두어 차례 남성에 대한 군 가산점이 '불평등 사항'이라면서 헌법 소원에서 거론되자, 남성 측에서 그럼 여성도 군 입대를 의무적으로 마치라고 맞불 작전을 피고 있다(최근에 모 대학교에서 여성도 군 의무를 마치자는 1인 시위를 여학생이 벌인 사건이 발생했는데, 교내 홈페이지에서 남학생들의 폭발적인 지지를 받았다고 한다).

심리적 · 행동적 측면에서 앞서 언급한 역효과가 가장 첨예하게 나타나고 있다. 그동안 일부 여성단체에서 개별적으로 보복의 성질을 띤 여성운동을 전개한 결과, 사소한 일에 과잉 대응을 한다거나, 특정 표적 대상에게 투사하여 희생양을 삼는 등의 부적절한 대응 방식 때문에 본의 아니게 억울한 피해자도 생겨났다. 이는 과거의 피해자가 오늘날 가해자의 칼자루를 쥐고 있는 역설적 현상이 아닐 수 없다. 남성은 상대적으로 불이익을 받고 있다는 피해의식 때문에 역차별의 위기감을 느끼는 것 같다. 여성단체에 대항하는 남성연대도 은근히 환영받고 있으니 말이다.

그러는 여성도 당장 행복하지 않은 듯하다. 차별 구조는 변화시켰는데 여전히 여성의 취업률과 승진 비율, 직업과 양육의 이중 책임 등에 있어서 변하지 않았다는 아우성 소리가 들린다. 어떤 경우 결혼과 취업 간에 딜레마 속에서 심리적 장애를 겪는 젊은 층이 늘어나고 있다. 동등한 성역할에 부담을 느끼는 나머지 훨씬 더 스트레스를 겪는다는 데 원인이 있다는 사실을 인식하지 못하고 적성에 맞지 않는 직장을 원망하며 남자 상사의 권위적 태도와 차별에 사표를 내고 싶어 한다. 이들은 사회의 구조적 문제에 투사하느라 급급하여 예전보다 여성이 더욱 더 스트레스를 받는다는 사실을 직면하기를 외면한다.

심리적 성숙도 역시 퇴보하고 있는 듯하다. 남녀 연애 관계가 깨지면 남자에게 거짓 죄를 덮어 씌우면서까지 사랑의 승자가 되고 싶어 하는 악녀의 보복이 있다면, 어떤 남성은 헤어진 연인의 집을 찾아가 식구들을 해코지하는 분풀이를 하기도 한다. 이러한 일을 저지르는 남자에게 묻는다면 남자로서의 자존심을 짓밟아서 용서할 수 없었노라고 분노할지도 모른다. 여성에 대한 적개심과 피해의식을 엿볼 수 있는 사건이기도 하다. 보복이 곧 재보복으로 돌아오는 막장 드라마의 반전이 아닐 수 없다.

이런 현상은 젊은 세대에서만 일어나는 일이 아니다. 나날이 늘고 있는 황혼이혼은 마냥 박수만 칠 수 없는 현상인데, 인터뷰를 통해 인간적 삶 운운을 위한 선택인 것처럼 어디서 귀에 익은 스토리를 들려준다(2013년 통계조사에 따르면, 30년 이상 결혼생활을 지속하다가 이혼하는 중년이혼과 황혼이혼이 늘고 있는데, 10년 전보다 1.8배 늘었다). 실제 상담 장면에서 보면 비하인드 스토리가 있고, 사후 적응도와 만족감에 대한 조사 결과를 제시해야 정확한 실상을 보게 될 것이다.

이러한 현상을 보면, 예전에 불평등한 구조 속에서 살았던 여성은 나름대로 심리적으로 강하게 발전하여 내면적인 힘을 갖추어 한 많은 세상을 이겨 냈다면, 오늘날 여성은 더 좋은 조건에 처해 있음이 분명한데 사회와 환경 탓에 기운을 쏟는 나머지 내면적 힘을 기르는 데 소홀해졌다는 점을 목격한다.

이와 같은 모습들을 전반적으로는 긍정적으로 변화하는 가운데, 급격한 변화에서 겪는 일종의 부작용이 잡음처럼 생기고 있는 현상으로 치부한다면 너무 낙관론인가 묻고 싶다. 이런 일련의 사건들은 역효과로서 처음의 취지였던 평등 구호에서 성별 간의 세력화로 가고 있는 것에서 생기는 경쟁 심리의 부작용으로 볼 수 있기도 하다. 이런 세태가 여성과 남성 모두를 피곤하게 만들고 있다.

결론적으로, 급격한 변화 속에서 남녀 모두에게 만족도가 떨어지고 있다는 사실에 주목해야겠다. 파편적인 정보에 중심을 잃지 말고 방향을 잘 찾아야겠다는 요지다.

3. 어떻게 대처해야 하는가

1) 개인의 변화

이러한 고정된 성 분화 구조의 붕괴에 대처하기 위한 방법으로 미국의 심리학자인 켈리(Kelly)의 구성개념 이론을 소개하고자 한다. 이 이론의 기본 가정은 "개인은 세상을 이해하는 안정된 틀로서 개인적인 구성개념을 발달시킨다."는 것이다. 구성개념에 의해 인간은 외부 사건을 지각하고 해석하는 심리적 통로를 만든다. 따라서 구성개념이 일단 형성되면 유지되는 것이 경제적이다.

그러나 이러한 특성에도 불구하고 건강한 사람은 새로운 경험 앞에서 구성개념을 평가하고 검증하여 타당성 없는 구성개념을 변경하고, 구성개념의 범위를 확장하는 과정을 거친다. 반면, 병적인 사람은 계속 틀리는데도 불구하고 기존의 구성개념을 사용하고, 변화한 세상에 잘 모르고 대처하지 못하는 경향을 보인다. 이때 전반적인 치료적 지침은 바로 삶에 대한 심리학적 재해석(해체와 재구성)을 통해 어떤 구성개념은 대체될 필요가 있음을 주지시키고, 새로운 것을 첨가하여 구성개념의 견고성과 침투성을 상황에 따라 조절하는 것이다(Pervin et al., 2001 재인용). 오늘날 우리는 인류의 역사 동안 학습해 온 남녀의 입장에 관한 오랜 구성개념이 더이상 적응적이지 않은 시점에 서 있는 것이다. 어느 정도의 수정과 대체를 하느냐는 향후 우리의 선택에 달려 있다.

2) 변화하는 성역할에 대한 남녀의 입장

다음의 글은 이 장에서 논의하는 쟁점에 대한 대학생들의 견해들이다.[1)]

• 여학생의 변

오랫동안 억압되었던 여성의 사회 진출과 자아 성장의 기회가 인정되면서 현재의 상황은 남녀의 성대결 구도로 가고 있는 느낌이다. 이러한 현상은 여성을 보호하기 위해 만든 성폭력방지 제도를 남성에 대한 보복의 수단으로 이용하는 등의 후유증을 만들고 있는 현실이다. 이런 남녀의 성대결 구도는 1970년대 서양에서 나타났던, 결혼제도를 부인하고 심지어 레즈비언을 가치 있게 여기던 전투적 여성운동을 생각나게 한다.

그러나 인간은 남자나 여자 어느 한쪽 성만으로 유지될 수 있는 것이 아니고, 남녀관계는 적대적 관계도 아니다. 특히 결혼관계에서 부부는 서로 용인하고 자신을 상대에 맞게 변화시킴으로써 성공적으로 적응할 수 있고, 이를 통해 성숙한 인격으로 성장할 수 있다고 생각한다.

남자와 여자의 성차는 이미 생물학적으로 결정된 부분이 많으므로 이러한 차이를 수용하는 것은 중요하다. 문제는 생물학적 차이 이외에 사회구조적으로 강요된 성역할이고, 여성운동은 이러한 성 편견을 제거하는 데 주력을 해야 한다고 본다. 인간관계, 특히 남녀의 관계는 각기 동일하게 완성된 존재라기보다는 서로의 특성을 보완해 가는 협력적인 방향으로 전환되어야 할 것이다.

• 남학생의 변

우리나라 여성은 많은 차별을 받아 왔으며, 우리 사회에 잘못된 고정관념이나 제도가 있어 여성이 불이익을 받아 왔던 것은 부정할 수 없는 사실이다. 그런데 여성의 권익을 위해 활동하는 여성단체들이 따가운 시선을 받는 이유는 이들의 상당수가 근시안적인 접근 태도와 이분법적 사고를 자주 보여 주기 때문이다. 한 남성을 한 번의 실수로 흉악범이 아닌데도 생매장하는 모습은 대중에게 거부감을 주기에 충분하다. 또 우리 사회의 성접대 문제나 음주, 성개방, 원조 교제로 대표되는 매매춘 문제와 같은 심각한 문제보다 성희롱, 여성 인원 할당 등 부르주아적인 관심에 주력하고 있는 것도 마찬가지다. 따라서 여성운동의 방향이 소외받고 학대받는 진정한 약자의 편이 되어 줄 수 있는 쪽으로 가야만 일반 사람들의 지지를 받을 것이다.

1) 여성의 심리적 특성을 수강했던 학생들의 논술 답안 중에서 발췌하였다.

요약하면, 성차는 사회적 위계구조 속에서 불평등을 야기했고, 전통적 성역할 구조가 붕괴되는 시점에서 남녀 모두 변화가 필요하고, 이에 변화에 대한 적응적 관점을 제시해야 하겠으며, 급작스러운 변화의 부작용을 예의 주시하여 억울한 피해자가 없도록 해야겠다. 그러기 위해서 양성에 평등한 심리학적 관점을 제시해야 한다. 그래야만 가해자-피해자 구도의 형평성(시소게임)을 바로잡을 수 있을 것이다.

토론거리

1. 남성의 역차별에 대해 토론해 보자.
2. 여성의 군의무제에 관해 어떻게 생각하는지 토론해 보자.

요약

인류의 역사에서 성차는 생물학적 타당성을 넘어 훨씬 강력하고 광범위하게 사회적 불평등과 차별을 야기해 왔다. 이제 전통적 성역할 구조가 붕괴되는 시점에서 남녀 모두에게 변화가 요구되고 있다. 이러한 시점에 도움이 될 수 있도록 변화에 대한 적응적 관점을 켈리의 구성개념 이론을 빌어 제시하였다.

참고문헌

가영희(2006). 성인의 직장-가정 갈등이 영역별 만족도와 주관적 삶의 질에 미치는 영향. 한국심리학회지: 여성, 11(2), 163-186.

가족환경연구회(1988). 가족과 환경. 서울: 교문사.

강경미(2013). 발달심리학. 경기: 양서원.

경찰청(2006). 청소년의식 실태.

경찰청(2011). 범죄백서.

교육인적자원부(2001). 함께 풀어가는 성 이야기 (고등학교). 서울: 문영사.

교육인적자원부(2007). 성폭력 상담 매뉴얼. 서울대학교 교육연구소.

국립국어원(2007). 사회적 의사소통 연구: 성차별적 언어 표현 사례조사 및 대안마련을 위한 연구. 서울: 한학문화.

권석만(2010). 젊은이를 위한 인간관계의 심리학. 서울: 학지사.

권오남, 박경미, 임형, 허라금(2001). 고등학교 학생의 계열 선택에 대한 연구: 성별 차이를 중심으로. 이화여자대학교 교과교육학연구, 5(2), 109-124.

김경신, 김오남, 윤상희(1997). 미혼남녀의 사랑과 성에 대한 태도 및 배우자 선택조건. 대한가정학회지, 35(3), 15-30.

김광일, 고복자(1997). 한국에서의 아동구타 발생율 조사. 정신건강연구, 6, 66-81.

김광자, 김광일(1985). 아내 구타에 대한 태도 조사. 정신건강연구, 3, 218-234.

김광혁(2009). 아동학대 및 방임이 아동발달에 미치는 영향. 사회과학논총, 24(2), 27-46.

김동수, 박미형, 정태연(2009). 배우자 선택과 만족에 대한 연구. 한국심리학회지: 여성, 14(3), 305-328.

김명자(1994). 가족의 성립과 적응. 한국가족학연구회(편). 가족학. 서울: 도서출판 하우, 197-200.

김상민 외(2013). 속물과 잉여. 백욱인 편저. 지식공작소.

김상엽(1999). 아동학대의 의학적 대책. 아동과청소년, 15, 257-273.

김세원(2003). 사회적 지지가 학대경험아동의 적응에 미치는 영향. 서울대학교 석사학위논문.

김순옥(1994). 가족의 의사소통. 한국가족학연구회(편). 가족학. 서울: 도서출판 하우, 249-284.

김승권, 김유경, 김혜련, 박종서, 손창균, 최영준 외(2012). 전국 출산력 및 가족보건 복지실태조사. 서울: 한국보건사회연구원.

김애순(2002). 성인발달과 생애설계. 서울: 시그마프레스.

김애순(2004). 은퇴 이후의 심리사회적 영향. 한국노년학, 15(1), 141-156.

김영순(2010). 비정규직 여성노동자의 사회권을 통해 본 한국의 젠더 체제. 사회보장 연구, 26(1), 261-287.

김영애(2009). 부부관계 및 대인관계 개선을 위한 의사소통 기술훈련 프로그램. 서울: 교문사.

김완선(1996). 부모의 정서적 학대와 아동의 사회적 능력과의 관계. 고려대학교 대학원 석사학위논문.

김용태(2000). 가족치료 이론. 서울: 교문사.

김유숙(2000). 가족상담. 서울: 학지사.

김유숙(2002). 한국가족문제와 가족치료적 접근. 서울: 세종출판사.

김은희(1994). 삶의 기대가 자존감과 문제해결 인식에 미치는 영향: 남, 녀 대학생 집단을 중심으로. 이화여자대학교 대학원 석사학위논문.

김재엽(2007). 한국의 가정폭력. 서울: 학지사.

김정미(2004). 여성 임파워먼트 증진을 위한 인지행동 집단상담과 게슈탈트 집단상담 비교. 경북대학교 대학원 박사학위논문.

김정휘, 김병선, 김정인(1995). 여성은 남자와 무엇이 어떻게 다른가. 서울: 서원.

김주희 외(2003). 대학생의 성행태조사연구.

김진홍(1996. 7. 21). 매맞는 아이들. 중앙일보.

김태련, 방희정, 이선자, 조성원, 조숙자, 조혜자(2007). 여성심리(7판). 서울: 이화여자출판부.

김태현(2010). 일 · 가정 양립 현황 및 정책. 서울: 한국여성정책연구원.

김현동, 김명희(2011). 기혼 여성 직장인의 가치관에 따른 직장과 가정의 긍정적 전이과정 탐색. 여성연구, 81(2), 33-67.

김현동, 양인숙(2013). 직장-가정생활 부정적 상호전이과정과 여성 친화적 기업문화가 유연근무제도 수요에 미치는 영향. 여성연구, 84(1), 5-9.
김혜숙(2008). 가족치료이론과 기법. 서울: 학지사.
노혜련(2002). 가정폭력 가해자에 대한 해결중심적 개별상담의 효과가능성에 대한 모색. 한국가족치료학회지, 11(1), 179-215.
대학신문협회(2010). 2010 전국 대학생 의식조사.
문혁준(2000). 부모훈육방법의 세대간 전이. 대한가정학회지, 38(5), 107-119.
박경미, 최승현(2002). 학업성취도 국제 비교 연구(PISA)에 나타난 수학적 소양의 성별 차이에 대한 고찰. 수학교육, 41(3), 319-328.
박근혜(1999). 폭력가정에 있어서 사회적 지지가 청소년의 부적응행동에 미치는 영향. 이화여자대학교 대학원 석사학위논문.
박미령(1994). 가족의 권력. 한국가족학연구회(편). 가족학. 서울: 도서출판 하우, 221-248.
박미은(1996). 학대받는 아내의 심리사회적 대응과정과 사회사업적 임파워먼트. 정신보건사회사업, 3, 53-80.
박종서(2013). 가족 내 가사분담과 성역할 인식에서 나타나는 양성평등 실태. 보건복지포럼, 5, 28-38.
박종주(2011. 7. 6). 우리는 몸이 아니라 서비스를 판다. 프로메테우스. http://www.prometheus.co.kr/articles/107/20110706/20110706173700.html 참조.
박향숙(2005). 가족상호작용유형에 따른 친구관계 및 학교적응. 한양대학교 대학원 박사학위논문.
변창진, 김경린 역(1984). 사회적 학습이론. 서울: 중앙적성출판사. [원서: Bandura, A. (1976). *Social Learning Theory*.]
보건교육포럼(2009). 초경 전 월경에 대한 지식 습득 여부 조사: 초중고 여학생의 초경 현황 연구.
보건복지부(2002). 아동학대대처방안안내서. 서울: 보긴복지가족부.
보건복지부(2006). 한국 청소년들 대상으로 한 성행태조사.
보건복지부(2010). 전국 아동학대 현황 보고서. 서울: 보건복지가족부.
보건복지부 중앙아동학대예방센터(2008a). 2007년 전국아동학대현황보고서. 서울: 보건복지가족부.
보건복지부 중앙아동학대예방센터(2008b). 아동학대 사례개입을 위한 법률매뉴얼. 서울: 보건복지가족부.
서명선(1985). 아내 학대에 관한 이론적 고찰. 이화여자대학교 대학원 석사학위논문.
서울신문(2012. 10. 11.). 엄마는 집안일만? 교과서 성차별 인권침해 여전. http://www.

seoul.co.kr/news/newsView.php?id=20121012500008&reDirect=false 참조.

설은주(1997). 가정사역론. 서울: 예영 커뮤니케이션, 91-92.

송길연, 김수정, 이지연, 양돈규 역(2001). 발달심리학. 서울: 시그마프레스.

송다영, 장수정, 김은지(2010). 일가족 양립 갈등에 영향을 미치는 요인분석: 직장 내 지원과 가족지원의 영향력을 중심으로. 사회복지정책, 37(3), 27-52.

송성자(1995). 가족관계와 가족치료. 서울: 홍익재.

송정아, 최규련(2009). 가족치료 이론과 기법. 서울: 도서출판 하우.

송정애(2006). 가족상담의 이론과 실제. 서울: 양서원.

신연호(1993). 아동학대의 실태와 대책에 관한 연구. 청주대학교 대학원 석사학위논문.

신은혜(1984). 여성의 전화 개원 1주년 기념보고서. 서울: 여성의 전화.

신정엽(2009). 공간 인지의 성별 차이에 대한 이론적 검토와 지리교육적 함의. 한국지리환경교육학회지, 17(2), 125-143.

신해영, 최해림(2003). 부모로부터의 학대경험과 공격성 및 대인불안간의 관계: 초등학교 고학년 아동을 중심으로. 한국심리학회지, 15(2), 295-307.

신혜섭(2002). 보웬 가족치료이론과 한국적 적용에 대한 고찰. 생활과학연구, 7, 193-201.

심상권(1994). 가족상담의 실제-고부관계를 중심으로. 대한기독교서회, 38(10).

아산사회복지사업재단(1997). 산업사회의 직업윤리. 서울: 아산복지사업재단.

안동현(2000). 아동학대의 실태 및 후유증 연구. 서울: 보건복지부.

안동현(2002). 아동학대에 있어서 의사의 역할. 대한의사협회지, 45(11), 1280-1290.

안창일 외(2012). 심리학의 현대적 이해. 서울: 학지사.

양병한(2005). 자기효능감, 우울 및 불안과 지연경향 간의 관계. 창원대학교 인문과학연구소, 인문논총, 12, 89-110.

양옥경, 김미옥, 최명민 역(2002). 가족과 레질리언스. 서울: 나남. [원서: Walsh, F. (1998). *Strengthening family resilience*.]

양혜원(2001). 아내구타 노출아동의 적응향상을 위한 집단 프로그램 개발. 연세대학교 박사학위논문.

여성가족부(2008). 전국 가족폭력 실태조사. 서울: 여성가족부.

여성가족부(2011). 2010 전국 성폭력 실태조사. 서울: 여성가족부.

여성가족부(2012). 여성폭력관련시설 운영실적. 서울: 여성가족부.

여성가족부, 통계청(2013). 2013년 성인지 통계 생산 및 활용 안내서.

여성신문(2011. 8. 26). 교과서 속 위인은 왜 남성뿐일까. http://www.womennews.co.kr/news/view.asp?num=50531#.UzPAb7eKCHs 참조.

여진주(2009). 아동학대 보호요인의 효과: 부모 및 아동의 사회적 지지망을 중심으로. 가톨릭대학교 대학원 박사학위논문.

옥선화(1994). 가족의 역할. 한국가족학연구회(편). 가족학. 서울: 도서출판 하우, 201-220.

원숙연(2012). 취업여성의 일-가족 상호작용을 둘러싼 개인-조직-정책의 역학. 정부학연구, 18, 267-294.

원숙연, 박지원(2009). 조직 내 사회적 지원이 일-가정 양립과 촉진에 미치는 영향. 여성논집, 26(2), 1-25.

유 정(2006). 학대경험이 아동의 사회적 유능성에 미치는 영향. 경기대학교 대학원 석사학위논문.

유영주(1993). 가정학에서의 가족연구접근방법. 가족학논집, 5, 189-200.

윤가현(2006, 2007). 성 문화와 심리. 서울: 학지사.

윤영희(2004). 아동학대와 레질리언스. 서울: 유풍출판사.

윤혜련, 김영태(2004). 성별에 따른 영유아 언어발달의 특성 연구: SELSI를 중심으로. 언어청각장애연구, 9(1), 30-44.

이경혜(1999). 여성건강과 남녀평등 문화. 여성건강간호학회지, 5(2), 237-244.

이민희 역(2005). 애착이론과 심리치료. 서울: 시그마프레스.

이상준(2005). 가정폭력 경험청소년의 탄력성과 보호요인. 가톨릭대학교 박사학위논문.

이선정, 신효식(2000). 기혼여성의 배우자 선택요인과 결혼만족도. 한국가정과학지, 3(2): 13-26.

이선혜(1998). 한국에서의 Bowen 이론 적용에 대한 고찰: 자아분화 개념을 중심으로. 한국가족치료학회지, 6(2), 151-176.

이성은, 고은정(2010). 서울시 여성폭력 예방지원체계 구축방안 연구. 서울: 서울시여성가족재단.

이소희(1998). 청소년의 애착상대와 문제행동과의 관계: 내재화 및 외현화 문제행동을 중심으로. 한양대학교 대학원 석사학위논문.

이수연(2002). 성차별 개선을 위한 텔레비전 모니터 결과보고서. 여성가족부.

이수연(2003). TV광고의 성차별 현황에 대한 모니터 결과보고서. 여성가족부.

이수연, 김양희(2001). 남녀평등확산을 위한 방송심의용 가이드라인. 여성가족부.

이수정(2008). 성폭력범죄자 유형별 심리특성 및 재범 억제 대책 모색. 2008년 성폭력사범 재범방지 대책 세미나 자료집.

이승민(2005). 가정폭력 피해여성을 위한 보호시설의 개선방안에 관한 연구. 숙명여자대학교 정책대학원 석사학위논문.

이영분, 신영화, 권진숙, 박태영, 최선령, 최현미(2008). 가족치료: 모델과 사례. 서울: 학지사.

이영숙, 박경란, 전귀연(1999). 가족문제론. 서울: 학지사.

이원숙, 박미선(2010). 가정폭력프로그램. 서울: 학지사.

이음의 블로그(2011). 연인 사이의 적절한 나이 차이에 대한 설문조사.(www.iumsin. net)

이주연, 박성연(1996). 아동학대유형에 따른 또래수용과 인성특성. 대한가정학회지, 34(3), 21-34.

이주희, 이은희(2000). 맞벌이 부부의 직장-가정의 역할 갈등과 우울과의 관계에 대한 대처방식의 조절효과. 한국심리학회지: 건강, 5(2), 287-303.

이현희(2003). 아동학대 신고의무 활성화 방안 연구: 아동학대 현황과 신고의무자의 인식을 중심으로. 인천대학교 대학원 석사학위논문.

이화여대 사회복지학과 편(2000). 가족치료총론. 서울: 동인.

이화여자대학교사회사업연구회 역(2001). 가족학대, 가족폭력. 서울: 나남. [원서: Kemp, A. R. (1997). *Abuse in the Family.*]

이훈구, 이수정, 이은정, 박수애(2005). 정서 심리학. 파주: 법문사.

인정숙(2005). 여성가족부의 주요 인적자원개발 정책. 직업과 인력개발, 겨울, 86-89.

임정빈, 정혜정(1997). 성역할과 여성. 서울: 학지사.

장순복 외(1998). 대학생의 성행태 조사연구. 한국성문화연구소.

장정주, 김정모(2008). 정서적 자각, 표현 및 정서표현에 대한 양가성과 대인관계 간의 관계에 대한 연구. 한국심리학회지: 상담 및 심리치료, 20, 697-714.

장화정(1998). 아동학대 평가척도 개발. 숙명여자대학교 대학원 박사학위논문.

정문자, 정혜정, 이선혜, 전영주(2012). 가족치료의 이해. 서울: 학지사.

정옥분 역(1994). 인간발달. 서울: 교육과학사. [원서: D. Papalia 외(1989), *Human development.*]

정인숙(2003). 가정폭력경험 아동이 심리사회적 적응정도에 영향을 미치는 요인: 가정폭력 피해여성을 위한 쉼터 및 보호시설 아동을 대상으로. 충남대학교 대학원 석사학위논문.

정재원, 정혜선, 윤순녕, 신종철, 박현주, 한미연(2009). 자연유산을 경험한 여성의 신체적 증상 및 심리적 증상 관련 요인. 여성건강간호학회지, 15, 303-311.

정진경, 양계민(2003). 성매매에 대한 의식의 현황과 과제. 한국여성의전화연합. 성매매에 대한 대중의식 토론회.

정진경, 양계민(2003). 성매매에 대한 태도의 구성요인과 관련 변인. 한국심리학회지: 여성, 8(3), 53-75.

정혜숙(2009). 아내학대와 아동학대의 중복발생을 둘러싼 여성주의비판모델과 여성복지적 과제의 검토. 한국여성학, 25(4), 109-139.

조미숙(1999). 가정폭력 목격이 자녀의 심리, 사회적 부적응에 미치는 영향. 한국가족복지학, 4, 296-326.

조미숙(1999). 아내구타 가정아동의 심리, 사회적 적응관련 변인 탐색을 통한 사회사업적 접근에 관한 연구. 서울여자대학교 대학원 박사학위논문.

조윤주(2010). 빈곤지위와 청소년 비행의 관계에서 학대 및 방임의 매개효과 검증. 인간발달연구, 17(1), 85-101.

조현희, 정인철, 정재은, 최세경, 김수연, 김미란(2008). 한국 여성에서 조직 미네랄 농도에 따른 생리전 증후군의 임상증상. 대한산부회지, 51, 60-66.

좌문경(2008). 학대를 경험한 아동이 지각한 사회적 지지가 탄력성에 미치는 영향. 부산대학교 대학원 석사학위논문.

주소영(2008). 아동학대와 탄력성의 관계에서 인지기능과 사회적 지지의 매개효과. 성균관대학교 대학원 박사학위논문.

주애란(2011). 맞벌이 부부의 가족 스트레스와 건강증진 행위와의 관계. 한국산업간호학회지, 20(2), 221-229.

중앙아동보호전문기관(2011). 아동학대 예방사업의 지나온 10년, 나아갈 10년. 서울: 보건복지가족부.

최규련(1994). 가족생활 만족. 한국가족학연구회(편). 가족학. 서울: 도서출판 하우, 285-315.

최병일(1987). 가족체계 유형에 따른 청소년의 도덕적 판단능력의 차이. 공주사범대학교 교육대학원 석사학위논문.

최석만, 이영찬, 우실하, 유승무, 최봉영, 이재룡 외(2006). 유교적 사회질서와 문화, 민주주의. 광주: 전남대학교 출판부.

최선화, 정영주(2010). 가족치료 연구와 임상사례. 서울: 세종출판사.

최윤라(1989). 학대받은 아동의 공격성과 감정이입에 관한 연구. 숙명여자대학교 대학원 석사학위논문.

최은희, 서상규, 배소영(2001). 1.1-2.6세 한국 아동의 표현어휘 연구. 언어청각장애연구, 6(1), 1-16.

최재석(1982). 한국인의 사회적 성격. 서울: 개문사.

최정수, 원종욱, 채수미, 박은자, 서경(2010). 인공임신 중절 실태와 정책과제. 한국보건사회연구원.

최효주(2006). 월경전 증상, 건강 염려증 및 월경에 대한 태도의 관계. 가톨릭대학교 석사학위 논문.

통계청(2006). 결혼생활만족도. 통계청 홈페이지.

통계청(2010). 혼인이혼통계. 통계청 홈페이지.

통계청(2012). 인구주택총조사. 통계청 홈페이지.

통계청(2012). 혼인건수. 통계청 홈페이지.

통계청(2013a). 2013 통계로 보는 여성의 삶. http://kostat.go.kr/portal/korea/kor_nw/2/1/index.board?bmode=read&aSeq=306961 참조.

통계청(2013b). 월평균 근로일수, 근로시간, 임금총액 통계표. http://www.index.go.kr/potal/main/EachDtlPageDetail.do?idx_cd=1485 참조.

통계청(2013). 혼인 이혼 통계. 통계청 홈페이지.

티비리포트(2011. 5. 13). 한영 11살 연하? 연상녀-연하남 커플 "우리도 똑같이 사랑하고 헤어질 뿐" http://www.tvreport.co.kr/?c=news&m=newsview&idx=116811.

한겨레21(2011. 3. 14). 성매매 특별법은 무죄다. http://h21.hani.co.kr/arti/society-general/29168.html 참조.

한겨레신문(2009. 8. 13). 교과서 속 성차별 표현. http://www.hani.co.kr/arti/society/society_general/371089.html 참조.

한국 양성평등 교육진흥원(2014. 6. 9.). 2014 대중매체 양성평등 모니터링 보고서. http://m.kigepe.or.kr/front/board/view.act?SEQ=609&BOARD_CD=14&pageNo=5#fileDownLoad 참조.

한국가족복지학회(2004). 가정폭력 전문상담. 서울: 시그마프레스.

한국교육과정 평가원(2001). PISA 2000 수학평가 결과 분석 연구. 한국교육과정평가원 연구보고 RRE 2001-9-3.

한국여성개발원(1986). 여성과 성차별. 서울: 영문화사.

한국여성개발원(2003). 교사의 성인지적 교육활동 능력 제고를 위한 프로그램 개발. 서울: 한학문화.

한국일보(2011. 4. 3). 첫 성희롱 판결 서울대 우조교 사건. http://economy.hankooki.com/lpage/society/201104/e20110403165711117920.htm 참조.

한국청소년상담원 편(2002). 폭력가정의 아이들. 서울: 한국청소년 상담원.

한인영(2000). 아동학대 예방과 치료를 위한 아동보호서비스 수행방안 모색. 한국복지재단, 92, 5-51.

한혜선(2008). 부모의 학대가 아동의 생활적응에 미치는 영향. 중앙대학교 대학원 석사학위논문.

황은수(2006). 아동의 학대경험이 우울과 불안에 영향을 미치는 자기인식정서의 매개효과. 숙명여자대학교 대학원 석사학위논문.

황정미, 김순영(2006). 한국의 여성 비정규노동과 사회정책의 방향. **산업노동연구, 12,** 304-336.

EBS(2008. 2. 25). 다큐프라임-아이의 사생활 제1부 남과 여.

Abel, G. G., Becker, J. V., & Cunningham-Rathner, J. (1984). Complication, consent, and cognitions in sex between children and adults. *International Journal of Law and Psychiatry, 7,* 89-103.

Adams, S., Keubli, J., Boyle, P. A., & Fivush, R. (1995). Gender differences in parent-child conversations about past emotions: A longitudinal investigation. *Sex Roles, 33,* 309-324.

Ainsworth, M. D. et al. (1978). *Patterns of attachment.* Hillsdale. N. J.: Erlbaum.

Allard, K., Haas, L., & Hwang, C. P. (2011). Family-supportive organizational culture and fathers' experiences of work-family conflict in Sweden. *Gender, Work, and Organization, 17,* 219-230.

Allen, J. G., & Haccoun, D. M. (1976). Sex differences in emotionality: A multidimensional approach. *Human Relations, 29,* 711-722.

American Psychiatric Association. (1994). *Diagnostic and statistical manual of mental disorders,* 4th ed. (DSM-IV). Washington DC. [강진령 편역(2008). **간편 정신장애진단통계편람.** 서울: 학지사.]

American Psychiatric Association. (2013). *Diagnostic and statistical manual of mental disorders,* 5th ed. (DSM-5). Washington DC. [권준수 외 역(2015). **정신질환의 진단 및 통계 편람 제5판 DSM-5.** 서울: 학지사.]

Appleyard, D. (1970). Styles and methods of structuring a city. *Environment and Behavior, 2,* 100-117.

Aron, A., & Westbay, L. (1996). Dimensions of the prototype of love. *Journal of Personality and social psychology, 7.*

Ashton, J. R. (1980). The psychosocial outcome of induced abortion. *British Journal of Obstetrics and Gynecology, 87,* 1115-1122.

Atkinson, R. L., Atkinson, R. C., & Hilgard, E. R. (1983). *Introduction to psychology* (8th ed.). NY: Harcourt Brace Jovanovich.

Austin, J. S. (2000). When a child discloses sexual abuse. *Childhood Education, 77*(1), 2-5.

Bancroft, J. et al. (2004). Sexual addiction, sexual compulsivity, sexual impulsivity, or what? *Journal of Sex Reaserch, 41.*

Bandura, A. (1973). *Aggression: A social learning analysis.* Oxford, England: Prentice-Hall. ix. p. 390.

Bandura, A. (1983). Self-efficacy determinants of anticipated fears and calamities. *Journal of Personality and Social Psychology, 45,* 464-469.

Banes, H. L., & Olson, D. H. (1982). "Parent-adolescent communication family inventories. family social science". University of Minnesota.

Barness, H. L., & Olson, D. H. (1985). Parent-adolescent communication, and the Circumplex Model. *Child Development, 56,* 437-447.

Barnett, R., & Hyde, J. (2001). Women, Men, work, and family. *American Psychologist, 56,* 781-796.

Baron-Cohen, S. (2003). *The essential difference: male and female brains and the truth about autism.* New York, NY: Basic Books. [김혜리, 이승복 역(2007). 그 남자의 뇌, 그 여자의 뇌. 서울: 바다출판사.]

Barrett, L. F., Lane, R. D., Sechrest, L., & Schwartz, G. E. (2000). Sex differences in emotional awareness. *Personality and Social Psychology Bulletin, 26,* 1027-1035.

Bartholomew, K., & Horowitz, L. M. (1991). Attachment styles among young adults. *Journal of Personality and Social Psychology, 61.*

Baumeister, R. F., & Tice, D. M. (2000). *The social dimension of sex.* London: Allyn and Bacon.

Beavers, W. R., & Voller, M. N. (1983). Family models: Comparing and contrasting the Olson's Circumplex Model with Beavers' Systems Model. *Family Process, 22,* 85-98.

Becvar, D., & Becvar, R. (2003). *Family therapy: A systemic integration* (5th ed.) Boston, MA: Allyn & Bacon.

Bedford, V. H. (1995). Sibling relationships in middle and oldage. In R. Blieszner & V. H. Bedford (Eds.), *Handbook of aging and the family.* Westport, CT: Greenwood Press, 201-222.

Bell, D. (1987). Gender differences in the social moderators of stress. In R. Barnett, L. Bierner, & G. Barrel (Eds.), *Gender and stress.* NY: Free Press.

Bem, S. L. (1975). Androgeny vs the tight little lives of fluffy women and chesty man. *Psychology Today.*

Benbow, C. P. (1988). Sex differences in mathematical reasoning ability in intellectually talented preadolescents: Their nature, effects, and possible causes. *Behavioral and Brain Sciences, 11,* 169-232.

Benlenky, M. F., Clinchy, B. M., Goldberger, N. R., & Tarule, J. M. (1986). *Women's Ways of Knowing: The Development of Self, Voice, and Mind.* New York: Basic Books.

Berger, K. S., & Thompson, R. A. (2005). *The Developing Person through Childhood and Adolescence.* New York: Worth Publishers.

Berk, L. (2006). *Child development* (7th ed.). Needham Heights, MA: Allyn & Bacon.

Bernard, J. (1972). *The Future of Marriage.* New York: World.; Bernard, J. (1982). *The Future of Marriage.* Yale University Press.

Berschield, E. et al. (1978). *Interpersonal attraction.* Reading, MA: Addison-Wesley.

Bertalanffy, L. V. (1968). *General system theory: Foundations, development, applications.* New York: Braziller, 141.

Bigler, R. S. (1995). The role of classification skill in moderating environmental influences on children's gender stereotyping: A study of the functional use of gender in the classroom. *Child Development, 66,* 1072-1087.

Blazer, D. G., Bachar, J. R., & Manton, K. G. (1986). Suicide in late life: Review and commentary. *Journal of the American Geriatrics Society, 34,* 519-525.

Bowen, M. (1971). Family therapy and family group therapy. *Comprehensive group psychotherapy,* 384-421.

Bowen, M. (1978). *Family therapy in clinical practice.* New York: Aronson.

Bowers, C., & Labarba, R. (1988). Sex differences in the laterization of spatial abilities. *Brain and Cognition, 8,* 165-177.

Bowlby, J. (1980). *Attachment and loss,* Vol. 3. New York: Basic Books.

Bowman, H. A., & Spanier, G. B. (1978). *Modern marriage.* New York: McGraw-Hill.

Bradford, J. (1998). Treatment of men with paraphilia. *New England Journal of Medicine, 338,* 464-465.

Brody, L. (2001). *Gender, emotion and the family.* Cambridge, MA: Harvard University Press.

Brody, L. R., Hay, D., & Vandewater, E. (1990). Gender, Gender role identity and children's reported feelings toward the same and opposite sex. *Sex Roles, 3,* 363-387.

Bronstein, P., Briones, M., Brooks, T., & Cowan, B. (1996). Gender and family factors as predictors of late adolescent emotional expressive and adjustment: A longitudinal study. *Sex Roles, 34,* 739-765.

Brooks-Gunn, J. (1991). *Maturational timing variations in adolescent girls.* NY: Garland.

Bruning, G., & Plantenga, J. (1999). Parental leave and equal opportunities: Experiences in eight European countries. *Journal of European Social Policy, 9,* 195-209.

Burgess, E. W., & Locke, H. J. (1945). *The family: from institution to companionship.* Oxford England: American Book Co.

Burr, V. (2002). *Gender and Social Psychology.* [황정은 역(2002). 사회적 성별과 사회심리학. 서울: 시그마프레스.]

Burt, M. F. (1980). Cultural myths and supports for rape. *Journal of Personality and Social Psychology, 98,* 217-230.

Bushman, B. J., Bonacci, A. M., Van-Dijk, M., & Baumeister, R. F. (2003). Narcissism, sexual refusal, and aggression: Testing a narcissistic reactance model of sexual coercion. *Journal of Personality and Social Psychology, 84,* 1027-1040.

Buss, D. M. & Schmitt, D. P. (1993). Sexual strategies theory. *Psychological Review, 100.*

Buss, D. M. (1988). Sex differences in human mate preferences. *Behavioral and brain sciences.*

Buss, D. M. (1991). Evolutionary personality psychology. *American Review, 42.*

Carich, M. S., Newbauer, J. F., & Stone, M. H. (2001). Sexual offenders and contemporary treatments. *Journal of Individual Psychology, 57,* 4-17.

Carson, N. R. (1995). *Foundations of Physiological Psychology* (3rd ed.). Needham Heights, MA: Allyn & Bacon. [김현택 외 역(1997). 생리심리학의 기초. 서울: 시그마프레스.]

Cervantes, C. A., & Callanan, M. A. (1998). Labels and explanations in mother-child emotion talk: Age and gender differentiation. *Developmental Psychology, 34,* 88-

98.

Cherry, L., & Lewis, M. (1978). Differential socialization of girls and boys: Implications for sex differences in language development. In N. Watterson & C. Snow (Eds.), *The development of communication.* New York: Wiley.

Children's Defense Fund. (2005). The state of America's Children. Washington, DC: Children's Defense Fund.

Cohen, P., Brown, J., & Smailes, E. (2001). Child abuse and neglect and the development of mental disorders in the general population. *Development and Psychopathology, 4,* 981-999.

Colapinto, J. (2000). *As nature made him: The boy how was raised as a girl.* New York: Harper Collins. [이은선 역(2002). 타고난 성, 만들어진 성: 여자로 길러진 남자 이야기. 서울: 바다출판사.]

Colapinto, J. (2006). *As nature made him: The boy who was raised as a girl.* (2nd Ed.) New York: Harper Collins.

Coleman, S. L., & Gotch, A. J. (1998). Spatial perception skills of chemistry students, *Journal of Chemical Research, 75,* 206-209.

Collins, N. L. et al. (1990). Adult attachment, working models, and relationship quality in dating couples. *Journal of Personality and Social psychology, 58.*

Coluccia, E., & Louse, G. (2004). Gender differences in spatial orientation: A review. *Journal of Environmental Psychology, 24,* 329-340.

Connidis, I. A., & Davies, I. (1992). Confidants and comparisons: Choices in later life. *Journal of Gerontology, 47,* 115-122.

Conway, J. (1978). *Men in midlife crisis.* Weaton, IL: Tyndale House. [한성열 역(2000). 남자 나이 마흔이 된다는 것. 서울: 학지사.]

Cote-Arsenault, D. (2003). The influence of perinatal loss on anxiety in multigravida. *Journal of Obstetric Gynecologic and Neonatal Nursing, 32,* 623-629.

Courtois, C. (1988). *Healing the Incestwound: Adult Survivorsin Therapy.* New York: Norton Company.

Creswell, J. L., Gifford, C., & Huffman, D. (1988). Implications of right/left brain research for mathematics educators. *School Science and Mathematics, 88,* 118-131.

Crooks, R., & Baur, K. (2007). *Our sexuality.* 10th Edition. Belmont, CA: Wadsworth. [김은수 외 역(2008). 우리들의 성: 성의 과학적 이해. 서울: 라이프사이언스.]

Crosson-Tower, C. (2005). *Understanding child abuse and neglect.* Boston: Allyn & Bacon.

Dabbs, J. Jr. (1992). Testosterone measures in social and clinical psychology. *Journal of Social and Clinical Psychology, 11,* 302-321.

Delamater, J. et al. (2005). Sexual desire in later life. *Journal. of Sex Research, 42.*

Denham, S. A., Mitchell-Copeland, J., Standberg, K., Auerbach, S., & Blair, K. (1997). Parental contributions to preschoolers' emotional competence: Direct and indirect effects. *Motivation and Emotion, 21,* 65-86.

Denham, S. A., Zoller, D., & Couchoud, E. A. (1994). Preschoolers' causal understanding of emotion and its socialization. *Developmental Psychology, 30,* 928-936.

Dewsbery, A. R. (1995). Family violence seen in general practice. Roy. Soc. Health J., 95, 290-294.

Diener, E., Sandvic, E., & Larsen, R. J. (1985). Age and sex effects for emotional intensity. *Developmental Psychology, 21,* 542-546.

Dion, K. et al. (1988). *Romantic love.* New Haven, CT: Yale University Press.

DiPietro, J. A. (1981). Rough and tumble play: A function of gender. *Developmental Psychology, 17,* 50-58.

Duvall, E. M. (1971). *Family Development.* Philadelphia Lippincott.

Eagly, A. H. & Wood, W. (1999). The origns of sex differences in human behavior. *American Psychologist, 54*(6).

Eccles, J. S., & Jacobs, J. E. (1986). Social forces shape math attitudes and performance. *Signs: Journal of Women in Culture and Society, 11,* 367-389.

Edwards, J., & Rothbard, N. (2000). Mechanisms linking work and family: Clarifying the relationship between work and family constructs. *Academy of Management Journal, 25,* 178-199.

Emery, D. M., & Boden, J. M. (1989). Childhood Abuse Recollectins in a Nonclinical Population: Forgetting and Secrecy. *Child Abuse & Neglect, 23*(8), 791-802.

Erikson, E. H. (1963). *Childhood and society.* New York: Norton.

Erikson, E. H. (1986). *Vital Involvement in Old Age.* [한성열 역(2000). 노년기의 의미와 즐거움. 서울: 학지사.]

Fabes, R. A., & Martin, C. J. (1991). Gender and age stereotypes of emotionality. *Personality and Social Psychology Bulletin, 17,* 532-540.

Farquharson, R. G., Jauniaux, E., & Exalto, N. (2005). Undated and revised nomenclature for description of early pregnant events. *Human Report, 20,* 3008-3011.

Faulk, S. (1977). Men who punish their wives. In M. Ray (Ed.), *Battered Women: A Psychosociological Study of Domestic Violence.* New York: Van Nostrand Reinhold.

Feeny, J., & Noller, P. (1990). Attachment style on predictors of adult romantic relationships. *Journal of Personality and Social psychology. 58,* 281-291.

Feingold, A. (1988). Cognitive gender differences are disappearing. *American Psychologist, 43,* 95-103.

Feiring, C., & Lewis, M. (1978). The child as a member of the family system. *Behavioral Science, 23*(3), 225-233.

Fernandez, Y. M., Marshall, W. L., Lightbody, S., & O' Sullivan, C. (1999). The child molester empathy measure: Description and examination of its reliability and validity. *Sexual Abuse: A Journal of Research and Treatment, 11,* 17-32.

Field, T. (2011). Prenatual depression effects on early development: A review. *Infant Behavior and Development, 34,* 1-14.

Finkelhor, D., & Browne, A. (1985). The traumatic impact of child sexual abuse. *American Journal of Orthopsychiatry, 55,* 530-541.

Fivush, R. (1989). Exploring sex differences in the emotional content of mother-child talk about the past. *Sex Roles, 20,* 675-691.

Flavell, J. H. (1977). *Cognitive Development.* Englewood cliffs, NJ: Prentice Hall.

Foley, V. D. (1974). *An introduction to family therapy.* Grune & Stratton.

Friedman, S., & Greenhaus, J. (2000). *Allies or enemies? What happens when business professionals confront life choices.* New York: Oxord University Press.

Frone, M. R., Russell, M., & Copper, M. L. (1992). Antecedents and outcomes of work-family conflict: Testing a model of the work-family interface. *Journal of Applied Psychology, 77,* 65-78.

Fujita, F., Diener, E., & Sandvic, E. (1991). Gender differences in negative affect and well-being: The case foe emotional intensity. *Journal of Personality and Social Psychology, 61,* 427-434.

Gayford, J. J. (1975). Wife battering: A preliminary survery of 100 cases. *Brit. Med. J., 1,* 194-197.

Gelles, R. J. (1997). *Intimate violence in families.* Thousand Oak, CA: Sage Publications.

Gil, D. G. (1979). Unraveling Child Abuse. *American Journal of Orthopsychiatry, 45,* 346.

Gleitman, H. (1991). *Psychology* (3rd ed.). NY: Norton & Company.

Goldenberg, I. & Goldenberg, H. (2000). *Family Therapy: An Overview.* [김득성 외 역 (2001). 가족치료. 서울: 시그마프레스.]

Goleman, D. (2007). *Social Intelligence: The New Science of Human Relationships.* New York: Bantam Books.

Gordon, T. (1975). *Parent effectiveness training.* New York: New American Library.

Gorey, K. M. & Leslie, D. R. (1997). The Prevalence of Child Sexual Abuse: Integrative Review Adjustment for Potential Response and Measurement Biases. *Child Abuse & Neglect, 21, 4,* 391-398.

Gornick, J. C., Meyers, M. K., & Ross, K. E. (1998). Public policies and the employment of mothers: A cross-national study. *Social Science Quarterly, 79,* 35-54.

Green, C. A., & Pope, C. R. (1999). Gender, psychosocial factors and the use of medical services social science and medicine, 48.

Greenhaus, J. H., & Beutell, N. (1985). Sources of conflict between work and family roles. *Academy of Management Review, 10,* 76-88.

Greenhaus, J. H., & Powell, G. (2006). When work and family are allies: A theory of work-family enrichment. *Academy Management Review, 31,* 72-92.

Griebel, C. P., Halvorsen, J., Golemon, T. B., & Day, A. A. (2005). Management of spontaneous abortion. *American Family Physician, 72,* 1243-1250.

Groth, N. (1979). *Men Who Rape: The Psychology of the Offender.* New York: Plenum Press.

Grzywacz, J. G., & Marks, N. F. (2000). Reconceptualizing the work-family interface: An ecological perspective on the correlates of positive and negative spillover between work and family. *Journal of Occupational Health Psychology, 5,* 111-126.

Gurian, M., & Stevens, K. (2005). *The minds of boys: Saving our sons from falling behind in school and life.* San Francisco: Jossey-Bass.

Guterrez, L. (1994). Beyound Coping: An Empowerment Perspective on Stressful Life Events. *Journal of Sociology and Social Welfare, 21*(3), 201-220.

Hall, G. C. N., & Barongan, C. (1997). Prevention of sexual aggression: Sociocultural risk and protective factors. *American Psychologist, 52,* 5-14.

Han, S., Fan, Y., & Mao, L. (2008). Gender difference in empathy for pain: an electrophysiological investigation. *Brain Research, 1196,* 85-93.

Hanna, G. (1994). Gender and instruction. In R. Biehler, R. W. Scholz, R. Straber, B. Winkelmann (Eds.), *Didactics of Mathematics as a Scientific Discipline.* Kluwer Academic Publishers, 303-314.

Harlow, H. F. (1971). *Learning to love.* San Francisco: Albion.

Harper, L., & Sanders, K. (1975). Pre-school children' s use of space: Sex differences in outdoor play. *Developmental Psychology, 11,* 119-120.

Hazan, C., & Shaver, P. R. (1987). Romantic love conceptualized as an attachment process. *Journal of Personality and Social Psychology.*

Hermann, D. J., Crawford, M., & Holdsworth, M. (1992). Gender-linked differences in everyday memory performance. *British Journal of Psychology, 83,* 221-231.

Hess, B., & Soldo, B. (1985). Husband and wife networks. In W. J. Sauer & R. T. Coward (Eds.), *Social support networks and the care of the elderly: Theory, research, and practice.* New York: Springer, 67-92.

Hilberman, E. (1980). The wife beater's wife reconsidered. *American Journal of Psychiatry, 137,* 1336-1347.

Hill, C. et al. (1976). Breakups before marriage. *Journal of social issues, 32.*

Hine, J. R. (1980). What come after you say "I Love You". Palo Alto, CA: Pacific.

Hines, D., & Malley-Morrison, K. (2005). Family violence in the United States: defining, understanding and combating abuse. Thousand Oak. CA: Sage Publications.

Hoffman, L. (1981). *Foundations of family therapy: A conceptual framework for systems change.* Basic Books.

Hoffman-Plotkin, D., & Twentyman, C. T. (1984). A Multimodal Assessment of Behavioral and Cognitive Deficits in Abused and Neglected Preschoolers. *Child Development,* Vol. 55, No. 3 (Jun., 1984), 794-802.

Hogrebe, M. C. (1987). Gender differences in mathematics. *American Psychologist, 42,* 265-266.

Holt, J. L., & Gillespie, W. (2008). Intergenerational Transmission of Violence Threatened Egoism, and Reciprocity: A Test of Multiple Psychosocial Factors Affecting Intimate Partner Violence. *American Journal of Criminal Justice, 33*(2), 252-266.

Horney, K. (1939). *New way sin psychoanalysis.* NY: Norton.

Horney, K. (1967). *Feminine Psychology.* NY: Norton.

Hudson, S. M., Jones, R. S., Marshall, W. L., Wales, D. S., McDonald, E., Backer, L. W., & McLean, A. (1993). Emotional recognition skills of sex offenders. *Annuals of Sex Research, 6,* 199-211.

Huttenlocher, J., Haight, W., Bryk, A., Seltzer, M., & Lyons, T. (1991). Early vocabulary growth: Relation to language input and gender. *Developmental Psychology, 27,* 236-248.

Hyde, J., & Linn, M. (1988). Gender differences in verbal ability: a meta-analysis. *Psychological Bulletin, 104,* 53-69.

John Bradshaw. (2000). Home Coming: Reclaiming and Championing Your Inner Child. Forrest, VA: AACC.

Jorgensen, S. R. (1986). *Marriage and the family.* New York: Macmillan Publishing Co.

Kaczor, L. M., Ryckman, R. M., Thornton, B., & Kuehnel, R. H. (1991). Observer hypercompetitiveness and victim precipitation of rape. *The Journal of Social Psychology, 131,* 131-134.

Kantrowitz, B., & Wingert, P. (2005). *Sex drugs and hope.* Newsweek, November, 28.

Kaplan, H. (1979). *Disorders of Sexual Desire and Other New Concepts and Techniques in Sex Theraphy.* New York: Brunner/Mazel.

Kennedy, S., & Ober, R. (1990). Psychophysiological assessment of male sexual arousal following spinal injury. *Abnormal sexual behavior, 19.*

Kenrick, D. T. (1987). Gender, genders, and the social environment: A biosocial interactionist perspective. In P. Shaver & C. Hendrick (Eds), *Sex and the gender: Review of personality and social psychology, 7.* Beverly Hills, CA: Sage.

Kenrick, D. T., & Trost, M. R. (1993). The evolutionary perspective. In Bell & Sternberg (Eds.), *The Psychology of Gender.* New York: Guilford, 148-173.

Kernberg, O. (1995). *Love relation: normality and pathology.* New Haven, CT: Yale University Press. [윤순임 외 역(2005). 남녀관계의 사랑과 공격성. 서울: 학지사.]

Kerr, M. E. & Bowen, M. (1988). *Family evaluation: an approach based on Bowen theory.* New York, NY: Norton. [남순현 외 역(2005). 보웬의 가족치료이론. 서울: 학지사.]

Kimball, M. M. (1989). A new perspective on women' s math achievement. *Psycho-*

logical Bulletin, 105, 198-214.

Kimura, D. (1992). Sex differences in the brain. *Scientific American, 267,* 118-125.

Klann-Delius, G. (1981). Sex and language acquisition: Is there any influence? *Journal of Pragmatics, 5,* 1-25.

Kring, A. M., & Gordon, A. H. (1998). Sex differences in emotion: Expression, experience, and physiology. *Journal of Personality and Social Psychology, 74,* 686-703.

Kurst-Swanger, K. & Petcosky, J. L. (2003). *The impact of family violence on children and adolescent.* Thousand Oak, CA: Sage Publications.

Laumann, E. O. et al. (1994). *The social organization of sexuality.* Chicago: University of Chicago Press.

Leslie, G. R. (1982). *The family in social context* (5th ed.) New York: Oxford University Press.

Levinson, D. J. et al. (1978). *The seasons of man's life.* [김애순 역(1996). 남자가 겪는 인생의 사계절. 서울: 이화여자대학교 출판부.]

Levinson, D. J. et al. (1993). *The seasons of woman's life.* [김애순 역(2004). 여자가 겪는 인생의 사계절. 서울: 이화여자대학교 출판부.]

Levi-strauss, C., & Shapiro, H. (1956). *Man, culture, and society.* Oxford University Press.

Levy, L. J., Astur, R. S., & Frick, K. M. (2005). Men and women differ in object memory but not performance of a virtual radial maze. *Behavioral Neuroscience, 119,* 853-862.

Lewis, R. A. (1973). A longitudinal test of a developmental framework for premarital dyadic formation. *Journal of Marriage and the Family,* 16-25.

Linn, M. C., & Petersen, A. C. (1985). Emergence and characterization of sex differences in spatial ability: A meta-analysis. *Child Development, 56,* 1479-1498.

Lithari, C., Frantzidis, C. A., Papadelis, C., Vivas, A. B. Klados, M. A. Kouridou-Papadeli, C., et al. (2010). Are females more responsive to emotional stimuli? A neurophysiological study across arousal and valence dimensions. *Brain Topography, 23,* 27-40.

Lok, I. H., Yip, A. S., Lee, D. T., Sahota, D., & Chung T. K. (2010). A 1-year longitudinal study of psychological morbidity after miscarriage. *Fertility and Sterility, 93,* 1966-

1975.

Love, S. (2005). *Dr. Susan love' s breast book.* New York: Addison-Wesley.

Maccoby, E. E. et al. (1974). *The psychology of sex differences.* CA: Stanford University Press.

Maccoby, E. E., & Jacklin, C. N. (1974). *The psychology of sex differences.* Stanford, CA: Stanford University Press.

Mace, D., & Mace, V. (1980). MARRIAGE: THE FOUNDATION STONE. *Family strengths: positive models for family life, 2,* 89.

Malamuth, N., & Brown, L. (1994). Sexually aggressive men's perceptions of women's communications: Testing three explanations. *Journal of Personality and Social Psychology, 67,* 699-712.

Marshall, W. L. (1989). Intimacy, loneliness, and sexual offenders. *Behavior Research and Therapy, 27,* 491-503.

Marshall, W. L., Barbaree, H. E., & Fernandez, Y. M. (1995). Some aspects of social competence in sexual offenders. *Sexual Abuse: A Journal of Research and Treatment, 7,* 113-127.

Marshall, W. L., O' Sullivan, C., & Fernandez, Y. M. (1996). The enhancement of victim empathy among incarcerated child molesters. *Legal and Criminological Psychology, 1,* 95-102.

Masters, W. H, & Johnson, V. E. (1966). *Human sexual response.* Boston: Little Brown & Co.

McGhee, P. E., & Frueh, T. (1980). Television viewing and the learning of sex-role stereotypes. *Sex-Roles, 6,* 179-188.

Mckay, A. (2005). Sexuality and substance use. *Canadian Journal of Human sexuality, 14,* 47-56.

Mead, M. (1998). *Sex and Temperament: In Three Primitive Societies.* New York: Dell. [조혜정 역(1998). 세 부족 사회에서의 성과 기질. 서울: 이화여자대학교 출판부.]

Miller, L., Underwood, A., & Raymond, J. (2006). Not always 'the happiest time' ; pregnancy and depression: A new understanding of a difficult and often hidden problem. *Bulletin with Newsweek, 124,* 48.

Milner, J. S., Thompson, C. J., Crouch, J. L., Rabengorst, R. M., Martens, P. M., Cyslin, C. W., Guimond, J. M., Stander, V. A., & Merrill, L. L. (2010). Do trauma symptoms mediate there relationship between childhood physical abuse and adult child abuse risk? *Child Abuse & Neglect*. In Press, Corrected Proof, Available online 31.

Minuchin, P. (1988). Relationships within the family: A systems perspective on development. In R. Hinde & J. Stevenson-Hinde (Eds.), *Relationships within families: Mutual influences*. Oxford, UK: Clarendon, 7-26.

Money, J., & Ehrhardt, A. A. (1972). *Man and woman, boy and girl: The differentiation and dimorphism of gender identity from conception to maturity*. Baltimore, MD: Johns Hopkins University Press.

Moulden, H. M., & Marshall, W. L. (2005). Hope in the treatment of sexual offenders: The potential application of hope theory. *Psychology, Crime, and Law, 11*, 329-342.

Murdock, George Peter. (1949). *Social structure*. Oxford, England: Macmillan.

Naigles, L. (1995). The use of multiple frames in verb learning via syntactic bootstrapping. *Cognition, 58*, 221-251.

NCANDS. (2003). National Data Archive on Child Abuse and Neglect, Data Set 131, Ithica, Cornell University Family Life Development Center.

Nelson, C. A. (1987). The recognition of facial expressions in the first two years of life: Mechanisms of development. *Child Developmenr, 58*, 889-909.

Nelson-Le Gall, S., Gumerman, R. A., & Scott-Jones, D. (1983). Instrumental help-seeking and everyday problem-solving: A developmental perspective. In B. DePaulo, A. Nadler, & J. Fisher (Eds.), *New directions in helping*. Vol. 2. New York: Academic Press, 265-284.

Nichols, M. P. (2006). *Family therapy: concepts and method*. Boston, MA: Allyn & Bacon. [김영애 외 역(2011). 가족치료: 개념과 방법. 서울: 시그마프레스.]

Olson, D. H., & DeFrain, J. (2003). *Marriage and families* (4th ed.). New York: McGraw-Hill.

Olson, D. H., Sprenkle, D. H., & Russell, C. S. (1979). Circumplex model of marital and Family systems: I. Cohesion, and adaptability dimensions, family types and clinical applications. *Family Process, 18*, 3-28.

Olson, D. H., Sprenkle, D. H., & Russel, C. S. (1983). Circumplex Model of marital family system I Cohension and adaptability dimension. *Family Process, 18*, 3-28.

Olson, D. H., Sprenkle, D. H., & Russel, C. S. (1983). Circumplex Model of marital and family system: Theoreticalupdate. *Family Process, 22,* 69-83.

Organisation for Economic Co-operation and Development (2001). Knowledge and skills for life: First results from PISA 2000. Paris: OECD Publication.

Papero, D. V. (1983). *Bowen family systems theory.* New York: Plenum. [신혜섭 역 (2012). 보웬가족치료를 위한 짧은 이론서. 서울: 시그마프레스.]

Peplau, L. A. et al. (1985). *Women and men in love.* Hillsdale, NJ: Erbaum.

Perry, D., Perry, L., & Rasmussen, P. (1986). Cognitive social learning mediators of aggression. *Child Development, 57,* 700-711.

Perry-Jenkins, M., Repetti, R., & Crouter, A. (2000). Work and family in the 1990s. *Journal of Marriage and the Family, 62,* 981-998.

Pervin, L. et al. (2001). *Personality: Theory and reaserch.* New York: Guliford Press.

Piction, C. & Boss, P. (1981). *Child welfare in Australia.* Harcount Brace Ivoanich Group.

Pleck, J. H. (1995). Work roles, family roles and well-being: Current conceptual perspectives. In G. L. Bowen & J. F. Pittman (Eds.), *The work and family interface: Toward a contextual effects perspective.* Minneapolis, MN: National Council on Family Relations, 17-22.

Powell, G. N., & Greenhaus, J. H. (2010). Sex, gender, and the work-to-family interface: Exploring negative and positive interdependencies. *Academy of Management Journal, 53,* 513-534.

Proverbio, A. M., Zani, A., & Adorni, R. (2008). Neural markers of greater female responsiveness to social stimuli. *BMC Neuroscience, 9,* 56.

Rahman, Q., Abrahams, S., & Jussab, F. (2005). Sex differences in a human analogue of the radial arm maze: The 17-box maze test. *Brain and Cognition, 58,* 312-317.

Rapkin, A. J. (2005). New treatment approaches for premenstrual disorders. *American Journal of Managed Care, 11,* 480-491.

Reiner, W. G., & Gearhart, J. P. (2004). Discordant Sexual Identity in Some Genetic Males with Cloacal Exstrophy Assigned to Female Sex at Birth. *New England Journal of Medicine, 350,* 333-341.

Robert A. Lewis. (1973). Social Reaction and the Formation of dyads: An Interactionist Approach to Mate Selection. *Sociometry,* vol. 26, no. 3, 409-418.

Rosenberg, M. (1965). *Society and the adolescent self image.* N.J.: Princeton University

Press.

Rosenblatt, J. S. (1992). Hormone-behavior relations in the regulation of parental behavior. In J. B. Becker, S. M. Breedlove, & D. Crews, (Eds.), *Behavioral Endocrinology.* Cambridge, MA: MIT Press, 219-259.

Rosenwasser, S. M., Lingenfelter, M., & Harrington, A. F. (1989). Nontraditional gender role portrayals on television and children' s gender role perceptions. *Journal of Applied Developmental Psychology, 10,* 97-105.

Ross, H. et al. (2004). Setting politics aide to collect crossnational data on sexual health of adolescents. *SIECUS Report, 32,* 28-34.

Rounsaville, B. J. (1978). Theories in marital violence: Evidence from a study of battered women. Victimology: An Internal. J., 3, 11-31.

Rubin, J., Provenzano, R., & Luria, Z. (1974). The eye of the beholder: Parents' views on sex of newborns. *American Journal of Orthopsychiatry, 44,* 512-519.

Rutter, M., & Sonuga-Barke, E. J. (Eds.). (2010). Deprivation-specific psychological patterns: Effects of institutional deprivation. Monographs of the Society for Research in Child Development, 75: 1, 295.

Santrock, J. W. (2005). *Child Development: An Introduction.* New York: McGraw-Hill.

Saphira, M. (1987). *For Your child' s sake: Incest in the Lives of Girls and Women.* New York: Basic Books.

Sax, L. (2006). *Why gender matters.* New Yrok: Random House. [이소영 역(2007). 남자아이 여자아이. 서울: 아침이슬.]

Saxe, G. N., Van der Kolk, B. A., Berkowitz, R., Chinman, G., Hall, K., Leiberg, G., & Schwartz, J. (1993). Dissociative disorders in Psychiatric inpatients. *American Journal of Psychiatry, 150,* 1037-1042.

Scharff, D. E. et al. (1991). *Object relations couple therapy.* Northdale, NJ: Jason Aronson.

Schecter, S. & Ganley, A. (1995). *Using grounded theory innursing.* New York: Springer Publishing Company.

Scott, P. D. (1974). Battered wives. *Brit. K. Psychiatry, 125,* 433-441.

Sharps, M. J., Welton, A. L., & Price, J. L. (1993). Gender and task in the determination of spatial cognitive performance. *Psychology of Women Quarterly, 17,* 71-83.

Shaver, P. R. & Hazan, C. (1993). Adult attachment. In W. Jones & D. Perlman (Eds.). *Advances in personal relationship.* London: Jessica Kingsley.

Shaver, P. R. & Hazan, C. (1992). Adult romantic attachment. In W. Jones & D. Perlman (Eds.), *Advances in personal relationships*. Bristol, PA: Taylor & Francis.

Shockley, K. M., & Singla, N. (2011). Reconsidering work-family interactions and satisfaction: A meta-analysis. *Journal of Management, 37,* 861-886.

Signorielli, N., & Lears, M. (1992). Children, television, and conceptions about chores: Attitudes and behaviors. *Sex-Roles, 27,* 157-170.

Snell, J. E., Rosenwald, R. J., & Robey, A. (1964). The wife beater' s wife: A study of family interaction. Arch. Gen. *Psychiatry, 11,* 107-112.

South, S. J. (1991). Sociodemographic differentials in mate selection preferences. *Journal of Marriage and the Family,* 928-940.

Spector, P. E., Cooper, C. L., Poelmans, S., Allen, T. D., O' Driscoll, M., Sanchez, J. I., et al. (2004). A cross-national comparative study of work-family stressors, working hours, and well-being: China and Latin America versus the Anglo World. *Personnel Psychology, 57,* 119-142.

Stark, C. (2005). Behavioral effects of stimulation of the medial amygdala in the male rat are modified by prior experience. *Journal of general psychology,* 132.

Sternberg, R. J. (1986). A triangular theory of love. *Psychological Review,* 93.

Sternberg, R. J. (1988). Triangulating love. In *The psychology of love*. New Haven, CT: Yale University Press.

Swanson, K. M. (1999). Predicting depressive symptoms after miscarriage: A path analysis based on the Lazarus paradigm. *Journal of Women' s Health and Gender-based Medicine, 9,* 191-206.

Tavris, C. (2004). Brains, biology, science, and skepticism: On thinking about sex diffefrences. *Skeptical Inquirer,* 29.

Tuckey, H., & Selvaratnam, M. (1993). Studeis involving three-dimensional visualization skills in chemistry. *Studies in Science Education, 21,* 99-121.

Udry, R. (1971). *The Social context of marriage*. Philadelphia: J. B. Lippincott Co.

Van der Kolk, B. A. (1989). The Compulsion to Repeat the Trauma: Re-enactment, Revictimization, and Masochism. *Psychiatric Clinics of North America, 12,* 389-411.

Walker, L. E. (1978). Battered women and learned helplessness. Victimology: An Internal. J., 2, 525-534.

Wallace, H. (2005). *Family violence: legal, medical, and social perspectives*. Boston,

MA: Pearson.

Wardsworth, L. L., & Owens, B. P. (2007). The effect of social support on work-family enhancement and work-family conflict in the public sector. *Public Administration Review, 56,* 75-87.

Wedding, D. & Corsini, R. J. (2001). *Case Studies on Psychotherapy.* Illinois: Peacock Publishers. [김정희 역(2009). 심리치료 사례연구. 서울: 학지사.]

Wells, J. G. (1985). Interpersonal circumplex models: 1948-1983. *Journal of Personality Assessment, 49,* 629-631.

Whiting, B., & Edwards, C. P. (1973). A cross-cultural analysis of sex differences in the behavior of children aged three through eleven. *Journal of Social Psychology, 91,* 171-188.

WHO. (1995). *Complications of Abortion.* Geneva: World Health Organization.

WHO. (2007). *Facts on Induced Abortion Worldwide.* Geneva: World Health Organization.

Wilson, J. (2003). *Biological foundations of human behavior.* Belmont, CA.

World Contraception Day. (2010). Contraception: Whose responsibility is it anyway? Media Report. From http://www.your-life.com/omr/online/pdf/wcd-survey-2010-media-report-2010.pdf.

Zhou, J. N., Hofman, M. A., Gooren, L. J. G., & Swaab, D. F. (1995). A sex difference in the human brain and its relation to transexuallity. *Nature, 378,* 68-70.

Zimmerman, M. K. (1997). *Passage through abortion.* NY: Praeger Publishers.

찾아보기

인명

내용

저자 소개

류승아(Ryu Seungah)

고려대학교 심리학과 석사(임상상담 전공)

North Carolina State University 박사(Ph.D) (Community Psychology 전공)

현 경남대학교 심리학과 조교수

서혜희(Suh Hayhee)

고려대학교 심리학과 석사(임상심리 전공)

고려대학교 심리학과 박사(임상심리 전공)

현 서울성모병원 정신건강의학과 임상심리사

한양사이버대학교 상담심리학과 겸임교수

정진복(Jung Jinbok)

고려대학교 심리학과 석사(임상심리 전공)

고려대학교 심리학과 박사(임상심리 전공)

현 덕성여자대학교, 한국외국어대학교 강사

생애 주기에 따른 **성과 심리**
Understanding of Psychological Trait & Gender Role in Human Life

2015년 3월 30일 1판 1쇄 인쇄
2015년 4월 10일 1판 1쇄 발행

지은이 • 류승아 · 서혜희 · 정진복
펴낸이 • 김진환
펴낸곳 • (주) 학지사
121-838 서울특별시 마포구 양화로 15길 20 마인드월드빌딩
대표전화 • 02-330-5114 팩스 • 02-324-2345
등록번호 • 제313-2006-000265호

홈페이지 • http://www.hakjisa.co.kr
커뮤니티 • http://cafe.naver.com/hakjisa

ISBN 978-89-997-0657-8 93180

정가 18,000원

저자와의 협약으로 인지는 생략합니다.
파본은 구입처에서 교환해 드립니다.

이 도서의 국립중앙도서관 출판시도서목록(CIP)은 서지정보유통지원시스템 홈페이지(http://seoji.nl.go.kr)와 국가자료공동목록시스템(http://www.nl.go.kr/kolisnet)에서 이용하실 수 있습니다.
(CIP 제어번호: CIP2015008106)